백제문화의 이해

● 일러두기

본서는 공주대학교 교양강좌 "백제문화의 이해"를 위한 교재로 사용하기 위하여 작성한 것이다. 따라서 연구서가 아닌 교재이기에 기왕에 이루어진 다양한 연구결과를 참고하거나 혹은 인용하는 방식으로 작성하였다. 특히 역사와 관련된 내용은 국사편찬위원회의 "한국사" 백제 편을 근간으로 하였고, 고고학 분야는 공주대학교 백제원형복원센터 간행의 "백제문화원형연구"에 수록된 10편의 옥고를 인용, 참고하였다. 이외에 공주대학교 박물관에서 발간한 "백제의 조각과 미술", 백제문화연구소 편의 "백제의 역사"에 수록된 논문을 비롯하여 개별적 보고서나 논문을 발췌 인용하여 본서의 내용을 구성하였다. 다만 교재인 점을 고려, 주석이나 참고문헌은 별도로 표시하지 않았음을 혜량하여 주기 바란다.

百濟文化의 理解

초판인쇄일 : 2007년 8월 18일
초판발행일 : 2007년 8월 20일
재판발행일 : 2009년 2월 25일
지은이 : 이남석
발행인 : 김선경
발행처 : 도서출판 서경문화사
인쇄 : 한성인쇄
제책 : 반도제책사
등록번호 : 제 1 - 1664호
주소 : 서울 종로구 동숭동 199 - 15(105호)
전화 : 743 - 8203, 8205
팩스 : 743 - 8210
메일 : sk8203@chollian.net

ISBN 978-89-6062-016-2 93900

정가 11,300원

백제문화의 이해

이남석 지음

서경문화사

백 제 문 화 의 이 해

Contents

1. 백제문화의 이해란?

인간은 현재를 살고 있지만 내일을 준비하면서 그것을 맞이하여야 할 주체이다. 그런데 우리가 살고 있는 현재는 물론 미래인 내일까지 과거를 바탕으로 계속된다. 즉 오늘에 사는 우리는 현재의 삶에 매몰되어 있지만 현재는 과거의 회상을 통해 이루어지고, 미래도 과거와 현재의 연속선상에 있기에 오늘에 사는 우리는 과거와 미래를 동시에 구현하는 존재이다. 물론 과거는 잊혀질 수 있는 것일 뿐만 아니라 다시 재현될 수 있는 것도 아니다. 나아가 미래도 현재나 과거를 재현하는 것이 아니다. 다만 현재의 우리에 과거가 존재할 뿐이고, 내일의 실천을 지향할 방향이 현재의 자기에서 발견되는 것이다.

이로 보면 현재에 사는 우리에게는 과거와 미래가 함께 존재한다. 이는 현재의 우리에 과거가 나타나지 않지만 그 바탕에서 존재하며, 미래를 지향하는 우리는 그 지향 점을 과거의 지표를 통해서 설정한다는 것이다. 요컨대 미래에 대한 실천의지는 과거의 회상(回想) 속에서 이루어지는 것임에 비추어 고대라는 역사상의 탐구는 이처럼 실천자인 오늘에 사는 우리의 자기인식을 위해 이루어진다. 때문에 먼 옛날인 과거의 탐구는 단순히 과거를 과거로 추구하는 것이 아니라 그 자체가 현대적 의식에 기초하여 이루어져야 한다. 과거의 역사나 문화탐구의 의의는 지금의 실천자인 우리가 자기를 성찰하는 수단이란 점에 있으며, 내일을 지향하면서 행동하는 현재의 우리가 스스로를 인식할 수 있는 방법이란 점에 있다. 따라서 역사는 현재나 미래를 위해 필요한 것이다.

따라서 역사의 해석은 현재의 과제를 어떻게 설정하는가에 따라 달라질 수밖에 없다. 역사적 사실들은 과거에 일어난 사건들이고, 이들은 그저 잠자고 있는 것이기에 역사는 잠자고 있는 사건들의 무덤에 다름없다. 따라서 역사가의 임무는 우선적으로 이들 잠들어 있는 과거의 사건들에 생명을 불어넣고 이를 통해서 미래로 나아갈 길을 찾아주는 것이다. 이로 보면 한국사의 올바른 이해는 한민족의 역사를 올바르게 이해하고 이를 토대로 한국인의 미래상을 정립하는데 필수적이란 것을 알 수 있다.

그런데 역사는 그것의 지역과 시기에 따라 나름의 특성을 지녔다. 한국의 고대사는 고구려, 백제, 신라의 삼국시대로 구분된다. 그리고 이들 삼국은 만주와 한반도에 웅거하면서 서로 자웅을 겨루면서 600~700년의 세월을 차지하고 있다. 그들은 각자가 처한 지정학적 환경과 그에 수반된 구성원의 역량에 따라 흥망성쇠(興亡盛衰)를 반복하였고 각각의 희노애락(喜怒哀樂)을 경험하기도 한다. 이러한 역사의 여정은 이후 우리 한국사 전개의 뿌리가 되었고, 그로써 나름의 특수한 역사경험을 창출하기도 한다. 백제도 삼국 중의 하나였고, 때로는 번성과 영광을, 때로는 쇠락(衰落)과 치욕(恥辱)을 경험함으로써 우리 역사의 소중한 자산으로 남게 된 것이다.

백제의 역사를 말할 때 어떤 이들은 패망국의 역사라 한다. 국가도 사람처럼 생(生)과 사(死)란 필연적 운명이 주어질 수밖에 없는 것임에도, 비단 백제만을 대상으로 패망국(敗亡國)이란 사실을 강조함에 나름의 이유가 있을 것이고, 그것은 백제에 대한 보다 많은 관심을 갖게 하는 동기일 수도 있다. 물론 패망국의 역사는 알려진 것보다는 숨겨진 신비스런 것이 많고, 땅속에 묻혀 버린 한줌의 역사로 남는 경우가 많다. 때문에 패망국의 역사로 치부는 이를 복원하기가 어렵다는 한탄에 다름 아니고, 백제도 그러한 운명에서 벗어날 수가 없다.

그러나 백제를 비록 패망국이라 말하지만 그 왕성한 문화 창조력은 삼국 중에 단연 두각을 나타내었던 우리 역사의 한부분이다. 가장 한국적인 것이 백제적인 것이라던가, 풍류와 멋을 아는 국가였다든가 등의 찬사는 백제를 말할 때 함께 잊지 않는 것들이다. 이는 백제를 패망국이란 멍에를 드리웠지만 찬란한 문화를 창조한 백제인에 대한 재평가와 새로운 인식이 절실하게 요구된다는 것을 새삼 느끼게 한다.

인문학의 매력은 사고 영역(思考領域)이 무한정 넓다는 점에 있을 것이다. 그리고 역사연구의 과학성은 실증과 증거의 철저함과 논리전개에 있어서의 과학적 사고의 담보에서 얻을 수 있다. 그리고 역사라는 그 자체는 오늘에 사는 우리의 귀감이라는 점도 불변의 진리이다. 비록 백제는 시간상 고대라는 먼 옛날의 나라이고, 공간상 한반도 서남부에 자리하였던 것에 불과하지만 엄연히 한국사의 한 축(軸)을 차지하였다. 그리고 거기에는 건국과 발전, 그리고 패망이란 긴 국가의 여정을 겪으면서 수많은 애환과 교훈을 간직하고 있다. 따라서 이의 올바른 이해는 백제만이 아닌 우리 역사의 올바른 인식의 첩경이 될 뿐만 아니라 오늘에 사는 우리가 누구이고, 앞으로 어떻게 살아야 할 것인가의 귀감도 얻을 수 있을 것이다.

백제문화의 이해는 백제인의 흔적을 살펴 이를 바르게 이해함에 목석을 둔다. 가장 한국적 문화로 평가될 수 있는 백제문화를 창조 발전시킨 백제인들이 그들의 나라를 어떻게 세우고, 발전시켰는가, 그들이 사는 동안 겪었던 애환은 무엇이고, 어떻게 살았는가 등을 그 동안 연구된 백제역사와 발굴 조사된 유적, 유물을 통해 살펴봄으로써 이를 이해하고자 한다. 사실, 백제의 이해는 삼국사회의 이해이고, 나아가 한국 고대사의 이해와 직결될 수 있기에 우리 역사와 문화의 올바른 이해의 지름길이 여기에 있다고 여겨진다.

따라서 본서는 백제의 형성에서 건국 그리고 발전과 쇠망에 이르기까지의 여정에 나타나는 중요한 사건을 가능한 시간 순으로 배열한다. 그러면서 각 단계나 사건과 관련된 문화유적과 유물의 속성을 살피면서 그 역사적 의미를 추출하여 백제문화의 진정한 모습을 밝히고자 한다.

1) 백제의 성립배경과 존재특성

백제의 건국과 발전은 한반도의 지정학적 조건과 밀접한 관련이 있다. 동아시아 속의 한반도는 중국문명권의 외곽지대에 위치하며, 대륙과 해양에 접한 특수한 지역이다. 때문에 한반도에서 태동된 고대사회는 이러한 지정학적 조건과 결부되어 나름의 다양한 독창적 문화를 발전시킨다. 고대국가 백제의 성립과 발전은 이러한 한반도의 지정학적 조건에 일차적으로 부응하면서 오랫동안 이 지역에서 발전한 선사이래의 문화기반과 밀접한 관련이 있다. 따라서 백제의 이해는 한반도의 지정학적 조건이나 선사시대 문명의 이해가 우선적으로 필요하다. 다만 백제는 패망국으로 존재하고 시간상 고대라는 먼 과거의 국가이다. 때문에 관련 자료가 부족하기에 연구에 많은 어려움이 있고, 그에 따른 한계도 적지 않다. 최근 이러한 자료부족 문제의 해결을 고고학에 의지함이 많은데, 백제사 연구에 폭넓게 활용되는 고고학이란 학문이 어떤 것인가의 이해도 필요하다.

(1) 백제의 성립배경

『삼국사기』에 따르면 백제는 기원전 18년에 건국되어 660년 멸망하기까지 약 680여년 동안 한반도 서남부에 자리하였던 고대국가이다. 따라서 공간적으로 한반도 남부지역에 국한하여 자리하였고, 시간적으로 고대라는 먼 시기에 존재 하였지만 나름의 독자성을 갖춘 특수한 정치·사회 집단이었다. 그러나 하나의 국가는 당대의 현실만이 아니라 이전의 역사와 밀접한 관련이 있고, 더불어 다양 한 환경과의 관련 속에서 존재하고 성장한다. 이로 보면 백제도 크게는 동아시아, 좁게는 한반도에 자리하였기에 이들 동아시아와 한반도 역사과정에 남겨진 소산 물이고, 그러한 환경속에서 흥망성쇄를 겪은 국가이다. 즉 백제의 성립은 한반도 는 물론 크게 동아시아라는 지정학적 환경에서 이룩되었고, 나아가 이 지역에서 선사시대 이후 꾸준히 지속된 역사의 산물이란 것이다.

한반도의 지정학적 조건은 일단 현재의 한국이란 범위에서 강역을 지리적으 로 구분할 경우 압록강과 두만강 이남을 그 범위로 잡을 수 있다. 삼면이 바다로 둘러 쌓인 한반도는 국토의 넓이가 대체로 이탈리아나 영국 정도에 불과하다. 그 러나 이러한 역사적 강역의 범위는 고려시대 이후에 정착된 것이고, 오히려 우리 나라의 역사를 선사시대 혹은 고대시기로 거슬러 올라갈 경우에 영토는 현재보 다 크게 잡아야 한다. 즉 상고시대의 한국사 범위는 비단 한반도만이 아니라 현재 중국이 차지하고 있는 만주대륙까지 확대하여야 하며, 한국 고대사의 활동무대 는 비단 한반도만이 아니라 만주 대륙까지 확대된다. 나아가 드넓은 활동범위는 필연적으로 지리환경에서 서로간의 상당한 차이가 있을 수밖에 없고, 여기저기 에 자리하고 있던 우리 조상들의 생활방식이나 문화환경도 서로 간에 적지 않은 차이가 있었다. 예컨대 백제가 성립되던 시기인 기원 전후의 시간대에 한반도에 서의 생업경제는 일찍부터 이룩된 농경이 정착되어 주산업이 된 것에 반해서 만 주지방은 유목적(遊牧的) 요소가 여전히 잔존한 채 반농반목의 생업경제가 영위 되는 것이 그것이고, 나아가 이들 유목적 요소가 강한 북방 문화가 남하하여 농경 문화와 동화되는 등의 변화가 나타난다.

백제는 만주대륙에서 활약하던 북방적 요소를 지닌 유민들이 남쪽으로 내려 와 건국한 국가로서 건국과 성장의 모든 사건이 한반도 내에서 진행된다. 따라서 그들의 활동무대는 한반도에 국한될 수밖에 없다. 물론 한국인의 활동무대가 한 반도로 굳어진 것은 최근 1천년 전의 일이다. 이후 한국인은 한반도의 지리적 환경과 지정학적 특성에 적응하면서, 그러한 지정학적 조건을 최대한 활용하여 나름의 독자적 역사와 문화 전통을 수립하는데, 그 배경에는 여기에서 일찍부터 자리하여 나름의 문화를 창조하였던 백제나 신라와 같은 고대국가가 자리하고 있다.

백제가 자리하였던 한반도의 지형은 북쪽과 동쪽이 높고, 서쪽과 남쪽이 낮

그림1 한반도의 지리적 환경

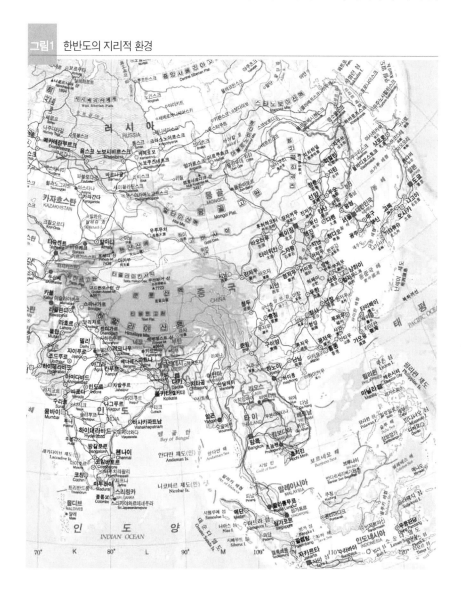

아 대부분의 강이 서해와 남해로 흐르는 특성이 있다. 그러면서 서해안과 남해안은 비옥한 충적평야가 넓게 형성되어 있다. 전체적 지형은 백두산에서 발기된 백두대간이 남으로 뻗어 내리다가 중간에서 한줄기는 대마도로, 다른 한줄기는 제주도로 이어진다. 이러한 지형적 조건은 인체의 구조와 흡사하기에 한반도를 생명체로 보는 특이한 지리관을 형성하기도 한다. 전통적으로 한국인은 산을 등지고 앞에 강을 끼고 있는 지형인 배산임수(背山臨水)의 입지환경을 좋아한다. 우리가 가장 살기 좋다고 여기는 명당지(明堂地)의 경우 이러한 입지환경을 말하는 것인데, 그것은 한반도가 가진 그러한 지리적 특성과 결코 무관하지 않다. 여기에 기후적 조건도 사계절이 뚜렷한 온대성에 속하기에 어느 기후에도 적응할 수 있는 능력을 갖게 되었다. 그 결과 다양한 계절에 맞추어 의식주 문화를 만들었고, 나아가 생활자체에도 다양성을 겸비하고 있다.

나아가 한국인은 유목과 농경에 뿌리를 둔 문화의 전통을 지니면서 언어상으로 알타이어 계통에 속한다. 이는 지나 티벳어를 사용하는 중국인과 차이를 나타내는 것으로, 알타이어 계통의 사람들을 퉁구스인 이라고 부르는 점에서 분명한 차이를 보여준다. 한국인은 좁은 범위에 소규모의 집단사회로 존재하면서 대륙

그림2 인류의 진화 모식도

의 대규모 집단사회인 중국과 인접하여 있었기에 어쩔 수 없이 그들의 영향을 크게 받을 수밖에 없었다. 때문에 우리의 문화가 한자 문화권에 동화되기도 하지만 다른 한편으로 중국과는 크게 다른 독자성을 유지한다는 특징도 있다. 언어구조의 차이에 따른 한국식 문장을 창안한다거나 종교적 정서에서 하늘을 우러러 보는 경천사상(敬天思想)이 강하면서 전통에 바탕을 둔 삼신사상(三神思想)에 흠뻑 젖어 있는 것이라던가, 널리 일간을 이롭게 하라는 홍익인간(弘益人間)적 도덕정신이 깊게 배어 있는 것은 우리만이 가진 특징이기도 하다.

여기에 한국의 자연환경과 고유종교의 정서는 한국예술에서도 한국적 특성을 가져오기도 한다. 자연친화적인 정서라던가, 소박하면서도 결코 초라하지 않은 섬세한 미의식은 곡선에 의해 나름의 기상을 표현하는 특유의 미 감각을 갖게 되었고, 때로는 과감한 창조를 통해 한국 특유의 예술 혼을 형성하기도 한다. 물론 이러한 한국인의 특성은 한반도를 중심으로 때로는 만주대륙까지 호령하던 역사속에서 형성된 것이고, 그러한 배경에는 백제라는 고대국가도 한 축을 차지하고 있다.

사실, 우주가 생성되고 오늘에 이르기까지의 긴 역사 속에서, 지구상에 최초의 인류조상인 고생인류가 출현한 것은 지금부터 1천만년전의 일로 추정한다. 이처럼 오래전에 지구상에 출현한 인류의 조상은 그야말로 원시적 존재였을 뿐인데, 이들은 다양한 생활경험을 자신의 유전인자를 통해서 후손에 물려줌으로써 점차 생물학적 진화를 거듭하였다. 두발로 서서 활동하게 됨에 따라 두 손은 자유를 얻게 되었고, 이는 도구의 활용으로 이어진다. 생물학적 진화는 뇌 용량의 증대를 가져오고 이는 다시 생각을 보다 깊게 할 수 있는 즉 사유(思惟)가 가능하게 되었으며, 언어를 구사할 수 있게 됨에 따라 서로의 생각을 전하는 등의 진화를 거듭한다. 그 결과 지금부터 약 4~5만년 전인 후기 구석기 시대에 이르면 적어도 원시적 고생인류는 오늘날의 우리와 같은 현생인류로 정착한다. 이후 현생인류는 그들 삶의 지혜를 문화라는 형태로 후손에게 물려주었다. 이로써 인간은 문화를 계속적으로 축적함으로써 다양한 역사적 유산을 마련한다. 여기에 인간은 역사적 유산인 문화의 계승만이 아니라 나름의 환경에 적응하면서 새로운 문화를 창조함으로서 각 지역이나 집단들은 서로 다른 문화를 갖게 되고 그에 따른 생활방식도 차이가 나타난다.

한반도를 비롯한 동아시아에 인류가 출현하고, 그들의 생활 흔적을 남기기

그림3 우리나라 구석기시대 유적의 분포도

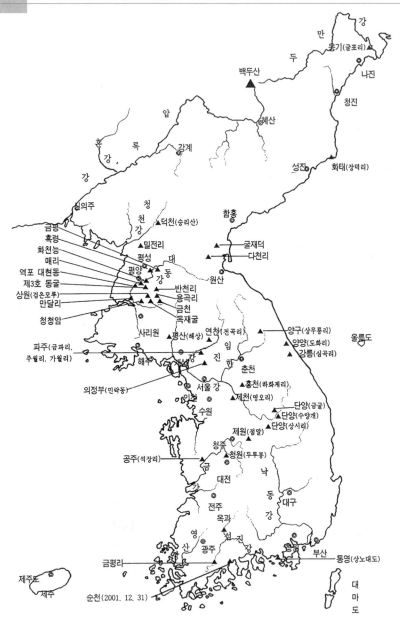

그림4 우리나라 구석기시대에 사용된 도구들

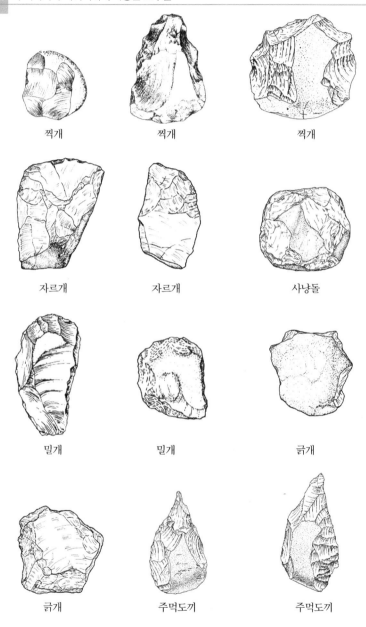

찍개   찍개   찍개

자르개   자르개   사냥돌

밀개   밀개   긁개

긁개   주먹도끼   주먹도끼

시작한 것은 지금부터 약 40만년전의 일이다. 한반도의 경우 인류의 생활흔적으로 가장 이른 것은 평양의 상원 검은모루 동굴 유적으로 알려져 있다. 이 유적은 전기 구석기시대의 속성을 간직한 것으로 판명되었는데, 이러한 유적은 비단 상원 검은모루 유적만이 아니라 한반도 각지에 널리 산재되어 있고, 보다 늦은 시기의 유적도 전국적으로 확인되고 있다. 따라서 한반도에는 이미 지금부터 40만년 전부터 인류가 터전하여 활동하게 되었고, 이후 구석기인들이 지속적으로 각지에서 활동을 전개하였음을 알 수 있다. 그런데 이들 구석기시대인들은 기원전 1만년전 경에 이르면 지구의 기온이 점차 따뜻해지는 환경, 즉 빙하기가 서서히 끝나면서 온난화가 시작되는 지구환경의 변화를 맞이한다. 이러한 환경의 변화는 구석기인의 생활에 적지 않은 영향을 끼쳤고, 때문에 변화된 환경을 피해 일부는 새로운 환경을 찾아 한반도를 떠나고, 일부는 한반도에 그대로 남아 있으면서 변화된 환경에 적응, 새롭게 등장한 신석기시대라는 환경을 맞이한다.

신석기시대는 구석기시대와는 달리 지구의 온난화가 가속화되고, 그로 말미암은 자연환경의 변화가 폭넓게 이루어진 시기이다. 이러한 자연환경의 변화는 결국 인간 삶의 형태에 커다란 변화를 가져왔고, 그에 따라 생활방식도 이전의 구석기시대와 커다란 차이를 보이게 된다. 한반도에 거주하던 신석기시대 사람들은 처음에 구석기시대 사람들과 큰 차이 없이 씨족별 집단을 이루면서 사냥과 채집 및 어로를 생업수단으로 삼았다. 특히 신석기시대의 초기에 생업경제가 채집경제의 단계를 크게 벗어나지 못하였을 뿐만 아니라 사회 자체에 공동체적 속성을 탈피하지 못하고 있었다. 그러다가 시대의 진전과 더불어 미숙성이 가미된 공동체 생활양식은 근본적 변화가 나타나는데, 그것은 생업경제가 농경과 가축이란 생산경제 단계에 진입하면서 부터이다.

식량생산과 가축과 같은 생산경제는 채집경제와는 다른 혁명적 생활방식의 변화로 볼 수 있다. 한반도에서 식량생산이나 가축과 같은 생산경제의 시작은 이미 신석기시대의 후반부터 시작되었고, 그것이 기원전 10세기 경의 청동기시대에 이르면 농경에서 쌀농사도 본격적으로 진행되고 나아가 가축도 포괄적으로 이루어진다. 이처럼 농경이 실행되면서 이제 사람들은 정착생활이 항구적으로 이루어짐에 따라 촌락을 형성한다. 나아가 일정한 농경이 기후에 따라 생산주기가 발생함으로써 농한기를 맞이하게 되고, 그러한 생활주기의 발생은 문화 창조를 촉진시키는 촉매로 작용한다. 특히 생산경제의 활성화로 말미암아 잉여산물

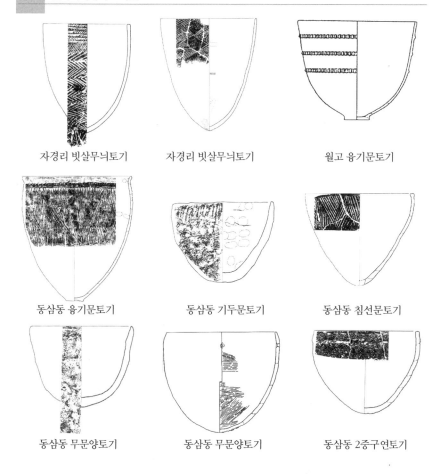

그림5 신석기시대의 토기들

자경리 빗살무늬토기   자경리 빗살무늬토기   월고 융기문토기

동삼동 융기문토기   동삼동 기두문토기   동삼동 침선문토기

동삼동 무문양토기   동삼동 무문양토기   동삼동 2중구연토기

이 발생하게 되며, 잉여산물의 축적으로 빈부 격차가 발생하고, 이는 다시 사회 구성원간의 계층발생으로 이어진다. 이처럼 사회계급의 분화는 이전의 공동체적 생활이 해체되면서 사회 전반에 새로운 질서가 마련되기도 한다.

그러나 인류의 삶에 근본적 변화가 나타난 것은 청동기가 사용되면서 부터이다. 청동기와 같은 금속물질의 생산은 생산의 전문화 및 분업화가 필수적일 뿐만 아니라 그에 필요한 원료라던가 생산품의 유통을 위한 원거리 무역도 나타난다.

여기에 금속의 사용과 더불어 잉여산물의 축적이 가속화되며, 나아가 사회의 차
등화가 보다 크게 나타나고, 계층간 혹은 집단간의 갈등이 커지면서 이의 해소를
위한 전쟁과 같은 투쟁이 진행되기도 한다. 이처럼 생산체제의 전문화, 분업화 그

그림6 청동기시대의 각종 도구들

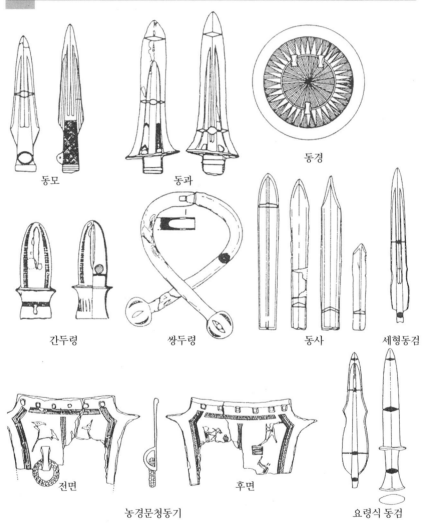

동모　　　　　동과　　　　　　　　동경

간두령　　　　쌍두령　　　　　동사　　세형동검

전면　　　　　　　후면

농경문청동기　　　　　요령식 동검

리고 원거리 교역의 발생, 나아가 갈등 해소를 위한 전쟁의 수행과 같은 일련의 행위로 말미암아 이제 사회 구성원간의 지배·피지배 계층구분이 보다 분명하게 이루어지게 되는데, 계층구분이 진행되는 환경에서 특히 지배자 집단의 성장도 크게 나타난다는 점이 주목된다.

한반도에 청동기 문화의 등장은 지역에 따라 시간 차이를 두고 이루어진다. 그러나 대체로 기원전 12세기경에는 한반도 각지에서 청동기 문화가 비롯되는 것으로 본다. 다만 한반도에서 전개된 청동기 문화는 그 연원이 북방문화 혹은 중국문화에서 찾고 있는데, 문화에 북방적 속성 외에 중국적 요소도 적지 않은 것에 기인한다. 한반도에서 전개된 청동기문화를 영위한 족속은 전통적으로 우리역사에서 자주 거론되는 한국인의 조상인 예(濊)·맥(貊)·한(韓)인 들이다. 이들은 동이족으로 불리던 집단의 한 갈래였으며, 신석기시대 이래로 만주의 남부지역과 한반도에 거주하던 사람들이다. 다만 예와 맥은 남만주 지역에 그리고 한은 한반도에 거주하는 사람들을 일컬었던 명칭인데, 종족적으로 크게 구분되는 것은 아니고, 오히려 지역에 따른 이질성을 지닌 것으로 생각할 수 있을 뿐이다. 오히려 이들은 청동기시대라던가 삼한·삼국시대를 거치면서 오랜 역사경험을 공유하게 되고, 나아가 사회분화의 진전에 따라 상호 융합이 진행되어 오늘날 우리의 직접적 조상으로 볼 수 있는 사람들이다.

이처럼 만주대륙과 한반도에는 이른 선사시대부터 사람들이 살았고, 그들은 지정학적 환경변화에 적응하면서 사회, 문화의 발전을 이룩한다. 나아가 이들이 이룩한 사회, 문화의 실체는 역사의 주체로 등장하게 된다. 잘 알려져 있듯이 한국역사에서 정점으로 보는 상고사의 주체는 고조선이다. 고조선의 실체가 언제 출현하였는가와 그들이 차지한 강역, 그리고 고조선이란 사회를 구성하고 있던 주민들은 누구인가, 그리고 고조선의 정치 사회의 발전단계는 어떻게 보아야 할 것인가 등의 문제는 여전히 주요 쟁점으로 논란이 되고 있는 실정이다. 그러나 고조선이 존재하였다는 점을 부인하기 어렵고 나아가 이후 한국사의 전개는 이 고조선에서 시작되었다는 것도 부인하기 어렵다. 즉 고조선은 만주를 중심으로 형성된 선사문화를 바탕으로 성립하였고, 이후 만주대륙 및 한반도의 북쪽에 자리하였던 소위 북방계열의 다양한 정치집단들이 이에서 분기되었다는 점, 나아가 한반도의 남쪽 지역에서 태동된 다양한 정치집단들인 남방계열의 사회들도 이 고조선과 결코 무관하지 않다는 점도 널리 인정되고 있다.

동이족의 분포 지역
고조선의 세력 범위
고인돌(북방식) 분포 지역
비파형동검 분포 지역

고조선은 단군조선, 기자 혹은 예맥조선, 위만조선의 3조선으로 구분한다. 이중에 단군조선의 존재는 고려시대 일연의 저술인 『삼국유사』나 이승휴가 쓴 『제왕운기』, 그리고 조선시대 사서인 『세종실록지리지』에 실려 있다. 그리고 이 단군조선에 대해서는 그 실체만이 아니라 중심 강역, 그리고 사회발전단계에 대해서 다양한 견해가 제기되어 있다. 다만 신화에는 역사적 진실이 담겨있는 것으로 보는 것이 일반적이고, 적어도 청동기시대 즈음의 만주대륙 어느 곳에서 단군왕검(檀君王儉)이란 정치 지도자가 출현하였다고 보는데 의문을 두지 않는다. 나아가 이 단군조선의 실체와 관련된 문화는 만주대륙인 중국의 동북지역에서 전개된 비파형동검문화로 보는 점에도 이견이 없다.

한편 기자조선(箕子朝鮮), 혹은 예맥조선(濊貊朝鮮)으로 불리는 정치체(政治體)는 그 실체를 인정하지만, 기자라는 사람이 중국의 은(殷)나라 사람이고 그에 의해서 기자조선이 성립되고 통치되었다는 점에는 지리적 위치나 정황적으로 미루어 상당한 비판이 있다. 오히려 기자 혹은 예맥조선이란 정치체가 등장하는 기원전 10세기경은 이 지역에 청동기문화가 크게 번성하였고, 문화자체가 중국과는 전혀 다른 비파형동검문화로서 그 담당주체는 중국인이 아니며, 예·맥·한인, 즉 우리의 조상들이다. 특히 비파형 동검문화가 번성할 즈음에 그 담당 정치주체가 고조선인 점을 고려하면 이 시기의 고조선은 기자조선이 아니라 예맥조선으로 보아야 한다. 아무튼 한반도의 북쪽인 만주대륙, 그리고 요동지역에는 이 비파형 동검문화로 미루어 지속적으로 성장한 고조선의 흔적이 남아 있음을 알 수 있다. 나아가 이들은 적어도 기원전 3~4세기까지 존재하면서 이미 준국가(準國家)의 단계까지 발전하는 저력을 보여준다.

단군조선이나 예맥조선의 강역은 아무래도 만주대륙인 중국의 요동지방이 그 중심지였다고 보는 점에 의문이 없다. 더불어 이들은 비파형동검문화의 주역이었으며 정치·사회의 발전도 상당한 수준에 이르렀다. 그러다가 중국대륙에 진나라와 한나라의 통일정권이 등장하면서 그 여파가 고조선 지역에 미치게 되었고, 이를 기회로 연나라에서 위만이 고조선에 들어와 정권을 탈취하여 다시금 위만조선이 성립된다.

위만조선(衛滿朝鮮)의 성립은 이전의 고조선 정권의 탈취로 이룩되지만 한국 상고사의 전개에 미친 영향은 결코 적지 않다. 정권 교체과정에서 수많은 유민이 남하하게 되었고, 그 결과 남쪽의 삼한사회가 새롭게 성립되었다던가, 진국으로 불리던 사회가 보다 발전하여 삼한사회로의 전환이 가속화되는 것이 그것이다. 나아가 위만조선도 이전의 준 국가적 단계에 있던 예맥조선과는 달리 정복국가 단계로 성격 지우듯이 그 자체의 발전도 크게 나타난다. 특히 위만조선은 중국 한나라의 외신 지위를 이용, 한반도를 비롯한 만주대륙의 여러 집단들에 대한 우위권을 확보하고 이를 토대로 국가발전에 더욱 매진한다. 그러나 위만조선은 국가의 주체성 유지와 독립성 유지를 위해 중국 한나라 무제의 개혁적 통치질서 재편이란 의도에 반기를 들었고, 결국 전쟁에 돌입하였지만 국가의 멸망으로 이어

그림8 상고시대 한반도 주변의 징황

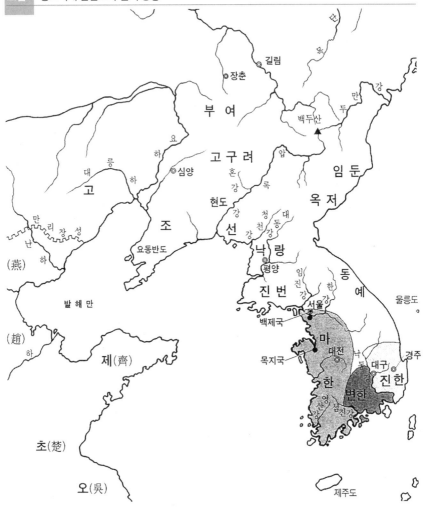

진다. 이후 위만조선에 4개의 중국 군현이 설치된 것이다.

고조선이 멸망한 후 그 지역에 중국 군현의 설치는 한반도에 중국 지배기구의 등장으로 볼 수 있다. 그러나 중국 본토가 아닌 외방지역에 설치된 군현은 직접적 지배를 실행하기 보다는 오히려 현지 토착사회와 밀접한 관련을 맺으면서 상당한 자치권을 부여하면서 공존하는 것이 일반적이다. 따라서 이 시기에 설치된 군현을 중국의 국내에서 설치되어 운영된 일반군현의 성격과 동일시하여 한반도가 중국의 직접지배하에 들어갔다고 보는 것은 문제가 있다. 다만 한반도 서북부에 중국 군현이 설치됨으로써 여타 지역에 대한 새로운 정치세력의 등장이나 결집에 커다란 장애로 작용하게 된다. 군현의 이이제이(以夷制夷) 정책으로 말미암아 한반도 자체에서 성장하던 사회의 결집이나 성장을 방해하였기 때문이다. 반면에 이들 군현을 통한 중국의 선진문물의 유입은 크게 확대되는 계기가 마련되기도 하였다. 이로서 한반도의 여러 집단들은 중국 군현의 이이제이(以夷制夷)적 정책으로 정치적 성장이 상당한 지연을 겪었다. 그러나 고구려의 경우 이들 군현과의 끊임없는 투쟁을 전개하는 과정에서 오히려 그들 자체의 결속력을 강화하였고, 그것이 국가 성장의 동력으로 작용하기도 한다.

백제의 성립은 이처럼 한반도는 물론 만주대륙에서 백제가 건국되기 이전에 전개된 한국 상고사의 흐름 속에서 이룩된 것이다. 특히 만주대륙에 고조선의 태동은 중국과는 대별되는 정치집단의 등장을 의미하는 것이고, 이 고조선 사회의 해체는 이후 부여라던가, 고구려 그리고 옥저, 동예의 등장을 가져온 것이며 나아가 남방사회에서 삼한사회의 성립발전을 가져온다. 특히 만주대륙에서의 정치적 파동은 그 여파가 남쪽으로 미치면서 새로운 주민의 이동과 문화의 이동을 가져왔고, 그것이 삼국사회의 형성이란 기저에 있는데 그 과정에서 백제도 건국되었다.

(2) 백제연구와 고고학

한반도 서남부에 웅지를 틀었던 고대국가 백제는 고구려, 신라와 함께 기원 전후한 시기부터 약 700여 년간 존속하였던 정치체이다. 이처럼 먼 과거에 존재하였던 백제에 대한 사실은 역사기록을 통해서 살필 수밖에 없고, 그와 관련된 역사적 사실은 각종 문헌에 남아 있다. 그 대표적인 것으로 국내자료로 『삼국사기』와 『삼국유사』가 있고, 이외에 중국의 고대 사서에도 그 편린이 전한다. 따라서 백제의 실상에 대한 탐구는 일차적으로 이들 사서에 기초하여 진행하는 것이 보통이다. 그러나 문헌자료가 가진 한계는 적지 않게 나타나는데, 문헌기록 자체의 신빙성 문제 외에 먼 과거의 일이기에 내용자체가 매우 소략할 뿐만 아니라 왜곡 혹은 과장된 부분도 적지 않다.

『삼국사기』의 경우 고구려, 백제, 신라의 삼국역사를 적은 정사체 역사서지만, 백제가 멸망한지 약 600여 년이 경과된 다음에 저술된 것이다. 여기에 삼국의 역사를 망라하여 적고 있지만 왕의 움직임이나 천재지변, 혹은 전쟁기사가 중심을 이루고 있는 외에 내용마저도 소략하기 그지없다. 예컨대 본기 10편으로 구성된 백제관련 기록은 왕의 행동을 제외하면 전쟁기사나 천재지변 기사가 대부분을 차지하고 있으며, 그마저도 연대기적 형태로 단편적 내용만 기록되었을 뿐이다. 그러한 현황은 『삼국유사』도 마찬가지이다. 이 역사서도 삼국사기와 마찬가지로 백제 멸망 후 약 700여년이 경과된 다음에 저술된 것이고, 나아가 구전된 내용을 중심으로 저술한 것이다. 여기에 『삼국유사』는 기전체 역사서가 가진 한계를 그대로 노출시키고 있을 뿐만 아니라 불교관련 내용이라든가 왕력(王歷)의 일부만 남아 있다는 한계가 그것이다.

중국에서 쓰여진 역사서에 남겨진 백제와 관련된 기록도 부분적으로 특기할 만한 사실이 있지만, 대체로 중국인의 시각에서 본 특이한 사건이나 현황을 기록하였을 뿐이고, 대외적으로 백제와 중국왕조와의 교섭기사가 중심을 이루고 있을 뿐이다. 때문에 편견적 시각과 함께 이들 기록으로 백제에 대한 구체적 정황을 파악하기는 커다란 위험과 한계가 있다. 다만 국내기록과 비교를 통해 백제이해를 확대하는 보조 자료로의 활용은 가능하다. 이외에 일본의 역사서인 일본서기나 고사기 등의 기록도 백제와 관련된 사실을 전하지만 왜곡된 부분이 많다는 것은 널리 알려져 있다.

이처럼 백제사를 살필 수 있는 역사서는 한국과 중국, 그리고 일본에 남아 있지만 내용이 소략하거나 편린만 전하는 것, 그리고 왜곡이 적지 않는 것 등이 대부분으로 문헌기록에 의거하여 백제의 실체를 이해하는데 상당한 어려움이 있음을 알 수 있다. 사실, 백제는 역사의 시간 분류상 고대라는 아주 먼 과거에 있었던 나라이다. 더욱이 국가의 성립이 삼한사회의 작은 집단에서 출발하여 점진적으로 팽창하여 이루어졌기에 그 과정이나 배경에는 상당한 사건, 사고가 있었을 것이다. 그러면서 백제는 후에 국가로 성장하면서 스스로의 역사를 기록할 만큼, 사회 문화의 발전이 상당한 수준에 이르렀다. 그러나 백제는 패망국으로 존재한다. 때문에 현재 남겨진 역사기록은 비록 백제인에 의해 기록된 것이라 하더라도 승자의 입장에서 취사·선택되거나 왜곡될 수밖에 없다. 때문에 백제라는 고대국가의 실체나 그들이 창조하고 누렸던 사회·문화의 실상은 상당부분 베일에 가려져 있을 수밖에 없다. 이런 이유로 백제사의 연구는 문헌 기록에 적극적으로 의

지하기보다 다른 인접학문을 통해 얻어진 자료를 토대로 기왕에 남겨진 문헌자료를 재해석하거나 바로잡아 이해함이 보통이다. 그러한 인접학문으로 가장 크게 기여하는 것이 고고학이다.

본디 고고학은 지향하는 목표가 인류과거의 삶을 재구성하는데 있다. 그리고 연구 방법은 물질자료로 남아 있는 것, 즉 유물을 통해서 진행한다. 즉, 고고학은 인문과학으로 인류가 과거에 어떻게 생활했는가라는 생활양식을 복원하거나 과거 인류사회가 어떻게 변화되었는가를 고찰하는 학문이다. 이러한 고고학은 이미 유럽에서 17세기경에 고물애호운동이란 활동에서부터 시작된다. 물론 그 이전에도 물질을 통해 과거를 생각하는 것이 일상화되었음은 물론인데 이를 유사고고학 활동시기라고 분류한다. 그러다가 18세기의 골동품을 수집하던 분위기 즉 고물애호운동의 분위기에 편승한 학문적 토대가 마련되고, 19세기의 진화론이나 신지질학의 발전과 함께 고고학도 이제 어엿한 학문으로 자리하게 된다. 이러한 발전 과정을 거친 고고학은 최근에 이르러 신고고학이라 불리는 새로운 경향에 따라 그 영역의 확대가 크게 나타난다. 이는 고고학이 기왕에 문화사에 대한 편년을 수립하고 단순하게 인류의 과거생활을 재구성하는 방식에서 보다 진일보하여, 문화와 사회의 과정설명을 위해 구조파악 실시에 목적을 두고, 그 방법론으로 귀납적 설명이 아닌 연역적 가설의 설정과 이의 검증을 강조하기도 한다. 이러한 고고학은 기왕에 다소 낭만적 분위기가 강하게 풍기던 분위기, 더 나아가 환상적 분위기처럼 보물찾기로 인식되던 것과는 근본적 차이를 보이는 것이다.

그러나 고고학의 학문성격 자체는 낭만적 유희와 같은 과거의 보물찾기와 같은 요소도 있고, 여기에 과학적인 세심한 분석과 창조적 상상력을 실현하는 학문인 것만은 분명하다. 특히 고고학의 역사가 위대한 발견의 역사이다. 예컨대 이집트의 투탕카멘 무덤, 멕시코의 잃어버린 마야도시, 프랑스의 구석기 동굴벽화, 탄자니아 올두바이 계곡에서 인류화석의 발견과 같은 사건들은 고고학에 새로운 동기를 부여하여 발전의 동력이 되었고, 따라서 고고학의 발전은 이처럼 새로운 것의 발견 역사와 함께 하는 것이었다. 다만 이러한 발견은 다소 낭만적 분위기가 물씬풍겨 있지만 그 결과의 분석·검증의 과정은 낭만보다는 오히려 커다란 고통이 함께한다.

고고학의 목적이 인류 과거의 삶을 복원한다는 점에 있다면, 그 학문적 속성은 인류학과 역사학 같은 학문의 목적과 같은 것이다. 그러나 인류학은 문화라고 부르는 비생물학적 요소를 다룬다는 점에 학문적 특성이 있고, 역사학은 문헌자료를 토대로 인류의 역사를 탐구하는 것이다. 반면에 고고학은 과거사회를 그들이 남겨 놓은 유물, 유적 즉 옛 사람들이 남겨놓은 물질을 토대로 그들의 문화를 연구한다는 차이가 있다. 다만 고고학은 발견되는 물질자체가 문헌 기록처럼 직접적으로 생각한 것을 말하지 않기에 이들에게 의미를 부여하는 작업도 아울러 병행한다. 이러한 점에서 고고학의 실행은 과학과 같은 것이다. 과학자들이 자료를 모으고 실험하고 가설을 공식화하고 더 많은 자료를 통해서 가설을 검증한 후에 하나의 모델을 창출하는데 고고학도 같은 방법을 사용하는 것이다.

한편 고고학의 연구범위는 시간적 · 공간적으로 무한 범위에 속한다. 연구대상도 물질자료라면 어떤 것이라도 가능할 정도로 총체적이다. 다만 기본은 과거에 남긴 유물 · 유적, 즉 물질로서 존재하는 자료로서 역사적 성격을 회복시킬 수 있는 것이어야 한다. 이를 위해서 고고학의 선행 작업은 유적 · 유물의 조사 작업이 선행된다. 조사 작업은 야외조사와 실내조사로 구분할 수 있고, 야외조사는 기초조사 · 예비조사 · 발굴조사로 구분되나 궁극은 발굴조사에 목적을 둔다. 실내조사는 유물의 성격분류, 유물의 처리가 이루어진다. 물론 발견된 물적 자료의 고고학적 처리 방법은 과거에 일어난 사건이 어떤 것인가의 결정을 위한 인간행동의 연구, 행동주체로서 인간 · 인간집단의 확인, 행동시기의 결정이라는 순서가 전제된다.

고고학이란 학문이 우리나라에 소개된 것은 일제시대의 일이다. 당시 총독부의 주도하에 전국에 걸쳐있는 우리의 유적 · 유물에 대한 대대적인 조사가 시작되면서 그 학문적 방법까지 알려진 것이다. 그러나 이 시기 우리나라에서 전개된 고고학 활동은 그것이 한반도라는 우리의 강토에서 진행되었음에도 일제 어용사가들의 전유물이었을 뿐이고, 진정한 우리 고고학 활동은 해방 이후에 비롯되었다는 점도 주목하여야 한다.

이처럼 고고학은 물적 자료를 대상으로 과거사회를 연구하는 것이기에, 문헌기록이 남아 있는 역사시대라 하더라도 물질문화 분야는 당연히 고고학의 몫이 된다. 특히 우리나라와 같이 고대시기의 문헌기록이 부족한 경우, 고고학의 역할은 그 만큼 넓어질 수밖에 없다. 여기에 고고학은 역사학이 다루기 힘든 기록이 남아 있는 시기 이전의 역사를 설명함으로써 한국고대사의 설명에 효용성을 더하며, 역사시대라 하더라도 문헌기록이 워낙 부족한 우리나라 고대사 해명은 역사학보다 고고학에 의지함이 크다고 볼 수 있다.

　백제처럼 문헌기록이 부족한 고대국가, 더욱이 패망국으로 백제인의 시각으로 백제를 바라볼 수 없는 환경에서 적혀진 역사기록만 남겨진 현황에서, 백제인이 남겨놓은 물질자료는 아무런 편견 없이 백제인의 참모습을 드러낼 수 있다. 이러한 물질자료의 발굴과 의미부여, 새로운 해석은 고고학이란 학문의 역할이고, 그 역할을 훌륭하게 수행함으로써 문헌기록에 의해 확인할 수 없는 백제의 참모습을 보다 선명하게 부각시킬 수 있을 것이다.

- 동아시아에서 본 한반도의 지정학적 조건과 그 환경
- 백제건국 이전의 한반도의 선사시대의 시대흐름과 선사인의 생활상 이해
- 한국 상고사의 주체인 고조선을 단군, 기자 혹은 예맥, 위만조선으로 구분하여 이해하기
- 중국 군현의 설치와 한국사회의 성장
- 고고학의 학문적 특성과 한국 고대사에서 고고학이란 학문이 차지하는 위치를 가늠하기

2) 백제사의 줄거리

　백제는 기록에 따르면 기원 전후한 시기에 한강유역에서 건국되었고, 이후 660년 나당연합군에 의해 패망하기까지 오랜 기간 한반도 서남부지역에 자리한 고대국가이다. 이처럼 오랫동안 흥망성쇠를 겪은 백제의 역사를 종합적으로 정리한다.

　백제란 고대국가가 처음 성립될 당시의 국가 성격은 어떻고, 발전도상의 정도에 따른 시대구분은 어떻게 진행할 것인가를 비롯하여 건국과 관련한 건국설화, 국가 발전과 팽창, 그리고 좌절과 위기를 정리한다. 나아가 국가로서 자리 매김되면서 그들이 만든 제도와 문물을 개관하고, 나아가 대외관계도 한반도내 삼국간의 관계 외에 중국 왜와의 관계를 살피고, 나아가 통치체제라던가 사회경제 및 문화 내용을 종합적으로 정리하여 볼 필요가 있다.

　백제문화의 이해는 고대국가 백제의 건국, 성장, 발전과정에 남겨진 중요한 사건과 문화를 집중적 검토를 통해 이루어진다. 따라서 그 바탕에는 고대국가 백제가 어떤 나라이고, 어떻게 나라를 운영하였고, 그들의 보편적 삶에는 어떤 특징이 있는가의 종합적 전제되어야 한다. 백제사의 줄거리 정리 목적은 여기에 있다.

(1) 고대국가 백제

백제는 『삼국사기』의 기록에 의하면 기원전 18년 온조(溫祚)에 의해 건국되어, 이후 약 680여년동안 흥망성쇠(興亡盛衰)를 거듭하다가 서기 660년에 나당 연합군에 의해 멸망된 고대국가이다. 나당 연합군의 침략으로 도성이 함락되고, 왕과 왕족이 중국에 포로로 잡혀간 다음에, 다시 4년여의 부흥운동이 전개되지만, 이마저 실패로 돌아가 결국 지구상에 그 흔적이 사라져 버린 패망국이 백제이다.

백제의 건국과 이후의 초기백제의 국가로의 성립이나 발전과 같은 정황을 살필 수 있는 자료는 국내사서로 『삼국사기』가 있고, 중국의 기록으로 『삼국지』 위지 동이전의 한전 기록이 있다. 이중에서 『삼국사기』는 고구려, 백제, 신라의 건국에서 멸망까지의 사실을 기록한 것으로 13세기경에 저술된 사서이다. 반면에 『삼국지』 위지 동이전 한전은 3세기 후반대에 기록한 것으로 당시 한반도 남쪽에 자리한 삼한사회를 정황을 전하고 있다. 이들 국내사서와 중국 사서를 대비하면서 백제가 건국될 즈음의 정황을 살필 경우, 삼국사기는 기원 전후한 시기에 백제가 건국되었다는 사실을 알려주며, 중국의 삼국지 동이전은 3세기 중엽까지 백제는 마한의 54국의 하나로 존재하였음을 적어두고 있다. 그리고 『삼국사기』는 백제가 건국된 온조왕대에 이미 영역이 남쪽으로 고부지방까지 확보된 것을 전하고, 더불어 3세기 후반인 8대 고이왕대에 6좌평 16관등·의관제 등의 제도 문물이 마련되어 이미 국가체제가 잘 조직된 것으로 전한다. 반면에 중국 기록인 삼국지 동이전에는 삼한사회의 실상을 전하면서 소국의 가장 큰 집단인 국읍(國邑)의 우두머리인 주수(主帥)가 보다 작은 집단인 읍락의 우두머리인 거수(巨帥)들을 잘 통제하지 못한다고 하여 삼국사기 기록과는 차이를 보인다. 따라서 어떤 자료를 선택하는가에 따라 백제의 건국과 성장과정에 대한 이해는 달라질 수밖에 없는데, 이들 두 사료의 조화로운 이용과 여기에 고고학 등의 인접학문을 통해 올바른 백제사가 정리될 수 있다.

고대국가 백제를 건국하였던 실질적 주체는 북에서 남쪽으로 이주한 집단들로 이해된다. 그러나 백제의 건국주체세력이 북에서 남쪽으로 내려오기 전에 백제의 국가 건국지였던 한강 하류지역에는 이전부터 살았던 집단사회들이 있었다. 이들 선주의 집단사회는 마한의 소국구성세력인 한인이 주류를 이루고 있었고, 또한 문화적 차이에 의해 예인으로 불리던 사람들도 섞여 있었다. 따라서 북에서 남쪽으로 내려온 이주 집단 외에 기왕의 선주집단을 포함하여 백제의 건국

시기의 주민구성은 매우 다양한 것으로 볼 수 있다.

한편 백제의 건국주체 세력들이 북에서 남쪽으로 내려왔을 때, 그들은 아직 국가체제를 갖추지 못한 상태로 있었다. 그들은 한강유역에 정착한 다음에, 이곳에 살던 선주민을 하나의 세력으로 아우르고, 나아가 점차 남쪽의 마한지역을 잠식하는가 하면, 북쪽에 자리하고 있던 중국의 군현세력과 투쟁하는 과정에서 점차적으로 국가체제를 갖추어 나간다.

고대사회의 국가형성은 선사시대 이후 성장하였던 집단사회들의 자생적 성장을 통해서, 혹은 보다 선진 문물을 경험한 집단이 그렇지 못한 집단을 정복하면서 이루어지는 등 다양한 방법에 의해 이룩된다. 백제는 비록 북쪽에서 남쪽으로 내려온 유이민 집단에 의해 건국되었지만, 국가체제의 확립은 한강유역 및 마한지역의 선주 토착사회와 유기적 관련 속에서 점진적으로 이루어지는 특징이 있다. 이러한 특성을 감안하여 백제의 발전단계는 도읍 이동사실과 결합하여 다양하게 설명된다. 즉 백제는 한강유역의 한성과 금강유역의 웅진, 사비에 도읍한 경험을 갖고 있고, 그에 따라 백제사를 한성도읍 전기, 한성도읍 후기, 웅진 도읍기, 사비 도읍기로 구분하는 것이 그것이다. 이에 따라 백제사를 한성 도읍전기는 국가체제가 형성되지 않은 국가성립 이전의 단계로, 한성도읍 후기는 국가체제가 갖추어지는 시기, 웅진도읍 시기는 도읍이동에 초점되고 나아가 국가발전의 재도약 시기로, 그리고 사비시대는 명실상부한 율령제적 고대국가의 시기로 이해하고 있다.

그런데 백제는 도읍을 세 차례에 걸쳐 옮기면서 나름의 개성 있는 문화를 형성한다. 한성에 도읍하던 시기에서 전기로 구분된 시대에는 아직 삼한문화의 범위에서 크게 벗어나지 못하지만 서울 강남의 석촌동에 대규모로 조성된 적석총에서 알 수 있듯이 고구려적인 성격이 강하게 나타나는가 하면, 이후 후기에 이르면서 백제 나름의 개성 있는 초기 백제문화가 전개된다. 그러나 웅진으로 천도하면서 중국의 남조문화를 받아들여 자기 것으로 소화하여, 세련되고 우아한 새로운 백제문화를 창조함으로써 이전의 한성도읍시기와는 질적으로 차이 있는 문화를 갖추게 되기도 한다. 나아가 다시금 사비로 천도하면서 북조의 문화도 섭취하여 이를 가장 백제적인 것으로 재창조하는 면모를 과시하는 것이 백제문화이다. 특히 백제는 지리적 이점을 최대한 활용하여 중국으로부터 새로운 문물을 받아들여 이를 백제적인 것으로 소화하고, 다시 바다 건너 왜에 전해줌으로써 고대 일본문화의 발전에 초석의 역할을 담당하기도 한다.

(2) 백제사의 전개

　백제의 건국사실 중에 건국시조와 관련된 내용은『삼국사기』백제본기에 전하고 있다. 그에 의하면 백제의 건국설화는 온조(溫祚) 중심의 설화와 비류(沸流) 중심의 설화가 함께 있다. 두 설화는 온조와 비류가 형제이고, 온조는 비류의 동생으로 표현되어 있다. 이러한 기록은 형제간이란 표현이 오히려 두 집단을 연맹관계에 있었던 것으로 보게 하는 것이고, 비류가 형으로 표현된 것도 연맹초기에는 비류집단이 온조 집단에 비해 우월한 위치에 있었음을 암시하는 것으로 볼 수 있다. 그러나 이후에 온조 집단은 점차 성장이 가속화되면서 역으로 비류집단을 통합하는 주체가 되어 세력관계에서 우위에 서게 되었음을 알게 한다. 이처럼 한강유역에 정착한 유이민 집단, 그리고 이미 한강유역에 자리하고 있었던 선주집단의 통합을 통해 세력 확장을 실시한 백제는 이후에 중국이 설치한 낙랑군이나 대방군 같은 군현세력의 이이제이(以夷制夷)적 분열정책을 극복하면서 마침내 마한지역에서 정치적 주도권을 장악하여 국가체제 확립의 길로 접어든다. 아마도 그 시기는 3세기 중엽 이후인 고이왕대로 추정할 수 있다.

　온조에 의해 백제가 건국된 이후 3세기 중엽 경에 이르면, 백제는 목지국을 중심으로 결속되어 있던 마한지역의 여러 소국들을 압도할 수 있게 된다. 그 배경에는 백제가 선진적인 철기문화를 바탕으로 생산된 우수한 무기를 소유하고 있었고, 양질의 철 생산을 통해 훌륭한 농공구의 제작을 통해 보다 우월한 산업생산이 가능하였기 때문이다. 여기에 백제가 자리한 한강유역은 중국과 낙랑 · 대방, 나아가 남쪽의 가야와 왜를 잇는 활발한 교역 망을 형성하는 지리적 조건을 갖춘 곳이다. 백제는 이러한 자연, 지리적 조건을 최대한 활용하여 점차 그 세력을 확장하여 갔다.

　백제는 고이왕대인 3세기 후반경에 이르면 어느 정도 고대국가 체제를 갖추어간 것으로 본다. 여기에 다시금 4세기 중엽 근초고왕(近肖古王)대에 이르면 보다 국가체제를 진전된 형태로 발전시킨다. 이 즈음에 백제는 마한지역에 대한 영향력을 확보하고, 종전의 마한 소국 수장들을 장악하여 백제의 관등체계에 편입하는 방식으로 지배력을 강화, 그를 통한 지방 지배를 강화한다. 나아가 새롭게 확보된 영역에 대한 통치기반을 강화하는가 하면, 유교이념을 강조하고 국사를 편찬하여 왕권을 뒷받침하는 이념으로 삼기도 한다. 이러한 토대 위에 백제는 4세기 후반 무렵 활발한 정복활동을 벌어 남으로는 영산강 유역에 근거한 마한의 잔여세력들을 완전 병합하였고, 북으로는 고구려의 압력을 물리치면서 황해도 지방을 그들의 영역으로 삼았다.

그러나 근초고왕 이후 백제는 대내외적 시련에 봉착한다. 대내적으로는 왕비족인 진씨 세력을 비롯한 귀족세력이 크게 대두되면서 이들이 정치의 중심에 부상하게 된다. 특히 진사왕과 아신왕의 왕위에 등극하는 과정에서 왕위계승과 관련된 분쟁이 발생하고, 그 과정에서 왕비족인 진씨 세력의 영향력이 크게 확대된 반면에 왕권은 상당히 위축된다. 여기에 대외적으로 고구려 광개토대왕의 적극적인 남하공세에 밀려 황해도 지역은 물론 경기 북부지역에 걸치는 상당한 영역을 고구려에게 내주고 말았다. 이러한 환경은 5세기 전반에 이르러서도 계속된다. 특히 왕위 계승과 관련된 분쟁이 계속되는데 아신왕이 죽은 후에 해씨를 중심한 세력들이 왕의 동생인 첩례(諜禮)라는 인물을 지지하던 세력을 물리치고 왜에 인질로 가 있던 태자 전지를 옹립하는 등의 정쟁이 이를 대변한다. 그러는 와중에서 귀족세력의 교체도 나타나는데 이제까지 권력을 장악하고 있던 진씨 세력이 밀려나고 왕의 인척인 여신이란 인물과 귀족세력인 해씨, 목씨 등의 세력이 실권 세력으로 등장 정국을 주도한다. 전체적으로 백제의 정국은 전지왕의 즉위한 이후에 귀족인 해씨와 목씨 등이 정치적 실권을 장악하였음을 알 수 있고, 나아가 전지왕대에 이르면 새롭게 상좌평을 설치하여 군국정사를 위임하는 것으로 미루어 왕권도 상당히 위축되었음을 알 수 있다.

그러나 4세기말에서 5세기 전반경까지 이처럼 위축되었던 왕권은 20대 왕인 개로왕이 등극하면서 회복을 위한 노력이 시작된다. 개로왕은 궁궐과 그의 아버지 무덤을 새롭게 만드는 등의 대규모 토목공사를 실행, 왕실의 권위를 높이고자 한다. 또한 대외적으로 고구려 압력에 대항하기 위하여 신라와 긴밀한 관계를 가지면서, 중국 북위에 사신을 보내 고구려를 견제하기 위해 군사를 요청하는 청병외교를 전개한다. 그러나 그의 왕권강화책은 내부적으로 귀족의 반발에 부닥쳤던 것으로 보이며, 특히 외부적으로 고구려 장수왕의 군사적 공격을 유발하게 되었고, 그 결과 왕도인 한성이 고구려 군에게 함락되고 왕마저 피살됨으로써 실패로 귀결된다.

고구려 장수왕에 의해 백제의 수도인 한성이 함락되고 개로왕이 피살되는 위기를 맞이한 백제는 이어 문주가 왕위에 오른다. 고구려의 한성침략은 475년 9월의 일이고, 문주는 고구려 침공시 개로왕에 의해 구원군을 동원하도록 지방에 내려 보냈던 인물로 구원군과 함께 이미 고구려에 함락되어 폐허화된 한성에 도착하였으나 왕이 사망하자, 개로왕을 이어 왕위에 등극하였고, 다음 달인 10월에 웅진으로 천도한 것이다. 그러나 문주왕의 웅진천도는 구원군으로 참여한 지방 세력의 옹위 속에 이루어진 것이고, 그러한 환경에서 이루어진 천도는 필연적으로 새로운 정치세력으로 지방 세력의 등장을 가져왔다. 여기에 한성에서 남하한 구귀족들이 새롭게 등장한 신진세력과 서로 어우러져 분열과 갈등을 겪으면서 웅진천도 초기의 백제는 정치적으로 상당한 혼란을 겪게 된다. 그러한 와중에 병관좌평이었던 해구가 문주왕을 살해하고 반란을 일으킨 사건도 발생한다. 이러한 정치적 불안은 금강유역에 기반을 둔 사씨, 연씨, 백씨 등 신진세력과 결탁한 동성왕에 의해 신귀족과 구귀족의 조화를 바탕으로 국가를 운영함으로써 어느 정도 안정기에 접어들기도 한다. 그러면서 정치의 주도권이 점차 신진세력으로 넘어가게 되고, 이 와중에 동성왕도 신흥귀족인 백가에 의해 피살되고 만다.

동성왕의 피살은 무령왕의 등장을 가져왔다. 무령왕의 왕의 등극이 동성왕의 피살결과로 나타난 것이지만 그 정치적 배경을 자세하게 살피기는 어렵다. 다만 무령왕은 왕위에 오른 다음에 동성왕을 살해하며 반란을 일으킨 백가의 난을 평정함으로써 정국의 주도권을 장악한다. 나아가 무령왕은 왕족을 대폭 등용하면서 기존의 지방통치 단위였던 담로지역에 왕족자제를 파견하여 직접 지배를 시도하는 등의 왕권 강화를 도모한다. 여기에 수리시설을 확충하고 혼란한 정국에 살길을 잃어 떠돌던 유민들을 농사에 종사하도록 안정시켜 경제의 안정을 도모하고, 고구려에 대해서는 공세적 입장을 취하는 등의 국가 중흥을 도모한다. 결국 백제의 웅진 천도후 혼란하였던 정치 환경은 무령왕의 즉위로 일단락되고, 실추된 왕권의 완전 회복은 물론 국가의 중흥도 완벽하게 이루어졌다고 볼 수 있다. 백제의 정국안정과 국가 중흥의 징표는 무령왕이 중국의 양나라에 사신을 보내어 백제가 이제 다시금 강국이 되었다고 선언하는 것에서 알 수 있다.

이제, 백제는 웅진천도 전야에 나타난 혼란된 정국이 동성왕과 무령왕이 추진한 왕권강화책으로 말미암아 수습되고, 이를 기회로 이전의 한성 도읍기에 버금가는 정도의 국가 역량을 갖추게 된다. 이를 기반으로 무령왕 다음에 등장한 성왕은 도읍을 사비로 천도한다. 성왕의 사비천도가 어떤 정치적 배경에서 이루어졌가는 알기가 어렵다. 다만 부여지역에 기반을 둔 사씨 세력과 목씨 세력의 적극적 협조로 이루어진 것으로 추정한다. 그는 천도 후 국호를 남부여로 개칭하고 16 관등제 22부사제, 수도의 5부 5항제 지방은 5방 군현제를 실시하여 명실상부한 고대국가체제를 완비하고 있다.

체제정비를 통해 국가면모를 일신한 성왕은 신라, 가야군과 더불어 고구려를 공격하여 잃어버린 한강유역의 회복에 나선다. 그러나 신라 진흥왕이 백제가 확보한 한강하류 지역까지 점령하자 이에 분노, 많은 반대에도 불구하고 신라를 정벌하기 위한 군대를 일으켜 신라 공격에 나서지만 관산성 전투에서 대패하여 전사한다. 그리고 성왕의 뒤를 이어 위덕왕이 왕위에 오르지만, 유약함과 신라와의 전쟁패배에 따른 후유증으로 백제는 일시적이나마 대내적인 위축을 맞이한다.

위덕왕은 약 40여년간 왕위에 있었고, 이후 혜왕과 법왕이 그의 뒤를 이어 왕위에 오르지만 모두 2, 3년간 왕노릇을 하였을 뿐, 모두 단명으로 사망한다. 그리고 백제의 왕은 익산에서 마를 캐어 생활하던 서동으로 알려진 무왕이 등장한다. 백제의 왕이된 무왕은 아막산성 전투이후 적극적으로 왕권강화책을 모색한다. 왕흥사를 건립하는 등의 행위는 왕권강화의 행위로 볼 수 있는 것이고, 이 시기에 무왕의 권력 강화를 도왔던 세력은 귀실씨·흑치씨 혹은 계백씨 등이 전하며, 이들은 이전에는 볼 수 없었던 새로운 세력들이기도 하다. 아무튼 무왕이 백제의 왕이 됨으로써 이제 백제는 이전의 실의를 딛고 새로운 활력을 얻게 된다. 그리고 무왕은 익산지역에 미륵사를 창건하고, 왕궁리 등지에 도성을 건립하는 등, 익산으로의 천도를 준비하기도 하지만 실현하지 못하는 정치적 한계도 드러낸다.

무왕의 뒤를 이은 의자왕은 왕위에 오른 직후에 친위정변을 단행하여 왕권에 반대되는 고위귀족을 추방하여 왕권을 보다 강화한다. 그리고 신라의 대야성을 공략하고, 나아가 신라 북쪽 경계에 있는 30여 성을 함락시키는 등의 군사행동으로 신라에 대한 압박을 한층 강화한다. 이러한 백제의 행동은 대내외적 발전을 도모하는 것으로 간주될 수 있는데 특히 대외정책에서 친 고구려정책으로 전환한다든가 왜와의 화친을 보다 강화하는 것은 이 시기의 국제정세와 관련하여 크게 주목될 수 있는 것이다.

그러나 의자왕의 빈번한 신라 공격은 신라로 하여금 위기의식을 심화시키는 계기가 되었고, 위기를 탈출하기 위한 신라는 대당 비밀외교를 전개한다. 여기에 백제와 고구려와의 관계가 긴밀하게 전개되자 당나라는 결국 나당동맹을 맺으면서, 당의 고구려 정벌을 위한 전략의 일환으로 나당연합군이 백제를 공격함으로 써 660년 백제는 멸망될 수밖에 없었다.

(3) 백제의 대외관계

동서고금을 막론하고 국가의 존망은 주변 여러 나라와의 관계 속에서 이루어 진다는 것은 널리 알려진 사실이다. 특히 백제처럼 한반도라는 좁은 범위에 자리 하면서 여러나라와 자웅을 겨룰 경우 더욱 그러하고, 나아가 백제는 건국시기부 터 이미 마한의 여러 소국 혹은 연맹체와의 대외관련 속에서 성장하였을 것이다. 여기에 국가체제가 성립된 후에는 주변에 고구려나 신라 그리고 가야 등의 정치 집단이 존재하였고, 보다 멀게는 중국이나 일본도 자리하고 있어 그들과의 상호 관계 속에서 국가의 운영을 도모하였을 것이다. 이러한 백제의 대외관계는 전통 적으로 삼국간의 관계와 중국, 왜와의 관계로 구분하여 설명한다.

백제의 대외관계를 살핌에 있어 삼국간의 관계는 한반도라는 지정학적 조건 외에 전통적으로 예, 맥, 한이란 동족적 관점에서 이루어지는 고구려, 신라와의 관계를 말한다. 이 삼국간의 관계는 비단 국가의 발전만이 아니라 상호간의 치열 한 경쟁과정에 있기에 어쩌면 국가의 존폐와 관련된 것이 기본적으로 작용한다. 따라서 이들 삼국간의 외교관계는 실리와 세력균형을 추구하는 방향에서 전개되 는 특징이 있다. 때문에 삼국간의 외교는 시기별 정세에 따라 다양한 양상으로 전 개된다. 예컨대 4세기초 백제의 북쪽에 있었던 낙랑군과 대방군이 소멸된 후에 고구려 광개토대왕의 남진에 대항하기 위하여 왜 세력을 끌어들인 것이 그 하나 의 예이다. 그리고 고구려 장수왕의 남진정책에 대항하기 위하여 비유왕대에 신 라와 공수동맹을 맺는 것도 또 다른 예인데, 그러한 전략 속에서도 개로왕은 고구 려 장수왕의 공격으로 전사하고 만다. 물론 신라와 동맹관계는 웅진천도 후에도 지속된다. 그러다가 성왕 31년 고구려로부터 회복한 한강유역을 신라 진흥왕이 차지하면서 동맹관계는 파탄이 나고 다시 양국이 적대관계에 돌입한다. 이후 삼 국은 상호 대립과 갈등의 양상을 보이다가 중국에서 당나라가 등장하자 위협을 느낀 백제는 고구려와 손잡고 신라와 당나라의 연합체제에 대응하는 외교노선을 전개하는 변화를 보이고 있다.

한편 고대사회에서 각 나라의 대중국 외교는 조공 · 책봉 · 견사 · 청구 · 전 재 · 회맹 등의 범위에서 실시되는 것이 일반적이고, 백제의 대중국 외교의 성격은 조공과 책봉의 관계속에서 이루어진 것으로 정리된다. 여기에서 조공과 책봉의 본래 의미는 중국적 질서 속에 예속되는 것으로 간주될 수 있지만, 실상은 오히려 명분상 그러할 뿐이다. 오히려 백제의 대중국 외교가 조공과 책봉 관계에서 진행됨에도 불구하고 한반도내의 역학관계를 중국과 연결하여 세력균형을 도모하는 외교행위로 진행된다는 특징이 있다. 아무튼 백제의 대 중국 외교는 초기에 낙랑군과 대방군을 중심으로 이루어졌으나 근초고왕대에 이르러 직접 중국의 동진에 사신을 파견하고 진동장군영낙랑태수(鎭東將軍領樂浪太守)의 작호를 받음으로써 본격화된다.

백제가 전개한 중국과의 교류·교섭에서 두드러진 특징은 당시 중국은 남·북조 사회로 분열되어 있었고 그 중에서 남조를 대상으로 전개한다는 점이다. 물론 일시적으로 고구려를 견제하기 위하여 고구려와 밀접한 관계가 있던 북조와 외교관계를 맺기도 한다. 그러나 상당기간의 대 중국 외교는 남조를 대상으로 전개된다. 백제의 남조와 외교관계는 한성에 도읍하던 시기부터 전개되는데, 이후 웅진으로 천도한 후에 고구려의 방해로 일시적으로 단절되기도 하였으며, 이후 동성왕대에 다시 재개되는가 하면, 사비도읍 시기에는 남북조 모두와 외교관계를 맺는 양상도 나타난다.

한편 백제와 바다 건너 왜와의 관계는 대립적인 것보다는 우호적이고 상호 원조의 형태로 진행된다. 아마도 왜 지역으로 이주한 백제계 사람들이 왜 정권의 핵심에 자리한 것과도 관련이 있을 것으로 추정하기도 한다. 그러나 보다 근본적 배경은 왜의 선진문화에 대한 욕구를 백제로 하여금 해소하여야 하는 시대상황과 밀접한 관련이 있을 것으로 보아야 할 것이다. 다만 『일본서기』등의 일본쪽 기록에 백제와 왜의 관계를 백제 보다는 왜가 중심이 되고, 그들이 우위에 있었던 것으로 왜곡 서술되어 있어 이 부분은 재해석을 통한 역사상의 인식이 필요한 부분이기도 하다. 백제와 왜와의 관계는 근초고왕 대에 본격적으로 이루어는 바, 양국관계를 단적으로 보여주는 것이 칠지도이다. 칠지도(七支刀)는 백제왕이 왜왕을 후왕으로 봉하는 것으로 양국관계의 실상을 적나라하게 보여주고 있으며, 이후 백제는 왜에 학술·기술 등의 선진문물을 제공하고 대신 왜는 백제의 요청에 응해 군사를 원조하기도 한다.

(4) 백제의 정치와 사회

백제의 통치조직은 국가 질서의 기반인 관등제(官等制)라던가, 통치기구, 그리고 도읍 및 지방의 행정조직 등의 다양한 형태로 마련하였다. 백제의 통치조직으로 관료의 질서체계, 위계체제는 관등제로 규정하였고, 행정기구로서 22부사제, 그리고 지방통치체로 부와 담로 및 방군성제 외에 군사체제에 대한 것들이 전해진다. 다만 이러한 제도 문물의 완비는 국가체제가 갖추어지는 과정에서 점진적으로 마련되는 것들이다.

6좌평, 16관등제로 불리는 백제의 관등체제는 고이왕대에 좌평(佐平)과 솔계(率系), 덕계(德系) 관등이 만들어지고, 이어 근초고왕대에 솔계와 덕계 관등이 다시 5개의 관등으로 자세하게 구분하는 것으로 추가된다. 이후 성왕대에 이르러 문독과 무독과 같은 하위 관등이 설치됨으로써 16관등제가 완비되는 것이다. 여기에 16관등 중에 1품인 좌평은 이전에 상좌평제가 실시된 바가 있으며, 후기에 상·중·하 좌평제로 분화되었고 사비도읍 시기에 내신·내두·내법·위사·조정·병관좌평의 6좌평이 완비되고, 이어 이들은 관직적인 성격으로 바뀐다. 2품 달솔은 정원이 30명이었으나 3품 은솔이하는 정원이 없다는 규정도 이즈음에 갖추어진 것으로 본다.

행정을 총괄하는 22부사는 왕실관계의 업무를 관장하는 내관 12부와 일반서정을 다루는 외관 10부로 구분된다. 내관 12부는 각기 합당한 임무가 부여된 기구인데 예컨대 전내부는 왕명을 출납하는 기관이란 것이 그것이다. 그리고 외관 10부도 마찬가지로 사군부의 경우 군사업무를, 사도부는 교육과 의례 업무를, 사공부는 재정업무를, 사구부는 사법 업무를 관장하는 등의 업무분장이 그것이다. 그리고 22부의 우두머리는 장사·장리라는 임기 3년의 관리를 임명하였다.

이외의 관직으로 군사권을 관장하는 좌장, 교육을 담당한 박사 등이 있다. 한편 백제의 귀족회의체의 전신은 좌평을 의장으로 하고 솔계 관등이 참여하는 제솔회의체(諸率會議體)가 있었으나 후에 좌평이 분화되면서 좌평들이 최고귀족회의체의 중심이 된다. 구성원은 웅진도읍 시기까지 5명이지만 사비 천도 후에 6좌평제로 정비되면서 6명이 되었고, 기능은 중요 국사를 논의하였는데 회의 장소는 정사암과 같이 신성지역으로 삼았다.

한편 지방통치 조직은 한성 도읍초기에 부제가 실시된 것으로 전하나 그 정확한 성격은 아직 밝혀지지 않고 있다. 다만 근초고왕대에 담로제(擔魯制)를 실시함으로써 지방제의 모습이 제대로 갖추어지는데, 담로제의 경우도 간접 통치인가 아니면 직접 통치인가의 이견은 있다. 웅진도읍시기에는 담로 22개 정도가 있었는데 이 즈음에 왕의 자제종족을 파견한 것으로 미루어 중앙에서 지방의 직접 통치가 실행되기 시작하였음을 알려준다.

담로제는 사비로 천도한 후에 지배체제를 정비하면서 방(方), 군(郡), 성(城)제로 개편된 것으로 판단된다. 방이라는 것은 전국을 다섯으로 나눈 5방이고, 장관은 방령(方領)이라 하였고, 방령이 머물면서 관할하는 중심지인 치소를 방성(方城)이라 한다. 그리고 방보다 아래의 하부단위인 군은 모두 37개가 있었던 것으로 전하는데, 군사적 측면에서 방령의 관할을 받았고 우두머리는 군장으로 불렸다. 방과 군이 통할하는 보다 하위조직이 성이고, 우두머리는 성주 또는 견사라 하였다.

마지막으로 군사조직은 왕권이 확립되고 삼국간의 전쟁이 격화되면서 구체적으로 정비된 것으로 판단된다. 예컨대 군사권(軍事權)은 고이왕대에 좌장(左將)을 설치함으로써 왕권 아래에 집중시킨 것이 그것인데 이후 병관좌평이 설치되면서 좌장은 군령권(軍令權)을 관장하고, 병관좌평은 군정권(軍政權)을 관장하는 업무 분담도 나타난다. 다만 군사권이나 서정권(庶政權)은 정치적 상황에 따라 심복에게 위임하는 변화도 있다. 중앙의 군사조직은 수도 5부에 배치된 부대가 있고, 이들은 수도의 방위와 경찰임무를 담당한다. 각각 500명으로 구성되었고 달솔의 관등을 지닌 자가 지휘한다. 지방 군사조직은 방성에 700~1200명의 군사가 배치되어 방령의 통솔을 받는다. 군이나 성에도 군사조직이 있었으나 그 인원은 알수가 없다. 일반민은 모두 병역의 의무가 부과되었고 복무기간은 3년이 원칙이다.

백제사회 신분구조는 지배층과 평민층 그리고 천민층으로 크게 구분할 수 있고, 지배층은 다시 특권의 크기에 따라 왕족을 정점으로 대성 8족이라는 최고위층이 존재하는데 이들은 16관등중에서 좌평과 달솔의 관등을 가질 수 있다. 다음은 16관등 중에 덕계의 관등까지 승진할 수 있는 신분이고, 마지막 최하위의 지배층은 독계의 관등까지 승진할 수 있는 신분이다.

고대사회의 신분제는 그대로 관등과 관직을 규정하는 것이다. 따라서 백제도 신분에 따른 복장의 색깔과 허리띠의 색깔이 구분되는 바, 왕은 금화로 장식한 검은 비단의 관을 쓰고, 흰 가죽 띠를 두르며 검은색의 비단 신을 신는다. 다음의 지배층인 좌평과 달솔의 관등에 이른 신분은 자색의 공복을 입고 은화로 장식한 관을 썼다. 그리고 그 다음의 신분층은 비색의 공복을 입으며, 자색의 띠에서 황색의 띠를 착용한다. 마지막 최하위 신분층은 푸른색의 공복을 입고 누런 띠에서 하얀 띠를 사용한다.

평민은 사회의 주류를 이루는 농민이 중심인 것으로 볼 수 있으며, 이들은 군역과 노동력 징발의 대상이었고, 비색이나 자색 등의 옷을 입는 것도 금지되었다. 또한 천인층은 노비가 주류를 이루는데 이들은 비자유민으로 재산처럼 취급되었다. 노비의 자식은 다시 노비가 되었고 전쟁포로라던가 형벌 그리고 부채 등에 의해 노비는 지속적으로 산출되었다.

한편 백제사회는 중앙집권적 국가체제가 갖추어지면서 통치를 위한 법적제도가 마련된다. 아마도 근초고왕대에 이르면 백제는 율령을 반포하여 일반적인 법 체제를 만든 것으로 추정한다. 다만 그것이 얼마만큼 구체적으로 실현되었는가의 판단은 어려운데, 적어도 백제 후기에 이르면 율령이 구체적으로 실시되었던 것으로 본다. 법령으로 우선 율(律)은 관리로서 뇌물을 받거나 도둑질한 자는 3배를 배상케 하고, 종신 금고형에 처한다거나 모반하거나 도망한 군인은 목을 베었으며, 도둑은 외딴 곳으로 멀리 보냈다. 그리고 간통죄의 경우 여자는 남편 집에 종으로 삼았다는 내용 등이 전하고 있다. 이외에 영(令)과 관련된 내용으로 관품령적인 성격의 16관등제라던가 직원령과 관련되는 22부제, 그리고 군현령 성격의 방군성제가 있고, 부역령과 관련되는 부세, 역역 등을 추정할 수 있다.

이외에 백제는 중국에서 유교사상과 불교를 받아들여 중앙집권의 지배이념으로 삼기도 한다. 백제의 불교 유입은 4세기 후반경에 이루어지나 웅진천도 이후에 불교의 성행이 이루어지고, 불교종파로는 삼론종, 율종 등이 성행한 것으로 전한다. 이외의 신앙은 왕족의 조상신을 모시는 시조묘(始祖廟) 제사나 천지신(天地神)에 대한 제사가 널리 행해졌고, 이외에 백제 말기에는 도교사상도 크게 퍼진 것으로 전한다. 최근에 부여 능산리 절터에서 발견된 용봉금동향로에 산악숭배·신선사상·도교·불교가 복합적으로 나타난 조각이 있어 당시 백제종교의 다양성을 단적으로 보여주고 있다.

백제의 경제구조는 농업을 기반으로 하는 토지경제가 중심을 이룬다. 따라서 토지의 지배나 소유는 생산력의 장악을 의미할 수 있는데 대체로 지배층을 중심으로 대토지 소유가 이루어진다. 대토지 소유의 방법은 국가에서 하사하는 형태인 전조와 사여, 그리고 식읍을 지급 받아 이루어지는데, 식읍은 공훈이 뛰어난 왕족이나 관료들이 받는 경제적 특혜로 조세, 역, 공납의 세금을 직접 수취할 수 있는 토지이다.

이외에 귀족들은 정복지역의 토지를 사여 받거나 새로운 토지를 개간하여 대토지를 실현하기도 한다. 물론 농민들도 사적소유가 진전되면서 개별적인 토지소유가 가능하였던 것으로 추정한다. 이들 토지에 대한 생산력도 점진적으로 확대되었는데 그 배경에는 철제 농기구의 광범위한 보급과 우경의 실시, 벽골제와 같은 대규모의 저수지와 제방의 축조 등이 자리하고 있다. 이러한 생산력의 증가는 결국 개별농가가 농업경영단위로 성장하는 배경이 되는가 하면, 농민층은 자영농민층의 성장과 아울러 무전농민, 용작농민 등도 나타나 농민층 자체의 분화도 이루어진다.

한편 백제의 세금 제도는 조(租) · 조(調) · 역(役)이 있었다. 우선 조는 토지세로 수취대상은 농민층이었으며, 경작물인 쌀을 비롯하여 소맥, 대두, 율 등이 수취되었고, 토지세와 특산물에 부과하는 조(調)의 수취는 중국의 역사서인 주서(周書) 백제전에 기록된 내용에 따르면 그 해의 풍흉에 따라 차등을 두었다고 한다. 이로 보면 기준은 분명하지 않으나 고구려의 예로 보아 재산의 정도에 따라 3등급으로 나누어 세금을 거둬들인 것으로 볼 수 있다. 특산물에 부과하는 조의 수취물은 포 · 견 · 사 · 마 등이었던 것으로 본다. 노동력 징발방법인 역역은 요역과 군역으로 구분된다. 요역은 성곽 궁실 제단. 제방의 축조 등에 민을 동원하였으며, 동원대상은 15세 이상의 정남이다. 이 요역 동원은 주로 2월과 7월의 농한기를 이용하였다. 군역은 삼국 사이의 전쟁이 격화되면서 포괄적으로 이루어진 것으로 보이며 복무기간은 3년이고 군현을 단위로 징발하였다.

백제는 수공업도 발전하였다. 수공업품으로 갑옷에 황색 칠을 한 것들이 유명하고, 최근에 출토된 각종 금은세공품은 그 발전의 정도를 가늠케 한다. 예컨대 무령왕릉과 나주 신촌리 9호무덤 을관 출토의 단용환두대도라던가, 각종 금은 세공품이 그 예이다. 이외에 광개토대왕비에는 백제가 고구려에 항복의 대가로 세포를 공납하고 있는데, 이 세포는 모시로 일찍부터 백제사회에 모시생산이 활발하게 이루어졌음을 보여준다. 물론 수공업의 운영은 궁중과 관청에서 필요로 하는 물품과 국왕이 하사하는 물건 및 대외 교역품은 관영수공업을 통해 공급되었고, 이에 종사하는 장인(丈人)중에서 상급자들은 박사의 직위를 수여받았다. 그러나 일반민이 필요로 하는 물품은 농민들이 자급자족적인 가내수공업 형태로 생산한 것으로 추정한다.

2. 백제의 건국과 성장

1) 백제의 건국과 삼한사회

　　기원 전후한 시기에 북쪽에서 한강유역으로 내려온 일련의 집단에 의해 백제가 건국된다. 그것이 기원전 18년의 일로 삼국사기는 전하지만, 초기 백제의 성립은 유이민 일부와 선주 토착민이 더불어 작은 집단사회로 출발하였고, 이들은 점차 세력을 넓혀 주변사회를 잠식하면서 국가로 성장한 것이다. 특히 백제의 성장은 그들이 자리하였던 지역이 본래 삼한 중 마한의 범위에 속하고, 초기의 백제는 마한 54국중의 하나였으며, 적어도 3세기 후반대까지 백제는 마한 소국의 범주에서 벗어나지 못한 것으로 본다. 따라서 백제의 초기사회 인식은 삼한사회의 인식과 함께 하고, 삼한 소국의 실상은 어쩌면 초기 백제의 실상을 대변하는 것으로 볼 수 있다. 이러한 인식은 삼국사기가 전하는 백제의 참모습과 이외의 중국쪽 기록이 전하는 모습과의 차이를 어느정도 해소할 수 있을 것이다.

　　여기에서는 백제의 기반인 삼한사회의 실상을 살펴, 백제가 어떤 지역사회에 터전하여 성장하였는가를 먼저 살펴보고자 한다. 삼한사회는 한반도에서 기왕에 성장하였던 청동기 문화를 바탕으로 성립되는가 하면, 북쪽에서 고조선 사회의 해체로 말미암아 형성되는 경우도 있듯이 다양한 사회, 문화내용을 지니고 있다. 나아가 초기 백제의 실상은 삼한 소국의 실상과 큰 차이가 없다는 점에서 삼한사회의 이해는 백제의 실상 이해에 크게 참고 될 것이다.

　　백제라는 국가의 건국에 대한 사실은 『삼국사기』 등의 우리나라 역사기록에 의하면 기원전 18년, 북에서 남으로 내려온 일련의 집단, 즉 온조와 비류가 이끄는 집단이 한강유역에 정착하면서 비롯된 것으로 전한다. 그런데 중국의 역사서에는 백제의 국가 건국과 관련된 내용은 전혀 전하지 않고, 백제에 대한 최초의 기록은 『삼국지』위지 동이전의 한전에서 확인된다. 이 기록은 3세기 후반 무렵에 저술된 것으로 당시의 한반도 정황을 삼한사회로 기술하였는데, 이중에 마한지역에 백제국(伯濟國)이란 소국이 있었음을 전한다. 이 백제국(伯濟國)은 마한 54국중의 하나임은 물론이다.

삼국사기와 같은 국내의 역사기록과 중국에 전하는 역사기록으로 백제에 대한 최초의 기록인 삼국지의 내용을 조화, 대비하여 보면, 백제는 기원전후한 시기에 온조가 한강유역에 정착하여 국가를 건국하게 되었지만, 3세기 후반 무렵까지도 마한의 소국, 즉 마한 54국 중의 하나에 속하는 발전단계에 있었다는 결론을 얻을 수 있다. 물론 삼국사기만을 의거하던가, 아니면 중국쪽을 의거하던가의 양자택일에 의해 백제의 건국시기 정황을 살필 경우 전혀 다른 결론을 얻을 수 있다. 그러나 고대국가의 성장은 여러 가지 환경과 어우러져 점진적으로 이루어진다는 사실을 염두에 두고 백제란 나라의 초기 정황을 살펴보아야 한다. 즉 백제는 비록 온조에 의해 기원전후한 시기에 한강유역에서 태동하였다 하더라도 3세기 후반대까지 마한의 소국이었던 백제국(伯濟國)으로 한강 하류지역인 지금의 강남지역에 자리하고 있었고, 이후에 고대국가 백제로 점차 성장한 것으로 보아야 한다.

따라서 백제는 건국초기는 마한을 구성하는 54국의 하나로 볼 수 있으며, 적어도 3세기 후반 무렵의 백제국(伯濟國)이 백제의 전신이라면, 초기백제의 정황은 삼한사회의 정황과 일치하는 것으로 볼 수 있다. 나아가 초기 백제사의 이해는 삼한사회의 이해와 직결된다는 것도 알 수 있다. 여기에 백제는 마한소국의 하나로 출발하였지만 국가 성장이 마한사회를 잠식, 병합하는 과정에서 이룩되고, 나아가 고대국가로 완비된 이후의 백제강역이 마한의 강역과 그대로 일치하는 특징이 있다. 결국 이러한 정황은 백제라는 고대국가의 기반은 삼한사회에 있다는 점을 그대로 대변하는 것이고, 따라서 삼한사회와 문화의 이해는 백제의 사회, 문화의 바탕이 됨을 알 수 있다.

(1) 삼한의 성립과 그 실상

기원전 2-3세기 무렵에 이르면 한반도 북쪽에서 고조선 사회가 해체된 후, 멀리 만주 송화강 유역의 부여와 압록강 고구려 그리고 동쪽의 옥저, 동예와 같은 정치집단이 성장, 발전하고 있었다. 그리고 같은 시기에 한반도의 남쪽에는 진국이라 불리는 사회가 북에서 일어난 파장의 영향으로 마한, 진한, 변한으로 불리는 삼한사회가 태동하게 된다. 이 삼한(三韓)은 중국의 역사서인『삼국지』위지 동이전을 비롯하여 같은 중국 역사서인『후한서』동이전 한전 조에 모두 기록되어 있으며, 마한(馬韓)·진한(辰韓)·변한(弁韓)을 각각 구분하여 기록하면서 마한은 54국, 변진한 각 12국씩 78개의 소국으로 구성되었다고 전한다. 이러한 기록으로 한반도 남쪽은 청동기시대에 이어 철기시대가 시작되면서 진국으로 불리는 사회가 이제 삼한사회로 전환되었음을 알 수 있다.

삼한은 한반도의 남쪽 지역에 위치하고 있었다. 다만 삼한으로 구분된 마한, 진한, 변한의 정확한 위치는 비록 기록에 그 대강을 전하지만 정확하게 판단하는 것은 어렵다. 이전에는 삼한 위치에 대한 기록의 애매함으로 그들이 각각 어디에 위치하고 있었는가에 대해서는 다양한 견해가 제시된 바 있었다. 예컨대 신라시대의 최치원은 마한을 황해도에 비정하여 고구려와 관련 있는 것으로, 진한을 경기도에 비정하고 백제와의 관련을, 그리고 변한을 경상도로 보았던 것이 하나의 예이다. 그리고 최근에도 진한을 경기도 일대로 보면서 그것이 경상도로 이동하였다는 진한 이동설이 제시되는가 하면, 삼한을 전 삼한, 후 삼한으로 구분하고, 삼한 자체가 북에서 남쪽으로 이동하였다는 견해도 있다.

삼한은 한반도 남쪽에 자리하고 있었지만, 우리나라 고대사의 삼국과 연결하여 이해하는 경우가 많았고, 한반도 남쪽에 있었던 백제나 신라, 그리고 가야를 연상하여 이해하는 것이 일반적이다. 현재 삼한의 위치에 대해서는 조선시대 중엽 경에 한백겸이란 사람의 저술인『동국지리지(東國地理誌)』에서 마한은 경기·충청·전라지역으로 보았고, 진한은 신라의 성장지역인 낙동강 동쪽 지역으로 보았다. 그리고 변한은 가야의 성장지역인 낙동강 서안지역으로 보았는데, 이러한 견해는 오늘날에도 그대로 받아들여 삼한의 위치로 이해한다.

앞서 말한 것처럼 삼한은 진국사회가 해체되고 대두된 것으로 알려져 있지만, 삼한 각각의 성립은 언제인가를 구체적으로 알려주는 기록은 찾기 힘들다. 다만 삼한의 정황을 처음으로 알려준 중국 역사서인 삼국지 위지 동이전에 따르면, 『위략(魏略)』이란 또 다른 역사기록을 인용하여, '고조선의 위만(衛滿)에게 나라를 빼앗긴 준왕(準王)이 남쪽으로 내려와 한의 땅(韓地)에 거주하고 스스로 한왕(韓王)이라 칭하였다' 라는 내용을 적고 있다. 따라서 문헌기록만으로 볼 경우 한반도 중부 이남지역의 토착집단을 한(韓)이라고 부르기 시작한 시기는 이 준왕의 남하를 기점으로 시작되었고 나아가 삼한의 성립도 그 무렵으로 보아야 한다. 즉 기록대로라면 삼한의 성립은 준왕이 남쪽으로 내려온 기원전 2세기 초반의 일이다.

이처럼 문헌기록에 따르면 삼한의 성립은 대체로 기원전 2세기 초반경의 사실임을 알 수 있다. 그리고 문헌기록으로 알 수 있는 삼한이 성립한 때보다 일찍이 한반도 남부지역에는 진국(辰國)으로 불리는 정치체가 존재하였다는 것도 앞에서 언급하였다. 이 진국은 중국의 역사서인 『사기(史記)』조선전에 이미 기록되어 있는 정치집단이다. 따라서 삼한은 이 진국을 모태로 성장하였음도 알 수 있다. 결국 이러한 기록내용을 종합하면 삼한의 형성은 북쪽에서 새로운 집단들이 유입되는 등의 환경변화와 그에 따른 기왕에 존재하던 진국이란 정치집단의 해체로 이어지고 연이어 삼한의 각 소국이 출현하여 삼한사회가 형성된 것으로 정리할 수 있다. 특히 진국이 존속했던 기원전 2세기 무렵의 한반도 중남부 지역은 청동기문화중에서 세형동검문화로 불리는 문화가 크게 발달하고 있었다. 여기에 북방지역에서 철기문화의 발전에 따라 사회해체가 가속화되고, 나아가 북쪽에 위만조선이 등장하면서 기존질서가 해체되면서 대량으로 유민이 발생, 그들이 남하하면서 한반도 남부지역에 새로운 환경이 형성되기도 한다. 결국 이러한 환경은 한반도 남부지역에 이전과는 다른 사회체제, 즉 진국사회에서 삼한사회라는 새로운 사회가 형성된 것이다.

삼한은 마한 54, 진, 변한 각 12개의 총 78개의 소국으로 구성되어 있다. 그러나 마한, 진한, 변한이 각각 개별의 독립된 정치체인가, 아니면 마한, 진한, 변한이란 명칭 자체가 지역을 의미하는 용어로 사용된 것인가 등의 문제는 아직 분명하게 설명하기 어렵다. 여기에 삼한을 구성하고 있는 각 소국들이 어떤 형태로 연결되어 연맹체를 구성하였는가, 아니면 전혀 별개의 독자적 세력집단이었는가도 자세하지 않다. 다만 소국에 대한 대강의 성격에 대한 이해, 그리고 마한과 진, 변한에 소속된 소국간에 규모차이가 있다는 정도는 알 수 있다. 나아가 소국은 개별적으로 존재하던가 아니면 소국 간에 연맹체적 형태로 구성되었을 것이란 추정은 가능하다. 그런데 삼한의 성립과정을 돌이켜 보면, 각 소국은 이전의 문화환경을 기반으로 성장하든가 혹은 새로운 철기문화의 유입 등과 같은 환경변화에 부응하여 소국을 형성하였던 것이다. 더욱이 삼한의 형성은 기원전 2세기경부터 비롯되고 이후 기원후 3세기말 고구려, 백제, 신라와 같은 삼국이 구체화되기까지 단위읍락 혹은 소국으로 존재하든가, 아니면 소국연맹체로의 변천을 거듭하는 등의 정치적 변화를 겪었다는 추정도 가능하다.

　삼한을 구성하고 있던 78개의 소국은 그들의 연맹체로 존재하든, 독자적으로 존재하든 삼한을 구성하는 기본 단위이다. 78개라는 숫자로 미루어 오늘날 군 단위정도의 규모로 추정한다. 그런데 이들의 사회발전 수준은 어떤 단계였을까? 분명한 것은 고구려나, 백제, 혹은 신라와 같은 국가체제를 갖춘 것으로 보기는 어렵고, 그보다 낮은 발전단계였을 것임은 틀림없다. 그 동안 이들 소국의 사회발전의 수준을 감안하여, 이들 소국의 이름을 처음에는 부족국가(部族國家)라는 명칭을 사용하였다. 이는 국가 이전의 단계로 보는 것인데, 다만 부족국가라는 용어는 개념자체에 문제가 있어 더이상 사용하지 않는다. 이후에 삼한의 소국이 다수의 읍락으로 이루어져 있다는 것을 근거로 읍락국가(邑落國家)라는 명칭을 사용하거나, 소국 자체가 토성이나 목책으로 둘러싸인 도시국가와 같은 것이라는 생각에서 성읍국가(城邑國家)라는 개념도 사용한다. 이외에 서구 인류학적 개념을 도입하여 소국사회의 발전정도는 군장사회 즉 chiefdoom의 단계에 이른 것으로 보기도 한다. 다만 이러한 개념의 사용에는 신중할 필요가 있는데, 군장사회의 경우, 서구 인류학 개념을 우리의 역사에 적용하는데 부닥치는 장애가 적지 않다는 점을 지적하는 점에서 알 수 있다. 따라서 삼한의 소국의 사회발전 정도는 오히려 문헌기록에 있는 소국(小國)이란 개념을 그대로 사용하면서, 소국은 삼국시대의 나라들에 비해 영토나 인구의 규모가 훨씬 작다는 의미로 정의 하기도 한다.

　삼한을 구성하는 소국들은 『삼국지』의 기록에 의하면 "국읍(國邑)에는 우두머리인 주수(主帥)가 있으나 읍락(邑落)에 뒤섞여 살기에 서로 잘 제어하지 못한다"는 내용을 전하고 있다. 소국내에서 가장 큰 집단을 국읍이라 하고 나머지 작은 집단들은 읍락이라 하는데 각 국은 대부분 국읍과 다수의 읍락들로 구성되어 있는 것이다. 즉 국읍이란 다수의 읍락들 중에서도 중심적 기능을 발휘하는 대읍락(大邑落)이 있고, 이 대읍락은 여러 작은 읍락을 거느리고 있지만 서로 간에 반독립적으로 존재한다. 여기에 독립된 정치집단으로 존속하는 소별읍(小別邑)도 존재한다. 이중에서 읍락은 자연촌락과는 달리 정치·경제적으로 통일적 기능을 발휘하던 개별집단이며, 혈연 의식으로 결합된 집단으로, 이 읍락의 통치자는 족장적 성격을 강하게 가졌다. 나아가 읍락은 독자적인 경제활동이라던가 사회활동이 보장되는 고유의 영역을 소유하였다.

　각각의 소국들은 그들 고유의 이름을 가진 정치집단으로, 국읍을 중심으로 단일한 지배자를 세우고, 대외적으로 통합된 정치체로 기능한다. 따라서 소국의 정치형태는 각 읍락들을 통합해 나가던 국읍이 중심이 되었음을 알 수 있다. 즉 이 국읍에는 우두머리로 주수(主帥)가 있었는데 그들은 신지(臣智) 등으로 불려 졌으며 유력한 소국의 신지들은 각종의 우대하는 명칭인 우호(優號)를 붙여 정치적 권위를 과시하기도 한다. 이들은 소국간의 각종 대내외 교역활동을 주관하는가 하면, 집단간의 무력 항쟁과, 이에 대한 공동 방어를 수행하기도 하고, 나아가 제천의식을 거행하는 등의 임무를 수행하였다.

(2) 삼한의 사회와 문화

삼한사회의 구성원들은 족장인 국읍의 주수가 있고, 그는 효율적인 생산도구를 집중적으로 소유하고 대외교역을 독점함으로써 권력 기반을 확대하여 갔다. 그러나 읍락의 일반 구성원은 계층간의 격차가 크지 않았던 것으로 보인다. 그런데 3세기 후반 이후에 이르면 삼한사회는 대형의 무덤을 만든다. 무덤을 만든 양상을 보면 무덤의 위치가 서로간에 차별적으로 존재하고, 무덤의 규모나 부장된 유물의 질적으로, 혹은 양적으로나 대·중·소의 세 종류로 구분할 수 있을 만큼 차별이 나타난다. 이러한 현황은 적어도 삼한 사회가 이시기에 이르러 읍락민간에도 빈부의 격차가 나타나고, 그에 따른 읍락내의 사회·경제적 차별화가 나타나 사회자체가 다양해졌음을 알게 한다. 그리고 이 사회에는 노비도 존재한다. 그러나 노비가 되는 자는 형벌을 받은 자, 채무를 갚지 못한 자, 전쟁 포로 등이었을 것으로, 생산의 중심세력은 아니며, 생산의 중추세력은 읍락민이었다.

삼한사회의 산업기반은 농경이다. 조·콩·보리·밀·팥 등 밭작물이 고루 재배되고, 특히 삼한사회는 기후나 토양이 벼를 재배하는데 적합하였기에 벼농사도 활발하게 이루어졌다. 벼농사는 논에서 이루어지는 것이 일반적이었을 것이나 지역에 따라서는 밭벼가 재배되었을 가능성도 있다. 따라서 벼농사의 경우 배수중심의 저습지형 수전과 인공관개를 실시하는 반건전(半乾田) 형태의 수전이 널리 개발되었을 것이다. 농업생산의 기술적 토대는 청동기시대 이래의 수확구인 따비와 땅을 파는 괭이를 중심으로 하는 농경기술이 확대 발전된 것이나 철기의 보급으로 목제 농기구가 점차 철제로 전환되면서 생산력이 획기적으로 성장하였다.

특히 수확도구가 가장 먼저 철제로 전환하였던 것으로 추정하며, 철제의 손

그림9 삼한시대의 집자리와 무덤들

공주 안영리 주거지

천안 용원리 주거지

공주 장선리 토실

청주 송절동 주구묘

청원 송대리 주구묘

공주 하봉리 주구 토광묘

칼과 낫의 사용으로 노동력의 절약과 생산력 향상을 가져온다. 여기에 수확작업은 초기에는 선별적인 이삭 베기가 일반적이었던 것으로 보는데, 낫에 비해 손칼의 보급도가 훨씬 높은 점에 근거한다. 그러다가 2~3세기 이후에는 낫의 보급량이 점차 증가하는 것으로 미루어 집약적 이삭베기로 전환되었음을 알 수 있게 한다. 이러한 현황은 삼한사회가 철제 농·토목기구의 보급으로 인해 경작 기술 전반에 걸쳐 지속적인 발전이 진행되었음을 알 수 있게 한다.

한편 삼한사회의 철제 농기구는 대형의 무덤에서 많이 출토되고 있으며, 이는 지배자 계층의 무덤에 부장품으로 많이 사용되었음을 보여주고, 나아가 당시의 사회가 농기구를 그 만큼 중시하였음을 나타내는 것이다. 이는 농기구가 비단 생산도구로 사용되는 것이지만, 그 자체가 중요한 자산일 뿐 아니라 정치적인 권위와 경제적인 부의 상징으로 간주되었음을 보여준다. 아무튼 삼한사회는 철제 농기구와 각종 공구의 보급으로 집단 전체의 총생산력이 증대하였음을 알 수 있다.

그런데 삼한사회의 지배자 집단이 획득하는 잉여산물은 나머지 사회전체에서 이루어지는 생산증대의 평균량보다 앞지르는 것으로 나타난다. 이는 철제 농기구의 보급은 계층간의 격차를 보다 심화시켰을 뿐만 아니라, 특히 이를 통해서 지배자 집단의 권력기반을 확대시키는 결과를 가져왔을 것으로 추정할 수 있다. 나아가 농업생산력의 증대와 잉여산물의 급속한 축적은 집단간의 교역을 활성화시키고, 이를 통해서 사회·경제적 성장도 촉진되었을 것임은 물론이다.

삼한사회에서 생산된 물품의 교역 활동도 활발하게 전개되었다. 나라마다 시장이 있어 서로 필요한 것을 교역한다는 기록을 통해 삼한의 각 소국 사이에도 다양한 교역활동이 이루어지고 있음을 알 수 있다. 삼한사회에서 대외적 교역 활동을 깨닫게 된 일차적 요인은 한 군현이 설치되면서 그들을 통해 중국에서 생산된 사치품이 유입되고, 나아가 삼한 중에 진한과 변한에서 풍부하게 생산된 철의 수출과 관련이 있다고 여겨진다. 이처럼 삼한 사회는 이들 교역품을 매개로 소국 간은 물론이고 대외적으로는 중국의 군현에서 왜까지 국제교역을 활발하게 전개하였다.

삼한의 대외교역의 중요한 대상은 중국의 군현과 왜이다. 중국과의 교역은 대체로 조공무역으로 이루어졌을 것인데, 조공무역은 조공과 책봉, 즉 서로 침략하지 않고 친선관계를 유지 한다는 정치·외교적 목적에서 이루어지는 것이 일반적이다. 그러나 삼한의 각 소국이나 왜가 군현에 조공할 때 단순하게 정치적 권

그림10 삼한시대의 생활도구들

위를 인정받거나 친선을 도모하기 위하여 선물정도의 물품을 가지고 원거리의 여행을 감행했을 가능성은 희박하다. 오히려 조공을 통해 교환되는 물품은 단순히 우의를 표시하는 정도가 아니라 교역을 목적으로 하는 교역품일 것이다. 이는 조공이라는 형식을 빌어서 대외 교역이 이루어진다는 것을 알 수 있고, 이러한 교역을 조공무역이라 한다.

  조공무역을 통해 중국의 군현에서 들어오는 것은 대부분 의책(依幘), 동경(銅鏡), 비단과 같은 것으로 이들은 실용적이기보다는 주로 신분과 지위를 과시하는 것들이다. 그리고 중국 상인들과의 교역에는 화폐 또는 화폐의 기능을 가지는 매개물이 사용되었을 것이다. 삼한사회에서 이루어진 상거래 흔적은 낙랑군에 있던 중국상인의 존재가 기록을 통해 확인되고, 한반도 여러 지역에서 발견되는 오수전(五銖錢)과 왕망(王莽)대의 화천(貨泉)과 같은 중국화폐에서 발견된다. 중국 상인들에 의한 교역활동은 해로가 중요한 통로였을 것이다. 중국 화폐들이 군현 이외의 지역에서는 대개 전남 해남이나 무안·제주도 산지항·경남 마산과 김해 등 바다에 접하고, 그로써 해로를 통한 외부와의 교통이 편리한 지역에서 출토됨에따라 알 수 있다. 한편 『삼국지』 동이전에는 진 변한에서는 각종 물자의 구매에 철이 화폐와 같이 사용되었다고 전한다.

삼한사회인의 생활과 관련하여 기록에 의하면 마한 사람들은 움집에 살았는데 집의 모양이 무덤 같았다고 하며, 진·변한의 가옥은 나무토막을 가로로 쌓아 올려 그 모양이 중국의 감옥과 같다고하여 이시대의 가옥형태의 실상을 전하고 있다. 실제 발굴조사로 알려진 이 시대의 집자리의 평면은 원형·방형·말각 방형 등으로 다양하다. 집의 형태는 움집과 반 움집으로 기둥과 기둥 사이는 풀과 진흙을 섞어 벽체를 형성하였고, 지붕은 갈대나 이엉으로 덮었을 것으로 추정한다. 삼한시기의 집자리 자료는 상당히 많이 발견되고 있다. 대체로 땅을 파서 만든 수혈 주거지가 보편적으로 사용되었고, 집안에는 불 땐 자리라던가 부뚜막 시설도 남아 있다.

삼한사회인의 복식은 비단을 포함하여 각종 직물을 사용하였는데, 베 두루마기를 입었고, 짚신 혹은 가죽신을 착용하였으며, 구슬을 소중하게 여긴 것으로 전한다. 장신구의 재료는 여러 가지 색깔의 유리나 수정으로 바뀌고 형태도 조금씩 달라지는데, 이는 초기에 상대적으로 주술적 의미가 강하였으나 점차적으로 축소된 것으로 확인된다. 장신구는 유리나 수정제의 구슬이 대부분이며, 지배계층의 무덤에서 출토되고, 이는 사회적 신분과 경제적인 부를 상징하는 것이다.

한편 삼한사회 사람들은 상투모양으로 머리를 틀어 올렸고, 변한 사람들은 의복이 청결하고 머리가 길었다고 전한다. 또한 이들은 중국제의 제복과 모자를 좋아하였다거나 군현을 방문할 때 중국제의 옷과 모자를 빌려 입었다고도 전한다. 아마도 지배계층은 권위를 나타내는 모자나 관식을 착용했을 가능성도 있다. 이외에 진한과 변한 사람들은 모자의 앞에 뿔 모양 장식을 붙인 것을 썼기 때문에 변진(弁辰)사람이란 명칭이 붙여졌다는 설도 있다.

삼한사회는 농경사회이다. 따라서 농경문화와 관련된 의식이 풍부하였다. 『삼국지』 동이전에 의하면 삼한에서는 파종을 끝낸 5월과, 농사일이 마무리된 10

월에 각각 귀신에게 제사지내고, 많은 사람들이 모여 춤을 추고 노래하며 술을 마시면서 밤낮으로 즐겼다고 한다. 특히 춤의 품세도 전하는데 수십 인이 서로 동작을 맞추어 땅을 밟으면서 몸을 낮추었다 올리는 동작이라 전한다. 땅을 밟는 동작은 대지신(大地神)을 즐겁게 하고 곡령(穀靈)을 포함한 지령(地靈)에 대한 제사의식과 관련된 것이다. 여기에 국읍의 천군(天君)이 주관하여 하늘 신에 대한 제사도 거행하였다.

삼한의 문화에서 주목되는 것은 소도(蘇塗)신앙이다. 이는 각 소국에는 별읍(別邑)이 있어 소도라 이름 하였는데 큰 나무를 세워 북과 방울을 달아 놓고 귀신을 섬긴 것으로 전한다. 소도는 일반인들이 거주하는 지역과는 구별되는 신성한 장소로 종교적 기능을 가진 곳이다. 특히 이곳에서는 개인적으로 복을 비는 행위라던가 집단의 안녕이나 번영을 기원하는 종교행사가 이루어진다. 이외에 장례풍속으로 기록에 관(棺)은 있으나 곽(槨)은 없다고 하며, 진·변한에서는 큰 새의 깃털을 함께 묻어 주었는데 이는 죽은 자가 하늘로 날아오르기를 염원하는 것을 나타내는 것이다.

- 백제의 성장배경으로 삼한사회, 특히 마한의 지정학적 위치와 문화의 개략적 내용
- 삼한사회의 성립배경과 성립시기에 대한 이해
- 삼한 소국의 사회상과 구성원의 위계적 질서를 각종 자료를 통해서 추정하기
- 삼한의 사회상을 농업과, 교역, 그리고 문화적 측면에서 엿보기

2) 백제 건국세력과 한강유역 초기 무덤들

백제는 기원전 18년 한강하류지역에서 온조에 의해 건국된 것으로 전한다. 그러나 온조이외에 비류, 구태, 도모라는 인물도 백제의 건국시조로 알려져 있다. 나아가 백제의 건국은 북에서 남쪽으로 내려온 집단과 한강 하류지역의 토착민이 어우러져 이룩된 것이기에 백제의 건국은 다양한 집단이 참여하여 이룩된 것임을 알 수 있다.

백제가 건국되던 시기의 국가의 중심지는 한성이라 불렸고 이는 지금의 서울 강남지역이다. 이를 대변하는 유적이 많이 남아 있고, 특히 무덤자료가 많다. 무

덤은 사용주체의 성격을 분명하게 드러내는 고고학자료로서 강남지역에서는 이미 일제시대부터 유적조사가 있었고, 최근에 개발여파에 의해 백제의 초기 무덤이 적지 않게 발견되었다. 발견된 무덤은 적석총, 토광묘, 분구묘 등이 있으며, 이 중에서 적석총은 백제의 건국시기보다 훨씬 후대의 것임이 판명되고, 오히려 토광묘나 분구묘가 적석총보다 선행의 묘제로서 존재한다.

따라서 이들이 초기 백제사회의 구성원들이 사용한 무덤임을 알 수 있다. 이는 백제가 건국되던 초기사회는 비록 국가건국이 전해지지만 마한사회의 구성원으로 존재하기에 문화도 마한과 동일한 성격을 지니고 있는 것으로 볼 수 있다.

(1) 백제건국 주체세력

국가는 자연적으로 발생하는 것이 아니다. 사람들이 모여살다 다양한 여건이 성숙되고, 특정인 혹은 특정집단에 의해 주도됨이 일반적이고, 따라서 국가의 발생에는 건국주체 혹은 건국자가 존재한다. 한국 고대사회를 주도한 고조선에서 이후 고구려나 신라, 백제도 마찬가지로 특정 집단이 중심이 되어 점진적 성장을 통해 국가사회로 진입하였다. 그리고 모든 국가는 이를 건국집단으로 보면서 그 중심인물을 시조로 추앙한다. 백제도 기원전 18년에 건국된 것으로 전한다. 그러나 건국 시조에 대해서는 일반적으로 온조라 전하고 있지만, 기록에 따라 서로 다른 인물을 건국자로 보고 있어 다소 복잡한 양상이다. 이는 백제의 건국정황이 복잡하다는 것임을 보여준다.

백제를 건국한 시조는 설화적 형태로 4가지가 전하고 있다. 첫 번째는 『삼국사기』 백제본기의 온조이다. 온조설화은 북부여를 떠난 고구려의 건국시조 주몽이 졸본에 정착하였고, 그는 졸본왕의 둘째딸과 혼인하여 비류와 온조를 낳았다. 그러다가 나중에 주몽이 북부여에 있을 때 낳았던 아들 유리가 졸본으로 왔고, 그를 태자로 책봉하기에 이른다. 이에 비류와 온조는 새로운 태자에게 용납 받을 수 없음을 두려워하여 남쪽으로 내렸왔는데, 비류는 인천으로 여겨지는 미추홀에 정착하고, 온조는 한강유역인 위례지역에 정착하였다. 이때 온조는 10명의 신하를 거느리고 왔으며, 이들의 추대로 십제(十濟)라 부르는 국가를 건국하였다는 것이다. 그러다가 얼마 후 비류가 죽자 그의 신하와 백성이 온조에게 귀의하였는데, 이때부터 나라 이름을 백제라 불렀다는 것이다.

다음은 온조의 형인 비류를 시조로 보는 설이다. 마찬가지로 『삼국사기』의 백제본기에 있으며, 앞의 온조왕과 관련한 기록을 보충 설명하는 부분에 남겨져 있다. 내용은 다음과 같다. 즉 북부여왕 해부루의 서자인 우태와 졸본사람인 연타발의 딸 소서노 사이에서 비류와 온조가 태어났고, 우태가 죽은 후에 소서노는 주몽에 재가하였다. 그러나 주몽의 맏아들인 유리가 부여에서 내려오자 비류와 온조는 졸본을 떠나 남쪽으로 내려왔다고 전한다. 이후의 백제국의 건국과 관련된 내용은 앞의 온조 설화와 같은 내용으로 전하고 있다. 다만 패수와 대수를 건넜다던가, 정착한 곳이 미추홀이란 사실, 그리고 신하 10명의 내용은 보이지 않는다. 여기에 계보상에서 해부루를 이어 우태가 이어지고 다시 비류라는 인물을 상정하여 왕실의 계보를 마련하는 점은 앞의 온조설화에 나타난 주몽 중심의 계보와 차이가 있다.

세 번째는 구태(仇台)를 백제의 시조로 보는 설이다. 앞의 온조와 비류를 시조로 보는 설화는 삼국사기라는 우리나라 기록에 근거한 것임에 반해서 이는 중국의 역사서인 『주서(周書)』의 이역(異域)조 상권 백제 조에 있는 것이다. 내용은 백제는 마한의 속국인데, 본래 부여에서 갈라져 나온 족속이라 본다. 그러면서 구태라는 자가 대방지역에서 처음으로 나라를 열었다는데 그것이 백제라는 것이다. 이 기록에 있는 백제의 시조로 구태를 언급한 것은 이후 중국의 역사서에 계속적으로 기록된다. 예컨대 수나라의 역사를 적은 『수서(隋書)』에서 부여의 위구태를 구태와 혼동하여 대방태수인 공손도의 딸과 혼인하였던 기사가 그것이고, 나아가 부여국의 건국신화인 동명설화와 결부되면서 구태가 동명의 후예로 인식되기도 한다.

마지막으로 일본의 역사서인 『속일본기(續日本紀)』에는 백제의 건국 시조를 도모(都慕)라 적고 있다. 즉 백제의 먼 조상인 도모왕은 하백의 딸이 햇볕에 감응하여 태어났다라거나, 혹은 백제의 태조인 도모대왕은 해신이 강령하여 부여에서 개국하였는데 나중에 여러 나라를 총괄하여 왕이라 불렀다는 것이 그것이다. 더불어 일본에는 백제에서 건너간 사람들이 많았는데, 이후 그들은 자신의 계보를 도모에 연결시키는 경우가 많은 것도 백제의 시조를 도모로 보는 것과 관련 있다.

이처럼 백제의 건국시조에 대해서는 다양한 설이 존재한다. 그런데 이처럼 여러 가지의 건국설화가 존재하는 것은 백제의 국가 건국이 다양한 경로와 과정을 통해 이루어진 것을 대변하는 것이다. 나아가 백제는 이미 건국 초기부터 국가의 구성원이 다양하다는 것을 보여주는 것이기도 하다.

그런데 백제가 국가로 태동하였던 한강 하류지역은 백제란 고대국가가 성립하기 전에도 이미 사람들이 살았던 지역이고, 백제 이전에는 마한의 세력권에 포함된 지역이다. 여기에는 북쪽에서 내려온 백제의 건국 주체세력이 정착하기 전에 이미 선주민이 살고 있었음을 각종의 유적 유물에서 확인된다. 그리고 이들 선주민들은 대체로 한인(韓人)들이고, 일부는 동해안 방면에서 이주해온 예인(穢人)으로 불리는 자들도 포함되어 있다. 그러나 이들 한인과 예인은 북쪽에서 백제의 건국주체세력이 내려와 정착하면서 피지배층으로 남게 되었을 것이다. 물론 백제의 지배층을 구성하였던 북쪽에서 내려온 자들도 일시에 정착하기 보다는 시간차를 두고 내려와 한강유역에 정착하였던 것으로 볼 수 있다. 이는 앞서 본 백제의 건국시조 설화에 나타난 온조와 비류의 집단이 북에서 내려온 집단임을 알 수 있다. 여기에 온조왕 대에 우보라는 벼슬에 임명되었던 북부 지역 사람인 해루도 본래는 부여인이었다는 것으로 미루어, 그도 북에서 남쪽으로 내려온 집단의 구성원임을 알 수 있다. 이외에 백제 초기에 활동한 동부지역의 걸우라는 사람이라던가, 고목성의 성주로 알려진 곤우라는 인물 등도 북에서 내려온 유이민이다. 이러한 현황은 다양한 세력이 북에서 남쪽으로 내려와 한강유역에 정착한 다음 국가 성립에 참여한 것을 알게 하고, 나아가 그들의 백제가 건국될 즈음에 시간차를 두고 등장하는 것은 유이민의 정착이 꾸준하게 이루어졌음을 알 수 있다.

이처럼 백제의 건국은 북쪽에서 남쪽으로 내려온 유이민의 주도하에 토착의 한, 예인이 어우러져 이룩되었기에 건국주체세력의 성격도 비교적 다양하다는 것을 알 수 있다. 그리고 백제의 건국주체세력의 정착지는 지금의 서울지역 특히 강남지역이라는 것은 널리 알려진 사실이고, 여기에는 백제의 건국시기, 혹은 그 이후의 정황을 알려주는 각종의 유적이 적지 않게 남아 있다. 그중에서 건국시기의 정황을 보여주는 것은 무덤자료들이다.

(2) 서울 강남지역 무덤들

백제가 처음 건국된 지역은 지금의 서울지역이었고, 처음에는 한강의 북쪽에 자리잡았다가 얼마 후에 다시 한강 하류지역인 지금의 서울 강남지역 일원으로 옮긴 것으로 전한다. 백제는 여기에서 약 500여년동안 도읍하였고, 많은 사람들이 모여 살았던 흔적인 유적과 유물을 남겨 놓았고, 그중에서 무덤자료가 가장 풍부하게 남아 있다. 그런데 무덤은 그 자체에 관습과 전통을 그대로 포함하면서 만든 사람이 누구인가, 어떻게 살았는가를 가장 적나라하게 보여주는 특징이 있다.

특히 무덤은 사람들의 삶과 밀접한 관련이 있어 삶의 흔적으로 반드시 남겨지는 것이면서, 시간상 연속성을 보여주는 자료이기도 하다. 따라서 무덤은 이를 만든 사람이 누구인가를 알게 하는 가장 분명한 자료이다. 따라서 백제의 건국지역인 한강하류지역에 남아 있는 무덤자료들은 여기에 살았던 사람들이 누구인가를 알게 하는 것들이다.

널리 알려져 있는 것처럼, 지금의 서울지역은 조선시대의 한성, 그리고 이후 서울이란 한 나라의 수도로 자리매김 되었고, 그에 따라 반복된 개발에 따른 변화가 적지 않은 지역이다. 때문에 백제가 이곳에 500여년간 도읍했음에도 불구하고 남아 있는 유적, 유물은 극히 일부에 불과한데, 백제 유적에 대한 조사도 이러한 개발의 여파에 밀려 이룩된 것이다.

물론 백제의 건국지로서 역사적 중요성과 관련 있기에 이 지역에서 백제고분의 조사는 이미 일제시대부터 서울의 석촌동 고분군을 대상으로 이루어진 바 있다. 1917년의 일로 서울의 석촌동과 함께 경기도 여주 상리, 그리고 경기도 가평군 북면 이곡리 등지의 백제 무덤이 조사되었고, 그 결과는 조사 보고서인『대정5년도고적조사보고서(大正五年度古蹟調査報告書)』란 책에 수록되어 있다. 다만 이 즈음에 이루어진 조사는 전면적인 발굴조사가 아니라 단지 무덤의 외형만을 관찰한 것으로 서울의 석촌동 고분의 경우는 돌무덤(석총(石塚))과 흙무덤(토총(土塚))으로 구분하고 그 숫자와 분포된 정황을 기록하였을 뿐, 이외의 특별한 상황을 말하지는 않았다. 그러다가 1925년경에『소화2년도고적조사보고서(昭和二年度古蹟調査報告書)』란 책을 발간하면서 석촌동의 무덤 중에 토분(土墳)으로 구분할 수 있는 흙무덤을 추가하고, 석촌동의 전체 무덤 내용은 석총, 토총, 토분의 세 가지로 구분하였지만, 구체적으로 발굴조사가 이루어진 것이 아니기에 무덤의 구조형식의 어떤 것인지는 알려지지 않았다. 다만 언제 조사하였는지, 왜 조사가 이루어졌는지는 알 수 없지만, 서울의 가락리(지금의 가락동) 2호분으로 구분된 무덤에 대해서는 구체적 발굴조사 결과가 소개되어 있기는 한다.

서울지역의 백제 무덤에 대한 발굴조사가 전면적으로 이루어진 것은 해방 이후, 서울의 강남 지역 개발이 본격화되면서부터이다. 1960년대에 이르면 서울의 인구팽창과 그에 따른 도시의 확장은 한강의 북쪽에서 남쪽으로 눈을 돌려 개발이 이루어지는데, 특히 강남지역의 석촌동, 가락동 등지의 개발이 본격화되면서 개발의 선행 작업으로 유적조사, 즉 백제 무덤에 대한 발굴조사가 이루어졌다. 발굴조사가 이루어진 유적은 가락동 고분군, 석촌동 고분군, 방이동 고분군으로 알려진 것으로 그 내용은 다음과 같다.

먼저 가락동 고분군은 서울시 송파구 가락동 일대에 자리 잡은 백제 고분군이다. 이 유적은 이웃에 있는 석촌동·방이동 고분군과 함께 백제가 서울에 도읍하던 소위 백제의 한성시대를 대표하는 무덤군으로 보는 것이다. 유적의 발굴조사는 모두 3차례에 걸쳐 이루어졌다. 첫번째 조사는 앞에서 말한 것처럼 일제시대에 이루어졌지만 가락리 2호분으로 전하는 무덤의 실측도면만이 남아 있다. 물론 이 가락리 2호분 외에 또 다른 무덤의 상당수가 조사되었을 것으로 추정되나 내용은 전혀 알 수가 없다. 그런 다음에 이루어진 발굴조사는 해방이후의 것으로 1969년에 이루어진 것이다. 이 발굴조사에서는 2기의 토광묘로 불린 흙을 쌓아 만든 분구묘가 확인되었고, 이는 가락동 1호분과 2호분으로 분류된 것이다. 그리고 다시 1970년대에 이르러 세번째 조사가 실시되었는데, 횡혈식 석실분으로 불리는 돌방무덤이 확인되었다. 이 횡혈식 석실분은 서울지역에서는 처음으로 조사된 것으로, 모두 4기가 있다. 그리고 방이동 고분군도 송파구 방이동 일대에 위치하며, 1971년에 발굴조사가 이루어져 8기의 횡혈식 석실분이 확인되어 있다.

한편 석촌동 고분군은 앞의 가락동이나 방이동과는 다른 무덤이 있는 지역으로 1974년부터 본격적으로 발굴조사가 이루어졌다. 이 유적은 이미 일제시대에 돌무덤과 흙무덤의 존재가 이미 알려져 있었고, 그 숫자도 적지 않았지만 조사당시에는 극히 일부만 남아 있었을 뿐이고, 이를 대상으로 발굴조사가 이루어진 것이다. 석촌동 백제 무덤으로 처음 발굴조사가 이루어진 것은 3호분과 4호분 등으로 구분된 것이다. 그러나 3호분은 너무 심하게 파괴되어 있어 파괴된 외형만 파악될 뿐, 무덤의 내부시설로 볼 수 있는 것은 거의 남아 있지 않은 상태였다. 반면에 4호분은 파괴가 덜되어 무덤의 구조형식을 어느 정도 파악할 수 있는 것이어서 구체적 조사가 진행된 것이다. 이어 1976년에는 석촌동 5호분으로 분류된 돌무지무덤에 대한 발굴조사가 이루어졌고, 이 과정에서 돌로 뒤덮인 흙무덤의 존재가 새롭게 밝혀지기도 한다. 이후에 1986년부터는 앞서 발굴조사된 석촌동 3호분의 동쪽지역에 있는 무덤들을 발굴조사 하였는데, 여기에서는 돌을 덮어 씌운 흙무덤, 규모가 매우 큰 토광묘와 함께 보통 크기의 토광묘 11기, 항아리를 관으로 사용한 옹관묘 5기, 돌을 쌓아 만든 석곽묘 1기, 기타 3기 등의 무덤이 조사되었다.

이후의 보완조사를 거쳐 서울 강남 지역의 백제 무덤 조사 내용은 종합적으로 검토되고 연구가 진행되면서 이 지역의 무덤들이 백제초기의 무덤들이란 점과 함께, 백제초기에 다양한 무덤들의 내용 및 그 계통에 대한 구체적 면모가 확인되기에 이른다. 즉 백제가 처음 도읍하였던 서울지역에서 이루어진 백제 무덤의 조사내용을 종합하면 비록 발굴조사가 일제시대부터 시작되나 무덤의 숫자나 분포정황 외에 구체적인 내용을 전하지 않는다. 발굴조사가 본격적으로 이루어진 것은 서울의 강남지역 개발과 병행하여 구체화되는데, 조사된 무덤의 숫자는 많지 않으나 본래는 많은 무덤이 있었던 것을 알 수 있다. 나아가 백제가 서울에 도읍하던 시기에 사용한 무덤들은 토광묘, 분구묘, 적석총, 석실분 등으로 구분되는 다양한 것들이 있다는 것도 알 수 있다. 그러나 이중에서 석실분은 백제 후기의 무덤이고, 나머지 것들은 건국 초기와 관련된 무덤이란 사실도 확인된다. 그리고 백제 건국초기의 상황을 짐작할 수 있게 하는 것들은 이들 건국초기에 조성된 무덤들이다.

한강유역에서 확인된 건국초기의 무덤 중에서 먼저 가락동 1호와 2호 토광묘로 구분된 것들이다. 토광묘라고 하지만 엄밀하게 분류하면 분구묘이다. 분구묘는 지상에 매장부를 만들고 그 위에 흙을 덮는 것으로 땅을 파서 무덤을 만드는 것과는 차이가 있다. 우선 1호분으로 구분한 것은 평탄한 지역에 위치하고 있는데, 무덤을 위에서 본 평면이 네모진 방형이고, 꼭대기가 뾰족한 형태이다. 무덤의 크기는 긴 변이 14m이고, 분구(墳丘)라 하는 흙을 쌓은 것의 높이는 약 1.89m이다. 이 분구는 부식된 흑갈색의 진흙으로 표면을 덮었고, 이 흙의 아래는 거친 돌과 머리 크기의 강돌을 덮었고, 다시 그 밑은 흙을 다져서 채운 구조로 만들었다. 시신을 두는 매장부에는 흙을 파서 만든 토광의 흔적은 없고, 목관을 설치한 후에 다시 흙을 덮은 분구묘이다. 무덤을 조사하면서 얻은 유물은 쇠못과 관을 연결하는데 사용한 꺾쇠, 그리고 손칼과 창, 허리띠 장식 등이 있다.

한편 2호분으로 구분된 무덤도 외부의 형태는 네모진 방형이고, 하단에서 본 규모는 12×15m의 평면에, 높이는 약 2.20m이다. 만든 방법은 앞에서 본 1호분과 크게 다르지 않다고 보며, 다만 하나의 무덤 속에 4개의 매장부가 함께 있어, 한 봉분 내에 여러 구의 시신을 순차적으로 함께 묻는 소위 다장묘(多葬墓)적 형태를 갖춘 분구묘로 판단한다. 시신을 묻는 매장부는 하나의 항아리만 사용하는 단식 옹관과 토광묘 3기가 있었고, 출토된 유물은 검은 색의 목이 짧은 항아리 2

점과 회색의 경질로 구운 토기 4점, 꺾쇠, 작은 손칼, 쇠창, 그리고 교구라 불리는 연결고리 등이 있다.

가락동의 분구묘 외에 토광묘는 석촌동 3호 적석총 동쪽에서 발견된 것들이 있다. 이 구역에서 조사된 유적은 대체로 흙을 파고 그 안에 매장부를 만드는 토광묘가 남아 있지만 토광의 안에 목관이 있는 것과 없는 것, 그리고 대형으로 판 토광 안에 여러 개의 목관을 안치한 것으로 구분된다. 모두 11기의 토광묘가 확인되었고, 이중에서 1호분은 목관의 흔적이 정확하게 남아 있지만 2호분과 함께 5기의 무덤은 크게 파괴되지 않고 어느 정도 형태를 간직하고 있음에도 목관의 흔적은 전혀 발견되지 않는다. 따라서 이들은 처음부터 목관을 사용하지 않은 순수 토광묘로 본다. 그리고 대형의 토광묘는 하나의 토광안에 여러 개의 목관을 시설한 특이한 구조로 남은 것이다. 하나의 토광 내에 7개의 목관을 안치한 것이 확인되고, 그 중에 1개의 목관은 유물을 추가로 넣는 부곽까지 갖추었다.

마지막으로 지상에 돌을 쌓아 무덤의 외형을 만드는 돌무지무덤 즉 적석총이다. 이처럼 돌을 쌓아 외형을 만드는 백제의 적석총은 두가지 종류로 구분된다. 하나는 강돌 등의 돌을 불규칙하게 쌓아 만든 소위 적석묘(積石墓) 계통이고, 다른 하나는 석재를 정교하게 다듬고 이들을 다시 단을 이루면서 쌓는 소위 기단식 적석총(基壇式積石塚)이 그것이다. 백제의 무덤으로 적석총은 만든 시기나 지역에서 한정된 범위에만 존재한다. 때문에 이 무덤은 특정한 집단들에 의해 사용된 것으로 보는 묘제인데, 백제의 도읍이었던 서울의 강남지역에는 기단식 적석총만 있다.

참고로 백제의 적석총을 만든 방식을 정리하면, 우선 무덤들은 대체로 하천유역이나 평탄한 지역에 위치하고 있어 산이나 구릉에 있는 것들과는 차이가 있다. 무덤을 만드는 방식은 우선 지상에 돌을 쌓아 올려 분구(墳丘)라고 하는 시신을 두는 매장시설을 보호하기 위한 시설을 만든다. 이 분구를 만드는 방법은 무덤의 규모에 따라 차이가 있다. 그러나 대체로 맨 아래에 기초시설을 일컫는 지대석을 깔고, 그 위에 다시 돌을 쌓는데 대체로 3단으로 쌓는 것이 일반적이다. 그리고 무덤을 쌓는데 사용하는 돌은 거칠게 다듬거나 아니면 자연석을 그대로 사용한다. 다만 돌을 사용하여 만든 적석총이지만 바깥 면과 더불어 안쪽까지 돌만을 사용하여 채우는 것이 있는가 하면, 반면에 바깥 면만 돌로 쌓고 안쪽은 흙을 채워 다진 것도 있다.

한편 백제 무덤으로 적석총이 있고, 그에 대한 발굴조사가 이루어진 것이 적지 않음에도, 지금까지 시신을 안치하는 매장시설이 확인된 것이 거의 없다는 문제가 있다. 다만 석촌동 4호분에서 매장시설로 추정되는 것이 있지만 이것도 무덤의 가장 위쪽에 네모진 형태를 돌로 쌓아 만든 시설이다. 그런데 이것도 비록 한쪽에 입구로 사용되었다고 추정되는 출입시설 형상의 돌출부가 있어 매장부로 추정한 것이나, 그것이 실제 매장시설인지의 여부는 정확하지 않다. 따라서 일단 백제의 무덤으로 기단식 적석총의 매장시설은 출입시설인 입구를 갖춘 것을 특징으로 하는 횡혈식 구조로 추정하지만 백제의 무덤형태로 보편화하기는 아직 이르다.

한편 백제의 적석총에 매장시설이 확인되지 않은 것과 관련하여, 무덤의 조사에서 반드시 수반되는 부장품만이 아니라 피장자와 관련된 장착품이라던가 혹은 매장행위가 진행될 적에 사용된 도구나 용기의 출토가 거의 없다는 문제도 있다. 다만 적석총이란 무덤을 만들기 위해 돌을 쌓았던 부분에서 토기편이라던가 혹은 금속제품, 그리고 중국의 서진이란 나라에서 만든 도자기의 일부가 수습되었을 뿐이다. 물론 이들도 무덤과 관련된 것으로 보지만 구체성이 상당히 결여되어 있다.

본래 한반도에서 사용된 적석총이란 무덤의 연원은 고구려에 있다. 고구려의 적석총은 압록강 중류지역에 많이 남아 있는데, 여기에서는 기원전 2~3세기경 부터 만들어지기 시작하였다. 그러다가 4~5세기대에 이르러 고구려 적석총은 봉토석실분이란 무덤형식으로 전환되는데, 이를 보면 적석총이란 무덤형식은 고구려에서 가장 오랫동안 널리 사용된 묘제라는 것을 알 수 있다. 이처럼 오랫동안 사용되었기에 고구려 적석총은 무덤의 구조속성도 다양한 형태로 있다. 예컨대 무덤의 외부 형상이 방형, 장방형 혹은 원형으로 구분된다던가, 사용된 돌이 강돌, 산돌, 다듬은 돌로 구분되는 것, 그리고 무덤을 쌓은 방식에서 기단시설의 내용이나 단의 수, 나아가 시신을 안치하는 매장부의 형태에서 차이가 많다. 특히 매장부의 경우 초기에는 입구가 없이 곽의 형태로 돌로 쌓은 석곽이 사용되다가 나중에는 출입시설을 갖춘 돌방형태의 석실이 채용되는 변화가 나타난다.

⑶ 강남지역 무덤과 백제의 건국세력

백제가 지금의 서울인 한성에 도읍하던 시기를 전기와 후기로 구분할 경우,

건국시점인 기원전후의 무렵에서 3세기말까지를 전기로 볼 수 있다. 그리고 앞에서 본 이 시기에 사용된 것으로 짐작되는 백제의 무덤들은 토광묘와 분구묘 등이 도읍지역에 있다. 이외에 도읍지 외의 지역에도 토광묘나 분구묘, 그리고 적석총으로 적석묘 외에 소수의 옹관묘가 있을 뿐이다. 이는 백제가 한성에 도읍하던 전기의 기간에는 백제의 무덤형태로 중요한 위치를 차지하는 돌무지무덤인 기단식 적석총이나 돌방무덤인 횡혈식 석실분은 발견되지 않음을 알 수 있으며, 그러한 현황은 비단 도읍 지역만이 아니라 이후에 백제의 강역이 된 지방사회에서도 마찬가지이다.

나아가 백제인이 사용하였다고 볼 수 있는 무덤들의 잔존상태와 그들의 전개양상을 종합하면, 적어도 백제의 건국 후 한성에 도읍하던 초기에는 분구묘라든가 토광묘와 같은 무덤형태가 주로 사용되고 있었음을 알 수 있다. 그리고 이러한 무덤의 잔존현황은 도읍 지역만이 아니라 지방사회에도 같은 현황인데, 지방사회는 오히려 분구묘나 토광묘 외에 적석묘, 주구 토광묘, 옹관묘와 같은 다양한 무덤들이 있어 보다 묘제의 다양성을 보이고 있다.

이러한 백제묘제의 잔존현황은 백제의 건국주체 세력들이 북에서 남으로 내려와 한강 유역에 정착, 백제를 건국하였던 시기, 즉 한성 도읍기 전기의 정황을 이해하는데 다소 혼란을 가져온다. 즉 『삼국사기』와 같은 문헌기록에는 백제의 건국이 기원전 18년에 이루어진 사실을 전하고, 북에서 남으로 내려온 유이민 집단에 의해서 건국되었는데, 이들 백제를 잉태한 집단은 고구려, 혹은 부여지역에서 남쪽으로 내려왔다. 그리고 이들은 국가 건국의 주체이기에 기왕에 한강유역에 먼저 자리하고 있었던 토착집단과 정치, 문화적으로 차별화될 수 있는 선진 집단으로 보아야 한다. 이는 그들이 사용한 무덤도 그에 걸맞는 형상, 즉 토착사회인들이 사용하던 무덤과는 다른 형상으로 남아 있어야 한다. 그런데 앞에서 살핀 것처럼 백제가 한성에 도읍하던 전기의 백제 무덤들의 잔존현황을 종합하여 비교하여 볼 경우, 백제의 건국주체세력이 자리하고 있었던 도읍지역의 무덤과, 도읍지역 이외의 지방사회의 무덤들과 서로 차별화되기 보다는 오히려 동일한 형상으로 있다. 이로 보면 지금까지 발굴조사된 한강 유역의 무덤자료 중에서 백제란 국가가 건국될 즈음에 건국 주체세력들이 사용하였다고 볼 수 있는 특별한 형상의 것은 없는 것이 된다.

백제의 건국이 북에서 내려온 유이민에 의해 이룩되고, 그들은 토착인들과

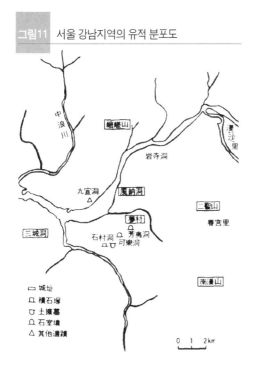

그림11 서울 강남지역의 유적 분포도

□ 城址
△ 積石塚
△ 土壙墓
△ 石室墳
△ 其他遺蹟

0 1 2km

차별화될 수 있는 사회, 정치적 역량을 지녔다 하더라도 무덤의 형태에서 이를 입증할 수 있는 것은 없는 것이 된다. 그러나 지금까지 백제를 건국하였던 핵심 세력들은 북에서 남쪽으로 내려온 세력이었고, 이를 입증할 수 있는 고고학 자료, 즉 무덤 자료로서 한강하류 지역에 남아 있는 적석총으로 보았다. 그리고 앞에서 보았지만 백제의 도읍지역인 한성에는 적석총이 존재한다. 그리고 지금까지 기단식 적석총으로 분류된 자료는 백제 건국초기의 중심지였던 것으로 인정되는 서울의 석촌동 지역에만 국한되어 잔존한다. 물론 현재까지 발굴조사된 적석총은 6기정도이지만 일제시대에는 약 60여기가 남았던 것으로 알려져 있다.

이들 백제의 적석총에 대한 발굴조사를 실시한 결과 분구를 돌을 쌓아 만든 것임이 확인되었지만, 매장시설이 확인되지 않았고, 따라서 묘제는 외부 형상만 언급될 뿐, 구체적으로 언제, 어떻게 만들었고, 누가 사용한 것인가를 짐작하기 어렵다. 그런데 주목되어야 할 것은 우리나라 돌무지무덤인 적석총의 중심지역인 고구려의 경우, 그들이 사용한 적석총 중에서 백제에서 사용한 기단식 적석총과 같은 무덤 형태는 초기 형식이 아니라 보다 후대에 발전된 형식으로 본다. 특히 무덤의 외부에 단을 두어 쌓는 경우라던가, 돌방을 무덤의 매장시설로 채용하는 것에서 그러하다. 이로 보면 백제의 기단식 적석총도 매장시설이 돌방인 횡혈식 구조로 이루어졌다면, 적석총으로서 초기의 형식이 아니기에 백제의 건국시기의 것으로 볼 수는 없다. 물론 백제초기의 것으로 편년될 수 있는 적석총 자료가 백제의 중심지역인 한강유역에 있기는 하다. 이는 경기도 파주의 문호리·강

2. 백제의 건국과 성장 **61**

원도 춘천의 중도 유적과 같은 한강 상류의 유적과 한탄강 유역에 있는 적석묘가 그것이다. 그러나 이들은 내용이나 혹은 거리와 같은 지정학적 조건으로 보아 백제의 건국집단과 직접 연결되기는 어렵다.

백제의 성장지역인 한강 유역을 중심으로 철기시대 초기의 문화 흔적이 간헐적으로 나타난다. 그러나 이것이 고대국가 백제와 관련되는가를 추정하기도 어렵지만, 일반적으로 인식되는 백제건국 주체의 묘제인 적석총과 같은 자료는 동일시기로 편년되는 것이 아직 확인되지 않는다. 오히려 백제 도읍지역인 서울의 강남지역에는 적석총보다 훨씬 이른 시기부터 흙을 쌓아 만드는 토광묘나 분구묘가 널리 사용된 것으로 확인된다. 물론 토광묘나 분구묘도 기원 후 2~3세기 이후로 편년되는 것이 대부분이지만, 적석총은 빨라야 3세기 중반 경에 이르러 등장할 뿐으로 이들이 적석총보다 앞선 시기에 사용된 선행의 묘제임을 알 수 있다.

그러면 백제 무덤자료에서 백제란 국가를 건국한 주체세력을 대변할 수 있는 별도의 무덤은 존재하지 않는 것을 알 수 있다. 오히려 백제의 건국지역인 도읍지에서 확인된 무덤들은 도읍지 이외의 지역에서 확인된 무덤들과 규모나 내용에서 크게 다르지 않을 뿐이다. 도읍이외의 지역은 오히려 도읍지역 무덤보다 다양한 종류가 있는가 하면, 옹관묘라던가 주구 토광묘와 같이 정형성을 갖춘 것들이 특정 지역에 존재하는 특징도 보인다. 나아가 이러한 무덤들은 삼한사회, 특히 마한지역에서 보편적으로 사용되던 무덤들이란 특징도 있다. 이러한 무덤의 내용은 비록 백제가 한강 유역에서 국가의 둥지를 틀었지만 건국 초기에 지방사회를 압도할 수 있는 위세를 갖추었다고 보기 어려운 증거일 것이다.

백제가 건국되었고, 이후 오랜 기간 도읍지역인 서울의 강남지역에 남아 있는 백제의 무덤자료를 종합할 경우 일단 백제를 건국하였던 건국주체세력들도 초기에는 마한사회에 보편적으로 사용하였던 무덤 형식을 그들의 묘제로 활용하였음을 알 수 있다. 이는 결국 백제란 국가의 초기적 현황, 즉 국가의 건국시기 정황은 마한사회의 범주에 머물러 있었음을 보여주는 것이다.

요컨대 한성 도읍 전기는 백제가 등장한 초반부터 고이왕 때까지의 기간, 구체적으로 기원 전후의 시기에서 3세기말 혹은 4세기 초반까지의 기간이다. 이 기간 백제 무덤의 대체적 현황은 건국주체세력이 고구려 계통이고 이를 증거하는 자료로 여겨져 왔던 적석총은 아직 사용되지 않는다. 오히려 원삼국기 혹은 삼한사회에 널리 사용되던 무덤, 즉 토광묘 계열과 옹관묘 계열, 그리고 분구묘나 주

그림12 서울 강남 지역의 백제 유적들

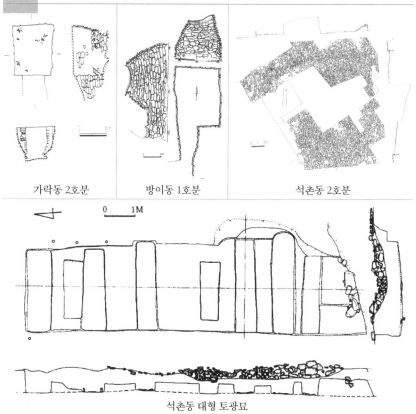

| 가락동 2호분 | 방이동 1호분 | 석촌동 2호분 |

석촌동 대형 토광묘

구 토광묘 등이 사용되고 있는데, 특히 백제가 건국한 지역인 한강하류 지역과 이외의 지방사회의 묘제 간에 차별성이 보이지 않는다. 이는 백제초기의 국가성격이 어떠한가를 단언하기 어렵지만 무덤의 형태로 보면, 건국주체의 것으로 인정할 수 있는 독창적 무덤은 발견되지 않는다. 아마도 백제란 국가의 건국이 이루어졌지만, 여타의 집단과 구별될 수 있을 만큼 독창적 성격을 갖지 못하였고, 그 국가의 발전정도는 아직 삼한사회, 특히 마한사회에 포함되면서 소위 소국의 범주에 머물렀던 것이 아닌가 추정된다.

• 백제의 건국시조는 4명을 언급한다. 각각의 내용과 그 의미를 추구하기
• 서울의 강남지역이 백제의 건국지이다. 이지역의 백제유적의 현황은 백제의 적석총의 내용과 그 의미를 추구하고, 건국세력과 관련문제 강남지역 백제 무덤은 종류가 많다. 그 다양성의 의미는 무엇인가.

생각
하기

3) 백제의 성장과 군사 무기체제

국가의 성장은 대내외적 환경이 어우러져 이룩된다. 백제는 초기에는 마한의 소국 위치에 머물러 있었지만 한강유역의 발전된 철기문화, 교통지리적 이점 등에 의거 마한의 소국에서 벗어나 점차 고대국가로서의 틀을 갖추어간다. 특히 3세기말, 4세기 초에 이르면 북쪽의 군현세력의 변화에 대응하여 국가발전에 동력을 불어 넣는다. 그 결과 고이왕대에는 국가통치의 기본이 되는 제도가 마련되는가 하면, 4세기 중반 근초고왕대에는 대외적으로 크게 팽창하고 고대국가로서의 기본적 면모를 완비하기에 이른다.

고대국가의 성장은 제도문물의 완비 외에 군비를 갖추어 국가를 보위하고, 나아가 대외정복을 통한 영토의 확장이 반드시 필요하다. 이런 연유로 삼국시대 각각의 나라는 군비확충과 무기개발에 열중하였음은 물론이다. 백제도 국가 성장 과정에서 대외적 정복이 끊임없이 반복되었고, 그에 따른 각종의 무기개발이 지속적으로 이루어졌다. 그러나 현재 남아 있는 백제의 무기나 군사체제를 알려주는 자료는 고고학 발굴로 얻어진 일부의 무기류에 불과하다. 그러나 부분적이지만 이들 백제의 무기자료를 검토함으로써 당시의 군사문화, 나아가 치열한 정복 전쟁의 실상을 상상해 볼 수 있을 것이다.

(1) 백제의 성장

백제의 건국은 기원전후한 시기에 이루어졌다고 하지만 초기의 정황은 마한의 소국의 범주에 머물러 있었을 뿐이다. 그러나 이처럼 마한의 소국으로 자리하였던 백제는 3세기 후반에 이르면 고대국가로서 발돋움하게 되고, 마한의 여러 소국 중에서 단연 두각을 나타내면서 점차 맹주로서의 지위를 확보하고, 나아가 고대국가로서 성장하기에 이른다. 백제가 이처럼 마한의 소국 중에서 단연 돋보이며, 발전하게 된 배경은 그들만이 가졌던 선진의 철기문화, 한강유역이란 지리 환경에서 비롯되는 지정학적 유리함에 기인한 바가 크다.

백제가 자리한 한강유역 일대의 유적에서는 철제의 농공구와 무기들이 상당수 출토된다. 그리고 이들은 백제의 초기로 편년될 수 있는 것이 많다. 창이라던가 화살촉, 그리고 도끼나 칼 등과 같은 발전된 철제 무기로 무장한 백제는 기왕에 이 지역에 존재하던 집단이나 혹은 주변의 마한 소국과 분쟁에서 우위에 설 수 있는 힘이 되었을 것이다. 여기에다가 발전된 철기문화는 생산에 필요한 용구의 발전에도 크게 영향을 끼쳤을 것이다. 즉 기왕의 석제나 목제로 제작된 농공구에 의한 생산단계에서 보다 발전된 철제의 농공구가 활용됨으로써 월등한 생산력 증가는 생활의 융성함과 함께 집단사회의 역량을 크게 강화하였을 것이다.

물론 백제만이 아니라 마한지역 전체의 철기문화 확산은 이미 금강유역에서 일찍부터 전개되었음을 각종의 유적에 의해 알 수 있다. 금강유역에서 세형동검문화와 함께 철제품의 출토가 빈번하게 이루어지는 것이 그것이다. 그러나 일찍부터 마한지역에 철기문화의 확산이 있었고, 철제품의 보급이 진행되었다 하더라도 나름의 한계가 있었다. 즉 철제품의 제작방법이 주조철기(鑄造鐵器)가 주류를 이루었고, 주조로 생산될 철기를 통한 산업 생산력의 증대나 효율적 무기생산은 한계가 있기 때문이다. 반면에 한강유역의 경우 비록 철기의 파급이 늦었다하더라도 주조철기가 아닌 단조철기(鍛造鐵器)가 철제품의 주류를 이루었고, 단조철기 생산은 효과면에서 주조철기의 생산단계와는 비교될 수 없을만큼 파격적 결과를 가져온다. 즉 비록 백제의 건국지역에 철기의 파급이 늦지만 보다 발전된 철기문화가 수용됨으로써 집단간의 경쟁에서 우위에 설 수 있었던 것이다.

한편 백제의 건국지역인 한강 하류지역은 고대사회적 측면에서 보면 교통의 중심지라는 커다란 장점을 가지고 있다. 당시 항해술의 발전이 크게 진전되지 못하였고 따라서 바다의 항해는 원양항해가 아니라 연근해 항해술에 의존할 수밖에 없었다. 여기에 당시의 대외 교통이 중국대륙과 연결된다는 점을 고려하면, 한강이란 긴 수로를 따라 형성된 교통로는 한반도의 각 지역을 출발점으로 하여 결국은 한강 하류지역으로 귀착되고, 이어서 다시 바다로 나아가는 출발점이 된다. 여기에 한강의 북쪽인 황해도 지역에는 중국의 군현이 자리하고 있어 남부지역에서 군현에 이르는 길목이 한강 하류지역인 셈이다. 이러한 입지환경은 한반도의 여러 집단이 중국의 군현과 혹은 중국과의 교통을 위해서는 한강하류 지역을 경유할 수밖에 없었고, 따라서 백제는 대외교역의 요충에 자리하여 이를 바탕으로 점진적 성장을 이룩할 수 있었던 것이다.

초기의 백제 성장은 철기문화나 입지상의 장점에 의거, 충실한 성장이 점진적으로 진행된 것으로 볼 수 있다. 그러다가 백제는 3세기 이후 급속한 성장을 보인다. 그 방향은 대체로 내부적인 통합작업과 대외적인 확장으로 정리될 수 있다. 내부 통합작업은 유이민 집단이 중심이 된 건국집단들도 처음에는 분산적으로 존재하였으나 이를 국가체제내로 흡수하는 것이고, 외부적으로는 북방의 군현세력이나 동북방의 말갈세력과 항쟁하고, 나아가 남쪽의 목지국 중심의 마한 연맹체를 잠식 그 패권을 장악하는 것이었다.

그런데 이즈음 백제의 성장 배경에는 한반도 서북부를 중심으로 전개된 정치세력의 변동도 주목하여야 한다. 사실 2세기 후반의 한반도 정세는 서북 지방의 군현세력이 주변의 한예(韓濊)로 불리는 집단의 강성으로 말미암아 세력이 약화된 상황이었다. 그러한 상황에서 요동의 공손씨(孔孫氏) 정권이 이를 타개하기 위해 대방군을 설치한다. 물론 대방군의 설치는 삼한사회의 정치력 성장에 따른 대응이었고, 그 중심에는 백제가 있었다. 즉 백제의 성장은 한예로 불리는 집단을 하나로 묶으면서 군현의 위협세력으로 자리하자 이를 견제하기 위하여 대방군이 설치된 것이다. 그러나 이후 중국의 군현은 공손씨 정권의 붕괴에 따라 변화가 나타난다. 더불어 한반도 중부지방의 여러 세력들은 서로간에 갈등을 겪게 되고 충돌도 자주 일어나는데 대체로 백제가 우위적 입장에 있으면서 소강상태를 유지하기도 한다.

이처럼 한 군현과의 투쟁과정에서 백제는 내부 결속력을 강화하고 이를 토대로 왕실의 지배력이 강화된 것으로 보인다. 『삼국사기』에 따르면 고이왕대에 각종 관등이나 관제의 제정이 이루어진 것을 전하는데 이러한 일련의 조처들은 내부 결속을 통한 왕권강화, 즉 백제의 성장을 증거하는 것들이다. 고이왕은 16관등제를 제정하고, 그에 따른 복식의 색깔을 제정하는가 하면 관제(冠制)도 제정하고, 이제 어느정도 갖추어진 관료조직을 통한 정치를 실행하기 위해서 남당을 설치하여 거기에서 정사를 살피고 있다. 특히 좌평을 임명하는 것은 관료제의 틀을 갖추어가는 것으로 볼 수 있다. 물론 이러한 관등이나 색복 및 의관제의 제정이나 실행에 대해서 그것이 과연 고이왕대에 갖추어졌는가는 상당한 의문이 있다. 다만 의문이 있다 하더라도 그러한 사실이 고이왕대에 실행된 것으로 기록되었다는 것은 이 고이왕대인 3세기 후반경이 백제의 성장 발전에 획을 그을 수 있는 시기였다는 것을 입증하는 것이고, 그로 말미암아 후대의 사실들이 상당부분 이시기의 사실로 견강부회(牽强附會)된 것이 아닌가 추정한다.

그와 관련하여 크게 주목될 수 있는 것, 즉 백제의 발전이 이 고이왕대에 이룩되었다는 것을 단적으로 보여주는 것이 대외적인 측면에서 확인된다. 우선 북쪽에 있는 군현세력과 일정한 관계를 유지하면서 국가 발전을 도모하는 지혜가 발휘된다. 나아가 이 시기에 한반도의 정치세력이 당시 중국의 왕조였던 서진과 교섭한 사례가 있는데, 그 주체를 백제로 봄이 일반적이다. 이러한 사실은 백제가 대내적 발전을 토대로 대외적 교섭도 활발하게 전개한 것으로 볼 수 있는 것이다. 특히 백제의 성장은 4세기 초에 이르면 북쪽에 자리하고 있던 낙랑군과 대방군이 한반도에서 자취를 감춤으로서 새로운 전기를 맞이한다. 낙랑군의 멸망은 313년 고구려에 의한 것이고 그로 말미암아 군현의 주체는 사라졌지만 고구려의 중심이 압록강 유역에 있어 효과적인 통제는 어려웠을 것이다. 이에 백제는 낙랑, 대방지역을 차지하기 위한 고구려와의 영토분쟁을 시작한다.

물론 4세기 초반에 이르러 백제 내부에서 왕위 계승권을 놓고 상당한 진통이 있었다. 4세기초의 왕위 계승분쟁은 고이계와 초고계의 분쟁으로 불리는데, 3세기 후반 백제의 국가의 초석을 두는데 결정적 역할을 하였던 고이왕계가 왕권 경쟁에서 밀리고 초고계가 왕권을 장악함으로서 일단락된다. 그 결과 등장한 것이 근초고왕이다.

백제의 고대국가로서의 성장은 근초고왕대에 일단락된다. 중앙의 문물제도 정비만이 아니라 지방의 장악과 통치체제의 마련이 이 시기에 이루어지고, 나아가 훗날 백제의 강역이 된 경기, 충청, 전라지역이 이 시기에 백제의 영토로 완전 편입된 것으로 본다. 특히 근초고왕 대에는 대외정복이 활발하게 이루어진 것으로 유명하다. 북으로 황해도 일대의 대방고지를 두고 고구려와 항쟁하는가 하면, 남쪽으로는 마한의 잔여세력 통합에 나서고, 동남쪽으로는 가야지역으로 세력을 확장하는 것이 그것이다. 그 결과 근초고왕 27년에는 대고구려 전에 대한 성공적인 수행으로 대방고지에 대한 지배력을 확보하였고, 나아가 가야지역의 진출을 통해서 왜와의 교역로를 확보하는가 하면 가야지역에 대한 영향력도 크게 증대한다. 여기에 마한의 잔여세력에 대한 통합이 완료된다.

이를 기회로 근초고왕은 중국의 동진에 사신을 보내고 진동장군영낙랑태수(鎭東將軍領樂浪太守)의 작호를 제수받기도 한다. 이는 중국과의 정식 외교관계의 수립이란 의미 외에 백제가 한반도 서남부 지역을 명실상부하게 통치하는 권위를 인정받은 것으로 볼 수 있고, 나아가 백제의 자신감이 그대로 표출된 것이다. 이러한 자신감은 국가의 정통성, 왕실의 정통성을 확보하기 위하여 고흥이란 사람으로 하여금 서기라는 역사서를 편찬함에서도 그 일면을 엿볼 수 있다.

(2) 백제의 무기들

고구려·백제·신라·가야가 각각의 지역에서 서로 할거 하던 삼국시대는 각국의 이해관계에 따라 끊임없는 전쟁이 점철되던 혼란과 투쟁의 시대였다. 삼국 가운데 특히 백제는 크고 작은 전쟁을 가장 많이 겪으면서 전쟁으로 인한 각종의 영향을 가장 많이 받았고, 그로인해 백제사회는 장기간 안정된 모습을 찾기가 어려울 지경이었다. 이와 같은 크고 작은 전쟁에 승리하기 위해서 각각의 나라들은 전쟁에 필요한 국가체제를 조직, 정비하고 나아가 군사시설이나 군비를 확충해 나가는 등 다각적 노력을 계속할 수밖에 없었다. 특히 전쟁을 수행하기 위해서 절대적 필수품인 무기의 개발이나 생산은 무엇보다도 중요한 과제 중의 하나였다.

백제 군대의 병종은 보병, 기병, 수군, 승병, 특수 병종으로 나뉜다. 보병은 도끼와 창 그리고 활을 사용하는 도부수, 창수, 궁수로 이루어졌다. 기병은 정예기병과 일반기병으로 나누어지는데 정예기병은 국왕 직속의 기병이며, 이외에 개마갑주(鎧馬甲冑)의 기병도 있었다. 수군은 중요한 항구에 배치되었으며, 군선을 만들때에는 부안군 변산 지역의 목재가 많이 사용되었을 것으로 본다. 승병은 승려로 조직된 부대로서 주로 영향력 있는 승려들에 의해 조직되고 지휘되었다. 특수 병종으로는 구름사다리를 전문적으로 사용하는 부대, 석투를 전문으로 하는 부대, 노를 전문으로 다루는 부대, 성문을 깨뜨리는 것을 전문으로 하는 부대 등이 있었던 것으로 추정된다.

삼국시대 국가 운명의 중요한 관건이었던 전쟁의 승리를 위해 다양한 무기가 개발, 사용되었을 것으로 추정한다. 그러나 그 무기체계를 이해한다거나 무기 자체의 실물을 확인하는 것에 적지 않은 어려움이 있다. 전쟁의 속성상 사용 가능한 모든 것을 동원하여 무기로 사용하였을 것이나 이를 기록한 것은 거의 없으며, 단지 무덤 부장품으로 전하는 극히 일부의 내용만 확인될 뿐이다.

백제의 무기로 알려진 것은 양적으로 적지만, 종류는 고구려나 신라와 같은 다른 나라에 비해 다양한 편이다. 대체로 무기는 전투형태나 상황에 따라 동일한 무기라 하더라도 공격용 또는 방어용으로 구분하여 사용될 수 있다. 따라서 전쟁

무기 자체를 엄격하게 공격용과 방어용으로 구분하기는 어렵다. 다만 형태나 기능에서 순수하게 방어, 혹은 공격만을 목적으로 제작된 것도 있어 이를 기준으로 구분하기도 한다. 이외에 전투형태나 상황에 따라 공격과 방어의 기능이 동시에 사용될 수도 있는데, 이 경우도 기본은 살상에 있는 것이기에 공격용으로 구분한다. 이러한 점을 고려하여 백제의 무기도 공격용과 방어용으로 구분한다.

백제의 무기 가운데 쇠칼인 철도(鐵刀), 철검(鐵劍), 철제의 창인 철모(鐵矛), 쇠화살촉인 철촉(鐵鏃), 쇠도끼인 투부(鬪斧) 등의 대부분은 공격용 무기로 구분하는 것이다. 그리고 방어용 무기는 갑옷인 갑주(甲冑), 마름쇠 등의 일부가 있다. 여기에 쇠 낫이나 쇠도끼와 같은 농기구나 공구들도 전쟁시에는 무기로 사용되었을 가능성이 있다. 이처럼 농기구나 공구들도 무기로 사용되었다는 점을 유념할 경우 무기체계는 매우 다양하였다고 볼 수 있다. 다만 그 현황을 정확하게 알 수 없는 것도 적지 않은 점을 고려하고, 여기에서는 그 실체가 분명한 것을 중심으로 살펴보고자 한다.

먼저 백제 무기로 가장 많이 남아 있고, 형태도 가장 다양한 것은 철제의 큰 칼인 대도(大刀)와 철검이다. 이들은 전투에서 모두 근접전에 사용된 공격용 무기로 구분된다. 그러나 검(劍)은 충남의 논산시 연산면 모촌리의 백제고분군에서 출토된 1점 이외에는 아직 다른 예가 없다. 본래 검은 청동기시대에 청동제품 외에 석재로 제작하여 보편적으로 사용되었던 것인데, 백제 무기로서 그 사례가 적은 것은 이제 실전 무기로서 기능은 거의 소멸되고, 오히려 전통적으로 답습되던 군사지휘관의 권위 상징품으로 일부가 사용된 것이 아닌가 추정한다. 나아가 이를 기회로 백제는 물론 삼국시대에 이르면 검은 거의 제작되지 않고 그 기능을 대신할 수 있는 칼이 보편적으로 제작되었음을 알 수 있다.

큰칼인 대도는 칼자루 끝부분에 있는 둥근 고리형 장식인 환두(還頭)가 있는 것과 없는 것으로 크게 구분한다. 그리고 환두가 있는 큰칼은 환두를 어떤 무늬로 장식하였는가, 즉 장식문양에 따라 다시 구분한다. 여기에 칼의 전체적인 형태와 칼날 끝부분의 형태, 날과 칼자루에 연결되는 꽂이부분인 칼슴베 사이에 형성된 자루와 칼 몸체 사이에 끼워진 장식인 관부가 있는가 없는가 등에 따라 분류된다. 이러한 기준에 의해 백제의 큰 칼은 둥근고리가 없는 칼, 둥근고리가 있지만, 여기에 문양장식이 없는 칼, 세 개의 나뭇잎 장식이 있는 칼, 상감무늬가 있는 칼, 용과 봉황무늬가 있는 칼 등으로 구분할 수 있다. 그리고 둥근고리가 있는 큰 칼은 둥근고리에 무늬가 없는 큰칼 - 두개 혹은 세 개의 나뭇잎이 있는 것 - 상감무늬가 있는 것 - 용봉문이 있는 것의 순서로 출현한다. 둥근 고리를 만드는 재질은 용이나 봉황무늬가 있는 둥근고리 큰칼의 경우 금이나 금동으로 만드는 경우가 대부분이고, 이외는 은이나 철로 만든다. 삼엽환두대도인 나뭇잎이 있는 것은 금동장-은장-철장으로 구분된다.

한편 큰칼인 대도(大刀)가운데, 특히 둥근고리 큰칼의 경우 외형상으로 베는 기능을 가진 무기지만, 장식의 진행과 더불어 그 성격도 변화되어 장식품의 역할도 수행한다. 그 결과 이 칼은 소유한 자의 신분과 지위를 상징하는 위세품(威勢品)으로서의 기능도 지니게 된다. 예컨대 용이나 봉황 또는 주작을 도안하여 장식한 큰칼들은 당대 최고 지배자들만이 소유할 수 있었던 것으로 그 자체가 신분

그림13 백제 큰칼의 종류와 명칭

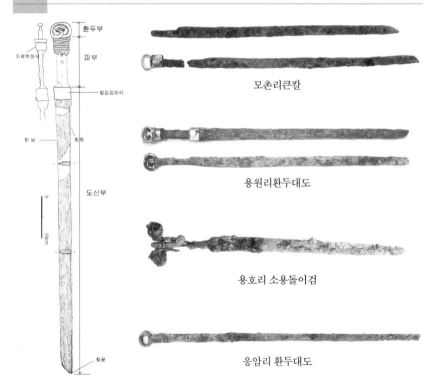

모촌리큰칼

용원리환두대도

용호리 소용돌이검

응암리 환두대도

과 권위를 상징하는 것으로 여겼다. 이러한 이유로 장식된 큰칼의 소유자는 지배 자였음을 알 수 있고, 나아가 군사조직을 통할하던 군사 지휘관으로서의 지위를 가진 인물임을 알 수 있다.

다음으로, 쇠창인 철모(鐵矛)는 그 계통에 따라 투겁이 직기형(直基形)인 것 과 연미형(燕尾形)인 것으로 크게 구분된다. 직기형 철모는 중국의 전국시대 연 나라에서 한반도 서북부의 낙랑지역에 전해지고, 이것이 다시 백제·신라·가야 지역으로 확대된 것으로 전한다. 그리고 연미형 철모는 중국의 한나라에서 북쪽 의 고구려에 전해지고 이것이 다시 백제·신라·가야지역으로 전파된 것으로 본 다. 이처럼 백제에 전해진 철모는 다양한 것들이 있음을 알 수 있는데, 현재 백제 의 철모는 5가지 정도가 알려져 있다. 이들은 모두 실용 무기로서 기능하면서 점 진적으로 변천과정을 거쳤다.

철모는 몸체의 형태에 따라 관봉철모와 협봉철모로 구분되기도 한다. 예컨대 철모의 몸체 단면이 다이아몬드 형태의 릉형(陵形)이면서 몸체와 꽂이부분을 연 결하는 곳에 돌출되어 있는 관부가 퇴화된 협봉(夾鋒)철모라 한다. 이러한 철모 는 이미 4세기 후반에 속하는 자료에서 확인되며, 따라서 백제의 철모 변화는 관 봉철모에서 협봉철모로 시기에 크게 변화된 것으로 본다. 철모는 본래 찌르는 기 능을 가진 것인데, 몸체가 넓은 철모는 찌르는 기능 이외에 베는 기능도 겸비한 것인데 반해서 첨봉철모는 찌르는 기능만 지닌 것이다. 아울러 협봉 철모는 대부 분 연미형 철모에 한정되어 양자가 서로 밀접한 관계에 있음을 알 수 있다.

참고로 협봉 철모의 탄생은 갑주 등 방어구의 발전과 밀접한 관련이 있다. 철 제의 갑주가 개발되고 보급됨에 따라 그동안 널리 사용되던 관봉 철모는 더 이상 의 효용성이 떨어지게 되고, 결국 이를 대체할 새로운 철모의 개발이 필요하게 되 었다. 즉 갑옷 관통력이 상대적으로 떨어지는 관봉 철모는 무기로서 기능을 제대 로 발휘하지 못함에 따라 대안으로 찔러서 관통력을 크게 향상시킬 수 있는 협봉 철모가 나타난 것이다. 그런데 철모는 찔렀을 때 대응 방어구인 철제 갑옷의 반발 력으로 인하여 자루의 투겁부분이 부러지기 쉽다. 특히 직기형 철모는 연미형 철 모에 비해 투겁 끝부분이 나무자루에 접지되는 선이 짧고 일직선으로 접지되기 때문에 잘 부러진다. 그런데 연미형 철모의 투겁부분은 나무자루와의 접지선이 길고 엇갈리게 접지되어 있어 찔렀을 때 충격을 받으면 힘을 분산시킬 수 있어 쉽 게 부러지지 않는다. 이는 관통력 증대에 따라 그에 대응되는 속성들의 개발 및

그림14 철모의 종류와 명칭

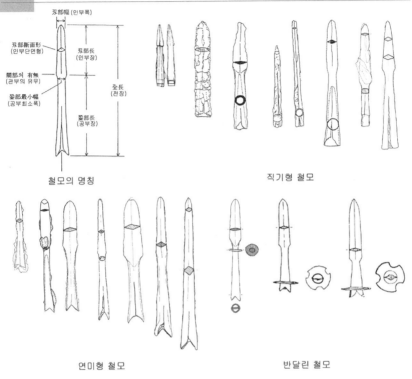

철모의 명칭

직기형 철모

연미형 철모

반달린 철모

변화는 무기로서 가장 효용성이 증대된 첨단제품의 개발을 의미한다.

　다음으로 도끼 형상을 가진 무기로서 투부(鬪斧)에 대한 것이다. 투부는 원래 일상생활용구로 사용되는 공구였으나 차츰 그 기능이 다양화되면서 무기로서 기능을 겸비하게 된 것이다. 이 투부는 이후 다시 무기의 기능 외에 또 다른 의미가 추가되어 신 또는 권세의 상징물로 인식되어 왔다. 본래 투부는 중국에서는 일찍부터 중무장한 기병에 대항하는 보병들의 방어무기로 발달하였다. 우리나라의 투부 자료는 고구려의 경우는 무기로 상당한 보편성을 가진 것으로 확인된다. 물론 고구려의 투부도 중국 투부의 영향으로 발생되었다고 추정하며, 실물로 전하는 것도 있다. 그런데 안악 3호분, 약수리 벽화 고분, 평양 역전고분 등의 벽화

그림15 투부의 종류와 명칭

단조철부들

주조철부들

고분에는 이 투부가 상당히 많이 그려져 있는데, 거기에는 의장용으로 나타나 있어 무기의 기능과 함께 의장용으로 사용되었음도 알 수 있다. 투부는 몸체의 측면에 횡으로 구멍을 내고 여기에 자루를 끼우는 것으로 투부 자체는 단조품이다. 백제의 투부 자료는 이성산성, 미륵사지 출토 예가 있지만 대체로 5~6세기(특히 5세기)에 한정되어 나타난다는 특징이 있다.

다음은 철제의 화살촉에 대한 것으로 본래 철촉은 그 자체만으로 기능하지 못하고, 화살의 살이나 노에 장착하여 사용하는 장거리 무기이다. 화살을 구성하는 핵심 요소 중 하나였지만 유기질인 살은 썩어 없어지고 금속인 철촉만 남긴 것이 대부분이다. 한번 발사하면 회수가 불가능한 소모품적 무기이고, 일부를 제외

그림16 백제 철촉의 종류와 명칭

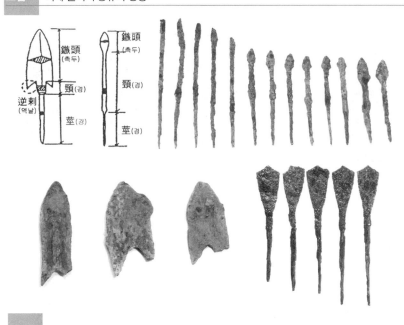

그림17 백제의 성시구와 그 명칭

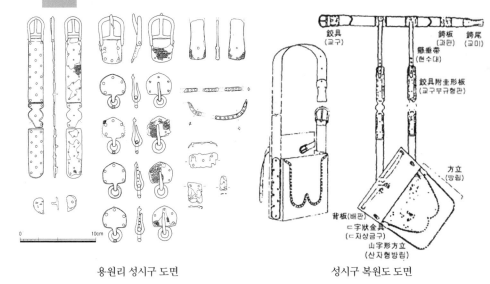

용원리 성시구 도면   성시구 복원도 도면

하면 위세품적인 성격이 결여된 가장 보편적인 무기중의 하나이다. 철촉은 몸체의 형태, 슴베의 유무와 두부의 길이 등에 따라서 분류된다. 슴베의 유무에 따라 무경식(無莖式) 철촉과 유경식(有莖式) 철촉으로 크게 나눌 수 있으며, 몸체의 형태에 따라 삼각 만입촉, 경형촉, 유엽형촉, 역자형촉, 송곳형촉, 골촉형촉, 착두형촉, 도자형촉 등으로 구분한다.

철촉과 밀접한 관련이 있는 성시구(盛矢具)는 궁수가 말을 타거나 보행을 할 때 사용하는 화살을 담는 통이다. 병사의 무장에서 빠트릴 수 없는 무구로 등에 메는 인과 허리에 차는 시복, 호록 등이 있다. 삼국시대의 성시구는 허리에 차는 방립형이 일반적으로 사용되었다. 백제지역에서 출토된 성시구 자료는 많지만 관련 부속구 전체가 출토된 것은 드물고 단지 한 두개의 부품만 출토되어 형태와 구조 복원이 어렵다. 다만 용원리 백제고분군 유적의 1호, 9호 석곽묘에서 화살이 격납된 상태의 성시구의 부속구 전체가 원래의 형태로 출토되고, 또 논산 모촌리 백제고분군 유적의 93-5호 석곽묘에서 이와는 약간 다른 구조를 지닌 성시구 자료가 출토되어 형태 및 구조에 대한 대체적 형상은 복원되어 있다.

다음으로 방어용 무기는 가죽 등과 같은 유기질로 만들어진 경우가 많기 때문에 오늘날 남아 있는 것은 거의 없고 일부 금속제의 갑주와 마름쇠 등만 있다. 특히 백제의 고분 부장품 가운데 갑주 등 방어용 무기가 남겨진 경우는 매우 드물어 방어용 무기와 체계에 대한 이해가 어렵다. 갑주 자료는 청주 신봉동의 백제고분군 유적에서 출토된 삼각판정결두갑이나 장성 만무리 고분과 망이산성에서 출토된 횡장판정결두갑 같은 매우 이례적 사례가 있다. 또한 서울 몽촌토성에서 출토된 골장 소찰이 있는데 이는 형태가 세장방형을 띠며 구멍을 뚫어 가죽끈 등으로 엮어서 만든 찰갑이다. 청주 신봉동 B0-1호묘에서 출토된 삼각판정결 단갑은 백제 갑주로는 유례가 없는 유일한 것으로 신라, 가야, 왜 지역에서 자주 보이는 단갑 형식의 것도 있다.

한편 투구는 앞서 언급한 함평 신덕고분과 청주 신봉동 96-2호 횡혈식석실묘에서 출토된 몽고발형주 이외에 알려진 자료는 없지만, 위에서 언급한 찰갑 자료 중에는 갑옷 이외에 투구에 사용되었던 찰갑도 있었을 것이다. 이렇게 보면 백제의 투구는 갑옷관 함께 기본적으로 소찰로 구성된 투구와 몽고발형주 등 2가지 종류가 확인된다.

마름쇠는 4~5cm 정도 길이의 예리한 돌기 4개를 입체적으로 만든 것으로, 통로에 뿌려서 안정되게 지면에 안착시켜 놓음으로써, 진격해 오는 기병의 말이나 보병이 밟아 부상을 입게 하여, 접근을 막고 전투력을 상실케 하는 방어용 장애물

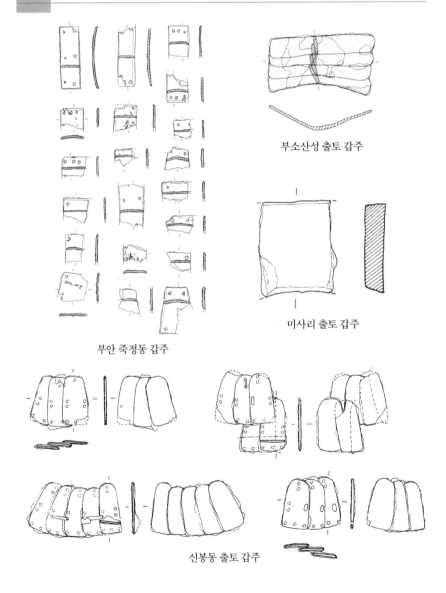

그림18 백제의 갑주들

부소산성 출토 갑주

미사리 출토 갑주

부안 죽정동 갑주

신봉동 출토 갑주

그림10 마름쇠(부소산성 출토 마름쇠)

이다. 삼국시대 마름쇠 자료는 부여 부소산성에서 출토된 백제 사비도읍기의 철장 마름쇠가 유일하다. 이 마름쇠에는 4개의 돌기가 교차되는 곳에 작은 구멍이 하나 뚫려 있다. 이 구멍은 여러 개의 마름쇠를 끈에 꿰어 연결하여 동시에 여러 개를 뿌릴 수 있도록 고안된 것이다. 또 보통 돌기에는 독액을 묻혀서 밟았을 때 살상효과를 높였을 것으로 추정하기도 한다.

이상의 백제무기는 대체로 4단계의 발전과정을 거친다. 제 1기는 3세기 중후반대에 나타나는 일련의 변화로, 각 지역별로 대, 중, 소형의 다양한 철제의 칼이 개발되고, 몸체가 좁은 실용의 철모가 개발되었고, 약간 무게가 있는 철촉 등을 특징으로 한다. 이와 같은 무기변화는 곧 전투형태의 다양화와 전투력의 증대를 가져올 수 있었다. 이는 바로 이전의 마한 집단들이 백제국가로 통합되어가는 과정을 거치면서 각 지역 집단들이 경쟁적으로 무기 개발과 혁신을 도모했던 결과이다.

제 2기는 4세기 전반에 나타나는 일련의 무기 변화 양상의 특징을 꼽을 수 있다. 칼의 경우 이전 시기의 소환두대도와 대형, 소형 철도들이 그대로 사용되지만 실용적 기능을 한층 강화시킨 철제의 칼들이 제작되기 시작하고, 찌르는 기능 전용으로 전문화된 협봉에 가까운 연미형의 철제의 창들과 그 대응 무기인 갑주가 출현하는 것을 큰 특징으로 한다. 제 2기의 이와 같은 무기변화는 백제가 다음 단계의 본격적인 세력 확장을 위하여 내적인 무기혁신과 개량화 과정에서 나타난다.

제 3기는 4세기 후반에서 5세기 초 무렵에 보이는 일련의 무기 변화양상을 특징으로 꼽을 수 있는데, 백제의 무기변화가 가장 혁신적으로 나타나는 기간이다. 칼의 경우 장식 환두대도의 출현과 이의 지방 확산, 방어구인 갑주에 대응한 중후한 실용적 철제 대도의 개발, 첨봉 철모에로의 획일화 및 연미형 철모의 사용, 모든 형태의 다양한 철촉의 사용과 장경식 철촉으로의 획일화되는 것을 특징으로 한다. 즉 이 기간이 백제무기 체계의 근간이 형성되었던 시기라 할 수 있다.

더불어 장식대도, 다각형 철모등과 같은 백제 특유의 무기들은 가야, 왜 지역으로 급속히 파급되어간 시기이기도 하다. 이러한 환경은 군사조직과 지휘체계의 확충과 정비가 이루어지고, 지방으로의 세력 확장이 가속적으로 추진되었음을 의미한다.

마지막으로 제4기는 6세기 중후반 이후, 모든 무기류가 분묘 부장에서 격감하거나 완전히 소멸되면서 오히려 성과 같은 실전 장에서는 첨단무기의 출토량이 더욱 늘어나는 현상을 보인다. 이 점은 이전 단계에 비하여 실전을 더욱 중시하는 정치, 군사적 분위기에 있었음을 시사하는 것이며, 따라서 모든 무기류에 대하여 생산에서부터 편재에 이르기까지 일원적인 힘, 즉 강력한 통제력이 작용하고 있었음을 알게 한다. 이 단계에 현상적으로 보이는 무기의 격감, 소멸현상은 무기 자체의 생산 격감이 아니라 무덤에의 부장이 지양된 결과로 보아야 할 것이며 이는 일원적인 힘에 의해 강력하게 규제되어, 모든 군사적 에너지가 실전에 동원되고 이전보다 오히려 실용 무기의 생산이 더욱 활성화되었음을 대변한다. 나아가 무기에 대한 일원적인 통제는 전투체계 등에도 그대로 작용되었을 것으로 이전보다 한층 강화된 군사조직이 운영되었음을 알 수 있다.

- 4세기 중엽 백제의 성장배경은 무엇인지 생각하기
- 근초고왕대의 백제발전내용을 대외적 측면에서 생각하기
- 백제무기로서 환두대도의 종류와 그 성격을 생각하기
- 백제 무기의 발전상을 단계별로 생각하기

3. 백제의 영역확장

1) 담로제와 금동관모 출토 고분

고대국가의 운영은 중앙의 지배세력이 지방사회를 어떻게 통제, 장악하는가에 성패가 달려 있다. 특히 한국고대국가의 성장은 점진적이었고, 따라서 지방사회의 통제도 점진적인 방법으로 이룩되었을 것이다. 백제도 고대국가로 성장하면서 지방사회를 효과적으로 통제하기 위하여 다양한 통치수단을 강구한다.

백제의 지방통제와 관련된 내용은 국가 초기에 부제란 것이 존재하고, 이후에 담로제, 그리고 웅진 혹은 사비로 천도한 이후에는 방군성제가 실시되었다. 이중에서 방군성제는 중앙정부가 지방관을 통해 지방사회를 직접적으로 통치하는 것인데 반해서 담로제는 그보다 미숙성이 있는 통치방식으로 추정한다.

담로제의 실상은 양직공도란 기록에 의해 사실이 확인된다. 그런데 백제사회에는 이 담로제가 실행되었다고 보는 4세기 후반에서 5세기 말 경의 기간에 위세품적 성격을 풍부하게 지닌 금동관모가 사용되었다. 지금까지 7예의 금동관모가 출토되었고, 모두 백제의 지방사회에 자리하면서 유적인 무덤은 고유의 토착묘제이면서 모두가 위세품을 풍부하게 출토한다는 특징이 있다.

금동관모를 출토한 무덤은 지방사회의 토착기반을 가진 수장들의 것으로 볼수 있고, 이들은 금동관모와 같은 위세품을 백제 중앙정부로부터 하사받아 이를 통해 지방사회에서 수장으로서 권위를 유지, 통치권을 행사하였다고 여겨진다. 나아가 이들 금동관모의 소유자는 백제의 지방통치단위인 담로의 주체였을 것임을 이해하여 보고자 한다.

(1) 담로제(檐魯制)

백제는 처음 한강 유역에 자리하여 국가를 건국하였고, 이곳을 중심으로 성장하여 점차 주변지역에 대한 통제력을 강화하여 고대국가로 발전을 이룩하였다. 백제가 국가를 건국할 즈음인 초기에는 백제 이외의 다른 마한 소국들이 주변에 자리하고 있었고, 이들 소국과의 관계는 연맹왕국으로 상징되듯이 통제력 또한 간접적 형태에 머물러 있으면서 서로 간에 거의 대등한 관계를 유지하고 있었다. 그러나 백제의 성장이 괄목할 정도로 진전되고 보다 강화된 세력을 바탕으로 주변 세력을 점차 백제로 예속하기 시작하였다. 물론 그 지배방식은 비록 간접적인 것이나 지배의 강도를 강화해 나갈 필요가 있었는데 이 과정에서 등장한 것이 담로제이다.

담로제는 백제의 지방통치제도이다. 사실 백제는 국가의 성장과정에서 끊임없는 영토의 확장이 있었고, 새롭게 편입된 지역을 통치하기 위한 다양한 수단이 마련되며, 그러한 수단은 지방통치제도로 설명될 수 있다. 백제의 지방통치와 관련된 제도로는 5부제(五部制), 성·촌제, 담로제, 왕·후·태수제, 방(方)·군(郡)·성(城)제 등이 알려져 있다. 이중에서 초기에는 5부제가, 이어서 담로제 및 왕·후·태수제, 그리고 마지막으로 방(方)·군(郡)·성(城)제가 선후 순서로 존재하였다고 본다. 그러나 이들 제도가 계기적인 발전과정 속에서 존재한 것인지, 시기적 선후 관계와 함께 존재한 것인가의 문제, 또는 동일한 제도였는데 표현이 다른 것인지 등의 문제는 아직 분명하게 말하기는 어렵다. 그러나 도읍내의 5부제라던가 방·군성제 등은 사비로 천도한 이후에 실행된 제도임이 분명하다. 나머지는 웅진, 혹은 사비로 천도하기 이전의 제도로 봄이 일반적이다. 따라서 백제가 한성에 도읍하던 시기의 지방제도는 부제로 표현되는 것과 담로제가 있는데, 이중에서 담로제는 백제의 성장이 괄목하게 진전되는 4세기 이후에 실행된 것으로 본다. 이 담로제는 『양직공도(梁職貢圖)』와 『양서(梁書)』, 『남사(南史)』와 같은 중국의 역사서에는 다음과 같은 사실로 전하고 있다.

號治所城曰固麻 謂邑曰檐魯 如中國之言郡縣也 其國有二十二檐魯 皆以子弟宗族
分據之
치소가 있는 성을 고마라고 하고 읍을 담로라 하는데 중국의 군현과 같은 말이다.
그 나라에는 22담로가 있는데 모두 자제 종족에게 분거케 했다.

우선 백제의 지방제도로 담로가 존재하였음을 전하는 중국의 기록. 즉 양직공도를 비롯한 여타의 기록은 중국의 남조에 양나라가 존재하던 시기로 이는 백제로 보면 웅진으로 천도한 이후의 기간에 해당되는 것이다. 예컨대 『양서』에는 동이전(東夷傳)중 백제전이 있고, 여기에는 백제국의 출자, 백제군의 설치, 백제의 중국 남조 여러 나라와의 교류관계 등의 세부분으로 나뉘어 기록한 것이다. 이 중에서 담로와 관련된 기사는 교류관계의 기록 중에 보통(普通) 5년(524, 성왕 2년)에 포함되어 있다. 여기에는 백제의 26대왕인 성왕을 성명(聖明)으로 기록하고 나아가 그에게 지절독백제제군사수동장군(持節督百濟諸軍事綏東將軍)을 제수하면서 백제왕으로 삼은 기사와, 중대통(中大通) 6년(534, 성왕 12년) · 대동(大同)7년(541, 성왕19)의 년간에 백제가 사신을 보내어 교류한 기록 등이 있다. 따라서 이를 통해 담로와 관련된 사실을 기록한 것이 6세기 전반무렵임을 알게 한다. 나아가 이는 백제에 담로란 지방제의 존재는 6세기 전반 이전의 사실이란 것도 알 수 있다.

물론 담로와 관련된 내용은 국내의 백제 관련기록에서는 찾아 볼 수 없고 단지 중국 역사서에 남아 있는 것이며 내용도 단편적이다. 따라서 남아 있는 기록만으로 담로의 개념이 무엇인가, 담로가 지방제라면 편제한 배경과 언제 이루어졌는가, 동시기에 존재하는 것으로 알려진 왕 · 후제와는 어떤 관련이 있는가의 의문을 풀 수가 없다. 나아가 담로제가 지방제라면 어떤 지역에 실시되었는가 라던가 담로와 중앙과의 관계설정은 어떻게 할 수 있는가 등의 의문도 전혀 풀 수가 없다. 다만 기록상으로 보면 담로라는 것이 중국의 군현과 같은 성격의 것이라 밝히고 있어 일단 그것이 지방의 통치단위 혹은 지방관 아니면 지역을 구분한 명칭인 점은 분명하게 알 수 있다. 그리고 담로제가 6세기 전반인 백제의 웅진 도읍 후반기를 기점으로 기록되어 있고, 따라서 담로의 존재는 그 이전부터 있었음도 분명하다.

그동안 백제의 지방지배 혹은 지방제도로서 담로제의 중요성을 인식하고 이에 대한 연구도 적지 않게 이루어졌다. 우선, 담로의 개념에 대해서는 어원 풀이에 근거한 정의 즉, 담로는 보통 우리말의 '드르' · '다라' 라는 어원과 통하는 것으로 이는 '성읍(城邑)', '대성(大城)' 을 가리킨다는 것이다. 때문에 담로는 지방의 행정 중심지인 치성으로 이해하기도 한다. 또는 담로의 어원인 '담' 은 우리말의 흙이나 벽돌 그리고 돌로 둘러쌓아 밖과 구분하는 구조물을 말하는 '담' 으로, '노' 는 고대어의 노(奴) · 내(內) · 뇌(腦)와 같은 것으로, 토 · 양 즉 땅을 의미하

그림20 양직공도

다고 보아 "담으로 두른 땅"이라고 풀이하여 담로가 지방의 치성이란 앞의 개념정의와 같은 내용으로 정의하기도 한다. 그러나 이러한 이해는 단지 어원풀이로 뜻풀이와 말풀이의 차이만 보여줄 뿐이다.

그리고 담로가 지방제도로 존재한 것이라면 그것이 언제 편제되었는가에 대해서도 다양한 의견이 개진되어 있다. 물론 이에 대해서 정확히 판단할 수 있는 자료가 제시된 것은 아니지만 대체로 건국초기, 근초고왕대, 개로왕대, 그리고 무령왕대에 담로제가 처음 시행되었다는 등 다양한 의견이 제시되었다. 다만 최근에 중국의 역사서인 『양서』의 백제전 내용뿐 아니라 일본의 역사서인 『일본서기』의 단편적인 기사를 중심으로 백제의 제도와 문물을 정리한 것, 나아가 역사적 배경 등을 고려할 경우 담로제의 시행이 대체로 근초고왕대에 이루어진 것이 아닌가라는 추정으로 의견이 집약되는 현황이다.

담로는 중앙사회의 통치제도라기 보다는 지방사회를 중앙에서 통제하기 위하여 마련한 제도인데, 그렇다면 지방사회의 어떤 방식으로 편제하였을까의 문제가 제기된다. 지금까지 백제의 담로제가 실시된 시기를 근초고왕대로 보고 있고, 백제는 근초고왕대에 이르면 지금의 경기, 충청, 전라지역을 장악하였다고 보기에 결국 담로제가 시행된 지역은 백제의 영역의 전체가 대상이 되었을 것이다. 여기에 기록상으로 보면 설치된 담로가 22개라는 점은 적어도 지방의 중요한 거점에 이들 담로제가 시행되었다고 볼 수는 있다. 그러나 담로의 설치나 범위에 대한 이해가 마련된다 하더라도 문제는 이들 담로를 통한 지방통치가 어떤 방식으로 이루어졌을까라는 점이다. 물론 이에 대해서 담로의 설치는 지방관의 파견으로 봄이 일반적이고, 그 근거는 앞의 담로관련 기록에서 자제종족을 분거케 하였다는 점에 근거하는 것이기는 하다.

그런데 담로제가 지방관의 파견을 기초로 이루어진 것인가는 새로운 검토가 필요하다. 이는 앞의 기록에 나타난 담로에 자제 종족을 분거케 하였다는 기록만이 아니라 이 담로제가 시행되었다고 보는 기간, 즉 백제의 한성도읍 후반기의 중앙과 지방간의 관계가 과연 지방관이 파견되었는가에 의문이 있기 때문이다. 역사적 사실의 기록은 특별사항을 적는 것이 상식이다. 앞에서 예로 본 담로에 관한 중국의 기록도 그러한 것으로 보아야 한다. 즉, 백제에는 중국의 군현과 같은 담로가 있고, 여기에 왕의 자제 종족을 파견하여 거점으로 삼도록 한 것을 특기할 만한 사실로 인식하여 기록한 것으로 볼 수도 있다는 것이다. 오히려 이 기록은 6세기 초반, 그것도 백제의 제도문물의 정비가 완비된 성왕대의 현황을 적은 것이다. 즉 성왕은 사비로 천도한 후에 지방의 통치체제로 방군성제란 정연한 제도를 마련하였다. 따라서 담로제는 방군성제의 전 단계에 해당되는 제도이고, 따라서 지방통치제로서 방군성제보다 미숙성이 내포된 제도로 보아야 할 것이다. 이로 보면 담로제를 언급하면서 왕의 자제 종족을 분거케 하였다는 것도 기록의 특성으로 보아 어쩌면 특수한 환경, 즉 이때에 이르러 자제종족이 처음으로 지방에 분거하였음을 기록한 것은 아닐까라는 해석도 가능하다.

지방 통치체제인 담로제가 중앙에서 지방에 지방관을 파견함을 전제로 이해된다면, 백제는 이미 근초고왕 대부터 지방관을 파견하여 전국을 일원적으로 통치한 것이 된다. 그러나 백제의 한성 도읍 후반기의 역사기록, 고고학 자료인 물적자료에서 그러한 흔적을 발견하기 어렵다. 오히려 지방관의 파견보다는 각 지방에 자리한 특정세력을 중앙정부가 포섭, 이를 매개로 지방통치를 진행하였음이 각종 자료에서 드러난다. 그 대표적 자료가 금동관과 같은 화려한 유물을 출토한 고분 자료들이다.

(2) 금동관모 출토고분

금동관모는 머리에 착용하는 모자의 일종으로, 이의 착용자가 특수한 신분, 즉 지배질서의 상층에 위치하였음을 상징하는 것이다. 백제사회도 중앙의 왕을 정점으로 관료체계를 갖추었고, 나아가 지방사회도 그들의 통제하에 편입시키면서 나름의 위계적 질서를 갖추었다. 따라서 백제의 금동관모는 지배자집단의 위계질서 혹은 신분질서의 상징물로 존재하는 것으로 봄에 문제가 없다. 백제의 금동관모는 지금까지 충남의 천안 용원리 백제고분군 1점, 공주 수촌리 고분군 2점, 서산 부장리 고분군 1점, 전북 익산시 입점리 고분군 1점, 전남 나주시 신촌리 고분군 1점, 고흥군 안동고분 1점으로 모두 7예가 알려져 있다. 그러면서 모두 무덤에서 출토되었을 뿐만 아니라 도읍지인 한성이나 웅진, 혹은 사비지역이 아니라 지방사회에서 출토되었다. 나아가 무덤의 내용이나 함께 출토된 유물로 미루어 금동관모가 사용된 시기는 백제의 한성도읍 후반기인 4세기 후반에서 5세기 후반까지 약 100여년경의 시간폭이 설정된다. 금동관모가 출토된 유적의 현황을 보면 다음과 같다.

| 천안 용원리 9호 금동관모 출토 무덤 |

천안 용원리 유적은 서기 300년에서 400년대까지 약 100여년간에 걸쳐 만든 것으로 추정되는 대규모 취락 유적과 무덤군으로 이루어져 있다. 이중에서 금동관모가 출토된 무덤군은 흙무덤인 토광묘(土壙墓) 137기와, 항아리를 사용한 옹관묘(甕棺墓) 2기, 그리고 돌로 만든 석곽묘(石槨墓) 13기 등 총 152기의 무덤이 있다. 무덤들은 대체로 토광묘가 중심을 이루고 있지만 석곽묘와 함께 사용되면서 석곽묘를 사용하던 사람들이 보다 상위계층의 사람들로 추정된다. 예컨대 1호로 구분된 석곽묘에서는 금동제로 만든 용과 봉황이 새겨진 둥근고리를 가진 큰칼이 부장되었고, 12호 석곽묘에서는 금으로 용과 봉황을 상감한 둥근고리 큰칼이 출토되었다. 금동관모도 9호 석곽묘로 구분된 무덤에서 출토되었는데, 다만 금동관모는 관모장식(冠帽裝飾)의 일부만 남아 있어 그 실체는 알 수 있지만, 정확한 형상의 복원은 어렵다.

이 9호 석곽묘는 금동관모가 출토된 무덤답게 규모나 부장품에서 우월성이 드러난다. 무덤은 땅을 파고 위에서 아래로 시신을 묻는 즉 수혈식으로 조성하였으며, 무덤방은 남북간 445cm, 동서간 115cm의 규모인데, 같은 형식의 백제 수혈식 석곽묘로서는 규모가 큰 편이다. 무덤방의 벽체는 4벽면을 동시에 쌓았는데, 아래에서 위로 쌓아 올리면서 점차 좁혀 쌓은 특징도 있다. 무덤방의 내부 중앙에 나무관(木棺)을 두었고, 유물은 목관 내에 두었던 것과, 무덤방의 북쪽인 묻힌 자의 머리 쪽에 두었던 것, 그리고 남쪽인 묻힌 자의 발쪽에 두었던 것으로 구분된다.

나무관 안에 두었던 유물은 둥근고리 큰칼(環豆大刀)과 귀걸이(耳飾), 그리고 금동제 관모(冠帽)장식이다. 이중에 관모는 귀걸이와 함께 묻힌자의 머리부분

그림21 용원리 금동관모 출토 무덤

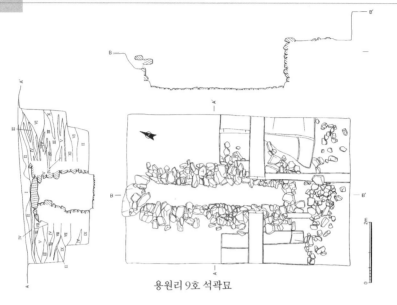

용원리 9호 석곽묘

에서 수습되었으며, 금박이 있는 유기질이 남았었지만 완전 부식으로 형태를 추정하기 어렵다. 그러나 관모의 전면 모서리를 장식한 것으로 추정되는 금동금구(金銅金具)와, 관모의 정상에 매달았던 것으로 볼 수 있는 방원형의 금판금구(金版金具)가 있다. 이외의 유물로 무덤방의 남쪽구역에서 수습된 질그릇과 말의 제어구들인 마구 그리고 화살통인 성시구(盛矢具), 북쪽 구역에서 수습된 흑색 마연토기(黑色磨硏土器)와 흑유계수호(黑釉鷄首壺) 및 심발형토기(深鉢形土器), 난형의 항아리가 있다.

| 수촌리 금동관모 출토 무덤 |

수촌리 유적은 충남 공주 시가지에서 북동쪽에 자리하고 있으며, 공주 시가지를 동에서 서로 관통하면서 흐르는 금강에서 북쪽으로 약 5.5km의 거리를 두고 있다. 본래 수촌리 유적은 크게 두 지역으로 구분된다. Ⅰ지역으로 구분된 지역에서는 청동기시대의 집자리와 무덤, 그리고 2기의 초기철기시대 토광묘와 석관묘도 있으며, II지역으로 구분된 범위에서는 백제무덤 6기가 확인되었다. 이중 II지역의 1호 흙무덤인 토광묘와 4호 돌방무덤인 석실분에서 금동관모가 출토되었다. 이들 금동관모가 출토된 무덤은 6기의 무덤과 매우 가깝게 자리하고 있으며, 2기는 흙무덤인 토광묘, 그리고 2기는 돌로 쌓은 석곽묘, 2기는 돌방무덤인 석실분인데, 석곽묘 1기를 제외한 나머지 5기는 서로 10m이내의 간격에 있으면서 둥그렇게 배치되어 있고, 또한 부장된 유물도 매우 화려하고 풍부한 것이다. 나아가 흙무덤 2기중에 1기는 남자, 1기는 여자의 것으로 서로 가깝게 자리하고 있어 부부간의 관계에 있었던 것으로 보기도 한다. 이중에서 금동관모가 출토된 무덤의 규모와 출토유물의 내용을 정리하면 아래의 표와 같다.

1호 토광묘는 땅을 파서 만든 구덩이 안에 외곽에 나무곽을 설치하고 그 안에 다시 나무관을 둔 형식이다. 그리고 남겨진 유물은 묻힌자가 평소에 지니고 있었던 것은 나무관 내에, 그리고 의례 등의 결과로 남겨진 것들은 곽과 관의 사이에 자리하고 있다. 즉 목관 안에서 금동제의 관모와 금동제의 신발, 금제 귀걸이,

표1 금동관모가 출토된 무덤의 규모와 출토유물의 내용

유구명	장축방향	규모(cm)			출토유물	비고
		묘광 (장축×단축×깊이)	목곽 (장축×단축)	목관 (장축×단축)		
1호 토광 목곽묘	N-S	560×410×95	450×300	240×80	금동관모, 금동식리, 이식(금제)환두대도, 금동과대,중국제유개청자사이호, 등자, 재갈, 교구, 살포, 철부, 직구호, 대호, 호형토기3,광구호, 발형토기, 꺾쇠, 관정	바닥 부식
4호 석실분	N-40°-E	440×360	300×200 ×150	180×240	금동관모, 금동식리, 금동과대, 환두대도, 중국제흑유도기3(계수호, 양이부병, 호), 청자잔, 유리구슬, 이형철기(살포)등자, 재갈, 교구, 기대, 직구단경호, 광구호, 유개합, 단경호2, 대형옹2, 꺾쇠, 관정	바닥 부식

둥근고리 큰칼, 금동제의 허리띠, 중국에서 제작한 네귀달린 청자 항아리가 출토되었고, 목관 밖에서 마구인 등자, 재갈, 교구, 살포, 철부 등의 철기와 함께 토기인 곧은 입을 가진 항아리, 큰 항아리, 항아리형 토기, 입큰 항아리, 사발형태의 토기 등과 각종의 철제품이 남아 있었다. 이러한 부장품은 백제의 흙무덤의 일반적 모습과는 크게 대비되는 것으로 화려할 뿐만 아니라 양적으로도 매우 풍부한 것이다.

한편 돌방무덤인 4호 석실분은 지하로 구덩이를 파고, 그 안에 출입시설인 문이 달린 무덤방을 만든 소위 횡혈식 석실분(橫穴式石室墳)의 구조를 지니고 있는 것이다. 무덤방을 막돌을 이용하여 쌓았고, 입구는 남쪽의 중앙에 문틀시설이 없는 개구식(開口式)으로 마련하였다. 무덤방의 바닥은 손바닥 크기 정도의 강자갈을 깔고, 한쪽으로 치우쳐 시신을 넣은 관을 올려놓는 관대(棺臺)를 설치하였다. 이 관대 위에 금동제 관모, 금동제 신발, 금동제 허리띠, 둥근고리 큰칼, 중국

그림22 수촌리 금동관모 출토 무덤

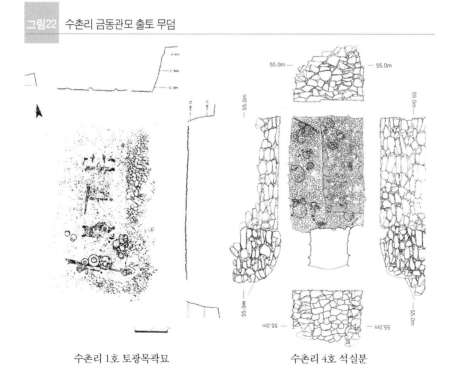

수촌리 1호 토광목곽묘   수촌리 4호 석실분

제인 청자 잔, 유리로 만든 구슬, 중국제 흑갈색이 도는 두개의 꼭지가 달린 병, 목
이 길고 입이 큰 항아리 등이 남아 있었고, 또한 관대와 무덤방의 벽면 사이에 중
국제의 닭머리 장식이 있는 항아리, 흑갈색의 자기, 살포와 함께 마구인 등자, 재
갈, 교구가 있고, 이외에 토기로 그릇받침인 기대, 입이 곧은 항아리, 뚜껑이 있는
사발, 대형의 항아리와 함께 목관을 결구하는데 사용한 꺾쇠, 관못 등의 유물이
있다. 4호 석실분의 출토유물도 질적으로나 양적으로 백제 석실분의 일반적 현황
에 견주어 볼 경우 매우 화려하고 풍부한 것이다.

| 익산 입점리 1호 금동관모 출토 무덤 |

　　입점리 1호분으로 불리는 금동관모 출토 무덤은 전북 익산시 웅포면 입점리
에 위치한다. 이 지역도 백제무덤이 많이 남아 있는 지역인데, 입점리 1호분은 무
덤방과 무덤방에 이르는 출입시설로 만든 널길인 연도를 갖춘 횡혈식 석실분(橫
穴式石室墳)이다. 무덤방은 자연 괴석(自然塊石)을 이용하여 편평한 면을 고르게

그림23 입점리 금동관모 출토 무덤

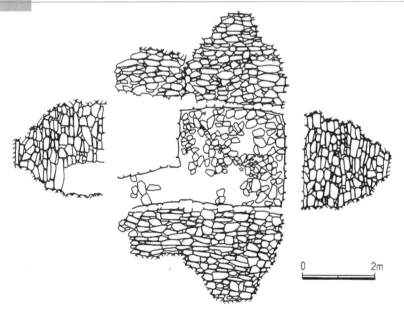

0　　　　　　2m

맞추어 쌓았는데, 바닥에서 80~90cm의 높이까지는 수직으로, 그리고 이후는 네 벽면을 맞조여 쌓아 천정부의 형태가 궁륭식(穹窿式)의 형상을 갖추고 있는 것이다. 그리고 이 무덤은 발굴조사 전에 이미 도굴로 교란되었음에도 무덤방에서 상당히 많은 유물이 남아 있었다. 남아 있던 유물은 금동제의 관모(金銅冠帽)를 비롯하여 금동제의 신발(金銅飾履), 목이 짧은 항아리(短頸壺), 목이 짧고 작은 항아리(短頸小壺), 입이 크고 목이 긴 항아리(廣口長頸壺), 목이 곧은 작은 항아리(直口小壺), 받침이 달리고 목이 곧은 항아리(臺附直口壺)외에 청자사이호 즉, 중국제 네 개의 꼭지가 달린 청자 항아리가 있다. 이중 청자사이호는 공주에서 발견된 백제의 25대 무령왕의 무덤에서 출토된 것과 비슷하며, 특히 금동제 관모의 경우 일본에서 1973년 조사된 후네야마고분에서 출토된 것과 거의 비슷한 형태를 갖추고 있다.

입점리 1호분도 비록 도굴로 말미암아 무덤방에 남아 있던 유물이 본래의 형상인지 아니면 일부만 남아 있는 것인지 알 수 없지만, 질적으로나 양적으로 우수할 뿐만 아니라 풍부한 것임을 알 수 있다.

| 신촌리 9호 금동관모 출토 무덤 |

신촌리 9호로 불리는 금동관모 출토 무덤은 전남 나주시 반남면 신촌리에 있고, 무덤의 형태는 분구 옹관묘로 불리는 것이다. 사실, 호남지역의 고대묘제는 매우 독특한 형태로 있다. 즉, 항아리를 관으로 사용하는 옹관(甕棺)묘제가 널리 사용된 것이 그것이다. 특히 시신을 안치하는 관으로 사용하는 항아리의 경우 별도로 제작하여 사용할 뿐만 아니라 규모도 매우 크고 견고하게 만든 특징이 있는데 이를 전용옹관이라 부른다. 옹관묘는 한국 고대묘제로 사용범위가 매우 넓다. 그러나 호남지역 특히 지금의 영산강 유역 일대처럼 오랫동안 사용되고, 그것도 전용옹관을 만들어 사용한 예는 다른 지역에서 발견되지 않는다.

신촌리 9호분은 이처럼 전용옹관을 사용한 사례인데, 무덤의 전체 형태는 전용옹관을 안치하고 그 위에 흙을 높이 쌓아 덮은 분구묘이다. 나아가 분구묘 중에서도 하나의 옹관만을 위해서 만드는 것이 아니라 여러 개의 옹관을 반복적으로 넣고 다시 흙을 덮는 형태, 즉 다장묘적 특징을 지니고 있기도 하다.

금동제 관모가 출토된 신촌리 9호분은 본래 1917년과 18년 그리고 39년에 걸쳐 발굴조사된 유적이고, 최근에 다시 재조사가 이루어져 무덤의 전체 형상이 완전하게 파악되었다. 그러나 무덤의 기본 내용은 이미 일제시대에 확인된 것으로 하나의 분구묘내에 모두 11개의 전용옹관이 남아 있던 것이다. 이중에서 금동제 관모가 출토된 무덤은 당시에 을관(乙棺)으로 구분된 것이다. 여기에서 출토된 유물 중에 중요한 유물은 금동관(金銅冠), 금동신발(金銅飾履), 은제와 동제로 만든 둥근고리에 한 마리의 봉황이 새겨져 있는 큰 칼(銀·銅製單鳳文環豆大刀), 은제로 둥근고리에 세 개의 나뭇잎이 새겨져 있는 큰 칼(銀製三葉文環豆大刀) 등으로 이들은 위세품(威勢品)으로 분류되는 것이다.

이처럼 위세품이 출토된 을관(乙棺)은 분구묘의 정 중앙부분에서 약간 남쪽으로 치우친 곳에 있었고, 두개의 전용옹관인 별도 제작한 항아리를 서로 합쳐서 만든 소위 합구식(合口式) 옹관이다. 남아 있던 유물은 묻힌자의 머리 쪽에서 금동관, 귀걸이(耳飾), 동제의 팔찌 그리고 오른쪽 팔 부근에서 금제의 고리와 곱은

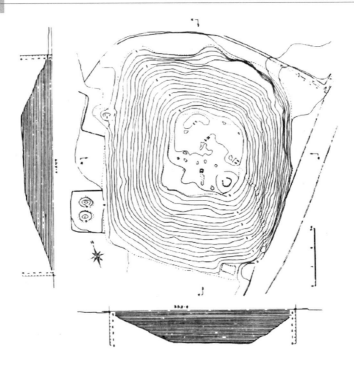

그림24 신촌리 금동관모 출토 무덤

옥이 있었고, 발쪽에 금동신발이 있었다. 나아가 묻힌자의 왼쪽에 두 자루의 둥근 고리 큰칼과 둥근고리가 달린 손칼, 원두양차기(圓頭兩叉器), 삼지창, 활과 화살(弓矢), 톱 등이 있었다. 묻힌자와 부장품은 나무판(板材)위에 놓여 있었는데, 주변에는 항아리가 있었고, 이외에 구슬도 다량이 수습되어 있다.

| 부장리 5호 금동관모 출토 무덤 |

부장리 5호분으로 불리는 금동관모 출토 무덤은 충남 서산시 음암면 부장리에 위치한다. 이곳은 서산시의 동쪽 지역에 해당되는데 낮은 구릉성 산지가 있고, 여기에서 총 13기의 분구묘(墳丘墓)가 조사되었다. 이중에서 5호 분구묘에서 금동관이 출토되었지만 무덤의 규모는 상대적으로 크지 않으며, 오히려 규모는 중급에 속하는 것이다.

분구묘라는 묘제는 지상에 매장시설을 안치한 다음 그 위에 흙을 쌓아 올려 무덤의 외형을 만드는 것인데 흙을 쌓아 올리기 위해서 무덤의 외곽을 파기 때문에 도랑과 같은 흔적을 남기기도 한다. 이러한 묘제의 특징으로 도랑을 의미하는 주구라는 명칭을 사용하여 주구묘(周溝墓)라고도 불린다.

금동제 관모가 출토된 부장리 5호 분구묘는 위에서 무덤 전체의 평면을 보면 방형으로 나타나고, 외곽에 도랑형태의 주구가 돌려져 있으며, 분구의 가운데 위쪽에 매장 시설로 조성한 흔적이 하나가 남아 있다. 이 매장시설은 나무관을 설치하고 다시 흙을 덮은 것으로 내부에서 금동제 관모와 금동제 귀걸이, 철제의 초두라 불리는 다리미 형태의 의기, 둥근고리 큰 칼, 곱은 옥 이외에 각종 구슬들, 철제의 창과 손칼, 낫, 도끼 등과 큰 항아리 등의 토기도 출토되었다. 부장리 5호분의 현황을 표로 정리하면 다음과 같다.

표2 5호분구묘 매장주체부 제원 　　　　　　　　　　　　　　　　　　단위 : m

제원		출토유물
묘광	6.28×3.74×0.9	금동관모, 철제초두, 금동이식, 환두대도, 반부철모, 철도자, 철겸, 모시톱, 철부, 광구호4점, 발1점, 곡옥,구슬 등
목곽	4.14×1.54×0.28	
목관	3.80×0.80×0.18	

그림25 부장리 금동관모 출토 무덤

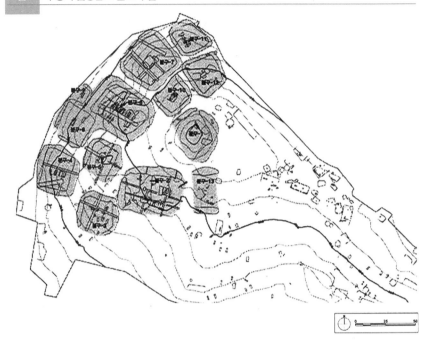

(3) 금동관모 출토 고분과 담로제

담로는 백제의 통치조직으로 중앙사회의 것이 아닌 지방사회와 관련이 있는 것이다. 앞에서 살펴보았듯이 중국의 역사서인 양서(梁書)의 기록에 의하면 백제는 중국의 군현과 같은 담로가 있었는데 여기에 자제종족(子弟宗族)을 분거(分居), 즉 나누어 살게 하였다고 한다. 그리고 이 기록은 담로에 자제종족을 분거시켰다는 사실을 특별히 강조하였다는 점, 나아가 자제 종족의 분거는 중앙에서 지방에 직접적으로 지방관을 파견한 것으로 보아야 한다는 것, 그리고 이 기록이 6세기 전반의 것이고, 따라서 백제가 웅진으로 천도한 이후, 즉 웅진도읍 말기인 6세기 초반이란 사실을 특별히 주목할 필요가 있었다. 다시 말하면 백제는 적어도 6세기 초반에 이르면 지방관의 성격을 지닌 인물들을 담로에 가서 살도록 하였다는 것이다.

한편 백제유적으로 금동제 관모가 출토된 유적은 앞에서 본 용원리 무덤, 수촌리 무덤, 입점리 무덤, 신촌리 무덤 그리고 부장리 무덤이다. 이들 금동관모가 출토된 무덤들은 함께 있는 다른 무덤과 비교할 경우 규모가 매우 크고, 부장품도 상대적 우월성이 크게 돋보이는 것이다. 나아가 이들 금동제 관모가 출토된 무덤들은 백제의 중앙지역 도읍지가 아닌 지방사회에 자리하고, 위세품의 성격을 갖춘 금동제 관모와 함께 있음을 고려, 그 성격을 백제의 정치, 사회적 측면에서 고찰한다면 일단 백제의 담로, 즉 6세기 초반에 지방관적 성격의 자제종족을 지방으로 내려 보내기 전에 지방사회의 우두머리들과 관련하여 이해될 수 있다.

그와 관련하여 먼저 금동제 관모가 착용되던 시기를 살펴볼 필요가 있다. 이는 금동제관모 자체가 아닌 이를 출토한 유적의 시간대 설정, 즉 편년작업으로 확인할 수 있다. 우선 백제의 금동관모 출토 무덤 중에서 가장 이른 시기의 것으로 볼 수 있는 것이 천안 용원리 9호 석곽묘이다. 이 무덤에서 출토된 유물 중에 중국에서 생산된 닭머리 장식이 있는 자기 즉 계수호(鷄首壺)는 대체로 4세기 후반에 널리 유행하던 것이고, 따라서 이 무덤은 400년대의 전후에 만든 것으로 볼 수 있으며, 나아가 백제의 금동관모가 출토된 무덤 중에서는 이른 시기의 것이다. 그리고 수촌리 고분의 경우도 금동관이 출토된 토광묘는 4세기 후반경으로, 석실분은 5세기 중반 경으로 편년된다. 이와같은 근거는 토광묘의 경우 무덤의 형태상에 나타난 특징, 석실분에서 출토된 중국제 닭머리 장식이 있는 계수호와, 그리고 무덤의 형태적 특징에 입각한 것이다. 그리고 부장리의 금동관모 출토 무덤도 무덤의 형태가 분구묘라는 점과 함께 출토된 유물로 미루어 5세기 중반경에 조성된 것으로 본다. 한편 입점리의 금동관모가 출토된 석실분의 경우는 편년에 필요한 적극적 자료는 없지만 묘제나 출토유물의 대체적 현황으로 미루어 5세기 중반, 혹은 후반 즈음으로 보는 것이 일반적이다. 여기에 신촌리 9호분의 경우도 5세기 후반대의 것으로 편년하는데, 신촌리 9호분과 대비될 수 있는 편년자료는 적지만 적어도 5세기 이후로는 내려오지 않는다.

이로 보면 백제의 금동관 출토 유적은 이른 것은 4세기 후반, 그리고 늦은 것은 5세기 후반이란 시간대에 포함되는 것을 알 수 있다. 금동관을 출토한 유적이 4세기 후반에서 5세기 후반의 범위로 편년되는 사실은 백제의 지방통치제로 담로제가 시행된 시기인 근초고왕 이후에서 자제종족이 분거되는 6세기 초반 이전의 유적, 유물이란 것을 보여준다. 이는 자제종족이 분거되는 6세기 초반 이후의 자료가 없는 것은 자제종족의 분거와 금동관과는 관련이 없음을 알려준다.

한편 금동관이 출토된 유적은 모두 무덤이다. 그러나 무덤들은 토광묘와 석곽묘, 분구묘, 옹관묘, 석실분이란 매우 다양한 묘제로 구분된다. 본디 무덤은 그 전통성으로 말미암아 쉽게 바꿔 사용하지 않는 특징이 있고, 문화, 혹은 지역적 전통에 따라 각기 고유의 묘제를 사용하는 특징이 있다. 그런데 금동관모의 출토된 무덤들이 만들어지던 4세기말에서 5세기 후반대까지 백제사회에서 사용하던 무덤의 형태는 나름의 지역적 특징이 있다. 우선 중앙 도읍지인 한성에서는 돌무지 무덤인 기단식 적석총이 주류를 이루다가 점차 굴식돌방무덤인 횡혈식 석실분으로 전환되는 시기이다. 반면에 지방사회에서는 토광묘나 석곽묘, 분구묘, 옹관묘가 전통적으로 사용되면서 그 와중에 중앙묘제인 횡혈식 석실분이 점진적으로 보급되는 단계였다. 따라서 금동관이 출토된 토광묘나 석곽묘, 분구묘, 옹관묘는 중앙사회와 관련된 묘제라기보다 오히려 지방적 전통을 간직한 지방의 토착묘제이다.

이처럼 각각의 지역에 근거한 토착적 분위기속에서 만들어진 무덤내에 부장된 유물은 공통의 특징이 있다. 금동관모만이 아니라 금동제의 둥근고리 큰칼, 금동제 신발 등은 나름의 특수성이 있는 금속제품이다. 여기에 비단 금속 제품만이 아니라 중국제의 도자기를 부장품으로 사용하는가 하면 각종 구슬이나 토기 등도 나름의 특수성이 있다. 예컨대 유물에 나타난 특수성은 중국제 도자기에서 알 수 있듯이 부장품 중에는 각각의 지역에서 독자적으로 생산한 것이 아닌 외부에서 유입된 귀중품이 많이 포함되었다는 점이다.

문제는 그러한 특수한 물건들이 어떻게 지방사회에 보급되었고, 무덤에 묻히게 되었는가라는 점이다. 이들 특수한 유물을 함께 가지고 무덤에 묻힌자 들은 살았을 적에 해당 지방사회에서 상당한 권력을 가졌다고 볼 수 있다. 왜냐하면 권력을 바탕으로 귀중한 유물을 가졌을 것이기 때문이다. 이러한 귀중한 특수물품의 소유는 소유자의 권력이나 위세를 한층 높여주는 것인데, 이를 위세품(威勢品)이라 한다. 그런데 이러한 위세품이 지방사회의 권력자가 소유하게 된 것은 아마도 백제의 중앙정부에서 지방의 유력자에게 하사한 것으로 보는 것이외는 설명이 어렵다.

금동관모와 같은 위세품을 소유한자는 지방사회의 어떤 위치에 있는 자인가의 문제가 남는다. 물론 금동관모가 출토된 무덤들이 토착적 전통에 바탕을 둔 형태를 갖추고 있기에 당연히 여기에 묻힌 자는 지방사회에 근거를 둔 토착세력임이 분명하다. 다만 입점리처럼 백제의 중앙묘제를 사용한 자도 있어 이를 담로에 분거된 중앙의 자제종족으로 볼 수도 있겠지만 오히려 나머지 금동관모가 출토된 무덤들의 경우 중앙과는 전혀 별개의 묘제라는 점, 여기에 횡혈식 석실분도 일찍부터 지방사회에 유입되어 사용되었다는 점등을 고려하면, 금동관모가 출토된 무덤에 묻힌자들을 오히려 지방의 수장들로 봄이 타당할 것이다.

백제는 금동관모가 출토되는 4세기 후반에서 5세기 말경까지 토착적 기반을 가진 세력집단이 존재하였고, 이들은 그들의 세력기반에 대해서 배타적 권한, 즉 지배권을 행사한 것으로 볼 수 있겠다. 물론 이러한 지배권은 중앙과 일정한 관계를 유지하면서 행사되었을 것이다. 이러한 지방 세력은 백제의 중앙정부와 밀접한 관련 속에서 존재하는데, 중앙정부는 지방에서 이들 지배세력의 지배권을 인정하는 방식으로 위세품을 하사하였을 것이고, 그들은 지방사회에서 중앙정부의 권위를 위세품을 통해 대외적으로 과시하면서 지배권을 행사하였다고 여겨진다. 참고로 백제는 5세기 후반경까지 대외적 혹은 대내적 필요에 의해 일부의 사람들을 왕(王), 후(侯)의 작위(爵位)를 부여하였다는 사실을 전하고 있다. 그리고 지방의 통치단위로 담로라는 존재도 남아 있어 일단 왕, 후의 존재는 담로와 관련이 있다고 여겨진다. 그런데 왕, 후에 임명된 자들 중에는 백제의 왕족과 같은 계통도 있는데 당시 백제왕실의 성씨인 여씨(餘氏)가 많이 있다. 이러한 사실은 금동관모를 소유하면서 지방에서 통치권을 행사하는 담로에 백제 왕실의 세력도 많이 있었음을 보여주는 것이다. 그러나 여전히 상당수의 담로들은 지방의 고유 토착묘제를 사용하는 자들로 그들도 백제 통치 질서속에서 왕, 후의 위계에 있었을 것이고, 아마도 그들도 지방의 담로, 혹은 담로로 구분된 지역의 통치자였을 것이다.

요컨대 백제의 4세기 후반에서 5세기 대까지의 지방 통치는 지방의 유력 지배층을 금동관모나 금동제 환두대도 및 중국제 자기와 같은 위세품을 매개로 중앙정부에 편제하여 지방을 장악하였고, 지방의 담로인 유력자는 위세품을 매개로 중앙정부의 권위를 빌어 지방에서 지배권을 행사하는 간접적 지배가 이루어진 것으로 볼 수 있다.

2) 중국과의 교류와 그 문화

국가의 존망은 다른 나라와의 관계속에서 정립됨이 많다. 특히 한반도에서 성장한 고대국가는 거대한 대륙 중국과 일정한 관계 속에서 흥망성쇠를 거듭한다. 물론 한반도내의 국가간 상호관계도 중시되지만 한국 고대국가의 대중국 관계는 국가의 발전과 국가간 경쟁에서 우위에 확보하기 위한 전략적 목적에서 수행됨이 많다. 때문에 한반도의 고대국가의 대중국 관계는 조공과 책봉이란 특수한 성격을 갖게 되는데 이는 중국의 천하관과 밀접한 관련이 있기도 하다.

백제의 대외문제, 특히 중국과의 교섭문제를 살피기 위해서 한반도 고대국가가 중국과의 교류과정에서 기저에 깔았던 조공 및 책봉관계의 실상을 먼저 살피고, 이어 백제의 대외 교섭문제를 시간대별로 살펴보고자 한다. 더불어 백제는 중국과의 끊임없는 교섭속에서 사회, 문화의 발전을 도모하는데 그 흔적으로 각종의 유물이 남아 있어 이를 살핌으로서 백제의 대중국 교류에 대한 이해를 넓히고자 한다.

(1) 조공 및 책봉관계의 이론과 실재

전통왕조시대 우리나라와 중국의 각 왕조들은 중국에 대한 조공 및 중국으로부터의 책봉이라는 독특한 국제질서 속에서 서로의 관계를 꾸준히 이어왔다. 따라서 6~7세기 동아시아 국제관계의 전개내용을 이해하기 위해서는 먼저 조공 및 책봉관계에 대한 실제성격의 이해가 필요하다.

3천여년 이전의 은(殷)·주(周)시대부터 중국은 주변의 모든 이민족까지를 포함하는 '천하일국(天下一國)'의 봉건적 세계구도를 만들어 놓고 있었다. 맹자가 『시경(詩經)』의 문장을 인용하여 "넓은 하늘 아래 왕의 땅이 아님이 없고 땅끝까지 왕의 신하 아님이 없다(普天之下 莫非王土 率土之賓 莫非王臣)"라고 선언한 것은 중국적 세계관을 잘 보여준다. 결국 이러한 중국 중심의 이념적 질서가 작용하여 중국의 황제지배체제 속에는 강고하면서도 독특한 사상이 자리 잡게 되었다. 즉 가장 완벽한 인격을 지닌 황제가 덕치주의(德治主義)의 입장에 서서 스스로 지배하는 영토는 물론 전 세계까지도 하나의 가족으로 간주하여 한결같이 한없는 자애를 베푼다는 생각이 그것이다.

그러므로 주변국가가 중국과 조공 및 책봉관계를 맺는 것은 곧 그 영토나 백성도 모두 중국에 예속됨을 의미하는 것으로 간주될 수 있었다. 다시 말해 조공 및 책봉관계의 성립은 전통왕조시대의 동아시아 국가가 '천하일국'으로 구성된 중국 중심의 봉건적 세계질서 속에 스스로 흡수되어 자주성을 잃어버릴 수도 있는 위험한 정치이론 위에서 이루어지는 것이었다. 그렇다면 삼국시대 우리나라의 각 왕조들은 왜 조공 및 책봉관계 속에 스스로 뛰어들었을까. 이를 이해하려면 우선 이념과 현실 사이에 늘 괴리가 존재할 수밖에 없다는 평범한 진리를 주목해야 한다.

'천하일국'의 봉건적 세계구도는 중국의 실제 통치영역을 벗어난 지역까지 포괄하는 것이어서, 정치적인 영향력이나 군사적인 힘만 가지고 실현시키기는 힘든 이상향이었다. 때문에 이러한 바탕 위에서 등장하게 된 조공 및 책봉의 국제관계도 국가 상호간의 이익이 일치하는 경우에는 성립될 수 있지만, 그렇지 않다면 정상적인 모습으로 나타나기 어려운 것이었다. 이와 같은 이유로 조공 및 책봉의 실질적인 성격을 파악하려면 이에 참여하고 있는 각국의 입장에 대해 충분한 분석이 필요하다.

먼저 중국의 입장에서 보면, 모든 국가를 무력으로 정복하여 중국화 시키기가 불가능한 상황에서 '천하일국'의 이상을 실천에 옮기려 할 경우 택할 수 있는 최선의 방법이 조공 및 책봉의 국제관계였다. 이를 통해 중국 황제는 '천하일국'을 지배하는 최고 통치자로서의 정통성·합법성·신성성·유일성을 확보하여 국내에서는 물론 국제사회에서도 권위와 힘을 인정받을 수 있었던 것이다.

그러므로 조공 및 책봉의 국제질서에 위협을 주는 행위는 곧 중국 황제의 권위에 대한 도전으로 인식되었고 이에 대해서는 정치적으로 사신을 파견해 간섭하거나, 그래도 안되면 군사행동을 통해 강압적으로 질서유지를 도모하려 하였다. 그런데 이 경우에도 중국의 궁극적인 목적은 주변 국가를 완전히 식민지로 만들거나 그들의 영토소유권 자체를 빼앗으려 한 것이 아니라 그 지역에 친 중국 정권이 계속 유지될 수 있도록 만들어 놓으려 했던 것으로 나타나는 바, 이를 통해 조공 및 책봉관계 속에는 중국 황제를 중심으로 한 상호공존의 원칙이 범 시대적인 특징으로 자리 잡고 있었음도 알 수가 있다.

　한반도 삼국의 입장에서 보아도, 조공 및 책봉은 명목상의 의미만 지니는 것이 아니라 실제로 매우 필요한 것이었다. 전통왕조시대 동아시아 국가들은 건국 과정에서 두각을 나타내거나 선진문물의 수용, 통치의 정당성 확보, 권력강화, 그리고 경쟁정권의 압도를 위한 방법으로서 중국에 대한 조공과 중국으로부터의 책봉을 필요불가결한 요소로 받아들여야 하는 측면이 있었다.

　따라서 백제나 신라, 고구려가 중국과 맺고 있던 조공 및 책봉관계는 피동적인 성격보다 능동적인 모습이 강하게 나타나는 경우도 많은데, 이러한 현상은 물론 현실적인 필요성의 정도 여하에 따라 수시로 달라질 수 있는 것이었다. 즉 한반도 삼국은 중국 중심의 국제질서를 수용하고 있었다하여 무조건 중국의 권위 앞에 복종한 것이 아니라, 자신들의 국가이익을 우선시하며 필요한 경우에는 중국의 간섭을 벗어나 독자적인 행동을 하는 경우도 적지 않았다. 그리하여 중국과의 관계 역시 이들이 모두 중국과 밀접하게 연결되어 있었으면서도, 한반도 삼국 간의 관계가 어떠했는가, 또는 각국의 통치자나 지배계급의 성격이 어떠했는가, 아니면 각국이 정치적·경제적·사회적·문화적으로 어떠한 상황에 처해 있는가 하는 요인에 따라서 중국에 대한 태도나 교류가 여러 가지 변화를 보이며 시기마다 다르게 나타날 수 있었다.

　결론적으로 한반도 삼국과 중국은 조공 및 책봉이라는 하나의 국제질서 속에서 서로의 관계를 이어왔지만, 이 조공 및 책봉관계를 바라보는 두 세계의 시각 차이는 상당히 큰 바가 있었다. 즉 늘 영토다툼을 벌이며 서로 주도권 장악을 꾀해온 한반도 삼국에게는 중국이라는 거대한 선진제국과 맺은 조공 및 책봉관계가 자신들의 정치적 목적달성을 위해 매우 좋은 수단으로 활용될 수가 있었다. 실제로도 한반도 삼국 간의 분쟁에 중국의 군사개입을 요청하는 모습이 『삼국사기』와 같은 사료 상에 자주 나타나듯이, 이들은 한반도 내부에서 안정적인 기반을 확보하거나 더 나아가 상대를 제압하여 주도권을 장악하려는 목적을 위해 조공 및 책봉관계를 이용하려 했다.

　한편 중국의 입장은 한반도 삼국과 다르게 나타나는바, 한반도가 분쟁에 휘말리는 것보다 오히려 삼국이 늘 평화를 유지하는 가운데 조공 및 책봉이라는 중국 중심의 이상적인 국제질서가 유지되기를 원하였다. 따라서 이러한 질서에 위협을 주는 행위는 정치적·군사적인 간섭의 대상이 되었는데, 백제가 6~7세기에 들어와 여러 가지로 시련을 겪다가 멸망하기에 이른 것도 한반도 문제에 중국이 간섭하고 들어왔기 때문이라고 할 수 있겠다.

결국 조공 및 책봉의 국제관계는 명목상의 것만이 아니라 실제로도 중국을 중심으로 하는 질서체제이며 구체적인 정치구조였다는 것을 알 수 있다. 다만 현실적으로 동아시아 국제사회에서 이러한 질서가 어느 정도나 제대로 통용되었을까하는 문제는 또 별개의 사안이다. 현실에서는 중국이 이것을 항상 관철시키려 했다 하더라도 국내외적으로 여러 가지 문제나 한계가 있을 수 있고, 백제나 신라, 고구려와 같은 주변국가 역시 각자 자기 나라의 이익을 계산하며 조공 및 책봉관계를 복잡하게 활용하려 했다. 때문에 이념적인 측면에서 나타나는 원칙상의 성격과 현실적 성격 사이에는 늘 거리가 있을 수밖에 없다.

(2) 백제의 대중국 외교

백제는 국가 발전을 이룩해 나가면서 중국 대륙뿐만 아니라 일본열도의 왕조와도 외교 관계를 맺고 국제 사회에 그 모습을 점차적으로 드러내기 시작하였다. 백제와 중국 왕조와의 외교는 372년 근초고왕이 중국의 남조에 속한 왕조였던 동진(東晉)에 사신을 보내면서 처음으로 이루어진다. 잘 알려져 있듯이 근초고왕 시대는 백제가 고대국가로서 면모를 완비한 시기로, 건국 이래 영토의 팽창이 가장 활발하게 이루어졌으며 또한 국가적 자신감이 넘쳐나는 시기였다. 북쪽으로 진출을 감행하여 이를 저지하려는 고구려의 고국원왕을 전사시켰으며 아울러 남쪽으로는 마한 지역의 복속 및 남방의 가야 지역의 지배층과도 상하관계를 맺어 옛 마한 및 가야 지역에 대한 영향력도 확보하였다. 또한 왜국과도 정식의 외교관계를 수립하였다. 이러한 상황 속에서 백제는 중국의 동진과 정식적인 외교관계를 수립하는데 이는 발전한 백제의 자신감의 발로였다고 볼 수 있다.

물론 중국 왕조와 한반도에 자리하고 있는 나라뿐만 아니라 주변의 여러 나라 사이에 전개되는 외교 관계는 기본적으로 조공과 책봉이 기본 방식이다. 이는 중국 왕조가 설정한 외교형식으로 전형적인 상하관계를 기저에 놓고 있다. 그러나 외교 관계의 내용까지 상하관계로 볼 수는 없고, 이의 성립·유지는 조공하는 나라의 필요에 의해 이룩된 것일 뿐, 중국 왕조의 강요로 이루어진 관계는 아니다. 백제의 대 중국외교도 이러한 기저에서 실시된 것이다. 백제는 국가성장을 도모하기 위하여 보다 발전된 문화, 문물이 필요하였고, 나아가 한반도내의 여러

나라와의 경쟁에서 우위에 서기 위한 왕실의 권위 고양이란 또 다른 목적에서 비록 조공·책봉관계였지만 중국 왕조와의 교류가 필요하였던 것이다. 그에 따라 국가성장이 어느 정도 이루어진 근초고왕대에 이르러 정식으로 중국과의 교류가 개시되는 것이다.

동진과의 교류에서 시작된 백제의 대 중국 관계는 475년 고구려 장수왕의 한성 함락으로 인한 웅진 천도 시기까지 모두 29회에 걸쳐 사신을 파견하거나 받아들이는 형태로 지속되었다. 이중에서 동진과의 교섭은 모두 8회가 실시되었으며, 동진이 멸망한 이후에 성립한 남조의 왕조인 송(劉宋)과의 관계가 모두 18회이다. 이외에 남조와는 대립관계에 있던 북조의 북위(北魏)와의 교섭도 3회 정도가 확인된다. 특히 북위와의 교섭은 그 동안 백제가 한번도 북조의 정권과 외교 관계를 맺은 적이 없었다는 점에서 매우 이례적인 접근이다. 그 목적은 개로왕이 북위 왕조에 보낸 국서(國書)에 잘 나타나 있듯이 북위로 하여금 고구려를 공격하게 하는 데에 있었다. 그러나 북위는 백제의 제안을 거절하였고 이에 백제는 곧장 북위와의 관계를 끊어 버린다. 이 때 북위 교섭에 보이는 백제의 태도는 대 중국 관계에 임하는 백제의 기본 인식 태도와 운용 방식을 적나라하게 보여준다.

한편 백제의 이례적인 대북위 외교가 고구려의 견제를 바탕으로 진행된 것이고, 이는 곧장 고구려의 반발을 불러 일으켰으며, 그 결과 475년 한성 함락 사건의 직접적인 도화선이 되었다. 한성의 함락에 따른 백제의 한강 유역 상실은, 그동안 한강 유역을 중심으로 전개되었던 소위 한성시대의 종식을 의미한다. 그리고 부득이 백제는 도읍을 금강유역인 웅진으로 옮길 수밖에 없었고, 그 결과 백제는 금강 유역을 중심으로 중흥을 모색하지 않을 수 없었다. 백제의 대 중국 관계는 웅진과 사비시대에 들어와서도 활발하게 전개되었다. 웅진시대(475~538)의 대 중국 관계는 476년 송나라와 외교의 개시를 시작으로 534년 양나라와의 외교에 이르기까지 모두 21회가 전개되었다.

그런데 웅진시대 초기에는 고구려의 공세에 밀리는 시대 상황과 무관하지 않게 해상에서도 고구려로부터 많은 압박을 받고 있었다. 그것은 백제의 대 중국 외교에도 상당한 영향을 끼쳤다. 예컨대 웅진 천도 직후인 476년 문주왕이 파견한 대 중국의 사신단이 해로를 통하여 중국에 가려고 하였지만 고구려의 방해로 인하여 되돌아왔으며 또한 동성왕의 시대에도 유사한 경우가 발생하기도 하였다. 그러나 웅진시대 초기의 혼란상은 동성왕이 즉위한 이후에 차츰 진정되어 갔으며 특히 무령왕이 즉위한 이후에 백제는 본격적인 재도약의 시기로 진입하였다. 그것을 상징이라도 하듯이 무령왕은 521년에 중국의 남조 양(梁)나라에 사신을 보냈는데, 여기에서 백제는 그 동안 여러차례 고구려를 격파하면서 이제 바야흐로 백제가 다시 강국이 되었음을 중국의 조정에 선언한다. 결국 웅진에 도읍하던 시기, 초기의 사회, 정치적 혼란에도 불구하고 백제가 대중국 외교에 적극적으로 나서는 것은 국가 중흥에 그만큼 중국과의 교류 필요성이 있었음을 나타내는 것이다.

백제는 무령왕이 죽은 다음에 그의 아들인 성왕이 왕위에 오른다. 그는 63년간 도읍하였던 웅진을 뒤로하고 수도를 사비(부여)로 옮기는데 서기 538년의 일이다. 성왕은 국호도 남부여(南夫餘)로 바꾸는 등 백제 중흥의 의욕 찬 사비시대를 열었다. 나아가 541년에 중국의 양나라에 조공하면서, 양나라로부터 모시박사(毛詩博士)와 열반(涅槃) 등의 경전과 선진물자·지식 그리고 기술자를 제공받아 백제 문화의 발전을 도모한다. 당시 백제는 바다 건너 왜에 오경박사를 비롯한 지식인과 많은 선진 문물을 보내주고 있었는데 백제가 양의 문물을 수입하여 자기 것으로 소화한 다음에 다시 왜에 전수한 것은 외교 관계를 매개로 한 물류의 유통이 양-백제-왜 사이에 이루어지고 있었음을 보여주는 것이다.

554년 성왕의 뒤를 이어 즉위한 위덕왕은 그 어느 때보다도 활발한 대 중국 외교를 전개하였다. 위덕왕 시대의 대 중국 외교는 특히 567년 이후 진(陳)과 북제(北齊)에 대한 동시 조공외교를 개시한 이후에는 남조와 북조 모두를 염두에 둔 외교를 행하였다는 점이 주목을 끈다. 과거와 달리 남조와 북조 모두에게 사절을 보내어 외교 관계를 모색한 이유에 대해서는 현재 신라의 한강 유역 영유에서 비롯된 한반도 삼국 관계의 변화를 기축으로 당시 백제로서는 나제동맹의 결렬에 따라 이제 고구려의 남진을 저지할 새로운 파트너를 찾을 필요가 있었다는 관점에서 설명하는 것이 일반적이다. 실제로 백제는 중국을 통일한 수나라에게 고구려에 대한 협공을 제의하였다는 점을 참고로 한다면 위와 같은 설명은 타당성을 지닌다. 고구려를 견제하는 방법으로 국경을 접하고 있는 중국 왕조를 이용하는 것은 언제나 유효한 방법임에 틀림없었기 때문이다. 하지만 백제의 북조 접근을 오로지 백제와 고구려 사이의 문제에서만 설명하는 것은 잘못 일 것이다. 왜냐하면 한강 유역을 점령하여 대 중국 외교를 위한 지리적 교두보를 확보한 신라의 동향도 고려하여야 하기 때문이다.

실제 신라는 백제보다 3년 앞서 564년(진흥왕 25년)에 이미 북조의 북제(北

齊)에 조공 외교를 전개하고, 이듬해 봄에는 북제로부터 정식 책봉을 받기에 이르렀다. 그리고 같은 해 9월에는 남조 진(陳)의 사자가 신라를 방문하는 것을 기회로 이후 진흥왕 32년까지 거의 매년 진(陳)에 조공 사절을 파견하는 등 남조와 북조를 겨냥한 신라의 대 중국 접근은 활기를 띤다. 이러한 신라의 움직임을 염두에 둔다면, 한강 유역을 상실한 이후 신라와 대립할 수밖에 없는 백제로서는 신라와 외교적으로 경쟁하기 위해서 남조와 북조를 동시에 의식하지 않으면 안되었을 것이다. 또한 거시적으로는 581년 수나라의 건국 이후 남북조 분열 시대가 종식되어 갔다는 점에서 변동기의 대륙 정세를 파악하기 위한 노력의 일환으로 위와 같은 대 중국 접근을 생각해 볼 수도 있을 것이다.

한편 백제는 진나라를 평정하고 통일 왕조로 거듭난 수나라와도 적극적인 외교 관계를 수립하여였으며 특히 수 양제의 고구려 정벌에 임하여서는 백제가 수를 도와 고구려 협공을 모색하는 등 서로 긴밀한 모습을 보여 주었다. 이어 618년 당나라가 성립한 뒤에 백제는 당과도 긴밀한 관계를 유지하였다. 그러나 고구려와 백제, 신라는 각각 당과의 외교 관계를 적극적으로 전개하였기에 당으로서는 중재자의 입장에서 삼국의 관계를 조정하고자 하였다. 물론 이러한 당의 입장은 건국 직후인데다 아직 고구려 정벌 계획이 도상에 올라 있지 않는 상태에서 동북아시아 일대의 분쟁을 원하지 않는다는 내부 사정에 기인한 것이었다. 그리고 백제 또한 당으로부터 인접국과의 관계 개선이라는 조정 권고를 받았다고는 하나 겉으로만 순응하는 척하였을 뿐이었다.

한반도 삼국과 당과의 관계가 크게 변화하기 시작하는 것은 당의 고구려 침공이 가시화되기 시작하면서부터였다. 641년 고구려에서는 연개소문의 정변을 일으켜 정권을 장악하고 대 당나라 관계에서 강경일변도의 정책을 취한다. 이어 백제도 일종의 친위 쿠데타가 의자왕의 주도로 일어났고, 이후 신라를 침공하여 서부 40여성을 함락시키는가 하면, 고구려와 손을 잡고 신라의 당항성을 공격하여 대당 교통로를 차단하려고 한다. 이에 신라는 당과의 협력 관계를 심화시키는 방법 외에는 달리 방도를 찾을 수 없었다. 이리하여 당과 신라의 연합 라인이 구축되었고, 이에 대항하는 백제와 고구려의 연합 라인이 성립된 것이다. 다시 말하면 660년 백제의 멸망을 야기한 동아시아의 대립 구도가 완성되어 간 것이다.

백제는 660년 신라와 당의 연합군에게 멸망당하였다. 당은 백제의 고토에 웅진도독부를 위시한 다섯 도독부를 설치하여 통치하려고 하였다. 그러나 백제 유민 세력의 강력한 저항에 직면하여 나·당 연합군은 한때 위기를 맞기도 하였으나 663년 백제의 저항 운동은 끝내 실패로 돌아갔다. 당은 부여 융을 웅진 도독으로 임명하여 신라의 백제 영유를 저지하려고 하였으나 신라는 끝내 당의 세력을 한반도에서 축출하고 통일의 대업을 달성하였다.

(3) 백제의 대중국 교섭의 물적 자료들

삼국시대 중국과의 문물교류에서 백제는 그 중심에 자리한다. 백제가 중국과 정식으로 교류하기 시작한 것이 『삼국사기』 「백제본기」 기록에 따르면 근초고왕 27년이고, 이때 중국 남조의 진 왕조에 사신을 보내 조공을 하였다고 한다. 그러나 이미 백제는 그 이전에 마한의 일원으로 중국과 교류하고 있었음도 남아 있는 유물을 통해 확인된다. 백제지역에서 출토되는 중국제 유물이 그것들인데, 여기에는 청자나 초두와 같이 소유자의 권위나 신분을 나타내기 위한 위세품이 대부분이고, 이들은 주로 지배계층과 관련이 있는 성곽이나 무덤에서 출토된다. 이러한 유물의 존재는 백제가 공식적으로 중국과 교류하기 이전부터 그들과 일정한 교류가 있었음을 증명하는 것이다. 물론 외교관계가 공식적으로 전개된 이후의 문물교류는 보다 활발하게 전개되었고, 그 결과로 남겨진 것들의 내용도 매우 풍부하다. 결국 백제지역에서 확인되는 중국제의 유물은 백제와 중국과 교류의 결과로서 그 존재는 당시 백제의 대외관계의 단면을 보여주는 증좌로 볼 수 있다. 대표적인 것을 살펴 보겠다.

| '대길' 새김청동방울('大吉' 銘銅鐸) |

청주 봉명동에서 출토된 '대길' 이란 글자가 새겨진 청동방울이다. 이 유물은 백제가 한성에 도읍하던 시기로 편년되는 것이다. 그럼에도 당시 도읍과는 상당한 거리를 두고 있는 청주라는 지방에 남아 있던 것이다. 때문에 이 유물의 시간, 공간적 위치로 미루어 아마도 금강유역에 거주하던 토착 집단이 중국의 한나라와의 직접 교섭이나 군현인 낙랑과의 교역을 통해 들어온 것이 아닌가 추정하기도 한다. '대길' 이란 글자는 크게 길하라는 뜻으로 중국 한나라 방울에서 많이 사용하던 문자들이다. 청동방울의 형태는 다르지만 중국 낙양의 서교에서 출토된 '대길' 이 새겨져 있는 청동방울, 요령성 북표현 장길 영자공사 서구촌에서 출토된 '대길이의우마(大吉利宜牛馬)' 가 새겨진 청동방울과 비교될 수 있다.

| 그림26 | 대길 명 청동방울 | 반룡경 | 금동허리띠장식 |

| 반룡경(盤龍鏡) |

동제의 거울로 중국의 한나라 후기에 유행한 것이다. 반구형의 꼭지를 중심으로 용과 호랑이를 마주 보게 하면서 이를 두드러지게 조각하였고, 그 둘레에 글자와 문양을 새긴 것이 거울의 특징이다. 동경은 뒷면의 문양이나 명문에 따라 명칭이 정해지며, 시기에 따라 형식 변화가 두드러지게 나타난다. 이들 동경은 당시 지역 간의 교역에서 중요한 정치적 하사품이나 경제적 교역물의 하나였다. 특히 한나라의 동경은 한사군이 지배하였던 지역과 영남지역의 무덤에서 많이 발견된다. 특히 낙랑고분에서 출토된 다양한 종류의 한나라 동경은 중국에서와 같이 화장도구의 하나로 부장된 것도 있다. 그러나 우리나라를 비롯한 일본에서 발견되는 방제경(倣製鏡), 즉 중국의 동경을 모방하여 만든 동경은 권위를 상징하는 위세품으로 존재하는 것이다.

| 금동허리띠장식 |

서울 몽촌토성의 집자리에서 발견되었다. 같은 제품이 중국 호복성 웅가령의 동진묘에서 발견된 바 있다. 이러한 허리띠 장식은 고구려 벽화고분 중 안악 3호분의 서쪽 곁칸 입구 북쪽에 그려진 장하독이 착용한 것과 같다. 금이나 은 또는 동으로 만들어진 허리띠는 고대사회에서 왕이나 고위 관리들이 착용하던 것으로, 사회적 지위나 신분을 나타내는 척도로 간주한다. 이 허리띠장식 역시 당시 고위 관료가 착용하던 것으로 여겨지며, 중국의 진나라와 교역을 통해 유입되었을 것으로 본다.

| 정읍 운학리 출토 금동허리띠장식 |

이 허리띠 장식은 중국 서진시대의 무덤에서 자주 출토되는 것과 같은 것인데, 띠 꾸미개에 용무늬를 새겨 조각한 것이 특징이다. 용무늬가 조각된 금동 허리띠 장식은 중국 외에 한반도는 물론 일본열도까지 유행하였던 것이다. 정읍 운학리에서 발견된 금동 허리띠 장식 역시 중국 진나라의 것이 전래되어 그 영향으로 자체 제작된 것으로 본다. 이 허리띠 장식은 용무늬를 사실적으로 표현한 중국 진대의 제품과는 달리 당초무늬로 볼 수 있는 무늬를 투조하였다는 특징이 있다. 용무늬가 조각된 중국의 허리띠 장식은 무늬가 후대로 오면서 사실적인 표현이 간략화되는 것으로 미루어 이들도 그 영향에서 제작된 것으로 추정한다. 다만 중국과의 직접적인 교류를 통한 영향인지, 고구려 등의 여타지역과 관련되어 전래된 것인지는 알 수 없지만 중국에서 유행한 허리띠 장식의 무늬와 유사하다는 사실은 주목할 만하다.

| 초두(鐎斗) |

3개의 다리가 달린 화로 모양의 용기에 용이 조각된 옆으로 긴 손잡이가 달

그림27 초두

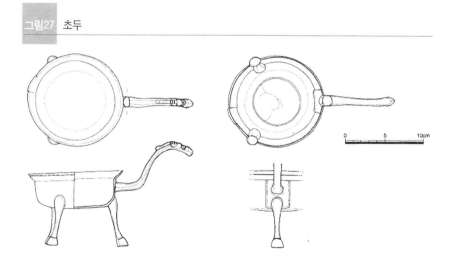

린 형태로 술이나 약, 기타 음식물을 끓이거나 데워서 운반하는데 사용한 그릇이다. 우리나라에서는 여러 점의 초두가 발견되었다. 백제에서 발견된 초두는 서울 풍납토성과 원주 법천리, 서산 부장리에서 발견된 청동 초두 및 철제 초두가 있다. 초두는 왕이나 귀족, 지방 수장의 무덤에서 출토되어 일부 상류층에서만 사용하던 것임을 알 수 있고, 따라서 실생활용품보다 오히려 위세품적 성격을 지닌 것으로 볼 수 있다. 백제의 초두는 형식상 중국의 한나라와 당나라의 시기에 걸쳐 제작된 것으로 추정되며, 그것이 중국에서 제작된 것인지의 문제는 이견이 있다. 다만 초두의 기원이 중국의 세발 달린 용기에서 구하는데, 형태는 조금 다르나 중국도 역시 초두가 많이 사용되고 유행한 것으로 보아 중국과의 교류과정에서 수입되었다고 본다.

| 시유도기(施釉陶器) |

시유도기는 일반토기와는 달리 도자기와 같은 성격의 것으로 용기의 표면에 유약이 베풀어진 것들이다. 백제에서 출토된 중국의 시유도기로서는 가장 이른 것으로 흑갈색의 유(釉), 4개의 귀, 높이 60cm 전후의 크기 타원형의 몸체를 특징으로 한다. 이 시유도기는 중국 오대 말기부터 서진에 걸쳐 강소·절강 지역에서 주로 생산된 것이다. 이 용기의 동체에는 선 무늬와 거치문들이 표현되었는데 그 중에서도 동전 무늬가 표현된 것을 전문도기라고 한다. 서울 풍납토성을 비롯하여 몽촌토성에서 시유도기와 동전무늬가 새겨진 전문도기가 함께 남아 있는 것으로 미루어 같은 시기에 출토되는 소형의 청자류와 달리 주로 일상용기로 사용된 것으로 추정한다. 서울 풍납토성 출토 전문도기는 중국 서진시기의 전형적인 시유도기의 형태를 갖추고 있으며 항아리의 어깨부분에 동전무늬가 표현되어 있다.

| 중국도자기 (中國陶磁器) |

백제시대에 축조된 성곽과 제사유적, 그리고 왕이나 귀족 또는 지방 수장의 무덤으로 판단할 수 있는 유적에서 많은 중국의 도자기들이 남아 있다. 모두 중국과 교역을 통해 유입된 것으로 판단되며, 청자와 백자, 흑유계통의 도기들로 구성되어 있지만 대부분은 청자이다.

백제지역에서 발견된 중국 도자기로는 천안 화성리에서 출토된 귀가 4개 달린 청자 사이호, 천안 용원리 출토 청자 완과 서울 석촌동과 익산 입점리·부안

그림28 백제에서 발견된 중국제 도자기들

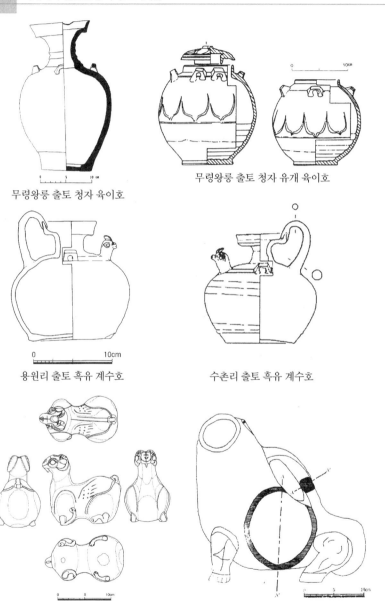

무령왕릉 출토 청자 육이호

무령왕릉 출토 청자 유개 육이호

용원리 출토 흑유 계수호

수촌리 출토 흑유 계수호

법천리 출토 양모양 청자

군수리 출토 호자

죽막동에서 출토된 청자 사이호, 무령왕릉 출토 청자육이호 · 청자유개 육이호 · 등잔, 천안 용원리 고분군 출토 계수호, 청주지역에서 출토된 것으로 전하는 계수호, 부여 이궁터 출토 백자벼루 등이 있다.

특히 최근 공주 수촌리 고분군에서 발견된 흑유도자기는 모두 중국에서 제작되어 유입된 것으로 그 형태가 다양하며, 중국 동진시기의 도자기와 같은 형태에 근거하여 유적의 성격과 편년 근거로 삼기도 한다. 중국제 도자기는 백제의 중심지역이 아닌 지방사회에서 발견되고 있어 그 존재에 대한 의문이 있지만, 당시 지방 세력가들이 중국과 직접적인 교류를 통하여 들여온 것이 아니라 중앙에서 수입하여 위세품으로 내려준 것으로 봄이 일반적이다. 한편 백제에 전해진 중국 도자기 중에서 중국 남부지역에 위치한 월주요에서 제작된 청자류가 가장 많은데 이는 백제가 중국 남조와 지속적인 교류를 통해 고급의 도자기를 수입하였음을 보여주는 것이기도 하다.

| 양모양청자(羊形靑磁) |

이 양모양 청자는 원주 법천리 백제 고분군에서 출토된 것이다. 중국에서 은대부터 주술적, 상징적 의미를 담은 동물모양의 용기가 제작되었다. 이중에 양모양 청자는 오대에 이르러 상당히 과장된 형태로 만든다. 이후 동진대에 이르러 과장성은 사라지며, 작고 사실적인 모양으로 제작되는 변화도 나타난다. 그 중에서 중국 남경 상산 7호묘 출토 양모양 청자는 법천리에서 발견된 양모양 청자와 매우 유사하다. 그리고 중국 남경 주명의 동진시대 묘에서도 이처럼 많은 양모양의 청자가 출토되었는데, 이로 보면 법천리 출토 청자 역시 동시대에 제작되어 이후 백제에 전해진 것으로 보인다. 중국에서 제작되어 수입된 이 청자는 당시 중앙에서 위세품으로 하사된 것이다.

| 호자(虎子) |

호랑이 등의 동물 모양으로 만든 용기를 말한다. 이 용기는 동물 모양 청동기에서 점차 발전된 형식으로 여겨진다. 일반적으로 변기의 용도로 여겨져 왔지만, 중국의 예로 볼 때 주기(酒器) · 다구(茶具) · 명기(明器) 등의 목적으로 제작 사용된 특수 용기라 할 수 있다. 개성지역에서 출토된 것으로 전하는 청자호는 중국에서 발견되는 호자와 그 형태나 크기가 유사하며 당시 교류를 통해 수입된 것으로 보인다. 반면 남자용 소변기로 보이는 부여 군수리 출토 호자는 중국 호자의 모양을 변화시킨 것으로 백제의 독창적인 면을 짐작케 해주는데, 이는 당시 백제가 국제적인 교류관계를 유지하면서 그들의 문화를 수용하고 이를 다시 변화, 발전시킴으로써 백제만의 문화를 만들어갔음을 확인시켜 준다.

| 계수호(鷄首壺) |

계수호는 주둥이 부분이 넓은 단지에 닭머리 모양의 주구와 손잡이를 붙인 형태로 '천계형주자' 혹은 '천계호' 라고도 부른다. 중국에서는 서진·동진시기부터 남조대까지 널리 유행하였는데 형태는 시기에 따라 약간의 차이가 있다. 즉 동진시기까지는 단지의 몸체가 둥근 형태를 보이다가 남조대에 이르러서는 형태가 전체적으로 길고 가늘어지며 변화가 그것이다.

백제 계수호는 천안 용원리와 공주 수촌리 유적에서 출토된 흑유제품으로 출토지가 정확한 것이다. 이는 대부분의 국내에 있는 중국제 청자 계수호와 비교하여 유적의 연대 및 다른 부장품의 양상을 밝히는데 중요한 자료이다. 국내 출토 계수호는 대부분이 중국 동진에서 제작되어 백제에 전해진 것이다.

| 한자의 전래와 문자생활 |

문자는 인류문화의 계승과 발전에 필수적인 요소이다. 백제시대에도 문자를 사용하여 역사나 정보, 물품의 왕래를 기록하였음을 짐작할 수 있다. 그러나 당시의 역사서나 문헌은 남아 있지 않지만『삼국사기』가 당시의 기록을 토대로 쓰여졌고 금석문과 목간, 토기나 기와에 글씨가 남아 있어 그들의 문자생활을 살펴 볼 수 있다.

중국에서 한자가 전래되어 한자를 통한 기록문화가 정착, 발전했음을 알 수 있는 유물로는 여러 가지가 있다. 그 중 문자기록과 직접적으로 관련된 유물로 먹을 갈기 위한 벼루가 있다. 벼루는 부여 관북리 추정 왕궁터와 부소산성, 부여 일원의 절터유적에서 많이 출토되고 있다. 토제의 경질이 많은데 중국의 영향을 받아 만든 토제 벼루와 녹유를 시유한 것도 있다. 부여 이궁터에서 출토된 중국 백자벼루, 부여 능산리 절터 출토 청자 벼루편 등은 중국과의 교류를 통해 직접 전래된 것으로 보이며 이를 토대로 토제나 녹유벼루가 제작된 것으로 보인다. 이들의 형태는 모두 당시 유행하던 중국 벼루의 형태를 그대로 모방하고 있다.

┃중국 속의 고대 백제인, 양직공도┃

양직공도는 양나라의 원제인 소역이 그린 그림이다. 소역이 지방 관리로 재직 중(526~539)에 양나라에 조공을 하러 온 외국인 사신의 모습을 그려 놓고 각 나라에 대한 설명을 덧붙여 놓은 것이다. 그림의 왼쪽에 제목을 적고 나라의 이름과 산천, 풍속을 기록하였으며 양나라와의 관계, 공납물품 등을 적어 놓았다.

현재 전하고 있는 것은 송대에 다시 그린 것으로 본래 35개 나라의 사신과 관련 국가에 관한 기록이 있었다고 하나 현재는 13개 나라에 관한 기록과 그림만 있다. 여기에 그려진 백제 사신의 모습을 통해 당시의 복장과 백제인의 모습을 알 수 있으며, 백제에 관한 기록을 통해 당시의 사회상과 더불어 중국과의 교류관계를 확인할 수 있는 귀중한 자료이다.

┃벽돌무덤의 전래와 조성┃

벽돌은 예로부터 무덤이나 지상 건조물의 축조에 많이 사용되었는데 지금도 기와와 함께 중요한 건축재료의 하나이다. 중국에서 건축물에 벽돌을 사용한 것은 오래 전부터의 일이나 무덤을 축조하는데 사용한 것은 한나라 이후 왕 또는 상류지배자들의 무덤 축조에서부터라고 한다. 이는 남조대에 이루어 크게 유행하는데 당시 활발한 국제교류를 통해 각지에 전해진 것으로 보인다.

백제의 벽돌무덤은 무령왕릉과 송산리 6호분 웅진시기 공주지역에만 있다. 그 중 무령왕릉에서 사용된 벽돌은 모두 28가지로 분류가 되는데 이중 주목되는 것은 글씨나 무늬가 있는 벽돌이다. 무령왕릉 출토 벽돌과 중국 남조의 벽돌은 그 형태가 같고, 글자와 무늬를 새긴 부위도 거의 일치하며, 글자의 내용과 무늬 등도 밀접한 관련이 있을 것으로 생각된다. 이는 남조의 벽돌이 백제 벽돌의 조형이었음을 보여주는 것이다.

공주 송산리 6호분에서 나온 '양관와위사의(梁官瓦爲使矣) 새김 벽돌은 그 새김 내용으로 보아 백제가 기와나 벽돌을 제작하는데 있어 중국 남조 양나라의 영향을 많이 받았음을 증명하고 있다. 한편 이와 같은 무령왕릉과 공주 송산리 6호분 축조에 사용된 벽돌이 부여 정동리 가마터에서 출토되어 제작지와 함께 수급관계가 확인되고 있다.

| 중국에서 전해진 동전 |

일찍이 화폐경제가 발달한 중국으로부터 여러 종류의 화폐가 한반도에 들어오는데 명도전, 포전은 물론 한사군시대에 유입되었던 것으로 보이는 한나라의 화폐인 오수전, 왕망시대의 화폐 등이 한반도의 각 지역에서 출토되었다. 또한 삼국시대에 이르러서는 중국과 문물교류가 더욱 활발해지고 당나라에서는 개원통보가 유입된다. 백제가 중국과의 교류를 통해 화폐가 전해졌음은 서울 풍납토성 출토 오수전, 공주 무령왕릉 출토 오수전을 비롯하여 부여 신리와 쌍북리, 능산리 절터 등에서 발견된 개원통보를 통해 알 수 있다.

오수전은 중국 한무제 때 처음 주조된 화폐로, 가운데 구멍 오른쪽에 '오(五)', 왼쪽에 '수(垂)' 자가 배치되어 있다. 공주 무령왕릉에서 출토된 오수전은 철로 만들어진 것으로 무령왕릉의 지석 위에 90여개가 꾸러미로 놓여 있었는데, 같이 출토된 왕비의 지석 뒷면에 이 돈으로 토지 신에게 무덤 터를 산다는 내용이 적혀있다. 양나라 무제 보통 4년(523)에 철로 오수전을 만들어 사용하였는데, 이 철전은 무령왕 사망 즈음에 양으로부터 백제에 전해진 것으로 보인다.

개원통보는 중국 당나라 고조 무덕 4년(621)에 사용하기 시작한 화폐로 중국과 활발한 문물교류를 통해 유입되었음을 기록이나 출토된 화폐를 통해 알 수 있다. 부여의 백제시대 유적에서 발견된 개원통보는 여러 점이 있는데, 부여 쌍북리와 신리에서 출토된 것은 뚜껑항아리 안에 들어있던 것으로 이는 일정한 형식에 의행 항아리 안에 안치한 것으로 보인다. 부여 부소산성, 능산리 절터 등지에서도 수량은 적지만 출토된 예가 있으며 일부 계층에서 특수한 용도로 사용하였거나 한정된 범위에서 유통되었던 것으로 보인다.

생각
하기

- 고대사회 대중국 교섭과정의 실체인 종공관계의 실상을 바로 알기
- 한국 고대 삼국이 중국과 조공, 책봉관계를 수립한 배경의 이해
- 중국이 주변국과 조공과 책봉관계를 체결하는 근본적 배경의 이해
- 백제에서 발견된 중국제 문물의 종류와 그 내용을 바로 알기

3) 임나일본부와 칠지도

임나일본부는 4세기경 백제가 가야지역에 설치한 행정기관이다. 그리고 칠지도는 백제에서 만든 칼로 일본에서 발견되었고 백제가 일본에 하사한 위세품이다. 그러나 임나일본부는 왜 정권이 가야지역에 설치한 관부로, 칠지도는 백제가 일본에 헌상한 진상품으로 왜곡 이해되기도 한다. 그 정황을 살피고자 한다.

고대 한일관계가 어떠하였는가에 대한 논란은 오랫동안 다양하게 전개되었다. 이미 4세기대에 이르면 한반도와 일본열도에 자리하였던 정치집단들은 상호 교류가 시작되는데 그 중심에 백제가 자리함은 물론이다.

칠지도는 상감명문에 의해 백제와 왜와의 관계를 적나라하게 설명하여주는 자료이나 각각의 입장에 따라 다양한 해석을 진행함으로써 고대 한일관계의 실상의 올바른 이해를 어렵게 한다. 이는 임나일본부와 마찬가지로 일본의 식민사관에 기초한 역사왜곡이 적지 않게 이루어졌다. 칠지도는 백제가 왜왕에게 하사한 위세품이란 점, 임나일본부는 왜가 한반도 남부지역에 진출한 것이 아니라 백제가 가야지역에 설치한 통치기구였던 것이 후에 일본에서 왜와 관련하여 왜곡된 것임을 살펴보고자 한다.

(1) 칠지도

칠지도는 길이 74.9cm의 칼로 일본 나라현(奈良縣) 덴리시(天理市) 이소노카미신궁(石上神宮)에 소장되어 있으며, 1953년에 일본국보로 지정되었다. 칠지도는 곧은 칼의 몸 좌우로 가지 모양의 칼이 각각 3개씩 나와 있어 모두 7개의 칼날을 이루어 칠지도라 이름한 것이다. 1874년 8월에 신궁의 대궁사(大宮司)였던 스가마사토모(菅政友)가 칼에 묻은 녹을 제거하는 과정에서 명문의 존재를 발견한 이후 세상에 알려졌으며 칠지도내의 명문과 관련하여 크게 주목받아왔다. 특히 칠지도의 명문에는 백제가 언급되어 있고, 그것이 위세품이란 성격을 갖추고 있기에 제작자와 소유자, 그리고 주고받는 관계가 무엇인가에 따라 정치, 사회적 위상이 결정될 수 있기에, 고대의 한일관계, 특히 백제와 왜와의 관계 정립에 중요한 물적자료로 자리한다.

칠지도는 단철(鍛鐵)로 만들어졌으며, 칼몸[刀身]의 앞뒷면에는 61자(字)가 금상감(金象嵌)되어 있는데 상당한 마모가 있어 일부의 문자는 판독이 어려운 상태지만 그 명문을 정리하면 다음의 표와 같다.

표3 칠지도 명문 해설표

이면	표면		이면	표면		이면	표면		이면	표면	
先	泰	1	濟	丙	10	爲	支	19		侯	28
世	△	2	王	午	11	倭	刀	20		王	29
以	四	3	世	正	12	王		21		△	30
來	年	4	子	陽	13	旨	辟	22		△	31
未	△	5	奇	造	14	造	百	23		△	32
有	月	6	生	百	15	△	兵	24		△	33
此	十	7	聖	練	16	△	宜	25		作	34
刀	六	8	音	鍊	17	△	復	26			
百	日	9	故	七	18	世	供	27			

명문의 마멸 부분 및 그 해석에서 이견(異見)을 보이고 있으나 명문해석의 결과를 정리하면 다음과 같은 내용으로 정리된다.

그림29 칠지도

(앞면) 태□(泰□) 4년 □월 16일 병오일 정오에 무쇠를 백 번이나 두들겨서 칠지도를 만든다. 이 칼은 백병(재앙)을 피할 수 있다. 마땅히 후왕(旨를 가리킴)에게 줄 만하다.

(뒷면) 선세(先世) 이래 아무도 이런 칼을 가진 일이 없는데, 백자왕(百慈王)은 세세로 기생성음(奇生聖音 : 길상어)하므로 왜왕 지(旨)를 위하여 만든다. 후세에 길이 전할 것이다.

한편 이 칠지도의 존재는 『일본서기』(日本書紀) 신공기(神功記) 52년(372년)조에 보인다. 즉 백제의 근초고왕이 사신인 구저(久氐)를 통하여 "칠지도 1구와 칠자경(七子鏡) 1면 및 각종의 중보(重寶)를 바쳤다"라는 기사가 그것이다.

秋九月丁卯朔, 丙子, 久氐等, 從千熊長彦, 詣之, 則獻七支刀一口, 七子鏡一面, 及種種重寶, 仍啓曰, 臣國以西有水, 源出自谷那鐵山, 其七日行之不及, 當飮是水, 便取是山鐵, 以永奉聖 朝云云

이처럼 칠지도는 칼의 형태적 특징 외에 가장 중요한 것은 명문이 있다는 것이고, 그것도 고대 한일관계, 특히 백제와 왜와의 관계를 엿볼 수 있는 내용이 담겨져 있는 것이다. 따라서 칠지도는 발견 이후 130년 동안 해석을 둘러싸고 많은 논쟁이 끊임없이 제기되어 왔다.

가장 먼저 칠지도에 대한 관심을 드러낸 것은 물론 일본 학자들이었다. 그들은 일본 고대사를 3세기는 중국의 역사서인 『삼국지』(三國志), 왜인전, 그리고 5세기는 마찬가지로 중국 역사서인 『송서(宋書)』등에 근거하여 설명한다. 그런데 4세기대를 설명할 수 있는 일본의 왜 관련 역사기록이 중국의 역사서에 나타나지 않는다. 때문에 이시기의 역사내용은 차선책으로 고구려의 광개토대왕릉비(廣開土大王陵碑)에 적혀 있는 내용과, 위의 칠지도를 통해서 고대 한일관계의 모습을 복원하고 있다. 더불어 그 주된 내용은 광개토대왕릉비에 있는 을묘년 기사, 즉 왜가 한반도에 진출하여 이 지역을 지배하였다는 사실을 적시하고, 그 보완적 물증자료로 칠지도를 들면서, 이 칠지도가 그러한 증거물로 백제왕이 왜왕에게 헌상한 것이란 주장한다.

이러한 칠지도의 해석과 그에 따른 역사이해 방법은 군국주의 일본의 한반도 진출의 이론적 기초인 정한론의 기저가 되었고, 일제시대 칠지도에 대한 해석이나 연구의 기본적 방향은 큰 변화가 없었다. 다만 명문중에 해석되지 않는 부분, 특히 연호의 판독에 주력하였을 뿐이며, 전체적으로는 일본의 식민사관적 해석의 범주에 머물러 있었다. 또한 일본학자 이외에 우리 자체에서 명문 전체에 대한 판독은 전혀 이루어지지 않았고 따라서 왜곡된 해석에 대한 이견은 제기되지 않았다. 오히려 칠지도의 첫머리에 나오는 연호가 태시(泰始)인지 태초(泰初)인지 여부에만 관심을 가졌다.

해방 후에도 일본에서 칠지도 명문에 대한 관심은 지속되었고, 그러한 분위기에서 새로운 해석이 자주 시도되었다. 예컨대 福山敏男(1968)·榧本杜人(1947)과 같은 학자는 칠지도의 명문을 전면에 34자, 후면에 27자로 모두 61자로 구성되었음을 확정하면서 이의 연구 기반을 보다 탄탄하게 마련하는 것이 그것이다. 나아가 그들은 앞에서 명문을 해독하면서 읽었던 연호인 태시·태초(泰始·泰初)가 오히려 태화(泰和)로 읽으면서 중국의 동진(東晋)대에 사용된 연호로 해석한다. 그러면서 칠지도에 나타난 연호는 태화 4년(369)으로 본 것이다. 물론 전체 문장의 해석에 따른 의미 부여는 이전과 큰 차이가 없었고 오히려 일본서기의 기록과 정확하게 부합한다는 점이 강조되었다. 그 결과 칠지도를 백제에서 왜에 바쳤다는 이른바 백제 헌상설(百濟獻上說)이 일본학계의 통설이 된 것은 물론이다. 나아가 그 배경의 설명은 369년경에 왜군이 한반도 남부 지방에 대대적으로 출병하여 임나일본부를 설치하였는데, 그 직접적인 증거의 하나가 바로 칠지도라고 주장하는 것도 변함이 없다.

그런데 일본의 이러한 연구 경향에 대해서 한국학자의 반론이 시작되었다. 그것은 1963년 북한학자인 김석형의 삼한삼국분국설(三韓三國分國說)이 발표되면서 칠지도에 대한 의미해석에 새로운 장이 열린다. 김석형의 연구는 첫째로 일본학자들이 중국 진나라의 연호로 본 태화란 연호는 백제의 연호였는데 기록되지 않은 즉 일년호(逸年號)로 보아야 한다는 것이다. 둘째로 칠지도 전면에는 칼을 받는 자로서 후왕(侯王)이 있는데 이 후왕은 뒷면에 나타나는 왜왕(倭王)과 동일인으로 보아야 한다는 것이다. 즉 백제왕이 왜왕인 후왕을 위해 이 칼을 만들었고, 따라서 백제왕이 왜왕에게 하사한 것으로 본다. 셋째로 원가삼년오월병오일조차△관도장사척이△△△의후왕대길양(元嘉三年五月丙午日造此△官刀長四尺二△△△宜侯王大吉羊)이란 명문이 새겨진 후한(後漢)의 원가도(元嘉刀)의 예에 비추어 보면, 칠지도는 황제의 위치에 있던 백제왕이 후왕의 위치에 있던 왜왕에게 하사한 것이다.

결국 이러한 위의 세 가지 관점에서 이 칠지도는 백제에서 왜왕에게 헌상한 것이 아니라 오히려 하사한 백제 하사설(百濟下賜說)을 주장하였고, 현재 우리나라의 칠지도 해석이나 의미 추구는 대부분 이 범위에서 이루어진다.

이와는 달리 칠지도가 원래 중국의 동진에서 만들어졌는데, 백제에 건너와 글자를 새겨서 다시 왜에 주었다는 주장도 있다. 이 주장에는 태화 4년을 중국 동진의 태화 4년(369)으로 보고, 기생성진「奇生聖晉」의 성진을 성한 · 성당 · 성송(聖漢 · 聖唐 · 聖宋)의 예에 따라 동진을 가리키는 것으로 본다. 나아가 세자란 용어도 남북조 시대에 중국의 책봉(冊封)을 받은 경우에 사용된다고 주장하는 소위 칠지도의 동진하사설(東晉下賜說)의 주장이 제기되어 있기도 한다. 다시 말해서 백제와 왜 사이에 동진을 넣으면 결국 백제와 왜의 관계는 대등하게 된다. 물론 이 주장은 「奇生聖晉」의 진(晉)자가 음(音)자로 밝혀져, 설득력을 잃었지만, 아무튼 정서상으로 일본학계의 많은 지지를 받았다는 점은 주목하여야 할 것이다.

이와 같이 칠지도와 관련된 연구 성과를 정리하면 크게 네 가지의 견해로 정리된다. 첫째, 백제왕이 왜왕에게 내려준 것이라는 설, 둘째, 백제왕이 왜왕에게 바친 것이라는 설, 셋째, 동진의 왕이 백제를 통해 왜왕에게 전해주었다는 설, 넷째, 백제왕이 왜왕에게 대등한 관계에서 전해주었다는 설 등이 그것이다. 그러나 공주 송산리 고분군에 있는 무령왕릉에서 출토된 지석(誌石)에서 보듯 독자적인 연호를 사용한 백제왕이 중국의 연호를 사용하는 제후와 같은 위치에 있었다면, 왜왕을 '후왕(侯王)'이라고 지칭할 수는 없었을 것이다. 특히 이름이 지(旨)인 왜왕은 중국사서(史書)에 등장하는 찬(讚)·진(珍)·제(濟)·흥(興)·무(武)의 '왜오왕(倭五王)'과 같은 신분인 왜의 지배층으로서 백제 왕실과 인척관계에 있는 귀족으로 보았다. 이렇게 해석할 때 부월(斧鉞) 및 도검(刀劍)의 하사(下賜)가 아랫사람에 대한 윗사람의 신표(信標)라는 성격과도 부합하며, 하사 동기도 왜왕에 대한 일본열도 내에서의 대표권을 승인하는, 종주·신속 관계를 설정하는 것이다. 즉 칠지도를 백제가 왜에 하사함으로써 그러한 관계를 형성하였다고 보아야 한다는 것이다.

(2) 임나일본부(任那日本府)의 실체

널리 알려져 있는 '임나일본부설'의 골격은 4세기 후반에 일본의 대화(大和) 조정이 한반도 남부에 출병하여 백제·신라·가야를 복속시켰고, 특히 가야에 '임나일본부'라는 직할 지배기구를 설치하였다는 것이다. 나아가 이 임나일본부는 6세기 중엽까지 한반도에서 지속적으로 활동하였다는 것이다.

이 임나일본부설은 이미 일제시대에 일본학자들의 식민사관적 관점에서 한반도의 남부지역을 왜가 지배하던 통치기구로 존재하였다고 봄으로써 고대 한일 관계사의 올바른 이해에 커다란 장애로 남은 것이다. 임나일본부의 실체는 그것이 일본의 역사서인 일본서기에만 있다는 점, 적어도 4세기대 이후 일본의 왜정권이 한반도에 진출할 수 있음을 입증할 수 있는 정치, 사회적 환경을 뒷받침 할 수 없다는 사실, 그리고 관련 기록의 엄정한 사료 비판 및 고고학적 자료로 미루어 임나일본부를 왜정권의 한반도 통치기구로 존재할 수 없다는 이유가 다각도로 검증되고 있다. 여기에서 임나일본부의 내용을 전하는 기록의 검토, 기록을 토대한 연구현황, 나아가 임나일본부의 허구성을 노출시키는 과정을 정리하여 보겠다.

우선 임나일본부와 관련된 사료는 오직 일본의 역사서인 『일본서기(日本書紀)』뿐이다. 여기에 임나일본부의 연구가 19세기말에서 20세기 초의 일본에서 정한론에 기초한 한반도 침략과 한일합방이라는 목적에서 진행되었다는 특성이 있다. 우선 임나일본부의 실체를 알기 위해서 『일본서기』의 관련 기록을 검토할 필요가 있다.

숭신기(崇神紀)·수인기(垂仁紀)의 '임나(任那)'는 숭신 65년 7월조에 임나국(任那國)의 조공사실과 그의 위치가 적혀 있고, 수인 2년 시세(是歲)조에 임나 지역 사람인 소나갈질지가 누구인가를 기록하였다. 그리고 신공기에는 '임나'라는 말은 없으나, 흠명(欽明) 23년(562)조의 가야 7국의 평정기사를 토대로 『일본서기』의 연대 수정을 단행할 경우 이 기사는 칠지도(七支刀)의 연대와 일치하며, 여기에 광개토왕릉비문에 보이는 왜의 활약상이 결부시켜 4세기 후반부터 일본의 세력이 한반도 남부에 미쳤다는 '임나일본부설'로 전환된 것이다. 즉, 신공 49년조의 '임나' 7국 평정기사가 바로 대화조정의 '임나' 지배의 기원기사라는 것이다.

그리고, 응신조의 기사에 백제의 왕자 직지와 관련된 내용을 적으면서 『백제기』를 인용하여 목만치라는 백제인이 '임나' 일을 맡아 보면서 일본과 백제에서 권세가 강했음을 밝히고 있다. 또한 웅략 7년(463) 시세조에 길비상도신전협(吉備上道臣田狹)이란 사람을 '임나국사(任那國司)'로 임명하는 유일한 기사가 있고, 웅략 8년 2월조에 신라가 '임나왕'을 통해 '일본부행군원수(日本府行軍元帥)'의 도움을 요청하는 기사에서 일본부의 명칭이 처음 나타난다. 여기에 계체 3년(509)에 '임나의 일본현읍'에 도망 온 백제 사람들을 돌려보내는 기사도 보인다. 이외에도 임나에 관한 기사는 자주 언급되는데 그중에서 흠명기의 기사는 주목할 만하다.

즉, 흠명 천황은 540년 즉위하자 여러 신하들에게 '임나'의 일을 의논하였는데, 흠명원년(540) 9월조에서는 물부미여(物部尾輿)라는 인물이 대반금촌대연(大伴金村大連)라는 자가 백제에게 '임나'의 4현을 준 것을 탄핵하면서, '임나' 부흥을 위해 군대를 파견하는 것을 반대하는 내용, 흠명기 2년(541)조부터 5년조까지 백제 성왕의 '임나부흥계획'의 내용, 흠명기 23년(562) 정월조에서 "신라가 임나 관가를 멸망시켰다"는 내용, 7월조에 대장군 기남마여숙녜(紀男麻呂宿禰)와 부장군 하변신경악(河邊臣瓊岳)을 파견하여 신라를 문책하려 하였으나 실패하였다는 등의 기사가 그것이다. 참고로 『삼국사기』에 의하면 562년 9월은 신라가 가야를 멸망시킨 해이다.

다음으로, 임나일본부의 연구는 이상의 사료에 나타나는 점을 기초로 진행된다. 물론 일본에서도 임나일본부에 대한 연구도 시간이 지남에 따라 내용이 크게 변화된다. 아마도 이는 사료적 한계, 연구시각의 문제 등을 그대로 노출시킨 것으로 볼 수 있는 것이다. 따라서 일본에서 임나일본부 관련 연구는 시간순에 따른 변화상이 보이는데 이를 중심으로 살펴볼 필요가 있다.

우선, 임나일본부는 일본의 사료에 적혀 있음에도 천여년간 주목을 끌지 못하다가 17세기 수호번주(水戶藩主) 덕천광권(德川光圀)이란 자에 의해 편찬되기 시작하여 1906년에 완성된 『대일본사(大日本史)』의 「임나전」에 처음으로 등장한다. 이 임나전은 『일본서기』에 나타난 내용을 그대로 정리한 것이다. 그러다가 한국침략과 한일합방 속에서 임나일본부에 대한 본격적인 연구가 시작되었다.

이후 일본에서 초기의 연구는 『일본서기』의 내용을 사실로 인정한 위에 임나제국의 강역·위치·연원 등의 고증을 통해서 『일본서기』에 보이는 임나관계가 사실임을 뒷받침하는데 목적이 있었다. 그러다가 1930년대 이후에는 기존의 연구와는 달리 『일본서기』의 관계 기사에 대한 문헌비판을 실시하면서 『일본서기』에 보이는 임나관계 기사는 백제삼서(百濟三書)에 의한 것이고, 그것이 『일본서기』 편자에 의해서 일본의 권위나 은혜를 나타내기 위하여 대담한 개찬이나 윤색이 가해졌다는 결론도 나타난다. 물론, 이러한 비판에 따라 임나관계의 역사에 대한 재구성을 시도하면서 한국의 역사서인 『삼국사기』 『삼국유사』 그리고 중국의 역사서인 『송서』 및 고구려의 광개토대왕릉비, 백제의 칠지도 등 관계 자료를 폭넓게 이용하여 임나관계역사를 재구축을 시도하나 기본적 토대에는 큰 변화가 없다.

그런데 1945년 패전으로 학문연구가 군국주의의 제약에서 벗어나 자유를 회복함에 따라 일본학계는 『일본서기』가 그 시대의 필수불가결한 사료지만 그것은 특정입장에서 편찬된 2차 사료일 뿐이고, 따라서 내용 자체를 그대로 인정하기 어렵다는 분위기가 형성된다. 이러한 분위기에서 식민지배 시기에 구축된 임나관계의 역사를 전면적으로 비판하고 새로운 임나관계의 역사상을 제시하는 주장이 한국에서 제시된다.

한국에서 임나일본부설의 연구는 『일본서기』의 임나관계기사가 일본의 야마토 정권과 임나와의 관계를 보여주는 것이 아니라 한반도 이주민이 일본열도 내에 세운 분국(分國)과 야마토 정권과의 관계를 보여주는 것이라는 김석형(金錫亨), 「삼한삼국의일본열도내분국에 대하여」(『력사과학』1963년호)와 『일본서기』의 야마토 정권과 임나와의 관계기사는 대부분이 백제와 임나와의 관계가 개편된 것으로 그 주체를 백제로 봐야 한다는 천관우(千寬宇)의 군사령부설(軍司令部說)(1978)이 그것이다.

물론, 이러한 논의는 그 동안 『일본서기』사관에 따른 임나관계 역사의 구축하였던 토대가 무너진 후 그 긍정적인 사료비판을 수용하면서 관계기사에 대한 보다 엄밀하고 객관적인 사료 비판이 이루어지게 하였다. 대표적인 것으로 『일본서기』의 어디에도 '임나일본부' 의 왜인이 야마토 정권과는 직접적인 관계를 가졌거나 야마토정권의 임나에 대한 일괄 지배체제의 존재를 보여주는 내용이 없음을 밝힌 것이 그것이다. 그 결과 왜인의 소속에 대해서는 재지 왜인설(在地倭人說), 북구주 왜인설(北九州倭人說) 등이, 그리고 그들이 속한 임나일본부의 성격에 대해서는 임나에 있는 여러 세력의 외교회의체설, 야마토 정권의 간접관여 기관설 등이 제시되기에 이르렀다. 이에 이르러 『일본서기』에 바탕을 둔 야마토정권의 임나 일괄 지배체설은 거의 붕괴되었다.

그러나 이러한 연구에도 한계가 있다. 우선 연구가 '임나일본부' 라는 기구에만 집중되고 그 전제가 되는 임나관계의 성립과 발전과정에 대한 검토를 방치함으로써 암묵적으로 그것을 인정하는 결과가 되었고, 나아가 이는 그것이 바탕이 되어 끊임없이 변형된 '임나일본부' 설이 나오게 되기도 한다. 그 대표적 연구가 대표적인 것으로 에가미나미오(江上波夫)의 '기마민족설(騎馬民族說)' 이다. 이 논의는 1948년 전후에 이루어진 것으로 최근의 논의와는 시간차가 있지만 오히려 현재까지 그 찬·반 논쟁에 휩싸여 있다. 기마민족설의 대강은 이러하다.

'기마민족설' 은 부여족 계통에 속하는 만주 대륙 북방계 기마민족의 일파가 한반도로 남하, 마한지역에서 백제국을 건국하고 다시 낙동강지역으로 진출, 변한(弁韓)사회를 정복한다. 그들은 3세기 말경에 편찬된 중국 역사서인 『삼국지』 위서 동이전에 보이는 이른바 진왕(辰王)정권이 바로 이 기마민족의 정권이라는 것이다. 그런데 이 진왕정권은 변한지방에 이미 진출해서 활동하고 있던 왜인들의 존재에 주목, 그 본거지를 추적하여 4세기 초에 바다를 건너 북규슈 지방에 침입, 그곳의 왜인사회를 정복 지배한다. 그리고 이 진왕 정권은 다시 4세기 말경에는 기내(畿內)지방으로 진출하여 그곳에 강대한 세력을 가진 대화정권을 수립, 일본 최초로 통일국가를 실현하였다는 것이다. 결국 기마민족은 남한지역에 진출한 뒤 일본열도를 정복해 가는 과정에서 가야지방과 일본에 걸친 이른바 한·왜 연합왕국을 형성하게 되었다는 것이다.

처음 이러한 논의가 발표되었을 때 새로운 견해 제시로 주목과 비판을 많이 받았지만 결국 이 논의 역시 기마민족이라는 새로운 주체를 등장시켰지만 '임나일본부' 설을 설명하기 위한 새로운 논의이다. 이러한 『일본서기』상의 야마토 정권과 임나와의 관계는 시각에 따라 다양하게 해석할 수 있겠지만, 근본적인 문제는 『일본서기』의 사료로서의 가치문제, 야마토정권이 과연 4세기 대에 한반도에 진출할 수 있을 만큼 발전하였는가의 문제, 여기에 임나가 과연 일본이 설치한 관부인가, 일본부라는 명칭의 출현시기가 훨씬 후대임에도 소급하여 적용하는 등의 문제가 있다.

아무튼 여기에서 임나일본부설의 정립을 위해 사료는 물론, 연구 경향을 재정리하여 볼 필요가 있다. 우선, 임나일본부설의 기본 내용은 4세기 후반 가라 7국의 평정 후 임나일본부를 설치하고 5세기 전반까지 일본이 이를 경영하였다는 것인데, 문제는 그러한 내용이 『일본서기』에만 국한되어 있고, 따라서 이의 해명은 『일본서기』의 사료 비판과 더불어 당시 백제와 왜와의 관계 속에서 재해석될 수 있다는 것이다.

『일본서기』의 임나일본부관련 기록은 우선 백제삼서로 불리는 백제관련 사서에 의거하여 적고 있다는 점을 주목하여야 한다. 즉 임나관련 기록이 왜 정권인 대화정권에 의한 기록보다는 오히려 백제와 관련된 기록에 근거한 것이란 점이다. 다시 말하면, 본디 임나관계의 기사가 백제와 관련된 것이었음에도 『일본서기』에는 대화정권과 관련된 것으로 개작되었음을 알게 한다. 개작의 배경은 임나의 경영과정에 참여하였던 백제의 장군이나 그 자손들이 일본으로 건너가 대화정권에 참여하였고 이것이 후대에 마치 대화정권의 명에 의해 임나경영에 참여하였던 것처럼 『일본서기』에 적었기 때문이다.

그러한 증거는 여러 가지 사실에서 입증된다. 우선 임나지배의 기원이 된 369년의 가라칠국평정과 382년의 대가라 구원을 주도한 목라근질의 아들 목만치가 있다. 그런데 그는 475년에 한성 함락과 더불어 대화정권에 원조를 요청하기 위하여 일본에 건너가 그곳에 정착한 사실이 있다. 그리고 5세기 초에 가라지역에 주둔하였던 염승진의 8대손인 길대상이란 사람이 일본에 건너가 왜인의 조상이 된 일도 있다. 이외에 임나경영의 책임자로 대가라에 파견된 후 반란을 일으켰다가 실패, 도일하여 정착한 사실 등도 전하는데, 이러한 사람들과 역사 사건은 마치 가라칠국의 평정이 대화정권에 의한 것처럼 왜곡될 수 있었던 배경이 되기에 충분하다.

사실, 4세기 후반 무렵, 백제의 근초고왕은 남쪽으로 진격하여 마한의 전 지역을 아우르고, 나아가 가야 지역도 백제의 영향권에 두었다. 그 즈음 백제는 구례산 근처에 직할령을 두었고, 여기에 백제의 관인과 백성, 그리고 군대를 주둔시킨 것으로 알려져 있다. 이때 설치된 직할령의 기관 이름은 분명하지 않으나 길비신이란 인물의 관직이 집사였고, 그 앞에 임나를 붙인 것으로 보아 구례산 근처의 지명이 임나였을 것이다. 기관의 이름이 임나부(任那俯)였을 것이고 백제의 기구였음은 물론이다. 그런데 왜는 이후 『일본서기』가 편찬되면서 일본이란 용어 즉 일본부라던가 혹은 일본 현읍을 여기에 가미함으로서 일본이 이곳을 경영한 것으로 왜곡한 것이다.

생각
하기

• 칠지도의 명문을 쓰고 그 내용을 해석하여 이해하기
• 칠지도의 해석과 관련된 고대 한일관계의 실상을 정립하기
• 임나일본부와 관련된 역사왜곡의 과정을 이해하기
• 기마민족설의 내용을 이해하고 그것이 고대 한일관계의 이해에 어떻게 활용되는가를 생각

4. 한성시대의 백제문화

1) 관방문화(도성과 산성)

관방은 외적의 침입에 대비하여 마련하는 방어시설로서 성이나 봉수 등의 시설을 말한다. 사실 국가는 일정한 공간을 차지하기에 정치, 사회, 문화의 중심지인 수도로서 도읍을 마련하고, 지방사회는 그 거점을 마련하여 통치의 효율을 기한다. 전근대 사회의 통치 거점에는 외부로부터 방어를 위한 성곽을 축조하는데, 도읍지에는 도성, 그리고 지방에는 읍성이 그것이다. 이는 고대사회도 마찬가지이며, 특히 삼국시대에는 각국의 군사적 경쟁에서 우위를 점하기 위하여 산성의 축조가 활발하게 이루어졌다.

백제는 3지역에 도읍한 경험이 있고, 각 도읍지에는 방어시설로서 성곽이 마련되어 있었을 것이다. 그러나 기록이나 유적, 유물의 부족으로 구체적 실상을 찾기가 어렵다. 한성에 도읍한 기간은 약 500여년이나 현재 서울의 강남지역에 그 일부의 흔적이 남아 있을 뿐인데 그중에서 풍납토성과 몽촌토성은 백제의 대표적 관방유적으로 보는 것이다. 반면에 웅진이나 사비지역에서의 도읍기간을 짧으나 도성체제를 이해할 수 있는 유적이 남아 있으며, 웅진의 공산성, 사비의 나성 및 부소산성이 그것이다. 이들 백제의 관방문화를 도성을 중심으로 살피고, 이외에 군사적 목적에서 쌓은 산성의 형상을 남아 있는 자료를 통해서 그 실상을 살피고자 한다.

(1) 백제의 도성과 산성

고대사회는 외적방어를 위한 시설로, 그리고 지배자의 위엄과 권위를 과시하기 위하여 성곽을 쌓는다. 따라서 성곽은 일정한 통치를 위한 시설이나 생활공간을 포함하는 것이 일반적이다. 그중에서 국가의 중심인 도읍에는 성벽으로 둘러싸인 공간에 왕이 거주하는 왕궁이 있고, 최고 지배자인 왕의 조상들에 대한 제사를 드리는 신전으로서의 종묘(宗廟)와 국가의 경제적·사상적 기초를 이루는 토지와 곡식의 신을 제사하는 사직(社稷)이 존재하며, 따라서 이러한 도시를 도읍(都邑)·도성(都城)이라고 부른다. 결국 도읍이 있다는 것은 그 자체로 국가가 존재한다는 말이 된다. 반면에 도읍이나 도성이 아닌 지방의 보다 작거나 격이 낮은 도시에 있는 성은 대개 읍성(邑城)이라 하며 성내에는 지방사회의 통치기구인 관부가 자리함이 일반적이다. 이들 읍성은 행정구역의 등급에 따라 군성(郡城)·현성(縣城) 등의 이름을 사용한다. 도성은 모든 읍성보다 우월한 지위에 있으며, 곧 중앙이고 나머지 읍성들은 지방이 된다.

도성은 그 자체가 상징하듯이 최고 지배자의 거성(居城), 즉 왕이 머무는 왕궁을 둘러싼 성이므로 왕성(王城)이라 부르며, 국가의 정치·경제·사회·문화의 중심지였으므로 다른 읍성들과 비교할 때 규모가 더 크고, 웅장한 시설을 갖추었다. 도성이라는 대명사가 보편적으로 사용되었지만, 경성(京城)이라는 의미도 사용되는가 하면, 경도(京都)·경사(京師)·왕경(王京)의 의미도 사용된다. 그리고 이들은 모두 "서울"의 성과 도시 전체란 의미이다. 실제로 각각의 나라들은 독특한 이름의 고유명사로 도성을 불렀다.

백제 도성의 경우, 한성과 웅진, 그리고 사비에 도읍한 경험으로 각 지역에 도성으로 구분할 수 있는 유적이 있다. 한성 도읍기에는 위례성, 한성, 한산이 그것이다. 위례성(慰禮城)이라 불리는 것이 백제의 중심지에 있었고, 그것이 백제의 도성임을 알 수 있다. 그리고 나중에는 한산 혹은 한성이라 불렸는데 도성 전체를 한성(漢城), 혹은 대성(大城)이라 표현한 것으로 보아 우리말로 "큰성"이라 불렀을 가능성도 있다. 우리말로 성(城)을 "잣"이라 하였으므로 순수한 우리말로는 "큰잣"으로 부르지 않았을까라는 추정도 한다. 그러나 백제가 지금의 서울에 도읍을 정하였던 기간에 도성이 어디에 있었고, 어떤 유적이 왕성 혹은 도성인가를 정확하게 알기는 어렵다. 나아가 이 즈음의 백제가 중국이나 서구의 고대사회의 도시들, 즉 도시국가나 성벽국가와 같은 도성체제를 갖추었는가, 아니면 백제나름의 특징적 도시구조를 갖추고 있었는가를 알기도 어렵다.

서기 475년 백제는 금강 유역의 웅진(熊津)으로 도읍을 옮긴 후에는 웅진성, 혹은 고마성(固麻城)이 도성이 되고 그 안에 왕성이 있었다. 본디 웅진이란 이름은 우리말로 풀이하면 곰나루란 뜻인데, 일본의 옛 기록인 『일본서기(日本書紀)』

에 구마나리(久麻那利)라고 기록되어 있는 것으로 보아 음이 서로 비슷한 것임을 알 수 있다. 그리고 중국의 역사 기록인『주서(周書)』와『수서(隋書)』·『북사(北史)』등에 백제의 도성을 고마성(固麻城), 혹은 거발성(居拔城)이라 기록하였다. 오늘날까지도 공주에는 "곰나루"가 있다. 이 곰나루를 한자(漢字)로 기록하면 곰 (bear)을 뜻하는 웅(熊)과, 배를 대는 선착장인 나루(津)로 표현되며, 우리말 곰나루가 한자로 웅진, 일본말과 중국에서는 곰을 "고마"라 표기하고 우리말 나루를 "나리"라 발음한 것으로 추정한다. 따라서 지금의 공주가 옛 백제의 도읍지였음을 보여줄 뿐만 아니라 여기에 있는 각종의 유적의 백제의 도성내 유적으로 볼 수 있는 것들이다.

한편 백제는 성왕(聖王) 16년인 서기 538년에 사비로 천도(遷都)를 하였다. 이 새 도성은 사비(泗沘), 혹은 소부리(所夫里)라 부른다. 사(泗)는 뜻이 크물 (kmur), 비(沘)는 부리(夫里)·벌(伐)·불(火, 弗)과 함께 마을을 뜻하여 큰 마을, 대성(大城)의 의미가 있고, 중국 기록의 고마성(固麻城), 거발성(居拔城)이라는 도성의 호칭은 우리말 소리에 따라 기록한 것으로 추정한다. 본래 이름인 웅진성이나 사비성은 의미가 동일한데도, 도읍을 옮긴 이후는 서로 구분되는 이름으로 불렸다고 본다. 사비(泗沘) 도성의 다른 이름으로 표기된 "소부리(所夫里)"는 훗날 "서울"이란 말의 어원(語源)이 되었다고 여겨지며, 안팎의 이중 성벽을 가진 새로운 도시를 만든 것이다.

한성(漢城)·웅진(熊津)·사비(泗沘)는 백제가 차례로 도읍을 삼은 곳이다. 이들에게서 나타나는 공통적 요소는 백제 도성이 항상 강변의 커다란 나루터를 끼고 있는 곳에 위치하여 수운을 통한 교통이 편리한 곳에 건설되었다는 점이다. 그리고 그 이름은 모두 큰 성(大城)의 의미가 내포되었으며, 독특한 고유명사로 불렸다. 고구려의 도성이 결국에는 장안성(長安城)이라는 중국의 도성 이름과 같아진 것과 다르고, 신라의 도성이 금성(金城)이라 불린 것과도 다른 백제 나름대로의 도성 이름을 가진 것이다.

도성과 읍성으로 구분되는 성곽은 국가의 핵심시설을 외침으로부터 보호하기 위한 시설이다. 반면에 순수한 군사적 목적에 의해 만들어지는 성곽도 있다. 우리나라의 경우는 대체로 적의 방어에 유리한 산지에 만든 산성이 많고 이들은 특정한 거점에 축조되는 것이 일반적이지만, 중국의 만리장성처럼 국경선을 단위로 만드는 성도 있다. 백제도 고대국가였기에 왕도에는 도성이, 지방에는 읍성에 해당하는 치성이, 그리고 전략적 요충지에는 외적의 방어에 필요한 산성이 축조되었다.

사실, 성곽이라는 말은 그대로 '내성(內城) 외곽(外郭)'의 의미다. 성곽은 내외 이중으로 쌓는데, 그 때 안쪽에 있는 것을 '성(城)'이라 하고, 그러한 '성(城)'과 그 주변의 일정공간을 포함하는 바깥쪽의 것을 '곽(郭)'이라고 한다. 우리가 흔히 사용하는 성곽이란 말은 바로 이러한 성과 곽을 함께 지칭하는 용어다. 우리나라의 경우 흔히 '성곽의 나라'라고 말하지만 위에서 의미하는 것과 같은 '성곽'의 의미에 부합되는 유적은 찾아보기 어렵다. 우리가 흔히 말하는 '성곽'은 엄격한 의미에서는 '곽'에 해당될 뿐이다. 편의상 성곽이라고 부를 뿐이다.

성곽은 기준에 따라 다양한 유형으로 나누어 볼 수 있다. 그 중 성곽의 입지를 기준으로 했을 때 평지성(平地城), 평산성(平山城), 테뫼식 산성, 포곡식 산성 등으로 나누어 볼 수 있다. 평지성은 말 그대로 평지에 자리하고 있는 성곽을 의미하는 것이고, 평산성은 평지와 나지막한 구릉을 함께 에워싸고 있는 성곽을 말

그림30 성곽의 형상과 명칭

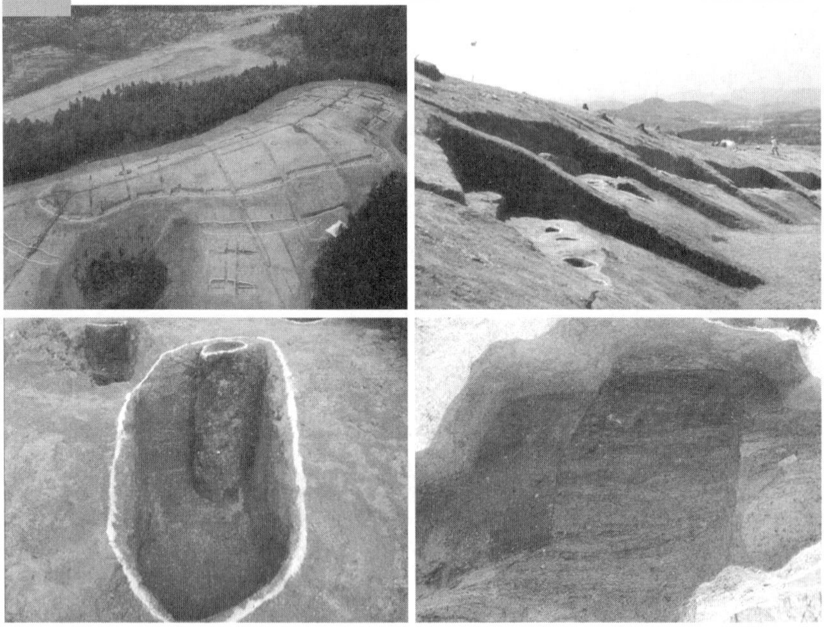

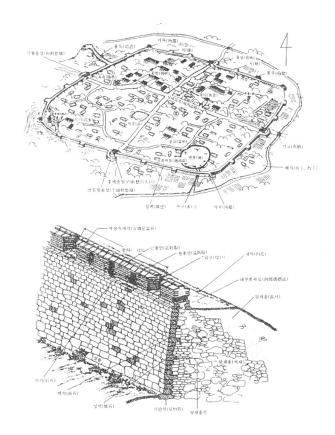

한다. 그리고 테뫼식 산성은 머리에 띠를 두르듯 산봉우리 정상부를 에워싼 성곽이다. 포곡식산성은 계곡을 에워싸면서 축성된 산성이다. 조선시대의 읍성은 대체로 이러한 평산성의 형태를 취하고 있다. 또한 산성은 축조재료에 따라 토성, 석성, 토석 혼축성으로 구분한다. 본디 성곽의 축조는 흙으로 담을 쌓듯이 만든 것에서 시작되었고, 따라서 성곽의 초기형은 토성이었는데, 삼국시대 성곽은 대체로 초기에 토성을 만들다가 말기에 가면 석성이 주류를 이룬다.

  백제 산성의 특징은 산성의 입지조건에서 찾을 수 있다. 산성은 산봉우리에 자리하고 있는 성곽이지만 그 산 봉우리의 높이에 따라 다양한 형태와 기능, 성격의 차이를 나타낸다. 다만 한성시대의 전형적인 백제 산성이 아직은 발견되지 않았기에 그 시기의 입지환경을 설명하기가 어렵다. 다만 일부의 자료에서 이 시기의 백제 산성의 성격을 추정할 수 있는데, 그 대표적인 사례가 천안 백석동 토성이다. 이 토성은 청동기시대 대규모 취락을 조사하는 과정에서 우연히 발견된 유적으로 산 정상부에 테뫼식으로 만든 것이다. 산성이 자리한 산의 높이는 표고 122m에 이르는 나지막한 구릉이고 성은 거기에 테뫼식으로 축조하였다. 성벽 전체의 둘레는 260m에 불과하다. 물론 성내에서 출토된 유물로 미루어 볼 때 6세기 전반에 축조된 것으로 보여, 직접적으로 한성시대 백제 산성의 모형이라고 단언할 수는 없으나 이전의 산성을 만드는 수법이 그대로 이어진 것으로 볼 수 있어 일단 큰 차이는 없을 것으로 여겨진다.

그런데, 백제가 남쪽으로 천도하여 새롭게 웅지를 틀기 시작하는 사비시대에 들어서면 이러한 백제 산성의 입지도 변화가 나타난다. 즉 그동안의 백제 산성은 교통로상의 낮은 구릉성 산위에 만드는 것이 일반적이었는데 보다 험준한 산에 만들기 시작하는 것이다. 이는 관련기록에서 확인할 수 있는데 중국의 지리지인 『한원(翰苑)』권 30, 「번이부(蕃夷部)」백제조에 백제의 방성이 모두 험산에 자리하고 있다고 적혀 있는 것이 그것이다. 백제의 지방통치조직이 방 군 성체제로 바뀌는 것은 사비시대인데 이 시기의 산성이 험한 산에 자리하고 있다는 것은 이전과는 다른 환경이 나타났음을 보여주는 것이다. 즉 한성시대에서 웅진시대 초기까지만 해도 표고 130m 내외의 나지막한 산봉우리에 자리하고 있던 산성들이 사비시대에는 험한 산지로 이동했음을 알 수 있다. 입지조건이 달라진 것은 전술의 변화, 무기의 변화, 전투에 동원된 병력의 변화와 관련 있는 것이다.

(2) 위례성과 한성 - 풍납, 몽촌토성

위례성은 백제가 초기 도읍을 정한 지역을 말하는 것으로 온조왕이 처음 백제의 도읍으로 정한 곳을 위례성(慰禮城)이라 하였다. 이곳에는 백제 건국자들의 시조로 보는 동명왕묘(東明王廟)가 세워진 기록이 있고, 성문을 닫고 적을 방어할 수 있는 정도의 시설이 있었다. 한강의 남쪽에 목책을 세우고, 맨 먼저 백성들을 이주(移住)시킨 후 궁성(宮城)과 대궐(大闕)을 세웠으며, 이후 새로운 궁실의 건축, 왕실 조상의 사당 짓기, 천지에 제사하는 제단 만들기 등이 차례로 이루어진 것으로 기록되어 있다. 도성의 규모는 점차 커져서 인구가 늘어나게 되자 남, 북과 동, 서의 4부(部)를 나누어 구획하게 되었으며, 이후 처음 도읍이었던 위례성도 서기 23년과 서기 286년의 두 차례나 다시 수리하였다.

한편, 위례성에서 일정기간 머물다가 백제는 다시 한성(漢城)으로 도읍을 옮기는데, 이는 서기전 5년의 일이다. 위례성과 한성의 정확한 위치는 알 수가 없지만 모두 오늘날의 서울지역에 있는 것으로 보고 있다. 물론 위례성에서 한성으로 거주를 옮긴 것은 백제의 발전과 관련 있는 것이고, 나아가 이후의 백제 도성의 범위는 크게 확대된 것으로 본다. 이러한 발전은 주변의 작은 세력들을 아우르면서 진행되었음도 물론이다. 위례성은 우리말 울, 울타리로 된 성의 의미로도 해석하며, 한성이 처음 울짱(柵)으로 만들어진 것처럼, 이 당시의 성은 목책(木柵)을 의미하는 것으로도 해석한다. 울타리처럼 성벽을 삼은 위례성에서 한성으로 옮겨 새로운 도성을 삼은 것은 인구와 국가 규모가 커져서 임시적인 도성으로부터 계획적인 도시를 건설한 것이다. 따라서 한성은 보다 큰 규모의 대성(大城)을 건설하면서 붙은 이름일 것이다.

그러면 한성은 어떤 모습으로 있었을까. 우선 한성에 대한 내용을 관련 기록을 토대로 살펴보면, 서기전 4년에 처음 궁실을 지을 때 "검소하면서도 누추하지 않으며, 화려하였으나 사치스럽지 않은" 모습으로 지어졌다고 하였다. 그리고 도성에는 동명묘(東明廟)와 국모묘(國母廟)가 있었으며, 아마도 성밖의 남쪽에 대단(大壇), 혹은 남단(南壇)이라는 의례건물도 있었을 것으로 추정한다. 나아가 궁궐 안에는 홰나무(槐樹)도 있었고 우물도 있었고, 황새(鸛)가 도성 문 위에 집을 짓기도 하였다는 것으로 미루어 문을 갖춘 성곽과 성내의 각종 시설을 추정할 수 있다. 한성에 대해서는 서기 188년에 궁실을 수리한 기록이 있고, 성의 서문이 불이 나서 타기도 하였고, 궁궐의 문기둥에 벼락이 내리 친 기록도 있어 각종의 재해에 따른 수리가 진행되었음도 추정할 수 있다. 이외에 서쪽 성문밖에는 활쏘기를 연습하는 사대(射臺)도 있었고, 궁궐 가운데서도 왕이 정사를 돌보는 남당(南堂)이 고이왕 때인 서기 261년까지는 건립되어 있었다. 서기 320년에는 궁의 서쪽에 사대(射臺)를 만들어 초하루와 보름마다 활쏘기를 익혔다. 서기 333년에는 왕궁에 불이나 민가까지 옮겨 붙었다고 하고 다시 왕궁이 수리되었다.

한편 백제는 근초고왕(近肖古王)이 고구려를 쳐서 영토를 크게 확장하고 위세를 드날리게 되자 서기 371년에 다시 도읍을 한산(漢山)으로 옮긴 것으로 전한다. 이 때의 한산이 구체적으로 어디인지, 이전의 한성과 어떤 관계에 있는 것인지는 아직 모르고 있다. 이 한산에는 침류왕 2년(385) 백제 최초의 불교 사원이 건설되었다던가, 서기 391년에 이르러서는 궁실을 개수(改修)하고, 연못을 파고 그 안에 인공의 산을 만들어 기이한 새와 이색적인 화초를 기르게 되었다는 등의 기록으로 미루어 도성으로서의 구체적 면모를 완벽하게 갖춘 것이 아닌가 여겨진다.

이상의 내용으로 미루어 백제가 지금의 서울에 도읍하던 시기, 도성은 위례성, 혹은 한성, 한산으로 불렸는데, 기와로 지붕을 인 왕궁과 사원, 묘사와 제단,

남당을 비롯한 관청과 창고, 연못을 가진 정원, 누각과 대사(臺榭) 등을 갖춘 당시 한반도 최대의 화려하고 장려한 도시였음을 추정할 수 있다. 여기에 별궁과 행궁이 곳곳에 자리하고 즐비한 민가가 있으면서 중국 대륙과 일본열도를 배를 타고 오가는 외교 사절과 상인이며 각지에서 구경 온 지방인이 북적대는 한반도 최대의 도시라는 것도 상상할 수 있다.

그런데 한산이나 한성처럼 도성으로 조성된 유적은 보다 선진적 문명이 이룩되었던 중국의 제도와 어느 정도 관련을 가질 수 있다. 예컨대 한산이나 한성에 사용된 한(漢)이란 명칭은 중국의 왕조였던 한나라의 이름과도 같은 것으로 그러한 관련성을 암시할지도 모른다. 즉 한(漢)은 진(秦)을 대신한 왕조로 처음에는 장안(長安)을 도읍으로 삼았고, 후한(後漢) 때에 이르러 낙양(洛陽)을 도읍한 왕조이다. 그런데 한의 도읍이었던 장안은 서북 방향에 강이 흐르고 왕궁이 남쪽에 있으면서 시장이 서북쪽에 건설되어 있었다. 궁궐의 정문도 북쪽으로 있었고, 도성 안에 관리와 민간인들이 뒤섞여 살았다고도 한다. 후한 때에는 강의 북쪽에 있으면서 궁전이 중앙보다 북쪽으로 치우친 것으로 변화되었다. 그런데 이러한 구조는 백제 초기 위례성과 한성의 입지 조건에서도 비슷한 것이 아닌가 추정될 수 있기 때문이다.

사실, 백제에의 한(漢)의 문화적 영향은 직접적으로 대동강 유역에 있었던 낙랑군(樂浪郡)에 이어진 다음 백제는 보다 독자성을 가진 상태에서 일부 선진문물을 수입하였을 것이다. 낙랑군의 치소(治所)는 대동강 남쪽 기슭의 구릉지에 만들어진 불규칙한 모양의 토성이며, 주변에 많은 고분(古墳)들이 분포되어 있다. 북쪽으로 대동강에 닿은 곳에 구두진(狗頭津)이란 나루가 있다. 이러한 구조는 중국 본토 지역의 것과는 어느 정도 형태에서 차이가 나지만, 한반도 지역에 처음으로 판축(版築)이라는 축성 기술이 도입되었던 점은 주목된다.

판축이란 성벽을 흙으로 만드는 기법이다. 일정한 너비와 길이 단위로 기둥을 세우고, 기둥과 기둥 사이에 안팎으로 판자를 끼운 다음, 흙을 얇게 펴서 넣은 뒤에, 나무 막대나 절구 공이 모양의 도구로 다지는 작업을 반복하는 것이다. 이처럼 다지면 굵은 모래알과 진흙이 다져지면서 작은 틈새도 메워져 물이 스며들지 않도록 굳어지며, 나무뿌리조차 들어가지 않는다. 이러한 기술이 적용된 성터가 지금까지는 서울의 한강 이남에서 몽촌토성과 풍납동 토성에서 확인되었다. 따라서 백제의 한성은 오늘날의 강남 풍납동과 몽촌토성을 중심으로 한 일대였

그림31 성곽축조법인 판축법의 예

그림32 풍납토성의 현황도　　　　　　　　몽촌토성의 현황도

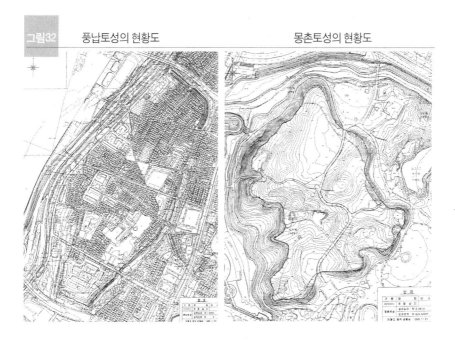

다고 추정한다.

　최근의 고고학적 조사 결과 서울 강남의 몽촌토성과 풍납동 토성은 백제의 왕도로서 손색이 없는 것으로 판명되었다. 가장 큰 규모인 풍납동 토성은 거대한 판축 성벽과 그 외곽에 물이 돌아가는 해자(垓子:성밖에 판 넓고 깊은 도랑)로 구성되었으며, 해자는 방어력을 높이기 위한 시설이다. 성벽은 둘레가 3,500m 이상이며, 내부 면적이 20만평이 넘는다.

　풍납토성의 성벽은 중심부에 너비 7m, 높이 5m의 규모로 판축하여 중심 성벽을 가운데 두고, 다시 안팎으로 덧대어 축조되었으며, 그 결과 성벽의 전체 규모는 너비 43m, 높이 11m가 넘는 것으로 확인된다. 물에 침식되지 않도록 호성파(護城坡 : 성벽 보호를 위해 아래쪽 내외에 덧대어 쌓는 벽)를 마련하고 그 위에 냇돌을 깔기도 하였다. 성 안쪽에서는 많은 주거 흔적과 도랑이 발견되었으며, 백제 특유의 세발달린 토기, 그릇을 올려놓기 위한 받침, 시루나 항아리 등의 각종 그릇, 삽날과 칼 등의 쇠연모, 가락바퀴 등의 실과 의복을 만드는 도구, 그물추와 같이 고기잡이 도구, 금속제품을 만들기 위한 거푸집 등의 생활 관련 유물뿐만 아니라 기와와 벽돌, 중국과의 무역을 알려주는 유물들, 건축물의 장식으로 사용된 흙으로 만든 주춧돌 모양의 것, 문자 생활을 알려주는 유물 등이 나왔다. 이 지역은 이미 선사시기부터 사람이 살던 곳으로 반달돌칼과 초기 철기시대의 유물도 다량으로 나오고 있어서 일찍부터 거주자가 있었음을 알 수 있다.

　한편, 몽촌토성은 풍납토성이 평지에 자리하고 있는 것과는 달리 약간의 구릉성 산지에 있는 것으로 서울올림픽을 위한 준비 과정에서 조사된 것이다. 조사 결과 몽촌토성의 백제초기의 목책 흔적이 확인될 뿐만 아니라 이후에 만들어진 토성의 흔적이 정확하게 남아 있다. 이 몽촌토성도 남아 있는 형상으로 보아 백제의 왕도(王都)에 시설된 중요 거점으로 추정한다. 특히 이들 두 토성의 서남쪽으로 석촌동 고분군이 있으며, 석촌동 고분군에는 돌로 층단을 이루어 축조한 기단식 적석총이란 커다란 고분뿐만 아니라 나무로 관을 만들어 묻은 소위 토광묘와 같은 무덤들이 떼를 이루고 있다. 이들 무덤은 한성도읍시기의 왕릉과 귀족들의 무덤 구역이었을 것으로 보며, 따라서 풍납토성이나 몽촌토성과 함께 도성내의 중요시설로 추정하는 것이다.

　다만, 위례성과 한성, 한산이 백제의 도성으로 사용된 시기는 기록으로 보면, 서기전 18년에서 시작되어 서기 475년까지 493년이라는 장구한 시간이다. 이 기간은 전체 백제 역사의 70%가 넘는 긴 기간으로, 거주기간만큼 규모 있는 시설이 마련되었을 것으로 추정되나 세월이 오래되고, 기록이 적기 때문에 확실한 양상을 알기가 어렵다. 계속되는 고고학적 조사를 통하여 차츰 보다 더 많은 사실들이 앞으로 밝혀지게 될 것이다.

- 도성의 의미를 생각하고 백제 도성의 변천상을 추적하여 보자
- 성곽은 축조재료, 입지조건에 따라 유형을 구분한다. 각 유형을 들어보고 그 특징을 정리하자
- 토성의 축조에는 판축기법이 사용된다. 판축기법의 세부 내용을 생각하기
- 천안 백석동 토성을 예로 백제 산성중에 토성의 특징을 생각하기

2) 주거문화

인간의 삶의 요소로 의, 식, 주를 꼽고 있으며, 이중에서 주거문화는 인류가 생산경제로 진입하면서 급격한 발전을 이룩한다. 주거지는 생활공간으로 사회상의 단면을 적나라하게 반영하는 유적이다. 한반도에서 주거문화는 선사시대 이래 고대까지 수혈주거지가 널리 사용되었다는 특징이 있다. 물론 주거지는 자연환경과 밀접한 관련이 있어 지역에 따른 차이가 있고, 나아가 시대의 진전에 따른 변화도 나타난다.

백제의 주거문화는 기본적으로 수혈주거지가 기본을 이루고 있다. 그러나 이들은 지역에 따른 형태 차이가 있다. 더불어 시간이 지남에 따라 수혈주거지가 지상주거지로 변화되는 양상도 나타난다. 여기에서는 생활유적으로서 주거지가 가지는 중요성을 살피면서, 백제의 주거지 형태와 부대시설이 어떠한지를 검토하고, 그에 따른 백제의 생활문화 단면을 이해하고자 한다.

(1) 생활유적으로서 주거지(집자리)

인간의 삶의 기본조건은 의식주이다. 때문에 물적 자료로 과거 사람들 삶의 모습을 추적하는 고고학은 인간 삶의 전제인 의식주 흔적이 파악될 경우 그들이 어떻게 살았는가를 어렵지 않게 살필 수 있다. 그중에서도 주거문화는 개인과 가족, 나아가 사회집단이 어떻게 구성되고 변화되는가를 알 수 있는 것이다. 인간 삶의 기본은 식생활 이외에 주생활은 필수적인 것이고, 따라서 과거 인류문화의

변천을 살피는데 중요한 지표자료로 활용되기도 한다.

사실, 주거지는 인간의 삶의 터전으로서 그들의 생활방식, 가족구성, 사회적 계층관계 등을 엿볼 수 있는 자료이다. 비록 주거지는 무덤처럼 화려한 유물이 출토되는 경우가 극히 드물지만 무덤의 부장품이 기본적으로 죽은 자를 위해 저승세계에서 사용할 물건이란 점을 감안하면 주거지와 관련된 유물은 현실생활에 사용하던 물건이 대부분이다. 따라서 실생활에 이용되던 주거지는 물론 화려하지 않더라도 주거지에서 출토되는 유물은 실제생활에 활용되던 것들이기에 이들의 중요성은 결코 무덤의 부장품에 못지않다.

그런데 주거문화는 인류의 문명발전과 더불어 다양한 변화를 거듭하고, 환경에 따라 지역간, 시기에 따라 커다란 차이가 있다. 원시 및 고대인의 주거방식은 다양한 형태를 갖추어서 동굴을 파거나 자연동굴을 이용하는 혈거(穴居)방식, 나무 위에서 생활하는 수상주거(樹上住居) 등이 존재한다. 그러나 가장 일반적인 주거형태는 토지를 기반으로 하는 것이다. 그리고 주거지의 형태도 나무와 풀을 이용하여 지상에 간단한 움막을 치는 주거지도 존재하였겠지만 이러한 구조는 오랜 기간이 지나면서 그 흔적을 남기지 못한다. 나아가 이러한 형태는 안정적이지 못하여 장기간 주거에는 부적합하였을 것이다. 따라서 대부분의 원시~고대 주거는 땅을 파고 지하에 생활면을 마련한 움집(수혈주거)의 형태를 취하였다. 움집은 신석기시대 이후 청동기시대를 거치면서 수천 년간 진화하여 왔으며 고대 사회에 이르면 마침내 어둡고 습한 지하를 벗어나 지상에 생활면을 마련하는 지상식 주거가 출현하게 된다.

우리나라의 경우 지하에서 지상으로 생활면이 바뀐 시점은 삼국시대이다. 삼국시대에 들어서면 일부 지배층의 가옥은 일반민의 수혈 주거와는 달리 지상에 생활면을 두는 구조로 바뀌게 된다. 하지만 대부분의 일반 가옥은 여전히 수혈주거의 형태를 띠고 있기도 하다. 심지어 고려와 조선시대에도 여전히 수혈주거가 사용되기도 한다. 사회의 최 하층민들의 주거, 그리고 부모님의 무덤 옆에서 시묘살이 하는 경우에 이러한 수혈주거가 이용되었을 것이다.

주거지는 생활유적으로 사람들의 삶의 내용을 밝히는데 종합적 정보를 포함하고 있다. 따라서 이 주거지의 조사는 다양한 의미가 있는 것으로 평가될 수 있다. 우선 주거지는 당시의 건축문화를 이해하는데 필요한 기초 자료를 제공할 뿐만 아니라 내부에 취사의 흔적이 남아 있을 경우 음식문화의 복원에 필요한 중요

그림33 선사시대의 집자리들

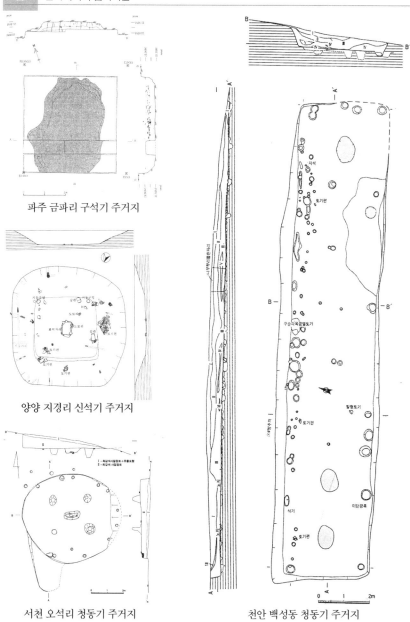

파주 금파리 구석기 주거지

양양 지경리 신석기 주거지

서천 오석리 청동기 주거지

천안 백성동 청동기 주거지

한 정보를 제공받을 수 있다. 예컨대 신석기시대의 주거지에서는 화덕이 발견되지만 취사는 대부분이 야외에서 함께 하였던 것으로 추정한다. 그런데 이후에 단순한 화덕이 아닌 본격적인 부뚜막이 설치되는 시기에 이르면 이제는 마을단위가 아닌 주거단위로 조리가 이루어졌음을 알 수 있음이 그것이다. 여기에 부뚜막을 이용한 조리는 필연적으로 조리용기의 변화를 가져온다. 둥근 밑의 장란형 토기와 시루, 심발형 토기, 손잡이가 달린 귀때 토기 등의 출연이 그것이다. 이외에도 부뚜막에는 간혹 음식물 흔적이 남아 있을 수 있고, 이는 당시의 음식물 종류를 알 수 있는 절호의 기회를 갖게 된다.

또한 주거지 자료는 당시 사회구조에 대한 정보를 제공한다. 주거지 규모는 그 안에 살던 사람의 숫자와 비례하기 때문에 한 사람이 점유하는 면적을 알게 되면 주거지의 거주 인원수를 추정할 수 있다. 1인당 점유면적의 평균치에 대해서는 3m²라는 견해와 5m²라는 견해가 있다. 주거내부의 면적이 공유시설 등의 존재를 고려하여야 하겠지만 청동기시대 전기의 세장한 대형 주거지는 길이가 20m를 넘는 예가 많다. 그리고 이들은 내부 주거 인원수가 10명을 훨씬 넘기는 수도 있다. 그러나 백제시대에 이르면 주거지의 규모는 현저하게 감소하기 때문에 그동안에 사회구조에 어떤 변화가 있었음도 알게 한다.

주거지의 폐기 원인은 여러 가지가 있지만 가장 극적인 경우는 화재이다. 화재라는 긴박한 상황에서 사용하던 물품을 고스란히 두고 몸만 빠져 나올 경우 발굴조사로 얻는 정보의 양은 매우 많아진다. 나아가 화재로 인해 주거인원 전원이 주거지 내부에서 사망하여 인골상태로 남아 있을 경우 가족 구성의 세부적인 측면까지 보여줄 수 있다. 그리고 화재가 실화가 아닌 방화, 나아가 외적의 침략에 의한 것으로 판명될 경우 당시 사회가 어느 정도의 군사적 긴장관계에 놓여있었는지를 보여준다. 여기에 동일한 취락 내에서 주거지의 분포양상과 규모, 내부 유물 등에서 균등한 양상을 보이지 않고 격차를 보일 경우 이는 곧 취락 내부의 계층차이를 반영한 것일 가능성이 높다. 이러한 점에 착안하여 취락과 주거지를 분석할 경우에는 당시 사회 내부의 계층구조를 파악할 수도 있다.

(2) 백제 주거지 개관

백제지역에서 주거지 조사 예가 많은 편은 아니다. 따라서 아직 백제의 주거지에 대한 전체적인 양상의 파악은 제대로 이루어지지 못하고 있다. 특히 백제란 고대국가는 한강유역에 자리한 이후 점진적으로 영역을 확장하였고, 특히 도읍이 서울에서 공주, 그리고 사비로 이동하면서 정치와 문화의 중심도 함께 이동하였다. 그러면서 이들은 시간차이를 두고 도성으로 발전하였기에 백제 주거문화의 종합적 양상을 파악하기 어렵게 한다. 예컨대 공주나 부여지방은 엄연히 백제의 도성 중의 하나이지만 서울에 도성을 두고 있던 한성기의 이른 시기에 이들은 아직 백제의 영역으로 편입되지 않은 상태였다. 따라서 엄밀한 의미에서 이 지역의 백제유적이란 이곳이 백제의 영역으로 편입된 이후의 것만 해당하는 셈이다.

『삼국사기』에 의하면 백제의 역사가 시작된 시점을 기원전 18년으로 보아야 한다. 그러나 이러한 백제건국의 연대는 문헌기록에 근거한 것이고 고고학적으로 보면 그러한 연대를 그대로 믿을 수는 없다. 현재까지 고고학 조사의 결과와 『삼국지』의 백제 이외의 삼한과 관련된 기록을 참고할 경우 백제는 늦어도 3세기경에 이미 한강 하류 지역, 보다 국지적 형태로 보면 현재의 서울시 송파구 · 강남구 · 강동구와 하남시 일대를 기반으로 마한의 강자로 성장하였음을 알 수 있다. 때문에 이 단계의 백제는 마한의 여러 소국 중의 하나였던 것이고, 『삼국지』에 伯濟國으로 표현되어 있어 나중의 마한을 통합한 고대국가 百濟와는 차원이 다른 상태이다. 이를 토대로 보면 일단 백제의 주거문화는 삼한의 소국단계에 있던 시기의 것과, 이후 고대국가로 발전한 이후의 것으로 구분될 필요는 있다.

백제가 성장한 한반도 중부지방의 원삼국 단계 초기, 즉 고고학 자료로는 중도식 경질무문토기만 출토되고 타날문토기는 없거나 매우 드문 단계이고, 문헌적으로는 삼한의 초기단계에 해당되는 시기의 주거지는 평면 방형 내지 장방형에 출입시설이 부가된 형태의 것들이다. 이러한 주거지는 그동안 呂자형이나 凸자형 주거지로 불리던 것들로서 태백산맥 동쪽과 서쪽이 매우 유사한 발전과정을 거치고 있다. 이어 시대가 진전되면서 중도식 경질무문토기가 여전히 잔존하지만 새로이 타날문토기의 비중이 증대되는 시기가 되면, 영서지방에서는 주거지의 평면형이 오각형, 혹은 육각형으로 변화하는 양상이 현저하게 나타난다. 이러한 특징은 특히 서울지역에서 두드러진 현상으로 나타나는데, 이는 백제의 한성도읍 전반기에 들어와서 특징적인 주거형태를 이루게 된다.

한성 도읍초기의 이러한 주거지 양상은 충청 이남지역과 판이하게 다른 것이다. 예컨대 원삼국시대에 해당되는 천안 장산리 유적의 경우 주거지의 평면은 기본적으로 말각 장방형이며 별도의 출입시설은 확인되지 않는다. 반면 대전 구성

그림34 백제의 집자리들

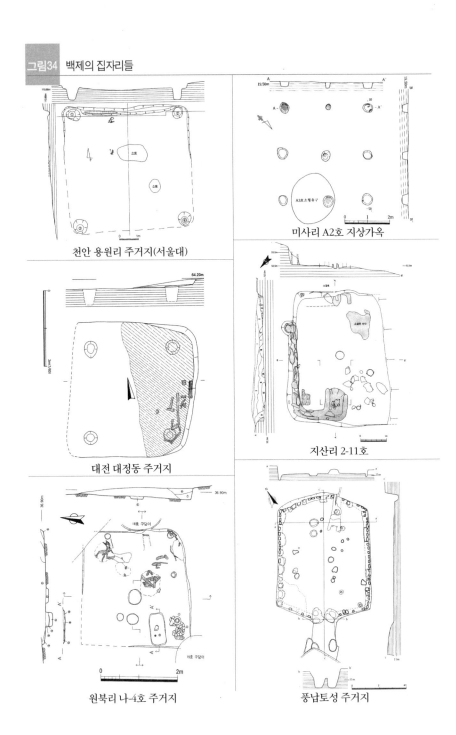

천안 용원리 주거지(서울대)

미사리 A2호 지상가옥

대전 대정동 주거지

지산리 2-11호

원북리 나-4호 주거지

풍납토성 주거지

동 유적에서는 타원형 내지 원형의 평면이 주류를 이루며 논산 원북리의 주거지는 방형과 장방형이 섞여 있고, 대전 대정동과 송촌동 유적은 방형의 평면을 가진 것들이 있다. 이처럼 충청 이남지역의 주거지들은 서로 간에 약간의 차이는 있으나 대개 방형 내지 장방형 평면에, 네 모서리에 기둥을 하나씩 세우는 소위 4주식(네 귀퉁이에 기둥구멍이 있는 것) 주거지가 기본이다. 나아가 이러한 형태의 주거지들은 호남지방에서 평면이 방형으로 통일되는 양상도 나타난다.

물론 백제가 한성에 도읍하던 시기에 한강유역, 즉 백제의 중앙지역에서 주거지의 평면이 방형과 장방형으로 만든 것들이 존재하지만 충청이남 지역처럼 주구라던가 배수구를 갖춘 것처럼 정연한 것들은 보이지 않는다. 이들은 (장)방형과 육각형의 주거지들과 함께 공존하는 경우가 많은데 대체로 후자의 것들이 위상이 높으며, 시간이 흐름에 따라 육각형 주거지의 점유율이 높아진다. 이러한 상황을 고려하면 백제가 한성에 도읍하던 시기의 주거지 주류는 대체로 육각형 주거지였다고 봄에 문제가 없다. 이 평면이 육각형인 주거지는 충청 이남지역에서는 확인되지 않고 있다.

백제가 한성에 도읍하던 시기의 주거지는 대체로 땅을 파서 지하에 거주공간을 만드는 수혈주거지가 중심이었다. 물론 궁궐, 관청, 사원과 같은 특수 건물은 지상건물로 만들지만 일반인의 생활공간은 선사시대 이래 수혈로 조성하는 전통이 유지되었던 것이다. 그런데 백제는 한성도읍 후반 무렵부터 일반인의 생활공간도 점차적으로 지상가옥 형태로 조성하기 시작한다. 그 대표적 사례가 충남 아산의 갈매리 유적, 청주 오송 유적이다. 갈매리 유적은 하천변의 저지대에 자리한 대규모 취락유적인데, 평탄지를 정지하고, 네 귀퉁이에 기둥구멍을 마련한 다음에 건축한 것으로 기둥은 2열, 혹은 3열의 형태로 있으며, 집의 규모는 크지 않으며, 그러한 형상은 오송 유적도 마찬가지이다. 그리고 도읍을 남쪽으로 옮긴 후인 6세기대 이후의 유적에서 지상가옥의 형태로 조성된 유적이 적지 않게 발견된다. 다만 이러한 지상가옥의 형태가 어느 정도 보편화된 것인지는 아직 분명하지 않다.

(3) 주거지의 내용

백제의 주거지는 앞서 살펴 본 것처럼 수혈로 조성하였고, 위에서 본 평면이 지역에 따라 차이가 있다. 한강유역의 경우 평면 육각형의 형태가 주류를 이루고 있고, 금강유역의 경우는 장방형, 혹은 방형에 4주식의 구조로 만든다. 이들 주거지는 생활의 장으로 활용되기에 내부공간은 벽체라던가 지붕등의 시설이 마련되었음은 물론이다. 그러나 지금까지 백제의 주거지의 잔존형상은 그 흔적만 남았기에 부대시설의 구체적 형상을 알기는 매우 어렵다. 따라서 발굴조사로 확인된 주거지의 흔적에서 추정할 수 있는 화덕이라던가, 출입시설 및 벽체나 지붕의 형상을 복원하고 이를 통해 주거지의 보다 구체적 형상을 복원하여 보겠다.

주거지의 조사에서 보다 분명한 형태로 남아 있는 것은 불땐 흔적인 화덕 혹은 노지라 불리는 것이다. 사실 주거지 내부에서 불을 피울 때는 여러 가지 목적이 있는데, 제일 중요한 이유는 난방일 것이다. 원시·고대의 주민들에게 주거지 내부의 온기는 추운 겨울을 나는데 필수적이었을 것이다. 그 다음은 조명의 기능으로 채광이 좋지 않은 수혈주거에서 어둠을 밝히기 위해서 불이 필요한 경우가 있었을 것이다. 더불어 수혈주거는 땅을 파서 만들었기에 필연적으로 땅에서 올라오는 습기에 취약할 수밖에 없다. 이러한 습기는 장기간 거주할 때 건강에 이상을 가져올 가능성이 크다. 이것을 방지하기 위해 바닥에 짚이나 짐승의 가죽 같은 깔개를 깔았을 것이지만 근본적인 처방은 아니다. 간혹 주거지 조사에서 바닥 면이 단단하게 다져져 있거나 불을 먹은 경우가 확인된다. 이러한 처리도 습기제거에 효과적이었을 것이지만 바닥에 설치된 화덕에서 불을 피우는 것이 보다 효과적인 습기제거 방법이었을 것이다. 각종 해충을 제거하는 데에도 화덕에서 피운 연기가 효과적이었을 것이다. 이렇듯 화덕은 다양한 용도로 사용되는 만큼 주거지에서 필수적인 시설이었다.

한편 주거지내의 화덕은 앞서 본 것처럼 다양한 기능이 있었을 것인데, 삶의 전제인 식생활을 위해 조리에도 활용되었을 것이다. 물론 화덕이 처음부터 조리만을 목적으로 한 것이 아니다. 주거지의 화덕시설이 만들어진 것이 신석기시대이며, 따라서 신석기시대부터 주거지내에서 본격적으로 조리를 하였다고는 보기 어렵다. 당시의 경제 형태를 미루어볼 때 각 주거 단위로 취사를 하였다기보다는 마을 전체가 공동취사를 하였을 가능성이 매우 높기 때문이다. 간혹 신석기시대 수혈 주거의 화덕에서 생선뼈를 비롯한 식량이 나오는 경우가 있지만 본격적인 조리의 흔적은 아니다. 주거지 바깥에서 발견되는 불에 탄 돌무더기와 그 중간 중간에 박혀 있는 토기 편과 숯, 생선뼈로 미루어 주거지 바깥에서 조리가 이루어졌다고 보아야 하기 때문이다.

조리가 주거지 밖에서 실행하는 경향은 청동기시대에도 이어진다. 청동기시대 전기의 길쭉한 주거지(세장방형 주거지)는 내부에 여러 개의 화덕을 가지고 있지만, 대개 바닥을 얕게 판 정도에 불과하여 별다른 시설을 갖추지 못하였기에 본격적으로 조리를 하기에 부적합해 보인다. 중기의 이른바 송국리형 주거지에서는 그나마 내부의 화덕이 전혀 발견되지 않는다.

결국, 주거지 내부에서 본격적인 조리가 이루어진 것을 보여주는 자료는 주거지 내의 벽에 붙은 부뚜막의 출현에서 비롯된다. 주거지 내에 부뚜막은 터널형 노지, 혹은 화덕이라고도 부르기도 하며, 점토나 돌, 혹은 두 가지를 섞어 만들기도 하고, 경우에 따라서는 벽돌이나 기와 등을 섞어서 터널 모양의 불길을 만든 것이다. 부뚜막 시설에서는 물을 끓이는데 필요한 장란형 토기, 토기 위에 다시 올려놓는 시루나 귀때토기, 개인용 식기로 여겨지는 심발형 토기 등 조리용 토기가 부뚜막의 주위에서 발견되는 경우가 많아 본격적 조리시설로 볼 수 있다. 부뚜막의 내부에는 밑이 둥근 장란형 토기를 걸치거나 균형을 잡기 위해 돌이나 토기를 뒤집어 놓은 지각이란 것이 발견되는 경우가 대부분이다. 지각은 하나인 경우가 많지만 포천 자작리 2호 주거지처럼 화덕이 길어질 때에는 지각도 여러 개가 설치된다. 부뚜막은 벽으로 이어지면서 자연스럽게 굴뚝으로 연결된다.

백제지역에서 확인되는 화덕의 종류는 다양한 편이다. 최근 발굴 조사된 화성 발안리 유적의 경우 외곽에 점토 띠를 일부 돌리고 그 안을 약간 판 것(점토띠식), 판석 2~3매를 깐 것(판석식), 안쪽 끝에 판석 1장을 세워 불막이를 한 것(불막이식), 별다른 시설없이 불탄 범위만 확인되는 것 등이 있다. 발안리 유적의 경우 화덕과 부뚜막의 관계를 본다면 화덕만 있는 경우, 화덕과 일자형 부뚜막이 있는 경우, 화덕과 L자형 온돌시설이 있는 경우, 온돌시설만 있는 경우로 나뉜다. 부뚜막이 발달하여 난방기능이 강화된 온돌로 바뀌면서 화덕은 자연스럽게 중요도가 적어진다.

고대인들은 부엌에 신이 있다고 믿었는데 부엌은 부뚜막으로 상징된다. 삼한사회의 생활상을 묘사한 중국의 역사책『삼국지』를 보면 당시 부뚜막에 대한 신앙이 있었음을 알려준다. 이런 이유인지 백제 주거지에서는 부뚜막에 특별한 신경을 쓴 경우가 종종 발견된다. 풍납토성 경당지구의 주거지에서는 당시로는 매우 귀한 기와를 이용하여 부뚜막을 만든 경우가 확인되며 발안리에서는 역시 매우 진귀한 벽돌을 이용해 부뚜막을 만든 경우가 있다.

다음은 출입시설이다. 모든 수혈 주거는 땅을 파서 지하에 생활공간을 조성

그림35 백제 집자리의 시설들

한 것이기에 나름의 출입시설이 필요하다. 그러나 사다리를 놓고 오르내릴 경우 흔적이 남아 있지 않아 확인이 어려운 경우도 있다. 또한 대부분의 주거지는 오랜 시간이 지나면서 표면이 상당정도 깎여 나갔기 때문에 처음 집을 만들 때의 표면 이 남아 있는 경우가 드물다. 따라서 들어가는 출입시설이 본래 있었다 하더라도 그 흔적이 남아 있는 경우가 적다. 때문에 출입시설이 확인되지 않는 주거지가 많 다. 특히 경사가 심한 지형에 주거지가 만들어질 경우 아래쪽의 벽면이나 바닥 면 이 유실되는 경우가 많기 때문에 더욱 그러하다.

　　그런데 백제가 고대국가로 성장해 가던 한반도 중부 지방, 즉 한강유역에서 는 주거지에 출입시설을 분명하게 만든 것들이 많다. 물론 이 지역에서 출입시설 이 많이 확인되는 것은 유적의 보존이 양호한데서 원인을 찾을 수도 있겠지만 오 히려 처음부터 출입시설을 분명하게 만들었음을 반영하는 것으로 보아야 한다. 이는 다른 지역과 비교할 경우 그 실정이 분명한 차이를 보이기 때문이다. 즉 충 청 이남에서 발견되는 장방형, 혹은 방형계통의 주거지에서는 출입시설이 확인되는 경우가 드물기 때문이다. 다만 천안 용원리 유적에서는 출입시설이 붙은 방형주거지가 확인되어 이채롭다. 여기에서 조사된 주거지는 총 94기로서 그 중 4주식이 82기, 기둥이 확인되지 않은 무주식이 12기인데 4주식 중 7기에서 출입시설이 확인되었다. 다만 전체 비중을 고려한다면 역시 출입시설이 딸린 주거지의 비중은 높지 않다.

반면 한강유역을 비롯한 중부지방에서는 백제의 초반시기부터 출입시설이 부가된다. 주 생활공간인 방형 평면의 한 변에 작은 방형의 평면이 부가될 경우 凸자형, 2개의 방형 평면이 통로로 연결될 경우 呂자형이나 몸자형으로 불린 주거지 중에는 육각형 주거지의 범주에 포함되어야 할 사례가 많은데 이들에는 대부분 출입시설이 마련되기 때문이다.

이외에 벽체와 지붕구조에 대해서 보겠다. 벽체의 경우 우선 한강 유역에.많이 남아 있는 육각형 주거지는 벽면을 따라 기둥을 촘촘히 배치하는 특징이 있다. 반면에 충청이남지역의 수혈 주거지가 4개의 기둥만 배치하고 있어 앞의 것과는 큰 차이를 보인다. 아마도 기둥의 수와 배치의 차이는 필연적으로 지붕의 형태를 다르게 하였을 것인데, 자료의 부족으로 구체적 형상의 복원은 어려운 실정이다. 벽체의 경우 수직으로 세운 기둥의 사이는 수평으로 가로 지른 나뭇가지와 진흙, 풀을 섞어 만든 벽채로 채워졌을 것이다. 이는 서울의 풍납토성내에서 조사된 경당지구에서 불탄 상태로 엄청나게 많은 양의 벽재가 발견되었다. 이들은 대부분 진흙에 갈대와 같이 줄기가 있는 초본류(草本類)를 섞어서 만든 것들이다. 이처럼 빽빽한 기둥 덕분에 벽이 튼튼해지면서 벽 자체로 지붕의 하중을 견딜 수 있게 되며 이 가옥은 수혈주거에서 대벽 건물로 전환하게 된다. 생활면이 지면으로 올라오고 평면 방형의 도랑을 판 후 여기에 기둥을 박게 되면 대벽건물도 되는 것이다. 이런 점에서 대벽건물의 발생지가 백제였던 사실은 자연스럽게 이해된다.

한편, 충청이남 지방에서는 수혈의 벽면을 따라 도랑이 돌아가는 점도 특징적인 것이다. 이 도랑을 벽구라 하는데 벽체와 관련된 부분도 있겠으나 주된 기능은 배수이다. 이 지역의 주거지는 벽구(壁溝)에 모인 물이 배수구로 빠져 나가게 설계된 경우가 많은데 해남 신금유적의 경우처럼 배수구의 물이 아래쪽의 주구에 흘러들도록 고안된 경우도 있다.

마지막으로 지붕구조이다. 본디, 수혈주거의 지붕구조를 정확하게 밝히기는 어렵다. 다만 목재로 기본 골격을 세운 후에, 흙을 덮은 다음에 그 위에 띠풀 등의 초본류를 올렸을 것으로 본다. 나아가 백제의 주거지중 일반가옥의 대부분은 이러한 초본류의 사용이 보편적이었을 것이다. 그런데 백제의 가옥은 상당히 이른 시기부터 기와를 사용한 것으로 전한다. 일찍부터 기와를 사용한 점은 신라나 가야와 비교할 경우 결정적인 차이를 드러내는 것으로 백제의 문명발전정도가 매우 빠르다는 것을 보여준다. 백제에서 기와의 사용은 풍납토성 경당지구의 조사예를 참고할 때 대략 3세기 중~후반경부터 시작되었다고 짐작된다. 그런데 지붕 전체에 기와를 올리는 방식은 아니었다. 지붕 전체에 기와를 올리게 되면 그 무게는 수백㎏을 넘게 되는데 이럴 경우 당시의 가옥구조로는 도저히 그 무게를 감당할 수 없게 된다. 게다가 당시에 기와는 매우 진귀한 물건이었다. 기와를 소유할 수 있는 계층은 한정적이었으며 설사 소유한다고 하더라도 그 양은 그리 많지 않았을 것이다. 이런 까닭에 가옥의 극히 일부분에만 기와를 올려서 이 가옥의 주인이 보통 인물이 아니었음을 과시하였을 것이다. 중국의 경우도 이러한 양상은 동일하였다.

현재 한성 백제의 가옥에서 기와를 사용한 경우는 풍납 토성과 몽촌 토성등의 백제 중앙, 그리고 지방에서 극히 한정된 지역에서 확인된다. 포천 자작리, 화성 길성리, 용인 수지 등 거점적 취락에 한정되며 그 안에서도 대개의 경우는 가장 중심적인 인물이 거주하던 가옥에 국한되었을 것이다. 충청이남 지역에서는 한성기에 기와를 사용한 가옥은 전혀 확인되지 않고 있다. 이 점에서도 백제 중앙과 지방의 차이를 볼 수 있다. 중앙이라 하더라도 일반 가옥은 이엉을 엮거나 널빤지를 올리는 정도였을 것이다.

· 생활유적지로서의 주거지의 중요성을 생각하기
· 선사시대의 주거문화와 고대 백제의 주거문화를 비교 검토하기
· 백제 주거지의 유형을 생각하고 각 유형별 특징을 정리하기
· 주거지 유적의 내용을 통해서 고대인의 생활상을 생각하기

3) 토기문화

토기는 인간의 생활용기로 매우 중요한 부분을 차지한다. 신석기문화의 시작

도 토기의 발생에서 비롯되는데 특히 생산경제로 진입하면서 저장용기, 조리용 기로서 활용된다. 토기는 인류문화의 발전과 맥을 함께 하는 것이다. 우리나라 토기도 신석기시대 이래 꾸준한 발전을 거듭, 고려시대에 이르면 중국에 이어 세계 유일의 자기생산까지 도달한다.

백제토기는 마한문화를 바탕으로 발전하지만 백제 특유의 토기문화도 존재한다. 백제토기는 적갈색 연질토기, 회색 연질토기, 그리고 회청색 경질토기로 구분되고, 이들은 시간이 지남에 따라 토기 제작기술의 발전상을 반영하고 있다. 더불어 생활용기로서 토기는 그 기능에 따라 제작기술에 차이가 있고, 기종도 토기 수요의 증대에 따라 다양하게 증가하는 특징이 있다. 백제토기의 변천과정, 그리고 그 종류 등을 이해함으로써 보편적 백제문화의 실상을 살피고자 한다.

(1) 인간과 토기

인간의 일상적인 삶에서 가장 중시되는 것이 식생활이다. 때문에 인간은 초기에는 식생활에 필요한 양식을 채취하여 해결하다가 점차 생산단계에 이르면서 이를 보관하고 나아가 필요할 때마다 조리하여 식생활 문제를 해결하였다. 이처럼 식량은 인간 생존의 필수품이기에 생산만이 아니라 이를 보관하고 조리하는 데 사용되는 도구가 필요하였다. 이러한 인간의 식생활과 직접 관련되어 있는 고고학적인 자료가 토기이고, 따라서 토기는 인간의 역사와 더불어 발전하여 왔다.

토기는 넓은 의미에서 보면, 점토광물에 물을 가하여 가소성(可塑性) 즉, 빚음성이 있는 물질로 변환하고 인간이 필요로 하는 형태로 만든 다음 여기에 불을 가하여 그 모양을 고정시킨 일종의 신소재(新素材)인 요업제품(窯業製品)이다. 이러한 요업제품을 흔히 세라믹스(Ceramics)라 하는데 이 소재의 유용성 및 개발 가능성은 매우 커서 현대의 첨단공학의 한 분야이기도 하다. 물론 요업으로서 토기가 처음 생산되었는가는 정확하게 말하기 어렵지만 지금으로부터 약 27,000년 전인 후기 구석기단계에 이미 조소상(彫塑像)의 형태가 체코의 파블로프유적에서 확인된 바 있어 매우 이른 시기부터 요업이 이루어졌음을 알 수 있다.

요업에서 그릇의 형태, 즉 토기가 만들어진 것은 이보다 약 2만여 년이 경과한 신석기시대(新石器時代)에 이르러서이다. 그런데 고고학적으로 신석기시대는 식량생산이 이루어진 시대로 정의된다. 다시 말하면, 사람들은 자신들의 식생활에 필요한 식량을 종전처럼 사냥이나 채집 등과 같은 자연적 방법에 의존하지 않고 목축이나 농경 등처럼 인위적 방법에 의해 획득하기 시작한다. 이는 자연을 변형시키거나 또는 자연에의 적극적인 간섭을 통해서 식량을 획득하는 것이다. 식량생산이 이루어진 것은 인구의 증가로 말미암아 식량부족을 해결하기 위한 새로운 방법의 선택으로 보는 것인데, 토기는 이처럼 식량의 생산과 더불어 본격적으로 제작 사용된 것이다.

식량생산은 농업, 목축 등에 의존할 수밖에 없고, 이는 자연환경, 특히 기후와 밀접한 관련을 맺을 수밖에 없다. 따라서 식량의 생산은 계절적 요인에 의존하게 되고, 장기간의 재배가 이루어지고, 일정시기에 수확이란 환경이 나타날 수밖에 없는데, 이에 소비는 항구적으로 이루어질 수밖에 없는 환경으로 자연스럽게 식량의 저장이란 문제가 대두된다. 즉 생산된 식량의 원활한 운용을 위해서는 생산물의 저장이 매우 중요한 문제로 대두된 것이다. 식량생산의 주기적 환경은 식량자원의 계절적 불균형을 초래할 수밖에 없고 이를 대비하기 위해서는 생산물의 즉시적 소비가 아닌 일정한 저장이 필수문제로 대두된 것이다. 이러한 식량생산이란 경제 환경의 대두와 함께 토기가 등장하고 있는 것은 처음 토기의 기능이 무엇인가를 암시하는 것으로 볼 수도 있다. 우선 토기가 처음 등장하게 된 배경은 토기의 용도가 식품저장에 있었을 가능성이 높다는 것을 암시하는 것이다. 그리고 인류역사상 맨 먼저 식량생산 경제가 나타난 근동(近東)지방에서 기원전 7,000년 무렵 최초로 토기가 출현하고 있는데 이란의 간즈다레 유적에서 나온 토기의 크기가 높이 80cm에 이르는 대형으로 확인되고 있는 점은 토기가 저장이란 기능에 초점이 맞추어져 있음을 시사하는 것이기도 하다.

그런데 우리나라에서 처음으로 토기가 등장한 것은 기원전 5,000년 무렵으로 본다. 그런데 우리나라의 이시기는 신석기시대임에도 불구하고 생업 경제가 생산이 아닌 채집경제에 머물러 있었다. 이는 근동지방이나 가까운 중국의 중원지방 등이 생산경제의 단계에 이른 것과는 사뭇 차이가 있음에도 토기가 등장한 것이다. 물론 이러한 환경은 비단 한반도만이 아니라 바다건너 일본열도에서도 마찬가지이다. 오히려 일본 열도에서는 생업경제가 아직 생산경제가 아닌 채집경제에 머물러 있던 기원전 1만년 전경에 이미 토기가 제작되고 있어 한반도는 물론 근동지역보다도 훨씬 이른 시기에 토기가 제작되었음을 보여준다. 이는 결국 토기의 등장이 식량생산과 직접적으로 연관되지 않는다는 것을 보여주는 것이기도 하다. 다만 일본에서 토기가 그처럼 일찍 출현한 것에 대한 의문이 적지 않게 제기되고 있지만 아무튼 토기의 출현이 반드시 식량생산과 연관되지 않는다는 것을 단적으로 보여주는 것임은 물론이다.

이와 관련하여 근동지방의 경우 무(無)토기 신석기시대(Pre-pottery Neolithic)' 라는 단계가 있는데. 이 시기는 원시적이지만 식량생산이 이루어지나 토기는 아직 등장하지 않은 시기가 있음을 보여주며, 근동지방에서도 토기 등장은 식량생산이란 문제에 직접 연관되지 않았음을 단적으로 보여주는 것이다. 즉 토기의 등장은 식량의 생산이란 요인보다는 오히려 저장이란 목적과 밀접한 관련을 가지고 있음을 보여 주는 것이다. 물론 이 무토기 신석기시대에는 아직 수렵과 채집 등이 생계에서 차지하는 비중이 상대적으로 높았고, 따라서 식량의 저장이 많지 않았기 때문에 토기가 아직 등장하지 않았을 것으로 추정한다. 다만 생산경제가 아닌 채집경제의 환경에서도 채집자체가 풍부하게 이루어지는 유리한 환경에서는 정주생활(定住生活)과 함께 식량의 저장이 진행되고, 따라서 이러한 환경에서는 토기가 제작 사용되고 있다. 이는 북태평양 연안의 인디언사회의 경우가 그에 해당된다. 이러한 고고학적인 사실들은 토기의 출현이 식량의 저장과 밀접한 관계가 있음을 보여 주는 것으로 이해된다.

토기의 등장은 이처럼 저장용기로서의 필요에 의해서이다. 그러나 토기는 이후 인간의 식생활과 더욱 깊은 관련을 가지면서 발달된다. 즉 조리용기나 배식기 등의 용도로 자리 잡으면서 풍요로운 문화의 한 부분으로 정착된 것이다. 나아가 이러한 토기의 쓰임새는 인류문화의 진보와 더불어 토기자체가 더욱 발달되기

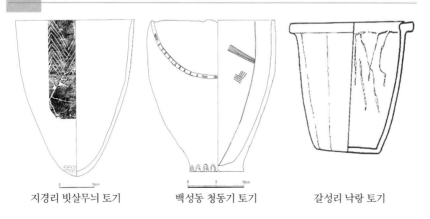

그림36 백제시대 이전과 주변 국가들의 토기들

지경리 빗살무늬 토기　　　　백성동 청동기 토기　　　　갈성리 낙랑 토기

마련이다. 특히 우리의 음식문화 내용의 개선에 따라 토기의 종류나 질 역시 점차 다양화, 고급화의 길을 걷게 된다. 토기의 종류는 생활문화 전반에 필요한 용도에 따라 제작되었고, 질적인 문제도 이후 자기 등으로 변화 발전한 것이 좋은 본보기이다.

이처럼 토기는 인류의 문명발전과 더불어 변화 발전을 거듭한다. 따라서 이 토기의 발달사는 인류문화의 발달과 밀접하게 관련되기에 토기의 변천과정에는 인류생활문화의 변화 발전의 단면이 그대로 반영되어 있다. 여기에 토기자체는 단순한 생활용구로서의 기능을 가졌지만, 인류의 천부적 예술 감성은 생활용구인 토기에도 투영될 수밖에 없고, 따라서 토기에는 각 시대마다의 다양한 치장이 더해져 있어 이의 분석을 통해 그 시대 사람들 간의 상호관계, 사회구조 등을 파악할 수 있는 고고학 및 고대사의 자료는 물론이고 나아가 그들의 아름다움에 대한 집단의식의 변천내용 즉, 미술사(美術史)의 자료로도 쓰일 수 있다. 더구나 인간생활에서 토기의 쓰임이 많은 까닭에 그 양이 많을 뿐만 아니라 그 재질이 오랜 시간의 경과에도 불구하고 썩어 없어지지 않는 무기질(無機質)로 되어 있으므로 고고학 자료의 대부분을 차지하고 있는 중요한 연구 자료가 된다.

(2) 백제토기

백제의 건국은 비록 기원전후의 일이지만 당시의 환경은 마한사회의 구성원이었고, 따라서 문화상의 대부분은 삼한사회의 속성을 가질 수밖에 없었을 것이다. 특히 토기처럼 일상생활용구로 활용되는 물건은 특수한 형태보다는 오히려 보편적 형상을 가질 수밖에 없어 백제토기라 할지라도 삼한사회의 토기와 큰 차이가 없었을 것이다. 이는 건국초기 백제토기가 어떤 것인가의 정의가 그만큼 어렵다는 것을 대변하는 것이다.

백제가 삼한사회의 여러 소국과 차별화되고, 고대국가 단계에 진입한 시기를 대체로 기원후 3세기 중후반 무렵으로 보고 이 즈음에는 고대국가를 상징하는 대형 무덤이라던가 혹은 성곽 등이 축조되고 있다. 따라서 여기에서 출토되는 토기들은 백제 토기로 보는데 문제가 없고, 부분적으로 이전의 삼한시대 토기와는 구별되는 것이 등장하기도 한다. 굽다리접시(高杯), 직구단경호(直口短頸壺)라 부르는 것으로서 '짧고 곧은 목에 공모양의 둥근 형태의 몸체를 가진 항아리', 그리고 그와 거의 같은 모양이지만 어깨가 더욱 넓으면서 아래쪽으로 갈수록 그 폭이

그림37 백제의 흑색마연토기들

점차 줄어 든 모양을 한 직구 광견호(直口廣肩壺), 삼족기(三足器)라 부르는 것으로서 3개의 다리가 달려 있는 접시 또는 쟁반 모양의 그릇 등이 그것이다.

이처럼 3세기 이후가 되면 백제지역에서 이전과는 다른 형태의 토기들이 나타나기 시작하며, 이들은 백제의 국가단계 진입시기와 맞물려 등장하기에 일단 전형적 백제토기의 등장으로 보기도 한다. 즉 이들 새롭게 등장한 토기들은 앞선 시기에 한강유역에서 보이던 삼한시대의 토기와는 일단 차별화될 수 있는 것들이고 따라서 이들이 백제토기로 볼 수 있다는 것이다. 다만 새로운 기종의 등장이 백제란 국가단계의 진입과 관련된 것인지, 토기의 발전과정에서 일어날 수 있는 현상인지에 대해서는 정확한 단언이 어렵다. 오히려 백제 토기는 일단 삼한시대의 토기를 기반으로 성립된 것으로 봄이 순리적일 것이다. 생활용구로 폭넓게 사용되는 토기가 국가란 정치체의 성립과 어떤 관련이 있는지의 설명은 어렵다. 오히려 삼한사회를 바탕으로 국가적 성장을 이룩한 백제의 정황을 고려하면 백제토기도 삼한토기의 연장선상에서 이해될 수 있을 것이다. 다만 백제가 고대국가로 명실상부하게 발돋움되는 3세기 후반이후의 토기들로서 백제란 국가체와 밀접한 관련이 있는 것들은 일단 백제토기로서 봄에 문제가 없을 것이다.

백제지역에서 출토되는 토기들은 일단 제작 기술적 측면에서 보면 회색 연질토기, 회청색 경질토기, 그리고 적갈색 연질토기의 3종류로 크게 대별된다. 여기에 흑색 마연토기도 존재하는데, 흑색마연토기의 경우 백제지역에서 보편적으로 사용된 것인가의 의문과 함께 오히려 위세품으로서의 성격이 강하게 나타나는 점, 도읍지보다는 오히려 지방사회에서 많이 출토된다는 특징이 있다. 따라서 이

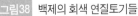

흑색마연토기는 현재의 자료 범위에서는 백제 지역에서 제작된 것인가의 의문과 함께 백제 토기로서는 특수한 것으로 간주된다.

　이 흑색 마연토기는 대체로 무덤에서 출토된 것이 대부분이다. 토기는 입자가 매우 고운 바탕흙을 사용하여 제작한 것인데 토기의 형태를 성형한 다음에 표면을 곱게 다듬고, 다시 가마 속에서 많은 거으름을 내면서 굽는다. 이때 거으름인 탄소가 토기의 표면에 흡수되고 이를 문지르면 검은 광택이 나타난다. 본래 이처럼 토기의 표면에 검은 광택을 내는 흑색마연토기는 한반도에서 기원전 300여 년경 이후인 초기 철기시대에 목이 긴 단지인 장경호가 있었다. 다만 이 초기 철기시대의 흑색마연토기가 수백년이 지난 백제의 흑색마연토기로 계승되었는가의 문제는 아직 확인하기 어렵고, 오히려 백제의 흑색마연토기는 별도의 특수한 것으로 볼 수 있을 것이다. 백제의 흑색마연토기는 대체로 3세기말에서 4세기대에 걸친 유적, 특히 무덤에서 출토된다. 신분이 높은 자의 무덤에 비교적 화려한 유물과 함께 있는 경우가 많다.

회색 연질토기는 토기의 표면 색깔이 회색 혹은 흑회색을 띠는 것으로 구운 온도가 그리 높지 않기에 손톱 등으로 토기의 표면을 그으면 흠집이 나고, 토기 표면의 태토가 묻어날 정도로 낮은 온도에서 구운 토기를 말한다. 물론 이러한 종류의 토기는 환원소성에 의해 제작된 것으로 선사시대이후 전통적 토기제작 방법인 산화소성과는 차이가 있는 것이다. 환원소성이란 토기를 굽는 가마 속을 밀폐시켜 외부와 차단, 외부에서 공기가 유입되지 않게 함으로써 더 이상의 산소공급을 하지 않고, 이로써 토기의 바탕흙 속에 있는 각종 금속산화물로 존재하던 산소가 빠져 나와 연소되고 그 결과 바탕흙이 금속 환원물 형태로 전환되면서 토기를 굽는 것을 말한다.

토기 바탕흙 성분인 점토 속에 여러 가지 금속산화물이 혼재되어 있지만, 그 가운데 토기의 표면색깔을 결정하는 데에 가장 많은 영향을 미치는 것은 철 성분이다. 철은 산화상태에서는 적갈색 또는 갈색을 띠지만 환원되면 흑색, 회색, 흑회색으로 변한다. 때문에 환원소성된 토기는 표면의 색깔이 회색이나 흑회색을 띤다. 회색 연질토기의 제작기술은 중국의 전국시대 철기문화와 함께 들어온 외래 토기 제작기술로 보는데, 이러한 토기의 제작기술이 백제지역인 한강유역에

그림39 백제의 회청색 경질토기들

그림40 백제의 적갈색연질토기들

등장하는 시기는 기원전 후 무렵으로 보고 있다. 회색연질토기의 제작기법으로 만든 토기는 타날문 토기라 부르는데 이러한 토기의 제작기법이 처음 도입되면서 일부의 토기에 적용되었고, 오히려 초기에는 산화소성에 의해 제작되는 종전의 기법이 여전히 사용되다가 점진적으로 확대 사용된 것으로 본다.

회청색 경질토기는 토기를 구운 온도가 적어도 1,000℃ 이상이고, 환원소성과 높은 온도로 말미암아 토기의 표면 색깔이 회청색을 띠는 토기를 말한다. 이 회청색 경질토기는 토기를 가마에 넣고 구울때에 높은 온도로 말미암아 토기의 바탕흙 속의 규소질이 완전히 녹아 응결되어 석기처럼 단단한 토기질이 형성되는 것이다. 이러한 회청색 경질토기는 대체로 4세기 중엽이후부터 본격적으로 만들어지나 초기에는 기술적 미숙으로 말미암아 높은 온도를 견디지 못한 토기들이 일그러진 것들이 많다. 그러다가 4세기말 5세기대에 이르면 백제토기의 대부분은 회청색 경질토기로 제작되고 있어 토기 제작기술 발전의 단면을 엿볼 수 있게 한다.

회색 연질토기와 회청색 경질토기는 토기 제작기술적 측면에서 보면 연속선상에 있는 것이다. 즉 회색 연질토기로 제작되던 토기들은 보다 높은 온도에서 토기를 굽게 됨으로써 회청색 경질토기로 발전된 것이 그것이다. 그런데 백제토기는 적갈색 연질토기로 구분될 수 있는 것들도 많다. 이 적갈색 연질토기는 토기의 구운 온도가 매우 낮고 또한 토기의 표면 색조가 적갈색, 혹은 갈색을 띠는 것인데, 표면의 색조가 적갈색, 갈색으로 남는 것은 환원소성이 아닌 산화소성으로 구 웠기 때문이다.

본래 적갈색 연질토기의 제작기술은 선사시대 이래 이어져온 전통적 방법이다. 앞에서 살핀 것처럼 환원소성의 토기제작 기술이 밀폐된 가마를 사용하는 것과는 달리, 이 적갈색 연질토기의 제작은 산화소성이란 방법 즉 개방된 노천 가마와 같이 토기를 구울 때 외부공기를 지속적으로 유입시키고, 그 결과 토기의 바탕 흙 속의 금속산화물은 그대로 남게 되면서 토기의 표면색이 적갈색 또는 갈색을 띠게 되는 것이다. 신석기시대의 빗살문 토기나 청동기시대 무문토기들, 그리고 삼한시대의 경질무문토기 등이 모두 이 산화소성 방식에 의해 제작된 것들이다.

(3) 백제토기의 발전과 종류

백제토기는 제작기술적 측면에서 보면 적갈색 연질토기, 회색 연질토기, 회

그림41 백제토기의 종류들

청색 경질토기가 있고, 이외에 흑색마연토기란 특수한 형태도 있다. 이중에서 적갈색 연질토기의 경우 산화소성이란 선사시대 이래의 전통적 기술에 바탕을 둔 것으로 환원소성으로 제작하는 회색 연질토기나 회청색 경질토기보다는 원시적 방법의 것이다. 즉 토기 제작기술이 노천요를 사용하면서 비교적 낮은 온도로 토기를 굽던 단계를 지나 폐쇄 가마가 등장하고 보다 높은 온도에서 토기를 제작하는 단계로 접어들고, 폐쇄요의 경우도 온도가 더욱 높아짐에 따라 경질토기란 보다 단단한 토기를 만들게 된 것이다.

그런데 백제토기는 이러한 기술적 발전에도 불구하고 적갈색 연질토기는 비교적 널리 사용된다. 이는 토기의 기능과 관련있는 듯하다. 즉 적갈색 연질토기는 회색 연질토기나 회청색 경질토기에 비해 낮은 온도에서 구웠고, 따라서 제작기술적 측면에서 저급한 단계의 것이다. 그런데 생활용기로 사용되는 토기중에 일부는 지속적으로 가열과 냉각이 반복되면서 사용되어야 하는 솥과 같은 취사용기는 후대에도 여전히 산화소성으로 만들어진다. 이는 취사용기의 경우 환원소성품보다는 산화소성품이 사용에 유리하였기 때문으로 여겨진다. 즉 산화소성 토기에는 바탕흙에 굵은 입자의 거친 모래를 의도적으로 혼입한 예가 많은데, 이것이 바로 가열과 냉각에 따른 열 충격을 완화하는 기능을 하는 것과 관련있는 듯하다.

백제토기의 제작기술은 백제초기인 3세기 후반까지는 적갈색 연질토기와 회색 연질토기가 함께 사용되고, 시간이 지나면서 회색연질토기가 점차 증가하는 현상이다. 앞서 언급된대로 적갈색 연질토기는 선사시대이래의 전통적 기법이 전해진 것으로 여겨지고, 회색 연질토기는 철기문화가 본격적으로 전개되는 기원전후의 무렵부터 본격적으로 제작되고 있다. 즉 철기문화의 확산과 함께 북방의 폐쇄요가 유입되고, 그와 더불어 철기생산에 수반되는 높은 열을 낼 수 있는 기술의 터득은 회색계통의 토기생산으로 이어진 것으로 보인다. 이후 백제토기는 회색 연질토기의 사용이 본격적으로 진행되고, 이어 4세기대에 이르면, 보다 높은 열을 요구하는 회청색 경질토기의 생산단계로 진입하게 된다. 그러나 4세기대의 회청색 경질토기의 생산은 본격적으로 진행되지 못한 것으로 여겨지는데 이즈음의 백제 경질토기는 높은 열을 견디지 못하고 일그러진 채 소성된 것이 많기 때문이다. 그러나 5세기대에 이르면 백제토기는 회청색 경질토기가 주류를 이루고 있어 기술적 미숙성이 극복되었음을 알게 한다.

백제토기로서 회청색 경질토기는 5세기 후반과 6세기 전반기 생산품의 주류를 이룬다. 그러다가 6세기 후반, 나아가 7세기대의 사비 도읍기에 이르면 보다 정형적 형태를 갖춘 소위 규격토기라 불리는 정제된 제품이 생산되기도 한다. 이 규격토기는 표면의 색조가 회색이고, 고화도에서 생산된 것은 아니지만 고대 토기로서는 매우 발전된 것임을 보여주고, 특히 도읍지인 사비지역에서 한정적으로 생산되는 모습도 나타난다.

백제토기의 기종은 시기와 지역에 따라 차이가 있다. 특히 토기의 기종은 시대의 진전에 따라 급격하게 증가하는데 이는 기능에 따라 다양한 토기의 생산과 관련 있다고 보아야 할 것이다. 다만 적갈색 연질토기처럼 특수한 기능을 요구하는 것들은 기종에서도 한정된 모습이다. 즉 백제토기로서 적갈색 연질토기는 심발형 토기로 불리는 사발형태의 기종과, 장란형 토기로 불리는 길쭉한 대형 단지형 토기, 그리고 시루 등이 있다. 이중에서 장란형 토기는 솥의 기능을 가진 것으로 보이고, 따라서 한성기 및 웅진기까지 이 기종이 많이 사용되고 있는데 사비 도읍기에 이르면 철제 솥의 등장과 더불어 점차 소멸된다.

회색 연질토기의 기종은 한성 도읍 초반기의 경우 바닥이 둥글고 아가리가 밖으로 크게 외반된 소위 원저광구장경호가 주류를 이루면서 부수적으로 시루라던가, 광구소호 등의 기종이 있다. 원저광구장경호의 경우 토기의 표면에 격자문이란 문양이 남아 있는 경우가 많은데 이는 토기의 제작과정에서 남겨진 것이다. 특히 이시기의 토기 기종에 나타나는 특징은 토기의 바닥을 모두 둥그렇게 원저로 만든다는 특징이 있다. 그러다가 회청색 경질토기가 등장하면서 백제토기의 기종은 다양성이 크게 나타나면서 토기의 바닥이 수평, 즉 평저를 이루는 특징도 보인다. 이는 토기성형기술의 발전과 관련된 것으로 여겨진다.

생각
하기

• 토기와 인간생활과의 관련성을 생각하기
• 인류문명의 발생과 토기의 출현이 어떤 관계가 있는지를 생각하기
• 백제토기의 발전과정을 토기의 기술적 속성에 따라 구분하여 이해하기
• 백제토기의 기종을 살펴 이해하기

4) 고분문화

무덤은 사유하는 인간만이 가진 가장 독특한 문화이다. 인류의 흔적에 무덤은 반드시 동반되고, 무덤은 신앙과 관련된 것이기에 당대의 문화상을 가장 적나라하게 반영하고 있다. 특히 무덤은 문화에 따른 유형의 차이가 있고, 사회변화에 예민하게 반응하는 속성도 있다.

백제무덤의 경우 종류가 매우 다양할 뿐만 아니라 변화, 변천에 일정한 방향성이 있으면서 국가적, 지역적 특성을 그대로 함축하고 있다. 특히 백제무덤의 종류는 4·5세기 즈음에 가장 다양성을 갖추고 있으면서 지역간, 시간대에 따른 변화도 역동적으로 나타난다. 한성도읍기 백제의 고분문화는 백제묘제의 틀이 갖추어지는 시기로 볼 수 있다. 도읍지와 지방과의 차별속에 백제의 주묘제로 적석총이 사용되다가 횡혈식 석실분으로의 전환이 이루어지고, 지방사회의 석곽묘, 토광묘, 옹관묘, 분구묘 등의 다양한 묘제는 발전과 더불어 나름의 고유 특색을 갖추고 있는 것이 그것이다. 이러한 고분문화는 한성도읍기 백제문화의 다양성을 대변하는 것들이다.

(1) 무덤과 인간

인류가 다른 동물과는 구별되는 것은 생각하는 능력을 가지고 있기 때문이다. 인류만이 가진 이 생각하는 능력은 그들로 하여금 문화를 창조케 하였고, 이를 바탕으로 문명을 형성하게 되었다. 생각하는 능력은 사람으로 하여금 상상의 나래를 펼 수 있게 하였고, 그에 따라 종교적 인식, 즉 죽은 후의 세계에 대한 인식이 형성되었다. 원시상태에서의 인류는 물질문명과 과학수준이 아직은 크게 발전하지 않았기 때문에 자연현상을 체계적으로 이해하기가 어려웠고, 어쩌면 인류생존의 필수조건인 생노병사 마저도 합리적으로 받아들이기도 어려웠을 것이다. 오히려 사유가 가능하였기에 생노병사와 같은 자연의 섭리를 형이상학적 섭리에 의해 이루어진다고 볼 수밖에 없었고, 그러한 차원에서 원시상태의 인류는 영원한 삶에 대한 믿음도 가질 수밖에 없었을 것이다.

이러한 환경에서 인류에게 필연적인 죽음 자체를 삶의 종결이 아니라 새로운 시작으로 보았을 것이고, 따라서 죽음 후에 남겨지는 유체에 대한 관심은 자연스럽게 형성되었을 것이다. 그로써 죽은 시신을 중요시하는 관념이 생겨났고, 그러한 환경은 인류에게 일반적인 현상이었을 것이기에 인류 삶의 흔적에서 가장 보편적인 것으로 이들 주검을 위한 시설이 남겨지게 된 것이다.

주검을 위한 시설을 우리는 무덤이라고 부른다. 이는 한자로 "분묘(墳墓)"라 적을 수 있는데 우리말로 무덤은 한자어에 의해 분묘 혹은 묘지·고분 등의 여러 가지 이름으로 불리기도 한다. 그러나 우리말은 무덤 외에 별다른 용어를 갖지 못하고, 이외의 용어는 한자어에 다름없다. 즉 한자로는 우리의 무덤이란 용어를 다양한 형태로 표현하고 있는데, 이는 동일한 무덤이라도 시기와 지역 그리고 묻힌 자에 따라 다르게 사용하였다는 것을 암시하기도 한다. 특히 우리는 무덤 중에서 오래된 것을 "고분(古墳)"이라 부르는데, 이는 오히려 우리말로 옛 무덤을 말하는 것이지만, 한문에도 없는 새롭게 만든 단어이기도 하다. 다만 여기에서 옛날이란 개념이 다소 모호하지만 고분이란 용어는 오래 전이란 시간을 기점으로 역사성이 부여된 무덤을 말하는 것이다.

무덤은 사람이 죽은 다음에 만드는 것으로 시신을 처리하는 시설이다. 그러나 무덤은 여기에 묻힌 자가 누구인지, 즉 신분 혹은 지위에 따라 형태나 내용을 달리하고 있다. 그리고 어떤 시기에 만든 것인가에 따라 존재 형태에도 차이가 있다. 나아가 일반적으로 무덤이라 부르지만 무덤 자체도 어떻게 생겼는가, 무엇으로 만들었는가에 따라 그 내용이 다양하게 구분된다. 무덤이라 하면 땅을 파고 시신을 묻는 것을 말하지만 인류 문화의 다양성에 짝하여 무덤의 형태도 매우 다양하게 존재한다. 그런데 무덤을 만드는 방법은 문화권에 따라 혹은 시대와 지역에 따라 커다란 차이가 있다. 이는 무덤을 만든 사람들의 문화배경·민족성·생활환경 나아가 자연환경의 차이에 따라 각기 다른 형태의 무덤을 만들기 때문이다. 무덤의 중요성은 규모의 크고 작음이나, 화려함의 정도에 있는 것이 아니다. 무덤은 각각에 형성된 관습과 환경에 따라 서로 다른 형태의 무덤을 만들기에 규모나 내용에 관계없이 그 중요성이 크다. 오히려 무덤은 이를 만든 주체인 인간이 사유동물임을 적나라하게 나타내는 것이고, 그들이 죽음 자체도 예사롭게 넘기지 않음에서 여타의 동물과 차별화될 수 있음을 보여주는 물질자료이다. 한편, 우리는 특정시기 혹은 특정 지역의 무덤을 살핌에 있어 어떤 방식으로 만드는가를 살피고 이를 유형화하는데, 무덤을 만드는 방식을 우리는 묘제라 한다. 즉 묘제란 무덤을 구축하는 방식이라고 정의될 수 있다. 그런데 사후 세계에 대한 인식이 싹트면서 죽은 자를 위한 각종의 의례가 실시되며 인간의 삶에서 반드시 겪게 되는 통과의례 중에서도 상제가 강조되는 것은 인간에게 있어 사후 세계에 대한 인식이 남다르기 때문이다. 우리는 상제와 관련된 행위의 총체를 장제라고 부르기도 하

그림42 백제의 적석총

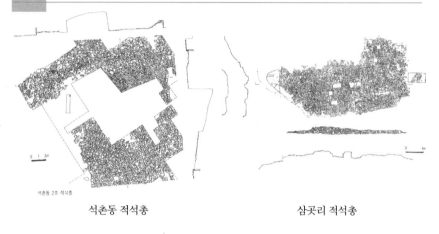

석촌동 적석총　　　　　　　　　　삼곶리 적석총

는데, 묘제는 이 장제의 하위 개념이지만 물적 자료로 남겨지기에 고고학의 중요한 연구대상으로 다루어지고 있다.

　　사람이 사람답게 살 수 있는 것은 문화적 삶을 영위하기 때문이다. 그리고 문화는 사회 준칙의 형태로 관습화되어 자손만대에 걸쳐 계승된다. 특히 정주생활이 이루어지면서 관혼상제와 같은 문화 행위가 중시되었고, 이러한 통과의례는 시간과 공간 및 주체에 따라 차별적으로 존재하기에 해당 사회의 역사를 고찰하기 위한 자료로 활용되는 것이다. 이중에서 묘·장제는 당대의 사회의식이나 관습이 폭넓게 반영되면서 사회 변화와 밀접한 관련을 지니고 있다. 때문에 인류의 과거 모습의 복원은 이 묘제를 통해서 진행함에 그 유용성이 두드러지다.

　　그러한 유용성은 무덤이 지닌 시간과 지역 그리고 사용주체에 따라 다양성을 지닌 것과 관련이 있다. 즉 특정 지역에서도 민족에 따라 혹은 시기에 따라 차별화된 형태로 만든다. 이로써 우리는 무덤의 형태만 보아도 그것의 담당자가 누구인가 그들이 어떤 변천 과정을 겪는가를 알 수 있다. 이로써 무덤은 인류사의 단면을 아는데 매우 유용한 자료로 활용되는 것이다.

(2) 한성 도읍기의 백제의 무덤들

　　한성도읍 후기의 무덤으로 도읍지역의 적석총(돌무지무덤), 횡혈식 석실분

(돌방무덤), 목관토광묘(나무곽 흙무덤) 및 분구묘 등이, 도읍지 이외지역에는 목관토광묘를 비롯하여 석곽묘(돌곽무덤), 옹관묘(항아리 무덤), 횡혈식 석실분, 분구옹관묘 등이 있다. 이들은 분포지역이 도읍지와 도읍지 이외 지역으로 구분되지만 동시에 존재하는 횡혈식 석실분이라든가 목관 토광묘 등의 묘제내용은 크게 다르지 않다. 우선 이 시기 묘제적으로 새롭게 등장한 적석총, 횡혈식 석실분, 목관토광묘, 수혈식 석곽묘의 묘제와 그 존재현황부터 볼 필요가 있다.

적석총은 분구(봉분)를 돌을 쌓아 만들고, 그 안에 시신을 안치하는 매장부를 꾸민 것으로 추정하지만 매장부가 정확하게 조사된 것이 없다. 지금까지 매장부가 확인된 것은 서울 강남의 석촌동 4호분이 전부이다. 이에 따르면 정상부에 방형의 석축이 있고, 한쪽에 입구로 활용되는 널길인 연도 형상의 돌출부가 있다. 다만, 실제로 그것이 매장부인지는 정확하지 않다. 따라서 일단 기단식 적석총의 매장시설은 횡혈식의 구조를 지닌 것이 아닌가 추정할 수 있지만 보편화하기는 아직 이르다. 이것을 횡혈식 구조로 추정하는 것은 이 묘제가 고구려의 적석총과 유사한 점이 많기 때문이다.

적석총은 하천 유역의 평지에 입지한다. 앞서 언급된 대로 백제의 적석총은 석촌동 고분군 한 지역에 불과하지만, 고구려의 적석총이 대체로 하천의 충적대지에 위치한 것이나, 이전 시기의 것으로 보는 적석묘가 하천의 평지에 위치한 것과 같은 맥락에서 이해된다. 축조는 지상에 돌을 쌓아 분구 즉, 매장부의 보호시설을 만드는 것에 묘제 특징이 있다. 분구로서 적석 상태는 무덤의 규모에 따라 차이가 있지만 하단에 지대석인 기초석을 부석형태로 두고 그 위에 축석하여 단을 만드는데 3단으로 조성한 것이 일반적이다. 적석에 사용한 석재는 거칠게 다듬거나 아니면 자연 석재를 그대로 사용하였는데 강돌보다는 오히려 다듬지 않은 막돌을 사용한다.

다음으로 한성 도읍 후기에 조성된 것으로 판단되는 횡혈식 석실분은 시원형(始原形)으로 분류되는 것들이다. 묘제의 형식으로 보면 네벽 조임식이나 궁륭식의 초기형들이 전부인데 도읍지역의 것이나 도읍이외 지역의 것에서 큰 차이를 발견하기 어렵다. 횡혈식 석실분은 이전의 묘제와는 달리 입구가 설치되어 있으면서 단장(單葬)이 아닌 다장(多葬)으로 묘제가 운영된다는 특징이 있는데 초기의 자료들은 단장으로 활용된 것도 적지 않다.

우선 횡혈식 석실분의 입지환경은 적석총과는 달리 낮은 구릉지역 혹은 산지

그림43 백제의 횡혈식 석실분들

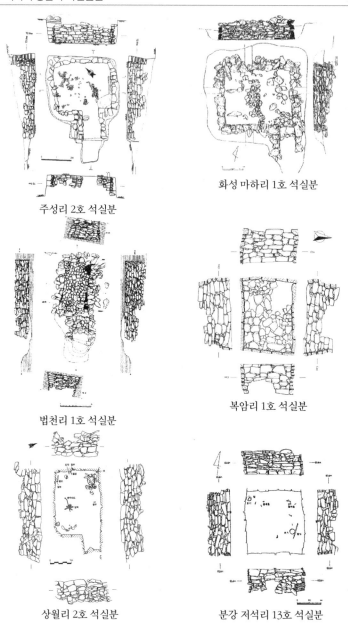

주성리 2호 석실분

화성 마하리 1호 석실분

법천리 1호 석실분

복암리 1호 석실분

상월리 2호 석실분

분강 저석리 13호 석실분

그림44 백제의 토광묘들

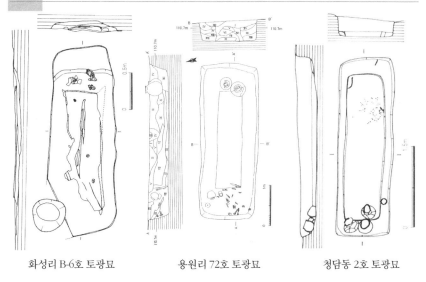

화성리 B-6호 토광묘   용원리 72호 토광묘   청담동 2호 토광묘

의 경사면에 조성된다. 경사면을 굴착하여 무덤방이 들어갈 수 있는 공간을 확보하고, 여기에 할석 등의 석재를 사용하여 무덤방을 조성한다. 입구는 경사의 아래쪽에 시설하는데 초기형의 경우 입구의 위치가 중앙, 혹은 좌, 우로 불규칙하게 시설한다. 무덤방의 경우 대체로 방형이 많지만 이것도 불규칙하여 장방형의 모습으로도 있다. 벽면을 막돌로 쌓으면서 방형에 가까운 무덤방의 천장을 꾸미기 위해 네벽의 상단을 안으로 오므려 좁히는데 발전된 형식은 그대로 궁륭형으로 조성한다. 그러나 일부는 맨 위에 널찍한 판석재를 올려 네벽 조임식으로 구분된 절반은 좁히고, 나머지 절반은 평천정으로 조성한다. 무덤방 바닥은 석재를 깔거나 미약한 형태의 관대를 두지만 일정하지 않다. 더불어 무덤방의 벽면에 회를 바르는 경우도 많다. 횡혈식 석실분은 4세기 후반에 백제사회에 등장한 것으로 추정된다. 그런데 이들은 분포범위는 상당히 넓지만 숫자는 오히려 한정적, 즉 1~2기만이 다른 형태의 무덤들 속에 섞여 있는 경우가 많다. 지금까지 발견된 횡혈식 석실분으로 한성 도읍 후기에 조성된 것으로 판단되는 자료는 도읍지역인 서울을 비롯하여 경기, 충청, 전라 지역에 망라되어 있으며, 대체로 1기 혹은 2기 등의

소수만이 확인될 뿐이다.

한편 목관토광묘의 입지환경은 구릉입지라는 전형적 형상을 간직하고 있다. 다만 석촌동 고분군처럼 지형 관찰이 어려운 유적도 있지만 이는 예외적 존재이고, 목관토광묘가 조사된 유적 중에 용원리나 신봉동은 산지 구릉에 자리한 전형적 형상으로 미루어 산지 입지를 추정할 수 있다. 다만 산지의 구릉 중에도 용원리 고분군의 경우 북향사면에 있기에 신봉동의 것과는 차이를 보인다. 이러한 차이는 용원리 유적만의 특징인지 아니면 토광묘 전체에 적용될 수 있는 것인지 확인이 어렵다.

목관 토광묘는 지반에 토광을 파고 그 안에 목관을 안치한 다음에 시신을 넣는 묘제이다. 때문에 단장묘이고, 굽혀묻기보다는 펴묻기를 한다. 그와 관련된 때문인지 무덤방의 장축은 대부분 경사 방향과 직교된 등고선 방향으로 이루어졌다. 이러한 무덤방의 긴 축은 토광묘에서는 공통적으로 확인되는 요소이다. 그런데 토광묘의 장축이 등고선 방향으로 이루어져 있음은 이 묘제의 조성시기에 방위개념이 무덤의 조성에 적용되지 않았던 것을 나타낸다. 이는 당시에 풍수사상과 같은 것, 즉 방위개념에 근거한 풍수 지리적 관점도 이들 무덤을 만들 때는 거의 고려되지 않았던 것을 보여준다. 왜냐하면 토광묘를 조성하면서 장축을 철저하게 등고선 방향으로 맞추고 있는 것은 축조의 편의와 밀접한 관련이 있다고 보아야 하기 때문이다.

목관 토광묘의 사용은 지역에 따른 차이는 있겠지만 대체로 한성 도읍 후기에 집중적으로 나타나고 이후에는 그 자취를 감추는 특징이 있다. 이 목관토광묘의 연원이 어디인가는 아직 불분명하지만, 묘제의 성격상 이전 시기의 토광묘 계통과 관련 있을 것으로 보는 것이다. 나아가 이 묘제는 도읍지만이 아니라 도읍지 이외지역에도 매우 폭넓게 사용되었지만 적어도 5세기 후반대에 이르면 자취를 감춘다.

수혈식 석곽묘는 도읍지역이 아닌 도읍지 이외의 지방사회에서 사용된 것이다. 한강 이남지역으로 경기와 충청지역에 넓게 자리하고 있는데, 이 묘제는 4세기 무렵에 새롭게 등장한 것으로 볼 수 있다. 입지환경은 대체로 구릉의 경사면에 자리한다. 다만 입지가 북향의 경사면을 선택한 것도 있는데, 예컨대 천안 용원리 고분군은 비단 수혈식 석곽묘만이 아니라 함께 있는 토광묘도 남향 면보다 오히려 북향 경사면에 주로 집중되어 있어 무덤의 입지 선정에 지역적 특성이 많이 반영된 것으로 볼 수 있다. 경기도 화성의 백곡리 고분은 입지상으로 높은 고지에 묘지를 선정한 예로 주목될 수 있다.

수혈식 석곽묘의 무덤구덩이도 지반을 파서 무덤방이 완전히 지하에 안치되

그림45 백제의 수혈식 석곽묘

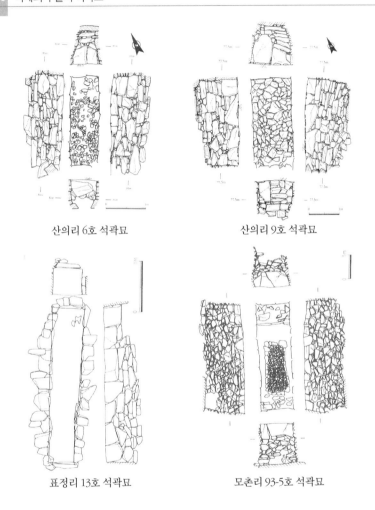

산의리 6호 석곽묘   산의리 9호 석곽묘

표정리 13호 석곽묘   모촌리 93-5호 석곽묘

도록 하였다. 물론 무덤구덩이는 유적에 따라 차이와 특징이 있다. 앞서 살핀 것처럼 백곡리 석곽묘는 무덤방이 반지하식으로 위치한다. 반면에 이외의 석곽묘는 모두 완전 지하식(地下式)으로 존재한다. 이러한 차이는 유적이 위치한 지역의 차이에서 비롯된 것으로 볼 수 있다. 한편 무덤방의 장축은 경사와 직교된 즉 등고선 방향으로 두는 것이 원칙이다. 입구가 없는 세장된 장방형 무덤방의 배치는 경사방향

보다는 오히려 등고선 방향으로 장축을 취하는 것이 효과적인 것과 관련 있다.

　수혈식 석곽묘를 만드는데 사용된 돌은 대체로 다듬지 않은 막돌을 사용함이 일반적이다. 수혈식 석곽묘가 등장하여 사용이 점차 증가되고, 묘제가 어느 정도 발전되면 판석재의 사용도 나타난다. 다만 판석재의 경우 대강 다듬은 정도에 불과하며 정밀하게 다듬거나 물갈이를 하는 것은 보이지 않는다. 무덤내의 무덤방 평면은 기본적으로 장방형이다. 그것도 세장된 것이 일반적인데 세장의 정도는 지역 혹은 시기에 따라 차이가 있다. 초기의 것은 평면이 정형을 이루지 않는 특징이 있다. 모퉁이를 둥글게 하는 말각의 장방형을 띤 것도 있고, 어떤 것은 장방형이면서 세장된 것도 있다. 그러나 석곽묘만 군집되어 있는 유적은 세장된 형태로 어느 정도 정형성을 보이고 있다. 반면에 다른 것들과 섞여 있는 것, 즉 횡혈식이나 횡구식과 뒤섞여 있는 것들은 기본적으로 장방형을 유지하지만, 무덤방의 규모에 차이가 있고, 세장된 정도에도 큰 차이가 있다. 대표적 사례로 공주 산의리 유적의 수혈식 석곽묘를 보면 무덤방자체의 세장(細長) 정도가 매우 떨어진 장방형의 형상을 지닌 것이 많다.

　무덤방 내부시설은 바닥처리와 시상대 혹은 관대의 유무와 그 형태, 그리고 부곽의 설치문제가 검토될 수 있다. 바닥은 흙바닥을 그대로 이용한 것, 돌을 깐 것, 그리고 시상대 혹은 관대가 있는 것으로 구분된다. 흙바닥을 그대로 사용하는 예가 수혈식 석곽묘의 바닥시설로는 가장 보편적인 것이다. 그러나 바닥에 돌을 깐 예도 적지 않다. 돌을 까는 방식은 판석재를 깔거나 잡석을 까는 것이 일반적이며, 범위나 형태는 차이가 있다.

　바닥시설로 주목될 수 있는 것은 시상대(施床臺) 혹은 관대(棺臺)이다. 흙바닥을 그대로 이용한 것은 문제가 없지만, 돌을 바닥에 깐 경우도 무덤방의 중앙부분, 즉 시신을 안치하는 곳만 부석한 것이 적지 않으며, 이는 시상대 혹은 관대와 관련된 시설로 볼 수 있다. 부장 칸은 부곽으로 부르듯이 부장품을 두기 위해 마련한 것이다. 무덤 출토 유물은 몸에 장착하였던 장식품과 별도로 넣어주는 부장품으로 구분할 수 있는데 수혈식 석곽묘는 백제고분으로 특이하게 부장품을 안치하는 별도의 시설을 가진 것이 많다. 이외의 수혈식 석곽묘의 외형 즉 봉분시설도 있었던 것으로 볼 수 있다.

　마지막으로 분구묘가 있다. 분구묘는 지상에 시신을 안치하고 흙을 덮어 만드는 것으로 시신을 안치하는 시설에 목관을 사용하였는가, 아니면 항아리를 사용하였는가에 따라 분구토광묘, 분구옹관묘로 구분할 수 있다. 이중에서 분구 옹관묘는 영산강 유역이란 한정된 지역에 잔존되어 있고, 분구 토광묘는 마한지역 특히 한반도의 중서부 이남의 서해안지역에 많이 남아 있다.

　분구옹관묘는 매장부를 조성함에 있어 무덤의 매장시설을 마련한 다음에 분구를 쌓아 올리는 형식이다. 다만 옹관의 안치가 거듭되면서 분구의 규모를 평면 혹은 수직으로 확대한 것도 확인된다. 대형의 분구 옹관묘의 경우 대체로 매장부인 옹관은 중첩된 형태로 남는 것이 많은데 이는 순차적으로 반복 조성한 것이기 때문이다. 분구 옹관묘는 분구 내에 비단 옹관만이 아니라 토광을 조성한 것도 적지 않다. 이는 이 지역에서 초기에는 옹관과 토광이 병행 사용되다가 점차 옹관이

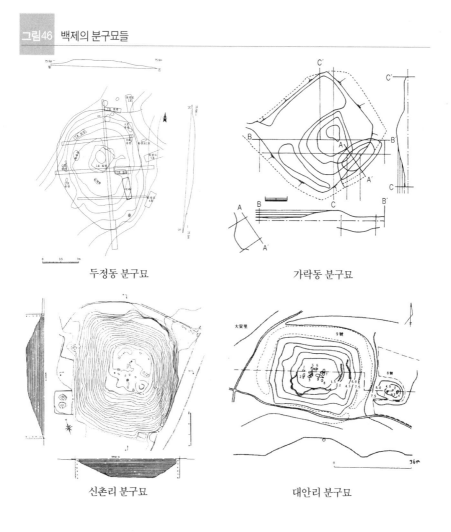

그림46 백제의 분구묘들

두정동 분구묘　　　　　　가락동 분구묘

신촌리 분구묘　　　　　　대안리 분구묘

주류로 변화된 것과 관련 있다고 여겨지나 시기나 배경에 대해서는 확인이 어렵다.

이 묘제는 이 지역에 이전부터 존재하던 옹관묘의 전통이 발전된 것으로 보는데 출현 배경은 정확하지 않다. 시신을 안치하는 옹관을 특수하게 제작하여 사용한 것이 가장 큰 특징인데 전용옹관으로 분류되듯이 대형의 항아리를 만들며, 규모가 2m 내외에 이르는 것이 많다. 옹관의 안치는 대형의 전용옹관을 서로 마주보게 하여 가로로 설치하는 것이 기본이다. 이로서 옹관의 규모는 성인을 펴묻기에 충분한 규모를 갖추게 된 것이다.

분구 토광묘는 우리나라 서해안 지역에 많다. 지상에 흙을 쌓아 대형의 봉분을 만든 것이 특징으로 봉분은 평면으로 보면 네모진 방형을 나타내고, 외곽에 흙을 쌓기 위해 판 구가 남아 있어 종전에는 주구묘라 불렸던 것이다. 지상을 정지하고, 시신을 넣은 목관을 안치한 다음에 흙을 덮어 높은 봉분을 조성하는 것을 특징으로 한다. 특히 봉분의 규모가 지름 20m이상의 것도 있어 고총고분으로 조성한다는 특징도 있다.

이처럼 한성 도읍 후기의 백제 무덤은 종류에서 매우 다양하고 숫자도 많다. 특히 이전에 없었던 새로운 묘제가 도읍지는 물론 도읍지 이외지역에 폭발적으로 등장한다. 다시 말하면 이 시기의 백제 무덤 환경은 갑작스런 전환이 나타나는 시기로 볼 수 있다. 도읍지의 경우 이전에 사용하였던 순수토광묘는 사라지고 보다 발전된 목관토광묘가 사용되는가 하면 고구려 지역에 널리 사용된 기단식 적석총이 등장하고, 얼마 후에는 횡혈식 석실분도 나타난다.

그런데 백제묘제 환경에서 가장 주목되는 것은 횡혈식 석실분의 등장문제이다. 이 묘제는 4세기 이후 동아시아에 본격적으로 등장하여 이후 고대국가로 진입한 각 나라의 주요묘제로 자리하는 것이다. 백제의 경우도 도읍지에서 지배층이 사용하던 적석총이 횡혈식 석실분으로 전환된다. 즉 백제사회에 횡혈식 석실분의 유입은 4세기 후반경에 한반도 서북지역에서 유입된 것이다. 이후 횡혈식 석실분은 도읍지는 물론이고 여러 지역으로 확산되는데 도읍지의 경우 적석총과 함께 사용되다가 5세기 중반쯤에 이르면 적석총은 사라지고 대신에 횡혈식 석실분만 남는다.

생각하기

- 한성 도읍기 묘제의 종류를 말하고 그 특징을 설명하기
- 초기 횡혈식 석실분의 묘제 특징을 생각하기
- 수혈식 석곽묘의 형태변화를 생각하기
- 분구 옹관묘와 분구묘의 관계를 생각하기

5. 웅진천도와 백제의 중흥

1) 웅진천도와 수촌리 고분군

백제의 웅진천도는 단순하게 고구려의 남침에 의한 피난적 성격만으로 보기는 어렵다. 천도의 중요성을 감안하면 군사적 환경외에 나름의 정치적 환경도 고려 되어야 한다. 백제의 웅진천도는 4세기말, 5세기 전반무렵의 국제환경과 백제의 국내환경이 어우러져 국난의 시기에 봉착한 백제가 이를 탈피하기 위한 노력을 감행하나 고구려의 침략으로 한성의 함락이란 위기 속에 이루어진다. 그러나 한 성 함락과정을 재 검토하면 백제의 웅진천도는 고구려의 군사력에 밀려 이루어 진 피난이 아니라 백제의 자의적 판단에 의한 것이었고, 그 판단 속에는 고구려의 군사적 침략에 대응하기 위하여 동원된 지방세력의 의도가 있었음도 알 수 있다.

웅진인 지금의 공주가 천도 후보지로 결정된 것은 백제왕실이 이 지역에 기반 세력을 갖추고 있었다거나 단순하게 고구려의 방어에 유리한 지역의 선정과 같 은 논리 보다는 공주 수촌리 유적과 같은 중요한 유적이 존재하는 것으로 미루어 이들 유적의 주인공에 의해 새로운 천도지로 공주가 선정되었음을 알 수 있다.

(1) 고구려의 한성침략 배경

4세기를 지나 5세기대에 이르는 한성도읍 후기의 백제는 역사상 일대 격동의 시기를 맞게 된다. 4세기 중반경 근초고왕이 등장하여 초고계의 왕위계승권을 확 립하고, 이어 근구수왕과 침류왕 대까지 영역의 확대와 역사의 편찬, 불교의 수용 과 같은 왕권강화책을 시행한다. 이는 백제가 이제 명실상부한 고대국가로서의 기틀을 확고하게 다진 결과로 나타난다. 그러나 4세기말을 지나 5세기가 다가오 면서 대외적으로 고구려의 적극적인 남침공세와, 대내적으로 왕위계승분쟁이 일어난다. 이 과정에서 진씨나 해씨와 같은 유력 가문의 정치세력이 발호하여 왕권은 점차 약화되기에 이른다.

백제는 진사왕 대부터 대외적으로 고구려 광개토 대왕의 적극적인 남하공세에 직면하게 된다. 396년 아신왕 5년에 고구려의 공격으로 58성 700촌을 고구려에 강탈당한다. 이어 아신왕은 고구려에 굴복하고 왕제 및 대신을 고구려에 인질로 보내는가 하면 고구려왕의 노객으로 고구려의 세력권에 예속되기도 하였다. 이처럼 고구려의 군사적 압력에 밀려 어려움을 겪던 백제는 고구려가 도읍을 압록강 유역에서 대동강의 평양으로 옮기고 남진정책을 구체화하자 위기의식을 보다 크게 느끼면서 신라와 결탁, 고구려의 남진에 대항코자 나제동맹을 성립시켰다.

나제동맹의 성립은 고구려가 평양천도를 계기로 남진의지를 적극적으로 나타냄으로써 위기의식을 느낀 백제와 신라가 이에 공동대처하기 위하여 성립된 것이다. 고구려의 평양천도는 일차적으로 지리적으로 가깝게 자리하고 있었던 백제에게는 커다란 압력으로 작용한다. 광개토대왕 이후 북변의 대부분을 고구려에 빼앗긴 백제는 고구려가 다시 평양으로 도읍을 옮기자 위기의식이 최고조에 이르렀던 것으로 볼 수 있다. 나아가 당연히 이에 대처하기 위한 대내외적으로 적극적인 조처가 진행되었는데 그 중에서도 신라와의 우호관계를 도모하면서 고구려의 남진에 대항하는 나제동맹체제의 확립을 주목할 수 있다.

신라는 4세기 말경에 고구려의 도움으로 왕권의 안정을 이룩하고 백제의 잦은 공격으로부터 벗어났다. 고구려는 이를 기회로 신라에 군사를 주둔시키는가 하면, 왕위계승에 관여하는 등의 신라 내정에 깊숙이 간여하고 있었다. 이처럼 과도한 내정간섭은 신라로 하여금 고구려의 배척 필요성을 절감하게 되었다. 특히 고구려의 평양천도는 신라의 내정에 대해서 고구려의 간섭이 보다 강화될 것임을 예상할 수 있어 이의 탈피가 절실한 형편이었다.

이처럼 백제와 신라는 고구려의 남진에 따른 공통적 위기의식을 갖게 되었고, 그로써 동맹체제가 형성된다. 즉 백제가 비유왕 7년에 화친을 요구하는 사자를 파견하자 신라의 눌지왕도 황금명주를 보내어 화답함으로써 양국간에 동맹체제가 이룩된다. 이제 삼국간의 관계는 고구려를 상대로 백제와 신라가 상호 협력하여 대처하는 관계가 마련된 것이다. 이후 삼국간의 관계는 고구려가 남쪽의 백제와 신라를 동시에 적으로 돌려 공격하는 상황을 맞이하고 이에 백제와 신라는 서로 공수동맹 체제 속에서 고구려의 군사적 압박에 대처해 나간다.

나제동맹체제의 형성은 고구려의 남진에 대한 백제와 신라의 방어체제가 어느 정도 성과를 거두어 나가고, 이는 백제의 안정화 및 국력 성장을 가져올 수 있는 계기를 마련한 것으로 볼 수 있다. 433년 나제동맹의 결성 후에 고구려는 백제의 북변과 신라의 북변을 자주 침범한다. 그러나 이때마다 백제와 신라는 상호 군사를 파견하여 고구려군에 대항함으로써 효과적인 방어만이 아니라 때로는 공세적 입장을 취하기도 한다. 나아가 백제도 4세기 말경이후 불어 닥친 국가적 위기를 어느 정도 안정적으로 유지할 수 있었던 것으로 보이는데 비유왕의 30여년간 재위가 이를 대변하며, 이러한 환경에서 개로왕이 등극하고 있다.

개로왕은 비유왕의 맏아들로 비유왕이 재위 29년 만에 타계하자 왕위를 이어받았으며, 이후 475년 고구려 군에 의해 패사하기까지 20여년간 왕위에 머물렀다. 그러나 개로왕의 즉위초기 정황에 대한 내용은 전하지 않는다. 다만 재위 14년 이후 그의 행적이 드러나고 이어 재위 15년인 469년에는 장수를 보내어 고구려의 남쪽 변경을 공격하는가 하면, 북쪽의 성곽을 수리하고 목책을 설치하는 등의 조처를 취한다. 이러한 개로왕의 고구려 남변지역에 대한 침략이라든가 국방 강화 행동을 실행하는 것은 이제 백제가 고구려와의 관계에서 보다 적극적 조치를 취할 수 있을 만큼 국력의 안정과 성장을 가져왔음을 보여주는 것이다.

한편 개로왕 18년인 서기 472년에는 북위에 사신을 보내어 국서를 전한다. 국서의 내용은 고구려를 견제코자 하는 내용으로 일관되어 있다. 예컨대 고구려의 고국원왕이 백제의 국경을 침범하였기에 이를 격퇴하였다는 내용이라던가, 광개토왕의 공격에 의한 어려움의 토로, 이후 장수왕의 남하에 따른 위기의식, 그리고 장수왕의 폭정을 신랄하게 비난하면서 북위의 권세로 고구려를 압박하여 줄 것을 요청하는 것이 그것이다. 이외에 고구려가 북위의 사신을 살해하였다는 점 등을 지적하면서 집요하게 위나라로 하여금 고구려에 공격을 유도하여 고구려를 견제코자 하나 성공하지 못한다.

그런데 이즈음 삼국간의 관계 외에 삼국의 대중국 관계는 남조의 송나라와 북조 위나라를 중심으로 외교관계가 전개되었다. 방향은 고구려와 백제를 중심으로 중국의 남북조의 국가가 상호 견제를 위한 치열한 외교전이 전개되었던 시기이다. 예컨대 고구려는 이미 동북아의 패자로 군림하면서 서쪽 국경의 안정을 위해 위나라와 화친관계를 유지하고 있으면서 위나라의 견제를 위해 멀리 송나라와도 외교관계를 맺고 있었다. 더불어 백제는 고구려를 견제하기 위하여 북조

의 위나라에 사신을 파견하면서 화친을 도모하는 한편, 위나라와 고구려의 이간
질을 끊임없이 획책한다.

결국 5세기 중반, 백제의 한성도읍 후반기의 정황은 고구려 남진의 위기상황
을 공감한 백제와 신라가 공수 동맹체제를 결성하여 고구려의 군사적 압박에 공
동대처하였고, 나아가 대중국 교섭, 특히 북조의 위나라로 하여금 고구려를 견제
하려는 지속적인 노력이 이루어진 시기로 볼 수 있다. 물론 이러한 백제의 노력은
나제동맹체제를 통해 고구려의 군사적 압박에서 어느정도 자유로워졌고 이를 기
회로 국력의 회복 및 성장을 통해 이제 고구려에 대한 공세적 입장도 가능해졌다
는 판단에서 이룩된 것이다.

(2) 고구려의 한성 침략과 웅진천도

고구려의 남침은 475년 8월 장수왕이 몸소 3만의 정예를 이끌고 노도(怒濤)
처럼 백제의 한성으로 밀려오면서 시작된다. 물론 고구려의 백제 침략배경에 대
해서는 구체적이지 않지만, 5세기에 이르러 양국간의 대립이 지속되었고, 특히
개로왕기에 백제가 국력회복을 바탕으로 고구려에 대하여 공세적 입장을 취하고
있는데 이에 대한 고구려의 응징으로 볼 수 있을 것이다. 그런데 고구려의 백제
공격에 대한 준비는 매우 치밀하게 이루어졌었다. 『삼국사기』에 따르면 고구려
는 백제를 침공하기에 앞서 승려 도림을 간첩으로 백제에 들여보냈고, 도림은 개
로왕에게 접근하여 국정을 어지럽히고, 국력을 탕진하게 함으로서 고구려의 군
사작전을 유리하게 전개하도록 하였던 것으로 전한다.

승려 도림이 백제에 들어와 왕을 현혹시키고 그로 말미암아 국정을 어지럽혔
다는 점에 대한 진위여부(眞僞與否)를 판단하기 어렵다. 그러나 고구려의 백제
침공은 장수왕이 직접 3만이란 대규모의 군사를 동원하여 전광석화처럼 밀어붙
이자 백제의 개로왕은 마땅한 대처 방안을 찾지 못한 채, 성문을 걸어 잠그고 농
성만 하고 있다. 이에 고구려는 군사를 네 길로 나누어 양쪽에서 공격하면서 바람
을 이용하여 화공을 전개, 성문을 불태우는 등의 공세를 강화한다. 물론 노도와
같은 공격에 직면한 백제는 인심이 흉흉해지고 일부는 항복 혹은 반란의 기미도
나타난다. 이에 개로왕은 어찌할 바를 몰라 당황하던 중에 기병 수십을 거느리고
서쪽으로 달아나다가 고구려군에 잡혀 살해되고 만다.

결국 백제는 고구려의 대규모 공격을 받아 10여 일의 전투 끝에 한성이 함락

되고 왕이 피살됨으로써 일단락된다. 이때 고구려군의 한성침공은 이전과는 달리 백제왕까지 사로잡아 처형하는 전과를 얻게 되는데, 고구려는 한성에서 사로잡은 백제인 포로 8천을 거느리고 평양으로 되돌아갔다.

그런데 고구려의 한성공격에 대한 백제의 대응은 비록 앞서 본 승려 도림의 일화처럼 개로왕의 실정으로 말미암아 국력이 피폐되었고, 나아가 고구려의 한성 침공이 갑작스런 것이며, 그것도 3만이란 대규모 군대가 침입한 상황에서 나타난 것이다. 그럼에도 개로왕은 피난 혹은 공방전을 펴는 것이 아니라 성문을 잠그고 방어적 입장에 머물고 있는데 이는 상당히 무기력한 대응으로 볼 수 있다. 그런데 여기에는 나름대로 그럴만한 이유가 있었음을 알 수 있다. 즉 개로왕은 고구려의 침략이 있자 문주를 남쪽으로 보내 구원군을 얻어오도록 하는데, 개로왕이 고구려군에 대해 적극적으로 대처하지 않은 것은 이 구원군을 기다렸기 때문일 것이다.

그런데 문주는 남쪽으로 내려가 구원군을 얻어 한성으로 돌아오며 이는 475년 9월의 일이다. 물론 이때는 한성이 이미 함락되었고 왕 및 왕족이 피살되었을 뿐만 아니라 이미 약 8천여 명의 도성인이 고구려로 잡혀간 후이다. 더불어 한성은 완전히 폐허화된 상태였음은 물론인데, 문주는 백제왕실의 명맥을 잇기 위하여 곧바로 왕위에 오른다.

백제의 남천 즉 웅진으로의 천도는 새로 왕위에 오른 문주왕에 의해 이루어진다. 즉 문주는 475년 9월에 구원군과 더불어 한성으로 돌아왔으나 개로왕이 죽는 등의 왕실자체의 붕괴속에서 왕위에 등극한 것이다. 그런 다음에 다음달인 10월에 웅진으로 천도를 단행한다. 기록에는 왜 문주왕이 웅진으로 천도하였는가를 구체적으로 밝히지 않았다. 따라서 문주가 웅진으로 천도한 배경은 여러 가지로 추정될 수 있다. 우선 가장 먼저 고려될 수 있는 것이 고구려의 침략에 따른 한성의 폐허화, 그리고 여전히 고구려의 군사적 위협이 여전히 존재하였기에 보다 안전한 지역의 선택이 필요하였다는 것이다. 이러한 이해는 백제의 웅진천도에 대한 가장 일반적 배경으로 인식되어 있다. 그런데 문제는 왜 하필 웅진인가라는 점이다.

"웅진(熊津)"이란 명칭이 역사서에 등장하는 것은 백제가 이곳을 도읍으로 정한 475년 즉 웅진천도부터이다. 다만 역사 기록에서 그 명칭을 보다 확대하여 추정할 경우 "웅진"을 하천의 이름으로 보면서 탐색할 경우 『삼국사기』에 "웅천

(熊川)"이란 명칭이 등장한다. 이는 백제의 건국초기인 온조왕대에 남쪽의 국경으로 "웅천"을 언급한 경우가 그것이다. 그러나 이것이 웅진과 같은 이름인가의 판단도 어렵고, 특정 지역을 지칭한 것이기 보다는 대략적 경계를 의미한 것으로 보아야 한다. 결국 웅진이란 지명은 475년 백제의 천도와 더불어 처음 등장한 것으로 볼 수밖에 없다. 나아가 웅진이 백제의 천도와 더불어 처음 등장한다는 것은 천도의 과정이 순탄한 것이 아닌 또 다른 배경이 있음을 암시하는 것이기도 하다.

웅진은 지금의 충남 공주지역을 말한다. 그리고 여기에는 백제의 도읍지였음을 나타내는 고고학 자료가 적지 않게 있다. 웅진성인 공산성뿐만 아니라 유명한 무령왕릉을 비롯한 다양한 유적이 존재하고 있어 이곳이 옛 백제의 도읍지였었음을 알 수 있다. 더불어 이 웅진지역은 백제의 도읍지였던 관계로 고고학적 발굴조사가 적지 않게 이루어져, 이 지역에 남아 있는 유적의 대체적 현황도 밝혀져 있다. 그런데 웅진으로 볼 수 있는 지금의 공주지역에서 다수의 유적이 조사되었음에도 이들 유적은 백제가 웅진으로 천도한 이후의 것이 대부분이란 특징이 있다. 즉 그동안 활발하게 진행된 웅진지역의 고고학 조사결과를 종합하면 백제가 이곳으로 천도하기 전의 유적은 간헐적이고 산발적으로만 발견될 뿐이고, 그것도 집중성이 적으면서 크게 주목되는 것도 없다. 이는 백제가 웅진으로 천도하기 전까지 이곳에 왕도로 선정될 수 있는 기반세력이나 기반시설이 없었다는 점을 반영하는 것이다.

그럼에도 백제는 웅진으로 천도한다. 국가의 중심지인 도읍을 선정하는 것은 비록 그것이 외세의 침입에 따른 황급한 상황에서라도 그럴만한 배경이 있어야 한다. 백제의 웅진천도와 관련하여, 우리는 웅진의 지리적 조건, 즉 북으로 금강이 자리하고 더 위로 차령산맥이 가로막고 있어 고구려의 방어에 유리한 지역을 선정하였기 때문으로 봄이 일반적이다. 일견 타당한 것 같지만 기반시설이 전혀 마련되지 않은 웅진이 왜 하필 도읍으로 선정되었는가에 대한 해답으로서는 오히려 궁색할 뿐이다.

이처럼 웅진이 백제라는 고대국가의 도읍지였음에도 왜 일국의 왕도로 선정되었는가를 구체적으로 설명할 수 있는 자료는 많지 않다. 그 일차적 원인은 삼국시대의 자료가 매우 적고 소략하다는 점에서 찾을 수 있을 것이다. 그런데 백제의 웅진천도가 단순히 웅진이 가진 지리적 조건에 기인하여 이루어진 것이기 보다는 오히려 당시의 지방 세력과의 상관관계에서 이해할 경우 나름의 해명이 가능하게 된다. 즉 475년 9월 고구려의 침입으로 한성이 함락되고, 개로왕이 피살될 즈음, 문주는 남쪽으로 내려가 구원군을 모집하였다. 그 정황에 대해서 『삼국사기』에 문주가 신라의 구원군 1만과 더불어 한성으로 돌아왔지만 도읍이 함락되었고, 개로왕이 피살되어 왕의 궐위(闕位)가 있기에 그가 왕위에 올랐다고 적었을 뿐이다. 그러나 여기서 주목할 것은 비록 『삼국사기』에는 구원군을 신라병으로 기록하지만, 이들 구원군에는 백제의 지방에서 동원된 군대도 포함되어 있다고 보아야 한다. 구원군의 동원은 비단 신라만이 아니라 백제의 지방까지 포괄적으로 이루어졌다고 보는 것이 자연스럽기 때문이다. 그러한 세력은 다음의 천도지인 웅진지역과 필연적으로 관련이 있을 것은 물론이다.

천도지인 웅진지역은 지금의 공주지역으로 금강을 경계로 그 남쪽에 해당한다. 이 지역은 앞서 언급한 것처럼 천도하기 이전에 만들어졌다고 볼 수 있는 유적이 매우 드물고 오히려 천도 후에 만든 유적만이 집중적으로 남아 있다. 반면에 웅진의 주변지역, 즉 동북쪽으로 천안과 청주, 그리고 동남쪽으로 논산, 서남쪽으로 부여, 서쪽으로 보령지역에는 백제가 웅진으로 천도하는 475년 이전에 조성된 유적이 조밀하게 남아 있고 이들 유적은 해당지역에 규모가 큰 세력의 존재를 반증한다. 아마도 백제는 고구려의 침략을 당하여 이들 지방 세력을 구원군으로 소집하였을 것이다.

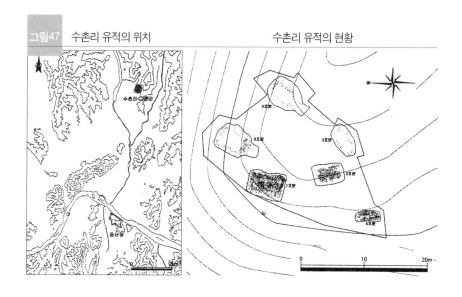

그림47 수촌리 유적의 위치   수촌리 유적의 현황

(3) 웅진천도의 주체 수촌리 유적

백제의 웅진천도와 관련하여 주목되는 것은 공주 수촌리 유적이다. 이 유적이 위치하는 곳은 행정구역으로 충남 공주시 의당면 수촌리이다. 일반적으로 공주지역을 백제의 도읍지였던 웅진으로 보는 점을 고려하면 수촌리 유적을 자칫 백제 도읍지내의 유적으로 볼 수도 있다. 그러나 수촌리 유적을 백제가 웅진으로 천도할 즈음의 정황과 연계시킬 경우, 이 유적을 도읍지인 웅진에 포함시키기는 어렵다. 즉 수촌리 고분군은 금강의 북쪽에 자리한다. 금강을 기점으로 보면 정확하게 직선거리로 약 5.5km이고, 어림잡아 십리가 넘게 거리를 두고 있다. 이는 수촌리 유적의 경우 적어도 백제의 웅진천도 전야라는 시간 축에서 볼 경우 도읍지에 포함할 수 없다는 점을 분명하게 보여준다.

결국 수촌리 유적은 광의적으로 웅진에 포함할 수 있을 것이나 웅진지역의 유적 잔존현황, 그리고 금강이란 대하천의 존재를 고려할 경우 웅진천도 전야의 환경에서 보면 도읍지내의 유적으로 보기 어렵다.

수촌리 백제 유적은 무덤 6기로 구성되어 있으며, 이들 무덤을 종류별로 보면 2기는 토광묘, 2기는 석실분, 1기는 횡구식 석곽묘이고, 나머지 1기는 수혈식 석곽묘이다. 6기의 무덤은 중앙에 반경 약 10여m의 빈터를 두고 주변에 둥그렇게 의도적으로 배치한 모습으로 있다. 개별무덤의 내용을 보다 자세하게 보면 1호와 2호로 구분된 토광묘는 지하로 묘광을 굴착한 다음에 그 안에 목곽을 시설하고 다시 목관을 넣은 목곽, 목관 토광묘이다. 무덤내의 잔존유물은 관내에 장착품이, 관의 바깥 발치 쪽의 목곽 안에 여타의 부장품이 남아 있는데 2호분보다 1호분의 위세품(威勢品)이 보다 풍부하면서 환두대도 등의 무기와 마구 등이 있다. 반면에 2호분은 무기는 없고 오히려 장식품인 구슬이 다량으로 남아 있을 뿐이다. 유물에 나타난 이러한 차이를 성별차로 보고 나아가 묘제가 같이 토광묘이고 인접하였다는 것에 근거 피장자(被葬者)를 각기 부부로 보기도 한다.

3호분은 지하로 무덤 구덩이를 파고 그 안에 돌을 쌓아 무덤방을 조성한 것인데 한쪽의 좁은 벽면에 입구형태가 남아 있어 일단 횡구식 석곽묘로 본다. 다만 무덤 방의 상단 쪽이 대부분 훼손되어 형태적 특성의 파악은 어렵지만 거의 다듬지 않은 돌을 사용하였다는 점, 축석 부위별로 석재 크기가 크게 다르지 않은 점 등으로 미루어 발전된 석곽묘로 보기는 어려운 구조이다. 무덤방내의 유물은 토광묘와 마찬가지로 목관 내에 장착품으로 환두대도를 비롯한 금동제 신발 등의 유물이 남아 있고, 목관 바깥의 발치 쪽에 토기라던가 마구 등의 여타 유물이 잔존하는 것은 토광묘와 큰 차이가 없다. 그리고 유물의 구성에서 토기가 새로운 기종이 보인다거나 마구중에 발걸이인 호등과 같은 유물의 특이성은 크게 주목할 만하다.

4호와 5호는 석실분 그것도 횡혈식 석실분의 구조를 그대로 간직한 것이다. 이들 2기의 무덤은 동서간 방향으로 간격을 두고 자리하는데 4호분이 보다 경사의 위쪽에 있다. 모두 지반을 파서 무덤 구덩이를 조성하고 막돌을 대강 다듬어 무덤방을 축조하였다. 무덤방의 평면은 방형에 가까운 장방형, 입구 및 연도는 좁은 한쪽 벽면의 중앙에 시설한 중앙에 개구식으로 시설하였고, 무덤방의 바닥은 강자갈로 부석하였다. 잔존유물은 4호분의 경우 금동관(金銅冠)을 비롯하여 중국제 도자기라던가 금동제의 환두대도 등의 다양한 위세품이 있고 토기도 풍부하게 남아 있다. 반면에 5호분은 토기가 집중적으로 있으면서 종류도 보다 다양하게 나타나는데 특이한 것은 마구(馬具)는 남아 있지만 금동관 등의 장식품, 그리고 무기류가 없다는 점도 주목된다. 다만 석실분 각각에서 출토된 곡옥이 서로 결합되어 있어 두 무덤의 상관관계를 암시하고 있기도 하다.

수촌리 유적의 조성 시기는 백제가 웅진으로 천도하기 이전의 것이란 점은 분명하다. 그리고 토광묘, 석곽묘, 석실분으로 구분되는 각각의 것들은 묘제별로 토광묘에서 석곽묘, 그리고 석실분의 순서로 변화되면서 만들어졌음도 알 수 있다. 그러면서 5기의 분묘에서 출토된 유물은 매우 화려하다. 부장품은 토광묘와 석곽묘, 그리고 석실분의 묘제별로 차이가 있지만 기본적으로 금동관모 등의 장식품과 마구, 무기류, 그리고 토기류 등으로 구분될 수 있는데, 가장 주목되는 것은 5기의 분묘에서 공통적으로 위세품으로 판단될 수 있는 품목이 풍부하게 남아 있다는 점이다. 더불어 이들 위세품은 중국제 청자의 예에서 알 수 있듯이 수촌리 고분군을 만든 사람들에 의해 생산된 것으로 보기 어려운 것들이다. 중국제 청자의 경우 백제지역에 널리 출토되고 있다. 이는 백제의 중앙정부가 대중국 교섭에 의해 확보하였고, 그것을 다시 지방사회에 사여(賜與)한 것으로 봄이 일반적이다. 이러한 환경은 금동제 관모와 같은 여타의 위세품에도 그대로 적용될 수 있을 것이며, 수촌리 고분군의 경우 1호 토광묘에서 4호 석실분까지 그러한 위세품이 풍부하게 포함되어 있다는 것은 오랜 기간 백제의 중앙정부와 밀접한 관련 속에 그 권위를 유지하던 존재라고 판단할 수 있을 것이다.

이러한 유물은 중앙에서 지방세력에게 하사한 위세품으로 인정하는 것이다. 그리고 이를 통해 중앙정부는 지방사회를 통제하고, 지방의 수장은 그 권위를 빌어 지방사회를 통제하는 것이기에 유물의 품격에 따라 지방세력의 규모를 가늠하기도 한다. 수촌리 유적에서 출토된 유물은 중앙세력에 버금가는 것이다. 따라서 이들은 중앙정부와 밀접한 관련이 있는 자들로 볼 수 있다. 아마도 백제의 웅진천도는 이들 세력에 의해 유도된 것으로 보는 것이 자연스럽다.

결국 백제가 왜 웅진으로 천도하였는가는 한성의 함락에 따른 도성의 공백화로 더 이상 한성이 도읍지로서 기반이 될 수 없었기 때문이다. 그리고 지방에서 동원된 군대가 한성에서 오랜 기간 머물 수 없는 상황에서 백제는 그들과 더불어 남쪽으로 천도할 수 밖에 없었을 것이다. 그리고 새로운 도읍지는 지방에서 동원된 군대와 유기적 관계를 유지할 수 있는 지역, 즉 웅진이 선정된 것이다. 물론 새로운 도읍지의 선정에는 지방 세력의 상호간 역관계가 고려되었을 것이고, 때문에 특별한 기반세력이 없는 지역 즉, 웅진이 선정된 것이다. 여기에는 웅진의 지리적 조건도 충분히 고려되었을 것이다. 더불어 백제가 웅진으로 천도한 직후에 이전에는 전혀 나타나지 않던 지방 세력이 중앙정계에 진출하는 것으로 미루어 백제의 웅진천도가 이들 지방 세력과의 관계 속에서 이루어진 것으로 보아야 할 것이다.

생각
하기

• 475년 고구려의 백제 한성 침공의 역사적 배경
• 고구려의 남진정책에 따른 백제와 신라의 동맹체제와 그 성격
• 백제의 웅진천도 배경
• 수촌리 고분군의 내용과 역사적 의미
• 고분 출토 위세품의 의미
• 수촌리 고분군의 조성세력과 백제의 지방세력들

2) 웅진시대의 개막과 웅진성

475년 백제의 웅진천도는 한성시대 이후 웅진시대의 개막이다. 그러나 갑자기 이룩된 웅진천도는 정치, 사회적 불안이 적지 않게 나타난다. 새로운 신진세력의

등장과 함께 이들이 구귀족과 결탁하여 왕권을 농락하는가 하면, 왕위 계승과 관련된 투쟁이 지속적으로 전개된다. 웅진천도 초기의 정치적 혼란은 이후 동성왕, 무령왕기에 이르러 극복된다. 웅진천도 초기 백제사의 단면은 이러한 과정을 이해함으로서 살필 수 있다.

한편 백제의 웅진천도는 갑작스럽게 이룩된 것이고, 따라서 웅진은 갑자기 도읍으로 부상된 지역이다. 따라서 이 지역에 있는 도읍의 흔적 즉 웅진성을 살핌으로서 당시 도읍의 면모가 어떠하였는가를 이해할 수 있을 것이다. 도읍지 웅진에는 백제의 거점성으로 웅진성인 공산성이 있다. 산성이지만 규모가 크고 성내에는 백제시대의 각종 유적이 있다. 이중에서 추정왕궁지로 비정된 유적도 있어 이 산성이 백제의 웅진도읍기 도성내 거점 성임은 물론 왕궁이 있었던 왕성이란 점을 살피고자 한다.

(1) 웅진시대의 개막

웅진이 백제의 담로로서 한성시대의 중앙과 밀접한 관련이 있었을지라도 왕도로서의 새로운 면모를 갖추기 위해서는 많은 시간이 필요하였을 것이다. 문주왕은 즉위 후 한성 함락으로 인해 추락된 백제 왕실의 권위 회복과 왕권 강화를 위해 체제 정비에 적극적으로 나서게 된다.

먼저 옛 왕도인 한성에서 옮겨 온 민호(民戶)들은 귀족세력의 통제 하에 일정 지역에 분산되어 수용·정착하게 한다. 문주왕 2년(서기476년) 2월에 대두산성 (大豆山城)을 축조하여 한성 북쪽의 민호를 대두산성과 직산의 위례성 등에 거주하게 하였던 것이다. 한성의 황폐화로 인해 그곳에 살던 민호를 사민(徙民)시키면서 한성지역의 명칭도 함께 옮겨진 것으로 보인다.

문주왕은 또한 중국과의 대외관계를 정비하기 위해 476년 3월에 송나라에 사신을 보내 예방하려고 했다. 그러나 고구려의 방해로 송나라와의 접촉은 차단되고 만다. 그리고 그 해 여름 4월에 탐라국에서 토산물을 바쳐오자, 그 사자를 달솔에 임명하기도 하였다. 웅진으로 천도한 후 문주왕은 새 왕도인 웅진성 안에 궁전과 여러 정청 등 통치를 위한 시설물들을 갖추어 나가야 했다. 그러나 웅진 천도가 상당히 위급한 상황에서 불과 한 달여 만에 이루어졌기 때문에 천도 직후에는 기존의 시설을 활용할 수밖에 없었을 것이다. 현재 2,660m에 이르는 포곡식(包谷式)의 공산성 가운데 현존하고 있는 테뫼식의 토성 부분이 당신의 웅진성의 규모로 파악된다.

문주왕은 재위 3년(477) 봄 2월에 궁실을 중수하였다. 웅진성 안의 궁실은 문주왕 3년(477)과 동성왕 7년(485)에 걸쳐 중수되었다고 『삼국사기』 백제본기는 전하고 있다. 공산성 안의 쌍수정 부근의 백제시대 건물터에서 많은 양의 기와와 토기, 그리고 청동경이 출토되어 이곳을 웅진 도읍기의 왕궁지로 추정하고 있다. 그리고 남당(南堂)과 임류각(臨流閣) 등 부속 시설물들을 하나씩 조영해 간 것으로 보인다.

그러나 새 왕도에 정착하기 위한 노력에도 불구하고 웅진천도 초기의 정치적 상황은 그리 순탄하지 않았다. 웅진천도 초기의 백제는 한성의 함락과 한강 유역의 상실, 개로왕 직계 왕통의 단절 등으로 위기상황에 놓여 있었다. 더욱이 이러한 틈을 타서 권신들이 발호함으로서 왕권이 실추하게 되고 정치적 불안은 계속되었다. 물론 문주왕은 왕권 강화의 일환으로 2년(476) 8月에 측근인 해구를 병관좌평으로 삼고, 3년(477) 4月에 왕의 아우인 곤지(昆支)를 내신좌평에 임명하였다. 그리고 맏아들 삼근(三斤)을 일찍이 태자로 책봉하였다. 이는 개로왕 직계 왕통의 단절로 인해 야기될 수 있는 왕위 계승상의 혼란을 미연에 방지하려고 한 것이다.

그러나 웅진시대에 이르러 백제 왕실의 기반을 구축하기 위해 문주왕이 내신좌평으로 임명한 아우 곤지는 이듬해 7月에 죽게 된다. 그리고 문주왕 역시 당시에 정치적 실권을 장악하고 있던 병관좌평 해구의 발호를 제어하지 못한다. 그러다가 재위 4년인 478년 9月에 사냥을 나가 외부에 묵었다가 해구가 보낸 자객에 의해 살해되고 만다. 취약한 백제 왕권을 보위하는데 핵심적인 역할을 담당했던 곤지가 내신좌평으로 임명된 뒤 3개월도 못되어 사망하게 되자, 실권을 장악한 해구가 마침내 정치적 배경을 상실한 문주왕을 시해하고 13세에 불과한 삼근왕(478~479)을 옹립하였던 것이다.

삼근왕은 문주왕의 맏아들로서 즉위했으나, 군사 임무와 나라 정사에 대한 일체의 권한은 문주왕을 시해한 좌평 해구가 장악하고 있었다. 해구는 어린 삼근왕으로 부터 일체의 군국정사(軍國政事)를 위임받아 막강한 권력을 장악하여 국정을 오로지 했던 것이다. 해씨(解氏)는 원래 고구려 내지 부여계로 기록에서 확인되는 성씨이다. 해씨는 온조왕 41년(23)이라는 이른 시기에 다른 세력에 앞서 우보(右輔)에 임명됨으로서 초기 백제 정치의 운영과정에서 국가체제 내로 편입된 뒤 진씨(眞氏)와 함께 한성시기 내내 백제 정치의 중심세력으로 자리 잡고 있었던 것이다.

어린 삼근왕을 내세워 해구가 발호하자 좌평(佐平) 진남(眞男)과 덕솔(德率) 진로(眞老)와 같은 진씨 세력이 중심이 되어 해구를 견제하고 나섰다. 진씨(眞氏) 세력 역시 토착세력으로서 다루왕(多婁王) 10년에 처음으로『삼국사기』백제본기에 등장한 이후 백제 정치사의 중심세력으로서 해씨세력과 경쟁적 관계에 있었다. 형세가 불리해진 해구는 삼근왕 2년에 금강유역에 기반을 둔 신진세력의 하나인 연씨(燕氏) 세력과 손잡고 대두성을 거점으로 하여 반란을 일으켰다. 이에 삼근왕이 좌평 진남에게 명령하여 군사 2천으로 공격하게 했으나 실패하고, 결국 이 반란은 덕솔 진로가 이끈 정예부대 5백명에 의해 평정되었다. 진로를 비롯한 진씨 세력은 해구 세력을 평정한 공으로 동성왕대까지 한동안 실세귀족의 위치에 있게 된다.

해구의 난을 평정한 다음해 11월에 삼근왕 마저도 죽게 된다.『삼국사기』백제본기에는 삼근왕의 죽음에 대한 특별한 사유를 밝히지 않는다. 그러나 삼근왕의 죽음 후 동성왕이 즉위하였고, 진노가 병관좌평이 되는 것으로 보아 삼근왕의 죽음에 동성왕과 진씨 세력이 개입된 것으로 추정된다. 이와 같이 고구려의 한성 함락이라는 물리적인 외압을 계기로 이루어진 천도였기 때문에 웅진천도 후에도 문주왕(文周王)과 삼근왕(三斤王)이 단명(短命)하는 백제 정치사의 위기는 계속되었다.

정치적 불안을 극복하고 실추된 백제 왕권을 회복시킨 웅진시대의 왕은 동성왕(479~501)이다. 문주왕의 뒤를 이어 즉위한 삼근왕 역시 재위 3년 만에 죽고, 그 뒤를 문주왕의 동생인 곤지의 아들 동성왕이 왕위를 잇게 되었다.

동성왕의 이름은 모대(牟大)로서 문주왕의 아우인 곤지의 아들이었다.『삼국사기』백제본기에서는 "담력이 남들보다 월등하였으며, 활을 잘 쏘아 백 번 쏘면 백 번 맞추었다"고 기록하고 있다. 이와 같이 동성왕은 전투에 뛰어나고 과단성이 있어 집권 후기에는 독단에 빠지기도 했지만, 꾸준히 왕권강화 정책을 추진하여 웅진시대에 중흥의 기틀을 마련한 왕이었다고 볼 수 있다.

『일본서기』에 의하면 동성왕은 왜에 체류하고 있다가 삼근왕이 죽자, 축자(筑紫) 지역의 병력 500명의 호위를 받으며 백제로 건너와서 어린 나이로 왕위에 올랐다고 한다. 앞서 살펴 본 것처럼, 동성왕 4년에 해구의 난을 토벌할 때 핵심적 역할을 한 덕솔 진로가 병관좌평(兵官佐平)으로 임명되어 내외의 병마(兵馬) 일을 맡은 것으로 보아, 동성왕을 일본에서 옹립해 온 핵심세력은 진씨 세력이었을 것으로 보인다. 해구가 어린 삼근왕을 옹립하여 군국정사의 일을 농단했던 것처럼, 진씨세력 역시 정략적 의도에서 어린 동성왕을 옹립했을 가능성이 크다. 동성왕은 오랫동안 왜국에 체류하고 있었기 때문에 국내사정에 어두웠을 것이기 때문이다. 또 하나는 그의 아버지 곤지가 죽었기 때문에 후견인이 될 사람도 없었다는 점이다. 동성왕은 개로왕의 직계도 문주왕의 직계도 아니었지만, 실권을 유지하면서 대왜(對倭) 관계를 통해 고구려를 견제하려던 진씨 세력의 정치적 의도에 의해 왕위에 오를 수 있었던 것으로 보인다.

동성왕은 즉위 후 실세의 구 귀족인 진씨(眞氏)·해씨(解氏)·목씨(木氏) 등을 견제하기 위해 웅진천도 후에 새롭게 부각된 사씨(沙氏)·백씨(苩氏)·연씨(燕氏) 등의 신진세력을 등용한다. 이러한 신진세력의 등용은 지배층의 폭을 넓혀 왕권의 지배력을 공고히 한다는 점에서 백제사의 새로운 전기를 이루는데 중요한 의미를 갖는다. 동성왕대 전기에는 구 귀족이 중심이 되어 정국을 운영하였으나, 금강유역의 신진세력들이 점차 중앙정계에 진출함에 따라 신·구세력의 균형 위에서 동성왕은 왕권의 안정을 꾀할 수 있었던 것으로 보인다.

또한 동성왕은 즉위 후 왕권 강화를 위한 체제 정비 작업에 나서게 된다. 재위 5년에는 한산성에 나아가 사냥을 하면서 군사와 백성들을 위무하였다. 그리고 재위 6년에는 남제(南齊)의 태조 소도성(蕭道成)이 고구려의 장수왕을 책봉하여 '표기대장군(驃騎大將軍)'을 삼았다는 말을 듣고, 남제에 사신을 보내 조공관계를 맺은 뒤 그 후 꾸준히 사신을 파견하였다. 백제가 중국과의 교섭 기사에서 '내속(內屬)'을 청한 것은 이번이 처음이다.

고구려가 북위 일변도의 외교정책을 펴고 있는 시점에서 남제에 대한 백제의 '내속' 관계는 단순한 경제적·문화적 관계 뿐 아니라, 군사적 관계까지 포함하였을 것이다. 이와 같이 백제가 남제에 대해서 '내속'을 청한 것은 당시 고구려와의 대치상황 속에서 나온 실리적인 외교정책의 하나였다고 보아야 할 것이다. 이로써 백제는 고구려의 압력을 저지할 수 있는 대외적 기반을 마련하였던 것이다.

그리고 동성왕은 대내적으로 지배세력에 대한 재편작업을 하였다. 그러나 후기로 갈수록 신진세력을 더욱 중용하는 현상이 나타나게 된다. 진노가 죽고 난 이후 연돌(燕突)을 병관좌평(兵官佐平)에 기용한다. 그리고 동성왕 8년에는 백가(苩加)를 숙위병사의 업무를 관장하는 위사좌평(衛士佐平)에 임명하고 있다. 이와 같이 『삼국사기』를 보면, 동성왕 후기에는 구 귀족들의 활동이 거의 보이지 않는 대신에 많은 신진세력이 중앙의 요직에 등용된다.

이러한 지배세력의 재편작업 성공에 따른 동성왕대의 정치적 안정을 상징하듯이 동성왕 11년 가을에 큰 풍년이 들었고, 남해 어촌 사람이 이삭이 맞붙은 벼를 바쳤다고 『삼국사기』는 기록하고 있다. 또한 이러한 체제 안정에 대한 자신감의 표현으로 동성왕은 재위 8년 10월에 대궐 남쪽에서 크게 군대를 사열하였다. 그리고 재위 11년 10월에 제단을 만들어 천지신명에게 제사를 지내고, 11월에는 남당에서 여러 신하들에게 잔치를 베풀었다.

또한 신라 왕실과 통혼을 하였다. 동성왕은 재위 7년에 먼저 신라에 사신을 보내 예방(禮訪)하였다. 그리고 동성왕 15년(493) 3월에 신라 눌지왕에게 왕녀를 요청하자, 눌지왕이 이벌찬 비지(比智)의 딸을 보내와 혼인하였다. 동성왕은 신라와 혼인 관계를 통해 동맹체제를 강화해 고구려의 남침에 적극 대항하고자 하였던 것이다. 백제는 비유왕 7년(433)에 신라 눌지왕과 화친을 맺어 고구려의 남진책에 공동으로 대응해 왔다.

그러나 백제와 신라 사이에 우호관계가 더욱 공고화되어 실질적인 군사동맹 관계로 발전한 것은 동성왕과 신라의 소지왕 때의 일이라고 할 수 있다. 백제는 미질부(彌秩夫) 전투(481), 모산성(母山城) 전투(484), 살수원(薩水原) 전투(494)에서 신라를 구원하였고, 치양성(稚壤城) 전투(493)에서는 신라로부터 구원을 받아 고구려군을 물리치기도 하였다. 이 결혼동맹으로 백제는 고구려의 남진을 어느 정도 저지할 수 있었다.

동성왕은 탐라국에 대한 백제의 지배권을 강화하였다. 탐라국은 문주왕 2년(476)에 사신을 보내옴으로서 백제와 복속관계를 맺었었다. 그러나 동성왕은 재위 20년에 백제에 복속되어 있었던 탐라지역에서 공납과 조공을 바치지 않는다는 것을 명분으로 탐라를 치기 위해 직접 무진주까지 내려갔다. 그러나 탐라가 이 소식을 듣고 사신을 보내 사죄하므로 공격을 중지하기도 하였다. 또한 신라의 지증왕이 즉위하면서(500년) 친고구려 노선으로 전환할 징후를 보이게 되자, 동성왕 23년에는 백제도 신라와의 경계선이 있는 전략적 요충지인 탄현(炭峴)에 성책을 설치하여 신라에 대한 경계를 게을리 하지 않았다.

동성왕이 안정된 정치상황을 바탕으로 왕권의 전제화를 도모하게 되면서, 동성왕대의 정치 안정은 파행으로 이르게 되었다. 또한 임류각의 건축 등 대규모의 토목공사를 자주 일으켜서 실추된 왕권을 회복하려고 하였다. 그러나 이는 국력의 소모와 민심의 이탈을 가져왔으며, 수해와 가뭄 등의 거듭된 자연재해와 진휼대책의 미비로 농민생활을 피폐화시킴으로서 왕권의 인적·물적 기반을 약화시켰다.

동성왕 21년 여름에는 가뭄이 들어 백성들이 굶주리게 되었다. 그리고 10월에는 전염병이 돌아 도적이 많이 일어나자 신하들이 창고를 열어 구휼하자고 건의했으나 왕이 실행하지 않자, 고구려로 도망간 사람들이 2천명에 이르렀다. 동성왕 22년에는 백성들이 어려운 상황에 처해 있는데도 불구하고, 대궐 동쪽에 높이가 다섯 길이나 되는 임류각을 세우고 연못을 파고 진기한 새를 길렀다. 이에 간관들이 항의하자 간언을 듣지 않기 위해 아예 대궐 문을 닫아 두었으며, 왕의 측근들을 데리고 임류각에서 잔치를 베풀면서 밤새도록 놀았다고 한다.

동성왕에게 있어 신진세력의 독주는 왕권의 강화와 안정 기반을 위협하는 또 하나의 방해물이었다. 이에 동성왕은 신진세력의 비대화를 막기 위해 세력개편을 단행하였다. 즉 사정성(沙井城)을 축조하여 한솔(扞率) 비타(毗陀)를 보내 진수하게 하였으며, 가림성(加林城)을 축조하여 웅진에 세력기반을 가진 위사좌평 백가를 보내 관장하도록 하였다. 이와 같이 동성왕은 신진세력을 등용하여 새로운 관료집단을 형성함으로서 왕권의 안정을 꾀한다. 그러나 신진세력의 비대화에 대한 견제책과 왕권의 독단으로 말미암아 집권 후반기에 이르러서는 다시 웅진초기와 같은 왕권의 동요를 가져온다.

신진세력의 비대화를 견제하고 사비천도를 준비하기 위해 동성왕이 실세귀족인 위사좌평 백가를 임천의 가림성으로 전보시키자, 자신의 정치적 기반을 상실당할까 우려한 백가가 병을 핑계했으나 왕이 승낙하지 않자 원한을 품는다. 이에 백가는 동성왕 재위 23년 12월에 왕이 사비 서쪽 벌판에서 사냥을 하다가 눈에 길이 막혀 마포촌에 묵자 자객을 보내 왕을 살해한다.

동성왕대에 추진된 일련의 정권 안정과 지배기반의 확대를 위한 시책은 일정 부분 성공하여 웅진천도 초기의 정치적 불안정성을 불식하고, 무령왕·성왕대로 이어지는 정치 안정의 바탕이 되었다. 그러나 신진세력의 확대를 통한 구세력의 억압과, 웅진세력의 비대화를 견제하기 위한 새로운 도읍지인 사비로의 천도 모색과 왕권의 독단적 행사는 기존 웅진세력의 반발을 가져와 도리어 왕이 시해당하는 웅진기의 불행을 또 야기한다.

(2) 백제왕도 웅진

웅진은 고구려의 남침으로 한성이 함락된 후, 천도로 말미암아 일국의 도읍지로 자리한다. 한성 함락 과정에 개로왕을 비롯한 왕실세력은 붕괴된 상황에서 구원군과 더불어 한성에 진입한 문주가 왕위에 올랐다. 그러나 한성은 더 이상 도읍으로서의 기능이 어려웠기에 문주는 부득이 동원되었던 지방세력, 즉 충청일원의 세력과 더불어 남천하면서 지방 세력과 유기적으로 연계될 수 있는 지역, 즉 웅진을 도읍으로 선정한 것이다. 때문에 웅진은 처음부터 도읍으로서 면모를 갖춘 것이 아니라 도읍과정에 점진적으로 도성으로서의 면모를 갖추어 나갔다.

백제가 웅진에 도읍한 기간은 64년간으로 그리 긴 시간은 아니다. 그러나 이곳에 도읍하던 시기에 혼란한 정국을 수습하였을 뿐만 아니라 국력 부흥을 이룩하여 후기의 찬란한 발전기틀이 다져진 시기이다. 따라서 비록 도읍의 택정이 황급하게 이루어졌지만 도읍 기간동안 도읍지는 왕도로서 면모를 갖추어갔을 것으로 추정되는데 그 현황은 어떠한가.

일국의 도읍은 왕궁을 비롯한 각종 시설이 마련될 뿐만 아니라 완벽한 방어시설을 갖추어 하나의 도성체제를 갖추게 됨이 일반적이나 백제 웅진도읍기의 도읍구조를 검토할 수 있는 자료는 거의 없다. 단지 도성 혹은 왕성으로 추정되는 웅진성인 공산성, 그리고 무령왕릉과 같은 매장 유적 등의 고고학적 조사결과를 토대로 이곳이 도읍지였음을 알 수 있다.

도시나 읍락의 정주(定住)는 지리적 환경과 무관할 수 없다. 웅진인 지금의 공주지역은 금강유역의 분지지역으로 분류되듯이 사방이 산으로 둘러싸인 지역이다. 거기에 북으로 금강이 가로막고 있으면서 분지의 중간지역을 제민천이란 하천이 남북으로 관통한다. 때문에 제민천을 중심한 시가지 일원은 평지로 남았지만 이외의 지역은 대체로 산지 혹은 구릉지로 있고, 평야지는 강북 쪽에만 넓게 발달되어 있다. 여기에 시가지 일원도 20세기 이전은 금강 쪽의 제방이 없어 강으로 개구된 상태이고, 제민천의 좌우가 늪지대 혹은 저지대의 농경지로 활용되었었던 것이 확인된다. 이러한 지리적 조건은 일단 도읍지의 범위를 분지내로 한정시킬 수 있다는 장점은 있지만, 도읍지내의 도시구조를 구체화하는데 적지 않은 한계가 있다.

왕도(王都)의 범위나 현황은 고고학 자료를 통해 검토될 수 있다. 예컨대 오래전에 나성(羅城)의 존재를 추정하여 도성의 현황을 이해한다거나 주변의 산성

(山城)에 대한 분포상을 토대로 왕도의 범위나 방어시설의 특수성이 언급된 경우가 있다. 그러나 나성의 존재는 단지 추정적 논지였고, 고고학적으로 전혀 입증할

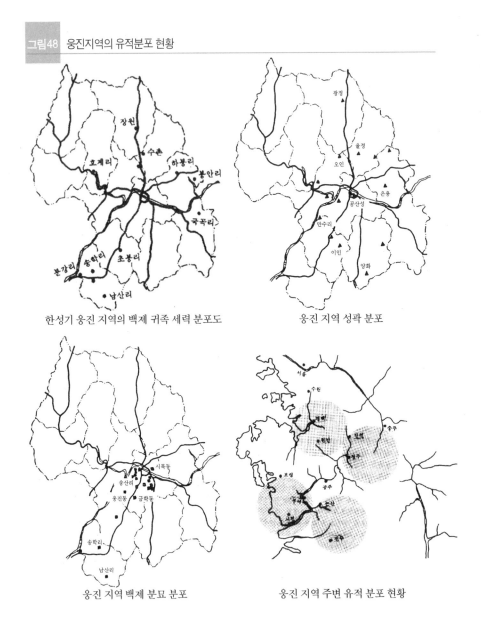

그림48 웅진지역의 유적분포 현황

한성기 웅진 지역의 백제 귀족 세력 분포도

웅진 지역 성곽 분포

웅진 지역 백제 분묘 분포

웅진 지역 주변 유적 분포 현황

수 없다. 반면에 산성의 분포상을 토대로 왕도의 현황을 살핌에 있어 약 20여개의 산성이 웅진성인 공산성을 중심으로 사방에 일정한 간격을 두고 규칙적으로 배치되어 있는 특징이 있다. 다만 이들 산성으로 구획되는 것이 왕도의 범위로 보기에는 검토할 여지가 있고 오히려 산성이 교통로상에 이중으로 배치되어 있는 점 등이 고려되어야 한다.

현재 유적의 분포상에서 금강인 하천을 경계로 남쪽에 유적이 밀집되어 있다. 물론 금강의 북쪽으로 취리산 유적이나, 시목동 고분군, 그리고 수촌리 고분군 등이 자리하고 일부 산성도 존재한다. 그러나 숫적으로 상대적 열세가 두드러질 뿐만 아니라 유적 자체도 강의 남쪽에 있는 것들과 차이가 있다. 오히려 이들은 백제의 웅진천도 이전의 것들이다. 반면에 강의 남쪽에 있는 유적들은 대부분 웅진천도 이후로 편년된다. 이로 보면 강을 경계로 그 남쪽이 천도 후 도읍 웅진의 범위라는 것을 알 수 있다.

한편 백제가 웅진에 도읍하던 시기에 축조한 고분이 적지 않게 남아 있고 이들은 대체로 웅진성인 공산성을 중심으로 남쪽과 서쪽에 주로 자리한다. 고분의 입지는 취락지와 인접하면서 나름의 특성을 갖추는 것이 일반적이다. 예컨대 도성체제가 갖추어졌던 사비지역의 경우 고분군은 대체로 도성의 바깥에 자리한다. 백제가 웅진에 도읍하던 시기에도 그러한 관습이 통용되었다면 웅진 왕도의 범위는 이들 고분군의 안쪽으로 구획될 수 있다.

다만 도읍지내의 구조는 구체적으로 설명되기 어려운데, 분지 내에 남에서 북으로 흘러드는 제민천이 자리하고, 제민천 북단은 금강과 합류하면서 저지대의 늪지가 넓게 형성되었을 것이고, 이로써 정연한 시가구획은 불가능하였을 것이다. 때문에 거주구역은 외곽의 구릉 하단쪽 혹은 구릉지역에 국한되었을 것이다. 또한 왕도의 중요시설로 도읍내의 거점으로 웅진성이 있고, 웅진성의 외부는 거주시설로 입지하면서 필요에 따라 국가시설이 여기저기에 자리하였을 것이다.

(3) 웅진성인 공산성

웅진성은 백제의 도읍지 웅진에 있던 거점 성이고, 현재 공주 시가의 중심에 있는 공산성이 그것이다. 공산성은 성의 이름 변화에서 알 수 있듯이 오랜 기간 그 기능을 유지하였고, 그로 말미암아 성내에는 각 시기별 유적이 적지 않게 중복되어 있다. 특히 조선시대에는 성곽에 대한 반복적 증·개축이 있고, 더불어 성내

그림49 공산성과 성내 유적현황

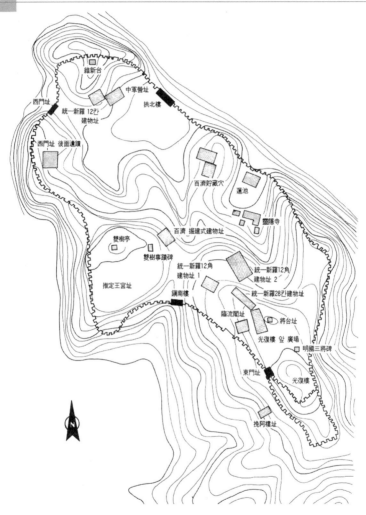

그림49 공산성과 성내 유적현황

에도 각종 시설이 마련되어 있었다. 이 웅진성을 처음 쌓은 시기는 백제가 웅진으로 천도하기 이전에 이미 축성된 것으로 보지만 웅진천도가 단순한 군사적 목적에서 비롯된 것이 아니고, 더불어 웅진 지역에서 발견되는 백제유적의 잔존형상을 참고하면, 남천과 더불어 혹은 남천 과정에서 축조되었을 가능성도 전혀 배제하기 어렵다.

공산성이 백제시대의 웅진성임을 알려주는 자료는 조선중기 지리서인『신증동국여지승람』으로, 주의 북쪽 2리에 있고, 백제시대의 고성이었으며, 신라시대의 김헌창이 웅거하던 곳으로 전한다. 물론 기록에서 지목된 백제시대의 옛 성이 웅진성(熊津城)이라고 사실적으로 분명하게 기록하지 않았고, 나아가 기록내용 자체에서 이를 확인할 근거도 없는 형편이다. 그러나 신라의 김헌창이 웅천주(熊川州)에서 난을 일으켰고, 그가 웅진성에 웅거하였음을『삼국사기』등의 여타 기록에도 전하고 있어, 공산성을 웅진성으로 비정한다.

이 공산성은 웅진성, 웅천성, 공주산성, 쌍수산성 등의 명칭에서 알 수 있듯이 오랜 기간 그 기능을 유지하였고, 그로 말미암아 성내에는 각 시기별 유적이 적지 않게 중복되어 있다. 특히 조선시대에는 성곽에 대한 반복적 증·개축이 있고, 더불어 성내에도 각종 시설이 마련되어 있었다. 예컨대『여지도서』에 의하면 타와 포루를 갖춘 석축 성곽으로 4개의 문루를 갖추고 있으며, 성내에는 중군처소로 진남관이 있고, 그 앞에 연못이 있는 외에 후에 다시금 축조된 연못과 더불어 수구문과 암문, 만하루라는 건물과 이 연못과 인접하여 익성을 갖춘 성체가 마련되었음을 알게 한다. 그러나 현재의 잔존유적은 조선후기의 것 조차 구체적이지 않다. 현재 지상유적으로 남겨진 것은 성곽시설로 성문 등의 부대시설이 있으며, 이외에 조선후기의『여지도서』등에서 확인할 수 없는 비각이나 누각이 있는데 이들은 조영시기가 오래되지 않은 것들이다. 대부분 유적은 인멸된 상태로 지하에 매몰되어 있었을 뿐이며, 이들은 발굴조사를 통해서 드러났다.

문제는 공산성이 산성으로 존재하고 성내에는 적지 않은 시설들이 남아 있는데 이 시설 중에 어떤 것이 백제시대의 도성 혹은 왕성의 시설로 인정될 것인가이다. 사실, 백제의 도성이나 왕궁에 대한 지식은 매우 빈약하다. 백제는 한성, 웅진, 사비라는 세 지역에 도읍한 경험이 있고, 특히 한성지역에서도 여러 차례에 걸친 왕궁의 이전이 있었던 것으로 전하지만 정작 왕궁의 위치나 실상은 전혀 알 수 없다. 사비도읍기의 도성 조영에 대한 추론도 없지 않지만 이곳에서도 왕궁의 위치나 형상에 대해서는 아직은 알지 못한다. 이러한 의문은 웅진성에도 그대로 적용된다. 특히 왕궁이 성내에 있었는가에 대해서는 논란이 많다.

공산성이 백제의 웅진성이고, 웅진성이 중심성 임이 분명하다. 따라서 당연히 공산성내에 왕궁이 위치하여야 한다. 그리고 공산성내 유적조사가 어느 정도

그림50 공산성내의 백제 추정왕궁지 및 기타 백제 유적들

마무리된 상황이며, 여기에는 왕궁지로 추정된 유적도 있다. 현재 공산성내에는 이 추정왕궁지외에 왕궁으로 볼 수 있는 마땅한 유적이 없고, 나아가 왕궁과 같은 대규모의 유적이 입지할 면적도 더 이상 찾기 어렵다. 따라서 현재 조사된 추정 왕궁지를 백제가 웅진에 도읍하던 시기에 사용된 왕궁으로 볼 수밖에 없는 형편이다. 물론 이 추정왕궁지의 유적내용이 왕궁으로서 적합한 것인가에 대한 의문이 있기도 하다. 특히 왕궁으로서 범위가 협소하다던가, 관련 유구라던가 유물이 빈약하다는 점도 지적된다. 그러나 삼국시대 왕궁현황은 고구려의 안학궁과 같은 유적 이외는 불분명한 상태이고, 백제가 웅진으로 천도하던 시기의 황급성(遑急性) 등을 고려되어야 한다. 현재 왕궁에 대한 정확한 견해를 마련하기도 어려운 형편에서 달리 비정될 수 있는 유적이 없는 현실도 고려할 필요가 있다.

공산성내 백제 추정 왕궁지는 가장 넓은 면적을 차지하고 있고, 유구의 다양성이나 밀집도도 나름대로 갖추고 있다. 그리고 수습된 유물 중에 연화문 숫막새

기와가 적지 않다. 이들 숫막새기와는 적어도 사찰이나 왕궁 혹은 관청과 같은 중요 건물에 사용되는 것이다. 특히 추정왕궁지 출토 숫막새 기와중에는 규모가 큰 것도 있으며, 이들은 대형 건물에 사용된 것으로 해당 지역내에 그에 걸 맞는 건축물이 있었던 것을 반증한다. 이를 왕궁과 같은 시설로 보는 것이다. 이러한 요인들은 공산성이 백제시대의 중심 거점 성으로 자리하였고, 따라서 성내에 왕궁 시설이 마련되었을 것이며, 현재로는 추정왕궁지로 비정된 유적이 그것이라 결론된다.

공산성은 백제의 도읍지에 위치한 산성이다. 더불어 그 동안 발굴조사된 성내의 유적현황으로 보면, 도읍지내에 있으면서 매우 중요한 역할을 하는 거성이었음도 알 수 있다. 이러한 관점에서 본다면 공산성은 적어도 도성 혹은 왕성으로 볼 수 있을 것인데 도성보다는 오히려 왕성으로 불리는 것이 타당하다. 참고로 기록에는 웅진성을 일명 고마성으로 적고 있는 점, 웅진성의 규모가 왕성과 비슷하다는 점도 주목된다. 고마성이란 용어는 중국인에게는 백제의 왕도 혹은 왕성을 의미한 것이다. 이는『한원』과 같은 중국쪽 기록에는 치소인 도성 혹은 고마성으로 적고 있다. 예컨대『주서』의 경우 치성을 고마라 하였다든가, 『북사』에서 도성을 거발성이라 하였는데, 고마성으로 불리기도 하였다는 등의 내용이 그것이다. 이를 종합하면, 고마성은 백제의 중심 치소, 즉 도읍지 내의 중심 거성이나 왕성을 의미하는 것이고, 나아가 웅진성이 고마성으로 불리는 것은 이전의 도읍지에 위치하면서 그것이 왕성이었기 때문이다.

• 웅진도읍 초기 신흥세력의 등장배경
• 동성왕의 왕권강화책과 그 한계
• 백제 왕도 웅진의 지리적 고고학적 환경
• 웅진성인 공산성의 역사적 환경
• 백제왕도 웅진과 웅진성 그리고 왕도로서 왕궁의 위치문제

3) 백제의 중흥과 전축분

백제의 웅진시대는 시련과 시련의 극복시대로 구분된다. 그런데 백제 웅진시대는 제 2의 도약시기로 보고 이를 중흥의 시기라 하는데 그 전면에는 무령왕이란 걸출한 군주가 있다. 무령왕은 그 출자에 대해서는 불분명한 것이 많지만 왕권강화를 통해 백제가 다시금 도약할 수 있는 발판을 마련한 군주이다. 더불어 그의 무덤인 무령왕릉은 백제에서 확인된 무덤유적중에서 유일하게 주인공을 분명하게 알려주는 것으로 지금의 공주 송산리 고분군내에 있다. 그런데 송산리 고분군내에는 무령왕릉과 동일한 내용을 가진 또 다른 무덤인 6호 전축분도 있다. 그리고 이 6호 전축분은 무령왕릉과 거의 비슷한 내용을 가진 점을 근거로 여기에 묻힌자가 누구인가에 대한 의문이 많다. 이 무덤은 무령왕과 밀접하게 관련된 인물이 묻힌 곳으로 아마도 무령왕의 첫 번째 부인이 아닌가 추정하여 보고자 한다.

(1) 웅진시대 백제중흥의 군주 무령왕

백제사에서 '중흥기'로 알려진 성왕대(523~554)는 국가체제가 크게 정비되고 한강유역을 수복하는 등 국력이 크게 신장되는 시기로 이해된다. 그러나 그 배경에는 웅진도읍시기인 동성왕과 무령왕대에 추진된 일련의 왕권 강화정책의 덕택으로 볼 수 있다. 특히 무령왕은 중흥의 영주인 성왕의 아버지로 백제 중흥의 기반이 이 시기에 이룩된 것으로 보고 있다. 그는 신장이 8척이나 될 정도로 키가 크고 미목(眉目)이 그림 같을 정도로 준수한 풍모를 지니고 있었다. 그의 활동에 대해서는 관련 기록이 없어 알 수 없지만 왕이 되었을 때에는 40세라는 원숙한 나이에다가 성품이 인자·관후하여 민심을 잘 수습할 수 있는 국왕으로서의 포용력과 자질도 겸비했다고 볼 수 있다. 특히 우유부단한 문주왕과 과단성 있는 동성왕의 성품이 난세에 어떠한 결과를 초래했는가에 대하여 잘 알고 있었기 때문에 의식적으로 용의주도하게 보신하면서 처신하였음도 추정할 수 있다. 무령왕은 23년간 재위하면서 62세로 세상을 떠날 때까지 대외적으로 "백제가 다시 강국이 되었다"라고 공언할 수 있었는데 이는 그의 왕권강화책이 결실을 맺었음을 알게 한다.

무령왕의 출생에 대해서는 무령왕릉에서 출토된 지석 및 매지권이나 그의 출생설화를 담고 있는 『일본서기』웅략기 5년조의 기사를 참고할 경우 개로왕 7~8년인 서기 461~462의 어느 시기인 것으로 알려져 있다. 이름은 '무령(武寧)'이란 시호 외에 '사마(斯摩, 斯麻)란 이름이 전하며, 일본의 축자(筑紫)의 각라도(各羅嶋)에서 탄생하였다는 설화도 전한다. 다만 그가 백제 왕계에서 어떤 위치를 차지하는가에는 여러 가지 견해가 있다.

첫째가 동성왕의 둘째아들설로 『삼국사기』와 『삼국유사』에 기록된 것이다. 이는 백제의 왕통계보를 거의 부계직자(父系直子) 상속의 입장에서 정리한 것이며, 중국사서인 『양서』 백제전에도 그대로 서술되어 있다. 그러나 이는 중국인의 부계직자 상속에 의한 왕위 계승관에 따라 이 시기의 백제왕계를 일률적으로 기록한 데에 불과하다. 이 설을 따를 경우 동성 · 무령왕 두 사람 간에 연령상 현격한 차이가 생겨 인정이 어렵다.

둘째로 개로왕의 아들설이다. 일본의 역사서인 『일본서기』에 남겨진 것이며, 곤지가 형인 개로왕의 임신한 부인을 함께 대동하고 왜로 떠나는 도중에 왜의 각라섬에서 무령왕을 낳게 되어 그를 곧바로 본국에 송환하였다는 무령왕의 탄생설화에 근거하는 것이다.

세 번째는 동성왕의 이모형설이다. 이도 『일본서기』의 『백제신찬』에 서술되어 있는 것으로 곤지는 5명의 아들이 있었고 동성왕이 둘째아들이며, 반면에 무령왕은 곤지의 첫째 아들이지만 동성왕과는 배다른 형이란 것이다.

이상과 같이 동성왕과 무령왕과의 관계를 해명하기 위한 세 가지 설은 무령왕이 동성왕과 부자관계로 설정될 수 없고 또한 개로왕의 아들설은 한성기 백제 왕실과 연결시키려는 계보적 의제에 불과하며, 동성왕과는 개로왕의 동생인 곤지를 아버지로 하는 이모형이 아닌가라는 견해에 많은 동조가 있다.

무령왕의 왕위등극은 동성왕의 시해 사건에서 비롯된다. 동성왕을 시해한 주도적 인물은 백가로 알려져 있고, 이 백씨세력은 백제의 중앙세력과 긴밀한 관계를 유지하다가 웅진천도 과정에서 막후 역할을 한 집단이다. 그들은 동성왕때 백가가 숙위병사 업무를 담당하는 위사좌평에 있으면서 동성왕의 '좌우(左右)'로 지칭될 정도의 실세귀족이었다. 그런데 동성왕 말년에 돌연 가림성주〔부여 임천의 성흥산성〕로 전보되자 권력상실을 우려한 나머지 자객을 보내 동성왕을 시해한 것이다. 백가는 동성왕의 왕권강화책의 일환으로 실시한 신진세력의 등용과정에서 부각된 인물이고, 동성왕 말년에 비대해진 신진세력의 견제과정에서 나타난 갈등으로 왕을 시해한 것으로 판단한다. 다만 동성왕 시해의 주동세력이 백가로 보는 것 외에 무령왕이 배후 세력 혹은 주동으로 보기도 한다.

무령왕은 동성왕 말년의 일련의 실정을 틈타 동성왕을 시해하고 정국의 주도 권을 장악하려던 백가 일파를 제압하고 40세라는 연만한 나이로 왕위에 올랐다. 이제까지 웅진천도와 이에 따른 정국의 혼란상을 직접 체험하면서 당시 백제가 당면한 큰 과제들을 하나씩 해결해 나가야 할 처지에 놓이게 되었다. 우선 대내적 으로 무엇보다도 먼저 해결해야할 과제는 그동안 웅진 천도와 일련의 정정 불안 으로 크게 위축된 왕권을 어떻게 하면 다시금 확립하는 것이었다. 나아가 전쟁과 자연재해 등으로 피폐해진 백성들을 안정시켜 국가 경제기반을 확대시키는 일도 시급한 상황이었다. 여기에 국가적 존망에 영향을 미쳤던 고구려의 침략을 물리 치면서 오히려 옛 땅을 수복하는 것도 그에게 주어진 과제였다.

왕권의 확립은 지배세력을 개편하는 것부터 실시한다. 무령왕은 신진세력의 권한을 일정하게 견제하면서 신·구세력간의 세력 균형을 유지하는 가운데 왕권 의 안정을 추구해 나갔다. 그리고 최고 관등급인 좌평제를 개편하여 신·구세력 을 통제해 나갔다. 성왕대에 대좌평·상좌평·중좌평·하좌평과 같은 분화된 좌 평의 존재는 무령왕대부터 좌평제를 포함한 어떤 중앙정치조직의 변화가 있었음 을 암시한다. 아울러 담로제를 왕족 중심으로 재정비하여 재지세력의 기반을 해 체하고 이를 중앙에 편제하면서 중앙의 집권력을 한층 강화하고 있다. 이는 중앙 문화가 지방의 재지사회에 급속도로 확산되는 계기도 되었다.

농민생활의 안정을 통해 국가의 경제기반을 확충하는 작업도 착수하였다. 민 생의 안정은 바로 왕권의 안정과 직결되기 때문에 결코 소홀할 수 없는 일이다. 웅진 천도 이후 야기된 정치적 혼란과 거듭된 가뭄, 홍수, 병충해 등 빈번한 자연 재해와 전염병의 만연 이외에 고구려와의 전쟁으로 인하여 민생이 몹시 피폐해 졌다. 이로 인하여 많은 백성들이 유망생활을 하거나 도적이 되기도 하여 농촌의 황폐화를 초래하였다. 이에 대해 무령왕은 백성들을 안집(安集)시키기 위한 보다 근본적이고 항구적인 대책을 마련한다. 수리시설을 확충하고 유민들을 귀농시켜 농민의 정착성을 높이는 시책을 마련함으로써 민생의 안정은 물론 국가의 물적 인 기반을 확충해 나갔다.

왕권의 안정을 위한 대내적인 여러 시책들이 추진되면서 어느 정도 내실을 기하게 되자 이를 바탕으로 고구려에게 빼앗긴 한강유역의 옛 땅을 되찾기 위한 노력도 나타났다. 고구려에 대해 적극적으로 공세적 입장을 취하는 것이 대표적 사례이다. 그 결과 한성 지역에 대한 경영도 다시금 착수하고 있다. 더불어 가야

지역과 남해안 지역에 진출하여 백제의 영향력도 확대된다. 무령왕릉대의 백제는 중국과 일본을 포함한 동아시아 주변국과의 문화적 교류가 유달리 활발하다. 이는 바로 무령왕대에 이르러 백제가 국제적 위상확립도 이룩하였음을 보여주는 것이다.

무령왕대에 양과의 교섭을 통해 다시 강국이 되었다고 공언한 일이나 영동대장군(領東大將軍)으로 책봉된 사실, 그리고 왜와의 긴밀한 우호관계를 다진 일들은 백제가 대내적으로 천도 후의 정국불안을 극복하여 왕권안정을 되찾았고, 대외적으로 국제적인 고립에서 벗어났음을 천명하는 것으로 이해된다.

(2) 백제 전축분과 무령왕릉의 비밀

전축분은 송산리 고분군내의 무령왕릉과 6호분 외에 공주 교촌리 고분으로 전하는 것이 있지만, 교촌리 자료는 파괴된 채 확인된 것으로 구조이해가 어렵다. 전축분은 공주지역, 즉 백제의 두 번째 도읍지역에 국한하여 소수가 존재할 뿐이다. 이 묘제는 중국 남조의 전축분을 모델로 축조하였다는 점에 이의가 없어, 백제의 웅진천도 후 새로이 도입된 묘제임을 알 수 있다. 이는 기왕의 백제묘제와 재료상의 차이 외에 횡혈식에 단실묘라는 구조상의 유사성으로 석실분과 쉽게 접촉 동화된 묘제이다. 즉 전축분은 백제 고유의 묘제라기보다는 중국 남조의 묘제이고, 이것이 백제사회에 도입되어 일시적으로 사용된 것이다. 그럼에도 전축분과 횡혈식 석실분과의 관계에서 두 묘제가 모두 구조형식에 횡혈식이란 공통성이 있다. 더불어 묘제의 대체적 특성 즉 지하무덤방에 단실묘 등의 요소 등에 적지 않은 유사성이 있기에 백제사회에 쉽게 수용된 것이다.

송산리 고분군은 백제 왕릉지역으로 알려진 유적이다. 여기에는 모두 11기의 무덤이 있으며, 이중에서 왕릉으로 분명하게 밝혀진 것은 무령왕릉 1기뿐이다. 이외의 무덤은 무덤의 주인공이나 성격에 대해 불분명한 점이 많다. 이 고분군은 장기간에 걸쳐 조사가 이루어졌지만 1971년 무령왕릉의 발견으로 백제 왕릉으로서의 분명한 위치를 부여 받았다. 현재 송산리 고분군에는 무령왕릉과 6호분으로 구분된 전축분 2기를 비롯하여 1~5호분, 파괴분, 29호분으로 구분된 횡혈식 석실분이 있고, 수혈식 석곽묘 2기도 밀집된 형태로 있다. 이외 주변에 적지 않은 무덤이 있지만 무령왕릉이나 6호분을 중심으로 밀집된 것은 이들 11기가 하나의 작은 단위 고분군을 이룬다.

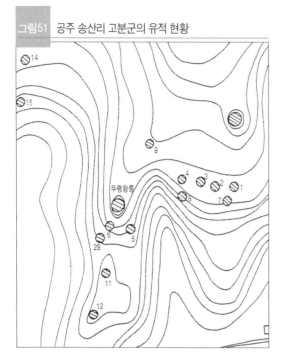

그림51 공주 송산리 고분군의 유적 현황

무덤들은 횡혈식 석실분의 경우 궁륭식으로 형식 구분되는 초기형만 있고, 전축분으로 6호분과 무령왕릉이 있는데, 이 전축분은 초기형인 궁륭식 다음에 등장한 무덤이다. 전축분 2기는 서로간에 우선 순위를 구분하는데 어려움이 있다. 다만 6호분의 경우 구조가 조악하고, 부부 합장을 전제하였음에도 단장으로 마무리되어 있다. 여기에 무령왕릉에 사용된 벽돌과 6호 전축분에 사용된 벽돌이 서로 엄격하게 구분됨에도 무령왕릉에 함께 섞여 있는 점을 고려하면 아마도 전축분 2기는 거의 비슷한 시기에 만든 것으로 볼 수 있다. 그리고 석실분은 1~4호분이 무덤방의 평면 형태나 널길인 연도의 구성 등에서 초기적 속성이 많기 때문에 전축분보다는 이른 것으로 본다. 반면에 5호분이나 29호분은 무덤방이 보다 장방형으로 만들어졌고, 바닥에 벽돌을 사용하고 있기 때문에 전축분과 거의 동일한 시기, 혹은 보다 늦은 시기에 만든 것으로 본다.

전축분 중에 무령왕릉은 남향한 경사 구릉의 말단부에 자리하며, 분구는 직경 약 20m 내외의 원형으로 추정한다. 벽돌로 쌓은 하나의 무덤방만 있는 무덤으로 무덤방의 평면은 남북간이 긴 장방형이고, 전면의 중앙에 입구가 딸린 연도가 설치되었다. 무덤방은 좌 우의 벽체를 위에서 안으로 곡률을 주어 맨 꼭대기에서 만나고, 무덤방의 앞뒤 벽면은 수직으로 쌓아 올려 무덤방의 전체를 터널형태로 조성한 것이다. 벽돌은 뉘어 쌓기와 세워쌓기를 반복하였는데, 4매의 벽돌을 뉘어 쌓은 다음에 하나의 벽돌을 세워 쌓는 사평일수법(四平一垂法)으로 중국의 삼평일수법(三平一垂法)과 차이가 있다.

사용된 벽돌은 연꽃무늬가 장식되었으며, 위치에 따라 사격자의 망상문과 연화문을 다르게 배열하였다. 등잔을 두기 위하여 북벽에 1개, 동·서벽에 2개씩 작은 화염문을 채색한 보주형 벽감(壁龕)과 벽돌 9개를 길게 배열한 살창(유자창)을 시설하였다. 이외에 무덤방 벽에는 대형의 쇠못이 여기저기에 박혀 있고, 무덤방의 바닥을 한단 높여 관대를 시설하면서 그 아래에 배수로도 설치하였다. 특히 무령왕릉에 사용된 벽돌은 연화문이 기본임에도 불구하고 입구를 막았던 벽돌들에 문양이 없는 벽돌이 많고 6호 전축분에 사용된 벽돌과 동일한 전범문이 새겨진 벽돌도 많이 있다. 출토유물은 약 3000여점으로 108종이다.

6호 전축분도 지하로 묘광을 파고 이에 장방형으로 무덤방을 만들었는데 무덤방의 남벽 중앙에 이중구조의 입구가 딸린 연도를 설치하였다. 바닥에 삿자리 문양 형태로 벽돌을 이중으로 깔고, 벽체는 좁은 면에 오수전(五銖錢)이 새겨진

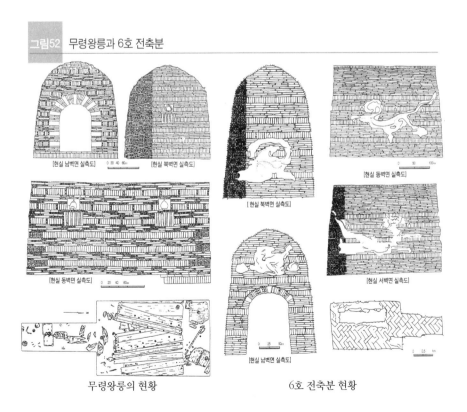

그림52 무령왕릉과 6호 전축분

[현실 남벽면 실측도]   [현실 북벽면 실측도]

[현실 동벽면 실측도]

[현실 북벽면 실측도]

[현실 동벽면 실측도]

[현실 서벽면 실측도]

[현실 남벽면 실측도]

무령왕릉의 현황   6호 전축분 현황

벽돌을 쌓았는데, 뉘어쌓기와 세워쌓기의 방식을 사용하여 마찬가지로 전체가 터널형을 이루도록 하였다. 벽감과 창문시설이 동서의 양벽에 각 3개, 북벽에 1개가 있다.

6호 전축분의 사벽에 벽화가 그려져 있다. 벽화는 벽면의 요철을 없애기 위해 바른 점토가 그대로 남아 있으며, 그 위에 채색으로 사신도를 그렸지만 흔적만 남아 있을 뿐 대부분이 퇴색된 상태에 있다. 벽화는 사신도 이외에 해와 달 그리고 구름을 표현하기도 하였다. 출토유물은 전혀 알려져 있지 않다. 이외 이 고분의 조사과정을 알려주는 자료중 입구 폐쇄에 사용된 벽돌의 내부사진을 보면 여기에 사용된 벽돌이 무령왕릉에 사용된 연화문이 시문된 전이다.

6호분과 무령왕릉의 전축분 2기는 송산리 고분군내에 서로 가깝게 자리하고 있다. 나아가 이들 무덤은 무령왕릉의 예에서 알 수 있듯이 백제가 웅진에 도읍하던 시기의 왕릉으로 자리한 것이다. 그런데 무령왕릉과는 달리 6호 전축분으로 구분된 것은 누구의 무덤인가에 대한 의문이 적지 않다. 즉 이 무덤이 왕릉이라면 어떤 왕의 무덤인가, 왕릉이 아니라면 왜 이처럼 화려하게 만들었는가의 의문이 남는다.

6호 전축분의 성격, 즉 누구의 무덤이고 왜 여기에 만들었는가의 문제 해결은 무령왕릉과의 비교검토를 통해서만 가능하다. 그러기 위해서는 무령왕릉보다 먼저 만들었는가, 아니면 나중에 만들었는가의 문제가 선결되어야 한다. 그러나 이들은 단 2기만 남아 있을 뿐만 아니라 구조에서 차이가 거의 없어 비교검토에 상당한 어려움이 있다. 2기의 전축분 모두가 지하로 묘광을 파고 거기에 벽돌로 무덤방을 만든 단실묘라는 점에서 같은 내용이다. 무덤방의 평면도 장방형이고, 무덤방의 남쪽에 입구와 연도를 중앙식으로 시설하였는가 하면, 천정을 터널식으로 구성하였다는 점도 동일하다. 이외에 긴 배수로가 무덤방에서 연도를 통하여 밖으로 전개한다거나, 관대, 등감과 유자창을 시설하였다는 점에서도 공통성만 나타난다.

그런데 무령왕릉과 6호 전축분에서 나타나는 차이점도 없지 않다. 먼저 무덤의 축조에 사용된 벽돌의 문양이 동전문과 연화문이라는 차이가 있다. 무령왕릉은 연꽃무늬를 기본으로 하면서 위치에 따라 사격자의 망상문과 연화문을 다르게 배열하였다. 반면에 6호분은 단변에 오수전이 시문된 벽돌만 사용하는 획일성을 보인다. 또한 규모에서 무령왕릉이 6호분보다 크다. 그리고 무덤방의 평면 구도에서 6호분이나 무령왕릉이 모두 장방형에 중앙 연도를 갖추었지만, 6호분은 연도가 이중으로 시설되어 단연도인 무령왕릉과는 차이가 있다. 여기에 무령왕릉에 5개의 작은 보주형 벽감이 설치되고, 그 아래에 벽돌 9개를 길게 배열하여 유자창을 시설하지만, 6호분은 7개의 보주형 벽감을 설치하고, 그 위에 한단 건너 벽감의 숫자만큼의 유자창을 시설하였다는 차이가 있다.

또한 관대의 경우 6호분이 한 켠에 1인의 관대가 별도 시설되었지만, 무령왕릉은 무덤방의 안쪽 전체를 한단 높여 관대로 사용하였다. 그리고 가장 두드러진 차이로 벽화의 유무(有無)문제를 들 수 있다. 잘 알려져 있듯이 6호분은 사신도가 네 벽면에 그려져 있을 뿐만 아니라 벽면을 벽돌로 쌓고 다시 채색한 벽화분이다. 그러나 무령왕릉은 벽화의 흔적이 없다. 이외에 축조에서 모두 가로쌓기와 세로쌓기를 하였으나 무령왕릉이 사평일수(四平一垂)로 중국의 삼평일수(三平一垂)와 비교되지만 6호분은 규칙적이지 않다.

이들은 모두 중국 남조의 전축분을 모델로 하였으면서도 축조방식의 차이로 무령왕릉이 이르다던가, 혹은 벽감이나 유자창 및 무덤방의 평면 플랜 등의 요소를 근거하여 6호 전축분이 이르다는 견해차가 있다. 그러나 이는 오히려 무령왕릉과 6호 전축분간의 시기차가 크지 않다는 것을 보여주는 것이다. 그런데 무령왕릉의 경우 입구외부의 좌·우 수직 전벽에 주로 파괴된 벽돌이 사용되었는데 여기에는 무문전이 적지 않으나 문양이 있는 벽돌 중에는 연화문 이외에 6호분의 벽돌과 동일한 전범문전이 꽤 많다는 사실이 확인된다. 또한 6호 전축분의 경우도 연도의 입구를 막는데 무령왕릉 전용의 벽돌인 연화문이 새겨진 것이 사용된 점을 고려하면 이들 2기의 전축분은 서로 선후를 구분하기 어려울 만큼 거의 동일시기에 축조되었지만 그래도 6호 전축분이 먼저 만들었다는 것은 알 수 있다.

문제는 6호 전축분의 무덤 주인공이 누구인가이다. 이 무덤은 무령왕릉과 마찬가지로 전축분이고, 무령왕릉과 거의 비슷한 시기에 조성된 것으로 무덤의 내용이 비교적 화려하기 때문에 성왕릉 혹은 동성왕릉으로 추정되었었다. 그러나 성왕릉은 부여의 능산리 고분군에 있고, 그 중에서도 중하총이 성왕릉으로 본다. 따라서 6호 전축분이 왕릉이라면 주인공은 동성왕 이외는 대상이 없는 셈이다.

그런데 6호 전축분은 입지한 위치에서 보면 무령왕릉의 아래에 있고, 나아가 좌우에 5호, 29호분을 좌우에 거느린 셈이나 전체적으로 무령왕릉보다 평가 절하된 곳에 위치한다. 여기에 6호 전축분은 비록 무령왕릉과 구조상 동일하나 무덤방 내에 관대가 하나만 남기고 있다. 잘 알려져 있듯이 동성왕은 비록 피살되었지만 재위 23여년에 걸쳐 많은 업적을 이루었고, 나아가 무령왕보다 선대의 왕이다. 때문에 이 6호 전축분의 주인공을 동성왕으로 보기에 어려움이 많다. 오히려 6호 전축분이 합장이 전제되었음에도 한명만이 매장한 채로 남았다는 점과, 무령왕릉과 비슷한 시기에 만들어진 무덤이라는 점, 그리고 무령왕릉 내에서 수습된 여성의 치아 감별결과를 고려하면, 이 6호 전축분은 오히려 무령왕과 관련된 인물이 아닌가 여겨진다.

백제묘제로 횡혈식 계통의 묘제는 입구가 만들어진 것이 가장 큰 특징이다. 입구는 출입을 위한 것이며, 이는 무덤을 만들어 매장행위가 이루어진 다음에 다시 이 입구를 통해서 추가로 매장행위를 반복하기 위한 것이다. 무령왕릉의 경우도 왕이 먼저 묻힌 후에 다시금 왕비가 추가로 합장되었다는 사실은 백제의 횡혈식 묘제가 가진 추가장(追加葬)의 면모를 잘 보여주는 것이다.

6호 전축분도 무덤방의 구조는 횡혈식이다. 따라서 이 무덤도 추가장에 의한 합장을 전제로 만들었다는 것을 부정하기 어렵다. 특히 6호 전축분의 무덤방 안에는 관대가 1인용으로 남았는데, 이는 한쪽으로 치우쳐 시설하였을 뿐이고, 반대쪽에 같은 1인의 관대를 추가할 수 있는 공간이 충분하게 그대로 남겨져 있다. 이는 처음 무덤을 만들 때에 추가장에 의한 합장 즉 무덤안에 적어도 2명을 매장하고자 하였다는 것을 알게 한다. 그럼에도 6호 전축분은 어떤 이유인지 합장이 아닌 단 1명의 시신만을 안치한 채 마무리되어 있다. 그 이유는 무령왕릉 내에서 수습된 여성 치아를 통해 추정될 수 있다.

무령왕릉에서 수습된 치아는 감식결과 30대 초반의 여성의 것으로 판단한다. 물론 무령왕릉이 왕과 왕비의 합장묘로 이 치아는 당연히 왕비의 것이고, 그녀는 늦어도 30대 초반에 사망하였음을 알 수 있다. 왕과는 달리 왕비에 관하여 지석은 수종(壽終)하였다고만 적어 구체화하기 어렵지만 감식결과를 신빙하면서 무령왕이 62세에 붕어(崩御)한 점을 감안하면, 합장된 왕비는 무령왕보다 약 30여년이 젊다. 이는 무령왕과 합장된 왕비는 무령왕의 초혼 대상이 아니고, 오히려 무령왕 재위시 재혼한 왕비였을 것으로 보는 것이 자연스럽게 된다.

6호 전축분은 무령왕릉과 구조 및 축조상에서 약간의 차이는 있지만, 선후차를 인정하기 어렵고, 무령왕릉과 인접되어 있으면서 형태도 크게 다르지 않다. 여기에 횡혈식 묘제로 합장이 전제되었으면서도 관대가 하나만 있다. 이는 6호분의 피장자가 무령왕릉에 합장된 왕비와는 다른 왕비로, 그는 무령왕보다 먼저 사망하였고, 이로써 무령왕은 그의 부인을 위해 6호 전축분을 축조하면서 본인도 후에 합장하려 하였으나, 재혼 왕비와 함께 새로 무령왕릉과 합장됨으로써 6호 전축분은 단장으로 남게 된 것이다.

- 백제 25대 무령왕의 왕위 등극과정과 그의 출생배경 설화에 대하여
- 웅진시대 백제의 중흥의 바탕이된 무령왕의 왕권강화책
- 백제 전축분의 등장배경에 대하여
- 무령왕릉과 송산리 6호 전축분의 묘제적 차이점
- 송산리 6호 전축분의 주인공이 무령왕의 첫 번째 부인으로 보는 이유

6. 웅진시대 백제문화

1) 무령왕릉 출토품과 백제 금속공예

금속공예는 실생활에 필요한 물건을 제작하는 외에 장식품이나 예술 활동에도 활용되고, 특히 그 속에는 당대의 문화 실상이 적나라하게 반영된다. 백제는 고대국가로서 지배자의 권위를 나타내기 위한 위세품의 제작이 활발하게 이루어졌고, 그 대상은 대체로 금속공예품이 중심을 이루고 있다. 따라서 금속공예의 이해는 고대문화의 실상을 이해하는 첩경이 될 수 있다.

백제의 금속공예를 대표할 수 있는 유적은 무령왕릉이다. 무령왕릉은 무덤자체 외에 무덤내에서 약 108종 3000여점의 유물이 출토되었고, 대체로 금은세공품이 중심을 이루어 백제 금속공예의 수준을 한눈에 알 수 있게 한다. 이들 유물 실상의 이해는 백제 금속공예의 단면을 이해하는 것이다. 나아가 이를 기회로 이전과 이후의 백제 금속공예술의 수준을 기술발전 측면에서 살펴봄으로써 유물 이해 방법의 확보와 고대 금속공예 및 그에 따른 문화실상의 이해에 접근한다.

백제문화의 실상은 사료에 전하는 기록을 통하여 일부나마 확인할 수 있으며, 유적과 유물의 경우 실물로 존재하기에 백제문화의 실체에 대해 보다 구체적 모습을 확인할 수 있다. 특히 유물 중에 금속 공예품들은 백제의 문화적 특성과 기술수준을 확인할 수 있게 하는 결정적 단서들이다. 문화의 속성은 예술성이 가미된 장식품 등의 공예품을 통해 이해하는 것이 가장 쉬운 방법이고, 따라서 백제문화의 핵심에 접근하는 열쇠는 이들 금속공예품이라고 볼 수 있다. 그런데 삼국시대 각 나라의 공예 자료를 비교할 경우 백제 금속공예품이 풍부하다고는 볼 수 없다. 물론 백제의 금속공예가 본래부터 질적으로나 양적으로 적었기 때문은 아니다. 현재 우리가 접근할 수 있는 금속공예품은 대체로 무덤에서 출토되는 것이 대부분이고, 무덤내에 부장품을 남겨두는 환경은 나라마다 차이가 있을 뿐만 아니라 잔존환경에도 차이가 있는 것과 관련있다. 즉 백제의 경우 무덤내에 물건을 부장하는 환경이 상대적으로 적었고, 때문에 현재 남겨진 자료가 다른 나라에 비해서 양적으로 적을 수밖에 없다. 따라서 현재의 금속공예품의 양적인 열세만을 가지고 백제의 금속공예의 우열을 가늠할 수는 없다.

최근, 백제 유적에 대한 발굴조사가 활발하게 진행되었고, 특히 1971년 백제 무령왕릉의 발굴로 말미암아 백제의 금속공예품도 어느정도 양적인 증가를 가져 왔으며, 이를 통해서 백제 금속공예의 수준이 세계적인 것임을 확인할 수 있게 되었다. 나아가 1990년대 부여 능산리 사지에서 출토된 백제금동대향로의 실체는 백제의 금속공예 수준이 결코 낮지 않음을 보여주는 단적인 증거로 자리매김된 것이다.

백제의 금속공예품은 장신구, 장식구, 의구, 일상생활용구 등으로 구분할 수 있다. 장신구는 귀걸이를 비롯하여 목걸이 등이 있고, 장식구는 각종의 치레걸이를 비롯하여 위세품 등이 이에 속한다. 그리고 의구는 신앙과 관련된 금동불상이라던가 의례용구가 이에 속하며, 일상생활용구는 실생활에 사용되는 물건들이다. 나아가 이들 백제 금속공예는 시대의 진전에 따라 기술적 발전도 엿보이는데, 백제의 금속공예 실상을 공주 무령왕릉 출토품을 통해 살펴보겠다.

(1) 무령왕릉 출토 금속공예품

무령왕릉은 백제 25대 무령왕의 무덤으로 1971년에 발굴조사되었고, 무덤내에서 100여종 약 3000여점의 유물이 출토되었다. 대부분의 유물은 금속공예품이 중심을 이루고 있는 외에 중국제의 자기나 석제품 등도 있다. 무령왕릉 출토 금속공예품은 왕을 위해 부장된 것으로 당시 금속공예품으로서는 최고에 해당되는 것들이다. 유물의 종류별 내용을 보겠다.

| 관장식 |

왕과 왕비의 것이 각각 한 쌍씩 있다. 검은 비단으로 만든 모자에 꽂았던 장식으로 왕관식은 금판에 여러 개의 가지로 나뉘어진 인동당초문의 줄기와 꽃줄기를 투조(透彫)하여 만들고, 다시 영락이란 장식을 달아 화려하게 만든 것이다.

그림53 삼국의 관모 및 관장식

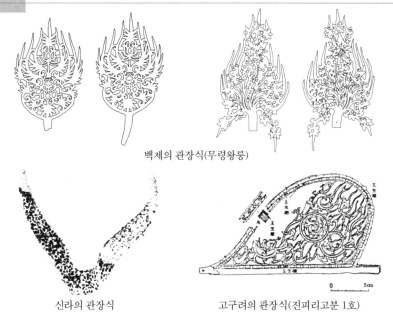

백제의 관장식(무령왕릉)

신라의 관장식   고구려의 관장식(진피리고분 1호)

왕비의 관식은 금제의 판을 투조하여 중앙에 이중으로 있는 7엽의 연꽃잎과 대좌를 두고 그 위에 활짝 핀 연꽃이 꽂힌 꽃병, 그리고 주위로 화염형(火焰形)의 인동당초문을 배치한 것이다. 이들 관식의 문양은 불교의 대표적인 꽃인 연화문을 주문양으로 하였으며, 당시 백제가 불교 신앙에 관심이 깊었고 나아가 불교가 크게 융성하였음을 반영한다.

　참고로, 관은 이를 착용한 사람의 신분과 권위를 나타내는 상징물이다. 때문에 관의 형태라던가, 관을 만드는 재료, 부가되는 장식은 착용하는 사람의 사회적 위계에 따라 차이가 있다. 나아가 관은 일반적으로 관과 관모가 별개로 제작되는데, 경우에 따라 내·외관이 함께 조합되어 사용되기도 한다. 삼국시대의 관은 대체로 금으로 제작된 것이 많으나 금동, 은제, 백금을 사용하기도 한다.

| 머리꽂이 장식 |

　금으로 만든 머리 뒤꽂이로 왕의 머리 부위에서 출토되어 무령왕이 사용하였

그림54 머리꽂이 장식의 명칭

던 것으로 본다. 전체의 형상은 새가 날아가는 모습이며, 위쪽의 형태와 무늬로 보아 단순히 머리를 장식한 것으로 보는 것이다. 금을 소재로 두들겨 늘여 만든 것인데 아래인 꽂이쪽에서 위로 갈수록 금판의 두께가 얇다. 위쪽의 머리부분에 3줄, 어깨 부분에 2줄로 밀집된 형태로 늘어진 선문을 두들겨 장식하였고, 아래쪽은 양쪽으로 팔엽으로 연화문을, 그 사이에 아래 위로 1개씩의 원형 문양을 두들겨 만들었다. 더불어 중간쯤에는 대칭으로 인동당초문을 타출하였는데 꽂이는 3갈래이다.

| 귀걸이 |

　　　왕의 귀걸이는 가는 고리형태의 주고리에 2줄의 늘어뜨린 장식을 둔 것이다. 중간에 연결구는 표면을 누금세공 기법을 사용하여 금실과 금방울을 연결하는 방식으로 문양을 내었다. 한편 늘어뜨린 장식은 모엽과 자엽을 장방형으로 투공하고 여기에 판장의 중간식 고리를 꿰어 연결하였는데, 자엽 중에는 고리가 걸리는 부분이 떨어져 나갔음인지 다시 작은 구멍을 뚫

그림55 귀걸이의 명칭

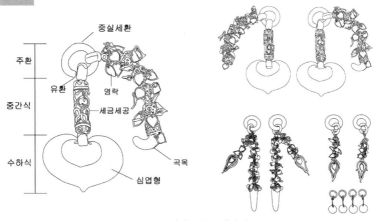

무령왕릉출토 귀걸이

고 금선을 꿰어 수리하였다.

무령왕릉에서 출토된 금속공예품중에 관식은 거친 면이 많다. 반면에 귀걸이는 섬세하고 정교한 모습을 갖추고 있는데 이로 보면 귀걸이는 관식과는 달리 직접 사용하던 것으로 여겨진다. 여기에 귀걸이는 누금세공과 같은 화려한 금공기술을 발휘하여 제작하였다는 점 외에 금빛과 어울리게 옥빛 곡옥을 달아 장식성을 높이고 있어 백제의 미적 감각을 적나라하게 보여준다.

왕비의 귀걸이는 가는 고리에 2줄의 늘어뜨린 장식이 달렸다. 그중 하나는 초실형(草實形) 장식이고, 다른 하나는 탄환형 장식이다. 초실형 장식은 두개의 펜촉형 장식을 직교시킨 사익형(四翼形)으로 가장자리에 금방울과 금실, 각목문의 띠를 금땜하여 장식효과를 높였다. 이 늘어뜨린 장식과 연결구인 중간식의 연결부위에 굵은 금방울을 연결하여 둥근 고리형을 돌렸다. 굵은 금방울을 서로 연접하여 붙여나가는 방법은 누금세공기법의 진일보한 면이다.

| 목걸이 |

삼국시대의 목걸이는 대체로 구슬로 만든 것, 유리로 만든 것이 많은데, 무령왕릉에서도 많은 구슬이 수습되어 이들이 목걸이의 제작에 사용된 것으로 추정된다. 그러나 무령왕릉에서 다량의 구슬이 수습되었음에도 조사과정의 문제로 그것이 목걸이였는지, 아니면 다른 용도로 사용되었던 것인지의 확인이 어렵다. 구슬이외에 금속공예품으로 왕비가 착용하였던 9절·7절의 금으로 만든 목걸이

 그림56 목걸이들

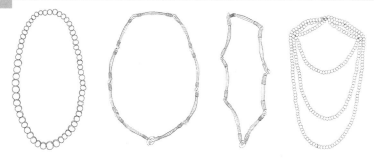

가 있다. 9절 금제목걸이는 금을 두들겨 단면 6각의 금봉을 만들고, 이를 다시 끝부분은 인발(引拔)하여 가늘고 둥글게 한 9개의 마디를 연결한 것이다. 각 마디의 연결은 고리를 지어 다른 편에 걸고 자체의 몸에 감는 방식이다. 7절로 된 금으로 만든 목걸이는 9절로 된 목걸이 밑에서 겹쳐 나왔는데, 만든 방식이나 형태가 9절 목걸이와 비슷하다.

이들 목걸이는 다른 지역에서는 유례를 찾을 수 없는 백제만이 가지고 있는 독특한 제작방법이 사용된 창안품이다. 즉 금봉의 제작방법, 고리연결방법에서 백제만이 가지고 있는 고유의 기법이다. 동일한 방식으로 만든 은제의 팔찌도 있다.

|팔찌|

팔찌는 거치형과 다리작 은제 팔찌가 있다. 거치형 금제 팔찌는 왕비의 오른쪽 팔목에 착용했던 것으로 한 쌍이다. 금봉을 단조하고 끝을 이용하여 거치형을 만든 후 이것을 구부려 고리로 제작한 것이다. 이 금제 팔찌외에 거치문의 소형 은제 팔찌 1쌍도 있다. 그리고 거치형 팔찌 이외에 은제·금제 4절 팔찌가 있는데 왕비의 9·7절 목걸이를 축소시킨 형태이다. 팔찌 중에서 단연 주목되는 것은 다리작 은제팔찌(多利作 銀製釧)이다.

이 팔찌는 왕비의 왼쪽 팔에 끼고 있었던 것으로 오른손에 끼고 있던 금제팔찌와 짝을 이룬다. 팔찌의 형태는 두 마리 용의 역동적 용트림을 볼륨있게 부조시킨 것이다. 실납법으로 형태를 주조한 후 그 세부 조각은 모조용의 끝을 이용하여 다듬었다. 또한 두 점이 서로 달라 똑같은 도안에 의한 것이라기보다는 제작자의 임의성이 많이 반영된 것으로 본다. 용의 비늘은 반원형태의 끝로 찍어 인각기법

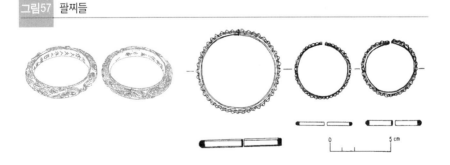

그림57 팔찌들

으로 새겼으며, 발톱은 세 갈래인데 모조 끌로 일부 다듬었다. 이 팔찌에는 "경자년 2월 다리작대부인분이백주주이(更子年二月多利作大夫人分二百州主耳)"의 명문이 있는데 내용은 520년에 다리가 대부인(왕비)을 위해 만들었고, 그 무게가 230주이(主耳)라는 것이다.

| 허리띠 장식 |

왕의 허리부분에서 출토된 허리띠 장식은 과대, 과구, 과형 장식등으로 구성되어 있다. 과대는 은제인데 이배(耳杯)형의 큰 과판 19매와 작은 과판 18매를 서로 교차연결하고 그 끝에 7개의 화형 금구와 고리형태의 교구를 달았다. 은제과구는 과원우방형으로 평면형태가 C=형태이다. 이중에서 금은제 요패는 특이한 물품이다. 과대와 같은 수법으로 이배형의 대소 과판을 서로 연결하고 상단에는 두꺼비무늬를 투조한 금구를, 다른 한쪽에는 귀면을 투조한 방형판과 수금문의 장방형판을 달았다. 장방형판 주연에는 선조기법으로 파상문을 새기고, 그 사이사이에 자점문을 찍고 그 안쪽으로는 점연투기법으로 다시 주연을 한 바퀴 돌렸

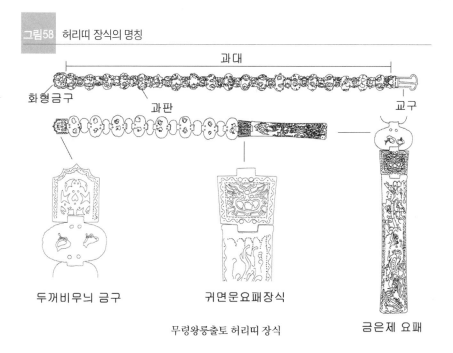

그림58 허리띠 장식의 명칭

과대

화형금구

과판

교구

두꺼비무늬 금구

귀면문요패장식

금은제 요패

무령왕릉출토 허리띠 장식

다. 내부에는 청룡과 백호로 생각되는 두 마리의 동물과 인동문을 선으로 새겨 장식하였다.

| 신발(식리) |

왕과 왕비의 금동제 신발 각 1쌍이 발견되었다. 왕의 신발은 안쪽과 바깥쪽, 그리고 바닥의 3개의 판을 서로 붙여 제작한 것이다. 각각의 판은 거북등 무늬인 귀갑문으로 구획되고, 그 각각의 귀갑안에 봉황문 인동당초문 등을 새겼다. 바닥판은 앞쪽이 들린 상태로서 10개의 스파이크가 박혀있다. 신발의 안쪽 구획에는 3중으로 포심이 붙어 있고, 얇은 목피가 떨어진 채 발견되었는데 이 목피는 바닥에 깔았던 것으로 추정한다. 각 판은 외판을 덧대어 붙였는데 안쪽의 판은 은을 소재로 하였고, 바깥 판은 금동제이다. 좌, 우 신발의 크기나 형태 문양의 구성에 있어서 유사하나 세부적 차이가 있다.

왕비의 금동제 신발은 형태, 제작방법 등에 있어서 왕의 신발과 동일하다. 전

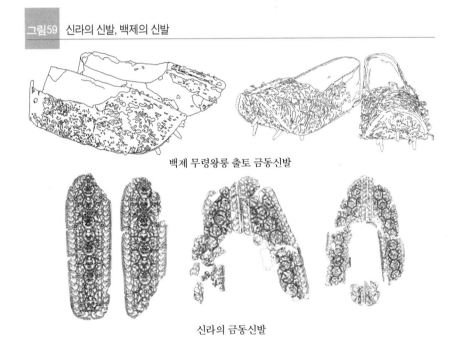

그림59 신라의 신발, 백제의 신발

백제 무령왕릉 출토 금동신발

신라의 금동신발

면에 귀갑문, 봉황문, 인동당초문을 새겨 장식한 것이나 안쪽의 판과 바깥쪽의 판을 결착시키고 곳곳에 영락이 달려 있다. 문양의 제작에 있어 귀갑문, 그 내구의 봉황문, 인동당초문은 모두 문양을 남기고 바탕을 잘라낸 지투로 이루어졌다. 잘라낸 가장자리 부분을 보면 표면에서 안쪽으로 직각 절단된 곳도 있고 사각인 곳도 있다.

우리나라의 금동제 신발은 고구려의 경우 바닥판 만이 금동제인 신발과 신라의 발등 쪽과 발뒤꿈치 쪽을 다른 판으로 만들고 이들을 발 측면에서 고정시켜 만든 것, 그리고 백제를 중심으로 분포하는 두장의 측판을 발등 쪽과 발뒤꿈치 쪽에서 고정시켜서 만든 신발로 구분된다.

| 금제구슬과 금모 |

무령왕릉에서 출토된 금제 구슬은 누금기법으로 만든 금제의 작은 구슬 174점, 구형의 금제 작은 구슬 271점, 6개의 각이 있는 금제의 작은 구슬 10개, 8개의 각이 있는 금제의 작은 구슬 63개 등이 있다. 이들 구슬들은 머리, 가슴, 허리부분 등에서 집중 발견되어 관장식이나, 목걸이 등으로 사용되었을 것으로 본다. 금제의 모자형 장식은 곡옥 등을 끼워 부속장식으로 사용했던 것으로, 누금세공으로 정교하게 제작한 것이다. 형태는 크게 모자형 · 탄구형 · 관형 등으로 구분된다. 금판을 절곡시켜 땜질하여 기본 형상을 만들고 누금세공기법으로 표면을 장식한 것이다.

| 영락 · 엽형장식 |

영락은 보요(步搖)라고도 하는데, 흔들림에 의해 보다 화려한 형상을 만들어내는 용도로서 고대의 장신구에 많이 사용된 것이다. 출토품은 대부분 원형으로 그 외곽의 가장자리가 꺾여 오목한 형태이다. 이러한 영락은 나무나 가죽 등의 쿠션이 있는 재질 위에 금판을 놓고 관형 능의 끝을 위에서 직각으로 대고 가격함에 따라 그 가장자리가 아래로 꺾이면서 잘려 오목한 형태로 된 것이다. 초기의 영락의 고정방법은 2줄의 선만이 이용되었으나 무령왕릉에서 출토된 사엽형, 화형장식 등에서 알 수 있듯이 3선으로 꼬아 꼿꼿하게 설 수 있도록 제작하는 발전상을 보이기도 한다.

| 화형 · 원형장식 |

재료는 금제가 많고 은제도 있다. 제작방법은 판을 눌러 돌출시켜 형태를 만들고 세부는 정으로 다듬었다. 금제품으로는 금제 사엽형 장식을 비롯하여 많은 화형, 원형 장식들이 있다. 여기에는 영락이 달려있어 장식적인 요소를 보다 강화시킨 것들도 많다. 재료도 다양하여 금제, 은제, 금동제 등이 있다.

| 판장식 |

영락이 달려 있는 금장사각형장식 1개 이외에 오각형 금판장식 21매, 오각형 초화문 은판장식 2개, 오각형 은판장식 4개 등이 있다. 오각형 초화문 은판장식 2개는 왕비의 허리띠 부근에서 출토되었다. 은판을 두 매 맞붙여 오각형으로 잘라내었는데, 표면에는 송곳 등과 같이 뾰족한 침구를 이용하여 점선조기법(자점문)으로 팔메트형의 인동당초문을 시문하였다. 또한 표면에는 가는 음각선이 보이는데 무늬를 찍기 전에 뾰족한 침구로 밑그림을 그리고 있어 이로서 문양 시문과정을 알 수 있는 자료이다.

| 장식대도(裝飾大刀) |

둥근고리에 용이 장식되어 있는 큰칼로 금동용문환두대도(金銅龍紋環頭大刀)로 불리는 것이고, 왕의 좌측에 놓여 있었다. 칼자루 부분은 비교적 잘 남아있

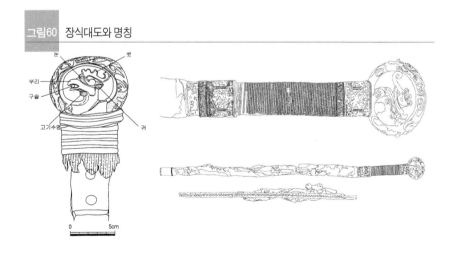

그림60 장식대도와 명칭

으나 칼집은 썩어 단지 금·은장식만 있다. 둥근고리는 주조하여 제작하였으며, 표면을 아말금 판금으로 장식하였는데, 인각기법으로 용의 비늘무늬를 시문하였다. 손잡이 양단에는 4개의 귀갑문과 그 안쪽 구획에 봉황이 투조된 은제의 통형 금구를 씌웠다. 표면에 볼륨이 있어 판장에 투조한 것으로 보기는 어렵고 주조 후에 뒷면을 따냈을 것으로 보는 것이다.

| 동경 |

　방격규구신수문경·의자손수대경·수대경 등으로 불리는 것이다. 방격규거 신수문경(方格規矩神獸文鏡)은 별도의 나무상자에 격납되어 있었으며, 밀납법으로 주조한 것이다. 내구의 문양은 TLV(반자간)형이 있는 중국의 후한대에 유행한 방격규거경(方格規矩鏡)을 모방한 것이나 중국 한나라의 동경을 모방하는 단계를 넘어 새로운 별개의 문양을 첨가하였다. 즉 두쪽으로 갈래진 창을 든 인물, 질주하는 네 마리의 동물 문양 등이 부조된 점이 독특하다. 여기에 부조된 신비한 인물은 창을 겨누어 사냥하는 모습이며, 하체에 역삼각형의 단순한 하의만 걸친 반나신이며, 맨발에 머리는 상투를 틀었다. 이 신비한 인물의 풍모에는 남방적인 색채가 농후하다. 제작지는 문양의 채용에 있어서의 새로운 요소, 당시 백제의 기술 수준 등을 고려하면 백제에서 자체적으로 제작한 것으로 본다.

　의자손수대경(宜子孫獸帶鏡)은 가장 큰 것으로 중국의 한나라나 위나라 시대에 제작된 것같은 거울과 비슷하다. 다만 외구에 보이는 당초오형문등의 문양은 중국 육조시대의 특징을 지닌 것이다. 수대경은 왕비의 관식아래에 일부 걸쳐

그림61 동경의 명칭

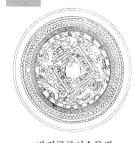
방격규구신수문경

의자손수대경

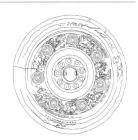
수대경

배문부를 위로 향해 놓여 있었다. 문양이 얕고, 잘 보이지 않는 면이 있어 다시 부어낸 재주경(再鑄鏡)으로 생각된다.

| 청동제 다리미 |

세수 대야와 같은 넓은 전이 경사지게 신부에 달려있으며 또한 이 넓은 전에 연이어 긴 손잡이를 별도로 주조하여 접합하였다. 경사진 넓은 전에는 6조의 음각선이 주회되어 있다. 손잡이 상면은 평면이나, 하면은 반원형이며 이와 연결된 몸체 외면은 1단의 턱이 져서 반 이상을 약간 두껍게 만들어 열을 받고 지속시키는데 효과적으로 조치한 듯 하다.

| 동탁은잔 |

대와 잔 그리고 뚜껑 세부분으로 이루어져 있다. 재질은 뚜껑과 잔은 은이며 잔대는 황동이다. 잔 뚜껑은 주조 후 표면은 가질하여 다듬었다. 여기에 나뭇잎의 줄기를 표현한 단판연화 8엽을 돌렸으며 그 사이사이에는 개판을 배치하고 앙련의 연봉형 꼭지를 박았다. 연봉과 8판 연화의 사이에는 금판을 투각한 8판의 연판을 끼워 금빛과 은빛의 조화를 꾀했다. 잔 뚜껑의 하단부에는 삼산(三山), 수금(水禽) 등을 모조기법으로 선각하였다. 이 산은 중앙에서 음각선대가 높이 솟아 삼산형을 이루고 있어 산 밑에는 나무와, 산상에는 연뢰(蓮雷)가 음각되어 있다. 산과 산사이의 계곡에는 수피 위에 봉황이 각 1마리씩이 날고 있다. 이와 같은 형태나 풍경화적 묘사는 사비 도읍기의 산경문전이나 백제금동대향로에서도 보이는 것이다.

잔은 높은 굽이 달린 형태로 굽이 잔대 받침 속으로 들어가 있다. 표면의 문양은 구선에서 3.3㎝폭의 음각 사선광대를 돌린 아래에 자방을 갖춘 8엽의 회판연화와 각 화판마다 5~6줄의 고사리 문양과 같은 꽃술을 모조기법으로 새겼다. 굽은 원통형태로서 따로 잔에 은 땜으로 접합시켰다. 잔의 내면에 보면 접합면의 평면성 확보를 위해 망치로 두드린 자국이 보이고 있다.

잔대는 황동재질의 주조품이다. 낮고 넓은 굽을 갖춘 접시형으로서 중앙에 잔을 받치는 높은 턱이 있다. 이 굽을 중심으로 16엽의 회판연화를 그리고 각 연판내에는 잔에서 표현한 것과 같은 고사리 문양과 같은 2조씩의 꽃술을 모조기법으로 선각하였다. 무늬의 구성상 잔대나 굽은 자방에 해당되며 잔대의 외주연선

그림62 동탁은잔의 세부명칭

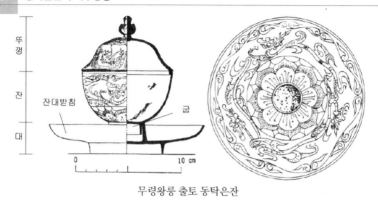

무령왕릉 출토 동탁은잔

과 연판 외곽의 사선대에는 음각사선으로 사슴, 용, 새, 연화 등의 서조(瑞鳥)와 서수(瑞獸)를 선각하였다. 그 중 용의 비늘은 배부분에 점선조기법으로 점각하여 나타내었다.

| 청동잔 |

5개가 출토되었는데, 형태와 크기가 거의 같으며, 모두 주조품이다. 그 중에 1점은 주조 후 표면에 문양을 새겼다. 그 문양은 외면에 연문을 배치하였고, 내면 바닥에 복부를 마주대고 있는 쌍어문과 연문이 모조기법으로 선각되었다.

| 청동제 수저 |

3개로 시의 형태는 손잡이 끝단이 갈수록 넓어지며 표면에 종으로 3조의 융기선을 부채살 형으로 돌렸고 숟가락 면에는 그 주연에 음각세선을 돌렸다. 2개의 청동시도 같은 형태이나 융기선이 약하다. 돌기선 등으로 보아 이 수저들은 대부분의 수저들이 단조 제작되는 것에 비해 주조되었다.

(2) 백제의 금속공예

백제의 금속공예품은 청동기시대 금속공예 기술을 바탕으로 하여 발전하였다. 특히 백제가 자리 잡은 지역은 부여 송국리, 대전 구정동, 예산 동서리, 아산

남성리, 화순 대곡리 등의 선사시대 유적에서 보듯이 우수한 청동기가 많이 출토된 지역이다. 이로 보면 이 지역은 금속공예에 대한 풍부한 경험과 기술을 소유하고 있던 지역이다. 따라서 백제의 금속공예는 제작기술과 조형감각에서 탄탄한 배경을 지니고 있었다고 볼 수 있다. 뿐만 아니라 백제는 주변국과의 부단한 교류를 통하여 선진문화를 수용하고, 전해주기도 하는 등 국제적인 문화교류도 활발히 전개하면서 나름의 금속공예의 발전과 더불어 확산시키는 주체였음도 알 수 있다.

백제의 금속공예술은 시간이 지남에 따라 세련미가 더해지는 등의 발전을 거듭한다. 비록 초기 백제문화는 삼한문화의 범주에 머물러 있었지만 3세기를 지나 국가체제를 갖춤과 더불어 백제적 특성을 드러내기 시작한다. 백제의 금속공예 발전과정은 백제초기의 정황과 그리고 이후 4-5세기대, 웅진시대, 사비시대의 순으로 구분하여 검토될 수 있을 것이다.

우선 백제의 초기 즉 건국직후의 금속공예 모습은 구체적이지 않지만 삼한문화의 범주에서 이해될 수 있을 것이고, 이를 방증하는 자료로서 천안 청당동에서 출토된 마형 대구와 청원 송대리에서 출토된 동제의 방울과 청주 봉명동에서 출토된 동제의 방울 등을 통해 살필 수 있다. 청당동 출토 마형대구는 말의 엉덩이가 들리고 꼬리가 치켜져 있는 것으로 약동하는 말의 형상을 잘 표현하였다. 갈기는 밀집된 사선으로, 그리고 말의 목덜미는 돌기점으로 표현하고 장니(障泥)부분은 사격자문으로 처리된 것이다. 이러한 무늬는 청동기시대에 보편적으로 사용된 것으로 그 전통이 이어진 것으로 보는데 문제가 없다. 그리고 봉명동 출토의 동제 방울은 고리와 몸체를 하나로 주조한 것이며, 표면에 '대길(大吉)'이란 명문, 양 옆에 쌍을 이룬 5줄의 원형 돌기와 방형의 테두리가 돌려있다. 송대리 출토 동제 방울도 크게 다르지 않은데 표면의 사격자문은 청당동 마형대구의 세부표현과 상통하는 양식이다. 이로 보면 백제초기의 금속공예는 이전의 청동기시대 전통속에, 새롭게 중국에서 들어온 공예문화의 영향도 있음을 알 수 있다.

백제의 금속공예는 금과 은이 재료로서 본격적으로 사용되는 금은세공에서 시작된다. 이는 백제의 도읍지였던 서울 석촌동에서 3~4세기경으로 추정되는 금은 세공품이 발견된 것에서 알 수 있다. 즉 석촌동 1호분으로 구분된 무덤에서 작은 은제의 귀이개형 유물이 출토되었고, 단순히 은을 단조하여 제작한 것이나 백제 초기 금은 세공의 실상을 알리는 작품으로 볼 수 있다. 그리고 석촌동 3호분에서 출토된 금제의 영락 3점과 주변에서 수습된 금제의 늘이개 장식, 금동제 귀걸이도 있어 같은 실상을 알게 한다. 영락은 원형의 금판에 금실을 꿴 단순한 형태이다.

그런데 금은세공품의 탄생은 금과 은이란 새로운 재료의 선택을 가져왔고 이는 기왕의 청동 제품 제작과정에 사용된 주조술외에 새로운 제작기법을 요구한다. 그에 따라 백제의 금속공예는 단조기법·인발기법·점선조기법, 그리고 리벳기법과 같은 단순하고 초보적인 기법이 사용되고, 나아가 금속의 표면을 장식하기 위한 도금기법도 나타난다. 다만 금속 공예의 주된 재료가 금·은처럼 귀중품으로 이의 보편적 사용이 어려운 환경에서 자체의 기술적 수준도 초보적 단계에 머물 수밖에 없었다. 때문에 이 시기 금속공예술의 발전은 보다 선진적인 고구려, 중국과의 교류를 통하여 보다 발전된 기술과 경향을 도입함으로써 발전의 토대를 마련된다.

백제 금속공예의 발전은 4~5세기대에 이르러 조금술이 보다 활발하게 발휘되면서 진일보한다. 이 시기의 전국 각지의 백제유적에서 발견되는 금속 공예품은 당시 공예의 수준과 문화확산 양상을 적나라하게 보여준다. 백제의 지방사회에서 발견되는 금동관이나, 환두대도, 금동제 신발 등은 중앙에서 제작하여 지방에 하사한 것으로 볼 수 있어 당시 백제의 금속공예술이 상당한 정도에 이른 것을 알 수 있다. 그리고 칠지도를 비롯하여 천안 화성리 고분에서 출토된 환두대도 등에 보이는 은입사 기법은 이 시기 백제의 공예 기술이 상당한 수준에 올랐음을 보여준다. 이 시기의 백제 금속공예술은 이전의 단조, 인발등의 기법외에 점선조 기법이나 투조기법의 발전이 크게 나타난다. 나아가 인각기법이나 압출기법, 감옥기법, 리벳을 이용한 접합법등도 이 시기에 새로 등장한다.

이러한 5세기대의 조금술을 바탕으로 전개된 금속공예 기술은 웅진도읍기에 이르면 보다 발전된 모조기법이나 누금세공기법, 땜 기법 등이 주류를 이루면서 무령왕릉 출토품과 같은 우수한 금공품이 제작된다. 백제 금속공예의 융성은 무령왕릉 출토유물들에 의해 단적으로 드러낸 것이다. 무령왕릉 출토품에서 특히 누금세공기법이 주목된다. 누금세공기법은 금속의 작은 알갱이나 세선을 금속 표면에 붙여 독특한 패턴과 질감을 나타내는 기법이다. 이 기법은 연을 이용하는 세연세공과 알갱이를 이용하는 입금세공으로 나뉘는데 전자는 필리그리(Filigree), 후자를 그래뉼레이션(Granulation)이라 부른다. 이 기법은 지금까지 금공기법의 주종을 이룬 끌을 이용한 세공기법을 한 차원 높게 발전시켜 강한 불을 이용하는 단계로 접어들었음을 보여준다. 누금세공기법에서 보듯이 강한 불을 이용하는 금은 세공술은 접합술에도 변화를 가져왔다. 또한 모조기법도 주목된다. 모조기법은 금속을 파내는데 필요한 강철 끌의 발달이 뒷받침된 것이다. 나아가 웅진도읍기에 제작된 철제품의 경우 초강법을 이용한 철의 대량생산, 단조기술을 이용한 고탄소 강재의 제작, 그리고 불에 달궈 단조한 후 수소입하는 등 다양한 방법이 구사되고 있어 당시 기술수준이 상당히 높았음을 알 수 있다.

　　백제 금속공예술은 웅진도읍기에 축적된 금공기술이 사비도읍기(539~660)에 이르면 그 절정에 달하게 된다. 사비 도읍기의 금은세공술의 단면을 가장 잘 보여주는 것이 부여 능산리 절터 등에서 출토된 유물들이다. 단조품으로 능산리 절터 출토의 백제금동대향로, 금동광배편이 있고, 능산리 왕릉의 중하총에서 출토된 관모를 장식하였던 금제품 등이 있고 이들은 고대 금은세공품으로 단조기술의 절정을 보여주는 것이다. 또한 누금기법도 보다 정밀해지는데 금제의 방울 크기가 더욱 작아졌고, 웅진도읍기의 누금세공품에서 발견되는 바탕금속이 녹았던 미숙함을 완전하게 탈피하고 있다. 또한 정을 이용한 세공술도 더욱 다양해져 부소산성 동문지 출토 금동광배에서도 확인되듯이 웅진기 무령왕릉 출토 금공품 등에 사용되던 각종 금공기법이 보다 자유롭게 발휘되고 있다.

　　사비도읍기는 백제금동대향로, 금동미륵보살반가상(국보83호) 등이 어렵지 않게 제작되었고, 비단 크기만 커졌을 뿐만 아니라 세부적으로 세련되게 정교해진다. 장신구와 용품들이 다양해지고, 탁월한 조형감각도 발휘되었다. 요컨대 이 시기 삼국시대 금속공예사상 최고의 경지를 구가한 절정기라 할 수 있다.

생각
하기

• 무령왕릉에서 출토된 유물의 종류 알아보기
• 무령왕릉에서 출토된 유물에 사용된 제작기법을 구분하기
• 백제 금속공예 발전의 과정이해하기
• 금속공예 기법의 종류 알아보기

2) 백제불상과 마애삼존불

*불상은 조성원칙을 철저하게 준수하여야 하나 제작지역 혹은 시기에 따라 당
대의 문화속성이 내밀하게 반영되어 있다. 백제도 4세기 중엽 불교의 유입되고
그에 따라 불상의 조성이 있었으나 자료는 많지 않다. 그러나 백제 특유의 미적
감각이 불상에 그대로 배어 있어 이의 이해는 한국미의 이해와 직결된다. 더불어
삼국시대 불교는 왕실을 중심으로 운영되었음에도 백제의 서산 마애삼존불은 도
읍지와 상당한 거리를 두고 있다. 서산마애불의 미술적 속성의 이해속에 왜 서산
에 존재하는가를 백제의 대중국 교통로라는 관점에서 이해하여 보고자 한다.*

(1) 백제 불상

불교가 4세기 후반에 이 땅에 들어오면서 삼국은 모두 이를 적극적으로 받아
들여 국가통치의 이념으로 삼는다. 그래서 세 나라가 각각 궁궐 못지 않는 거대한
규모의 절을 지으면서 이 땅에 본격적인 불사조영 활동이 활발히 전개되어 수많
은 건축과 조각, 공예 등 예술작품들을 남기게 되었다. 이처럼 불교는 우리나라
역사와 문화에 획기적인 변화를 일으켰기에 불교의 유입과 공인은 우리 역사에
서 가장 중요한 사건이라 할 수 있다. 오늘날 지상에 남아 있는 우리의 고대 유물
가운데 불교관련 유물, 특히 불상만큼 오랜 시대에 걸쳐 남아 있는 유물도 많지
않다.

백제의 불상은 삼국시대 불상의 일반적인 추세와 마찬가지로 6세기에 이르
러서야 비로소 그 전개과정이 뚜렷이 드러난다. 반면에 백제 불상의 공백기, 나아
가 삼국시대 불교 조각사의 공백기라 할 수 있는 불교 전래 이후부터 500년까지
의 기간은 어떤 모습으로 불상이 만들어지고 예배되었을까의 의문이 남는다. 아
마도 4세기에서 5세기 전반기에 중국에서 크게 유행했던 여래상의 형식인 선정
인(禪定印)의 여래 좌상이 모델이 되었을 것으로 보아야 할 것이다. 잘 알려져 있
듯이 중국에서는 이른 시기의 돈황석굴이나 운강석굴, 나아가 용문석굴에 선정
인의 여래상이 많이 조성되었는데, 특히 5호16국(五胡十六國) 시대에는 매우 작
은 금동제의 선정인상이 많이 만들어졌기 때문이다.

이를 반증하는 자료들이 있다. 서울 뚝섬에서 소형의 금동제 선정인 여래좌
상이 발견되었는데 중국의 5세기 전반기 선정인 여래좌상과 같은 형식의 것이다.
그리고 5세기 중엽에 만들어진 고구려 고분벽화인 통구의 장천(長川) 1호분 천장

에 선정인의 여래좌상이 그려져 있기도 하다. 물론 뚝섬 출토 금동불이 중국에서 수입된 불상인지, 한반도에서 제작된 것인지, 그것이 고구려의 것인지, 백제의 것인지에 대한 논란이 많지만, 초기의 선정인 여래좌상은 고구려의 평양 토성리 출토 소조불과, 백제의 부여 신리 및 군수리 출토 여래좌상과 같은 6세기대의 선정인 여래좌상 형식으로 이어지기에 초기 불상은 선정인 여래좌상이라 볼 수 있을 것이다.

백제에서 불상의 제작은 6세기대에 이르러 본격적으로 나타난다. 더불어 이즈음부터 제작되는 백제불상은 백제 나름의 특성을 풍부하게 나타내고 있다. 사실 예술은 그 시대정신의 반영이다. 따라서 백제인들이 생각했던 이상적인 부처도 그 시대 백제인들의 시대정신이 풍부하게 반영되어 있었을 것이다. 즉, 백제의 불상은 초월적인 신으로서의 부처가 아니라 백제인의 생활 속에서 함께 호흡하는 그들의 모습 그대로였을 것이다. 백제 조각에 조형성은 한 마디로 세련되고 온화한 분위기로 특징지을 수 있는데, 그것은 불상의 얼굴 표정에서 단적으로 드러난다.

부여 군수리의 절터에서 출토된 납석제의 여래좌상의 얼굴은 감히 근접할 수 없는 근엄한 신의 얼굴이 아니라 사람의 얼굴이다. 또한 백제 불상의 얼굴은 서산 마애삼존불의 본존처럼 드물게 함박웃음을 머금은 예도 있지만 대부분은 인간적이고 친근하며 온화한 미소를 머금고 있다. 이 미소는 고구려 불상이나 신라 불상에도 있지만 백제 불상의 얼굴이 더 인간적이다. 마치 백제인의 온화한 심성을 엿보는 듯하다. 이러한 백제인들이 생각했던 이상적인 부처의 이미지는 백제 지역의 풍토성, 곧 나지막하고 부드러운 능선과 온화한 기후와도 연관이 깊을 것이다.

불상에 나타난 미소를 흔히 '고졸한 미소(Archaic Smile)'라고 한다. 고졸한 미소란 얼굴 전체가 아니라 양 입가만을 살짝 눌러서 표현한 고대 조각의 미소를 말한다. 입으로만 짓는 미소라 할 수 있다. 그리스의 조각이나 고대의 인도 불상과 중국 불상 모두 이러한 고졸한 미소를 머금고 있다. 그러나 백제 불상의 얼굴 표정은 중국이나 일본처럼 어떤 정형이 없고 얼굴이 제각기 다르다. 한마디로 너무나 인간적이고 친근하다. 순진무구한 미소와 뜬 듯 감은 듯 가녀린 눈매 때문이다. 이러한 얼굴 표정은 동양의 불상을 통틀어서도 매우 이례적이다. 인도의 간다라 불상은 눈을 반쯤 감고 아래를 내려다보는 침울한 표정의 얼굴이 대부분이다. 반면 마투라의 불상들은 깨달은 다음에 맛보는 희열의 순간을 표현한 듯 매우 활달하고 생동감에 가득 찬 모습이지만 어딘지 비현실적이어서 낯 설은 느낌을 준다. 나아가 이 두 지역의 형식과 양식을 융합하여 가장 이상적인 신성(神性)을 구현한 것이 4~5세기의 굽타시대 불상들인데 두 눈을 반쯤 감아 깊은 명상에 잠긴 모습이다. 여기에서 인도인들이 생각했던 이상적인 부처의 모습은 세속을 떠난 조용하고 근엄한 표정의, 예배 대상으로서 신의 초월적인 모습을 형상화한 것이었다. 중국 불상 가운데에도 천진스러운 미소를 머금은 불상이 있기는 하지만 눈매가 날카로워 어딘지 억제된 미소처럼 보이며, 반대로 같은 시대의 일본 불상은 항상 딱딱하고 심각한 표정을 짓는다. 백제불상과의 차이점이다.

한편 불상들은 사람 냄새나는 우리네 모습 그 자체이다. 심지어 어린아이 모습으로 표현한 것도 많다. 대표적인 것이 어린아이 모습의 선정인 여래좌상이다. 이는 인도에서 처음 불상이 만들어질 때 우람하고 건장한 남성의 모습을 띠었다가 굽타 시대 후기에 이르면 체구가 작아지고 어린 모습으로 변한다. 그 영향으로 중국이나 우리나라에서도 처음 불상이 만들어질 때 천진한 어린아이의 모습으로 만든 예가 많은 것이다. 아마도 욕심 없고 때묻지 않은 순수한 상태 그대로의 동심을 자비로운 불심에 빗대었기 때문일 것이다. 때문에 얼굴을 동안(童顔)으로, 손가락 마디가 굵지 않거나 아예 없는 통통한 어린애의 손가락 그대로 표현한 것이다. 이러한 동안과 동심(童心)은 세월이 흐르면서 어른처럼 건장해지고 얼굴에서는 미소가 사라지고 근엄해지며 손은 두툼해지기도 한다.

그런데 백제의 6세기대 불상을 지배하는 기본적인 조형관을 한 마디로 정의한다면, "엄격한 균제(均齊)와 세부의 예리한 맛을 통한 내면에서 발산하는 기세(氣勢)의 구상화(具象化)"라 할 수 있다. 사실, 불상을 만들 때 가장 중요한 것은 종교적 예배대상인 불상에 어떻게 생명력을 불어넣는가 하는 것이다. 전통적으로 인도에서는 풍만한 육신(肉身)을 통해서, 중국에서는 전신(全身)에 배인 기(氣)를 통해서 이 생명력을 표현하고자 하였다. 중국인들은 독특한 세계관을 소유하여, 기(氣)는 만물생성의 근원을 이루는 눈에 보이지 않는 인자(因子)로 기가 많이 모일 경우에는 성스러운 것이 생겨난다고 생각하였다. 곧 기는 만물의 본질이며 눈에 보이는 형(形)은 단지 현상(現象)일 뿐이다. 중국인들은 눈에 보이지 않는 이 기를 가시적으로 표현하고자 하였는데, 그 첫 번째 창안이 남북조시대에 일반화되는 운기문(雲氣文, 구름처럼 꼬리가 길게 당겨져 유동하며 때로는 소용돌이를 이루며 반전하는 무늬이다.

그림63 불상의 종류와 명칭

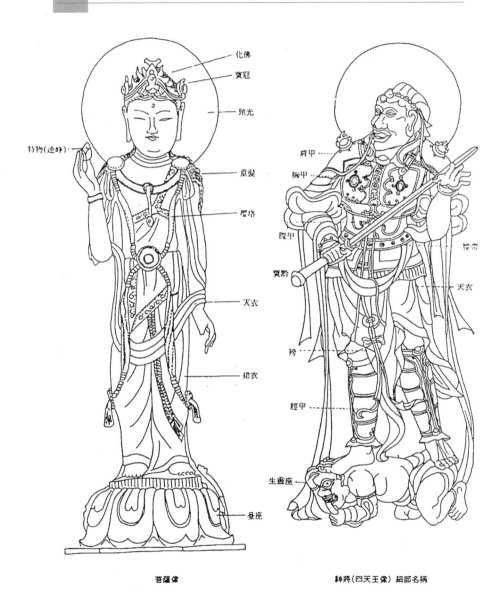

化佛
寶冠
頭光
瓔珞
臂釧
天衣
裙衣
臺座
持物(法物)

肩甲
胸甲
腹甲
寶劍
袴
脛甲
生靈座
帶飾
天衣

菩薩像

神將(四天王像) 細部名稱

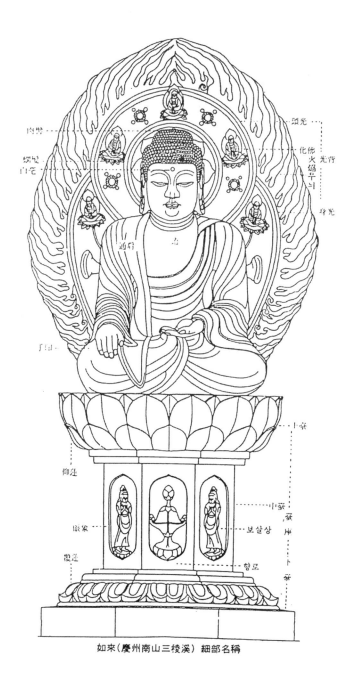

如來(慶州南山三稜溪) 細部名稱

불상과 같은 인체조각의 경우, 이 기를 몸 밖으로 발산하는 모습으로 묘사하여 그 인물의 성스러움과 생명력을 구현하고자 하였다. 가사나 천의(天衣) 자락에 강한 동세(動勢)를 주어 옷자락이 마치 칼날처럼 예리하게 뻗쳐 기의 발산을 암시하는 표현법이 그것이다. 그 결과 정신표현으로서의 변형을 거쳐 현실에 존재하는 듯한 형이 만들어지게 되었다. 중국 고대미술은 단순히 묘사표현에 그치지 않고 항상 기를 잉태하는 것으로서 전개하였던 것이다. 이러한 기에 충만된 불상의 모습은 중국의 북조(北朝)의 미술에서 두드러지며, 그 영향을 받은 6세기대의 고구려와 백제 미술에서 여실히 드러난다. 서산 용현리 출토 금동여래입상과 부여 군수리 출토 금동보살입상이 그 대표적인 예이다.

예로부터 동양에는 '아름다워야 예배의 대상이 될 수 있다' 는 철학이 있었고 그 전통은 오늘날까지 변함없다. 이 아름다운 형태를 여자의 몸에서 구하여 조형화한 것은 동서양이 같다. 불상이라는 관념상 완전한 인격체 역시 아름다운 것으로 조형화할 수밖에 없었으므로, 여래상이나 보살상 모두 기본적인 신체구조가 여성화되었던 것이다. 이러한 경향은 자비와 구원의 상징인 보살상에서 더욱 두드러지는데, 특히 우리나라에서는 삼국 말기인 6세기 전반기에 백제 지역을 중심으로 늘씬하고 육감적이며 표면질감이 매끄러운 아름다운 보살상들이 크게 유행하였다.

대표적인 예가 공주 의당(儀堂)과 부여 규암(窺巖)에서 출토된 금동제 관음보살상이다. 지금까지의 정신성을 강조하던 엄격한 정면(正面) 관조성(觀照性)의 조형 틀에서 벗어나 늘씬한 신체와 율동적인 포즈를 통한 외형적인 형태미(形態美)로 변모되었음을 알 수 있다. 한 마디로 여성적 아름다움이 강조된 불상이 등장하는 것이다. 더욱이 충남 청양에서는 너비가 2.5m에 이르는 거대한 규모의 도제(陶製) 불상 대좌가 발견되기도 하는 등, 백제의 불상은 오히려 말기에 이르러 더욱 거대화되고 난숙된 형태미를 나타낸다. 이러한 현상은 무왕 후반기와 의자왕대의 지나치게 호사스럽고 난숙했던 백제 문화의 단면을 반영한 것으로 생각되지만, 일반적인 예술 사조의 흐름으로 보면 분명히 이례적이다. 대체로 예술 활동은 정치적인 혼란기에는 창의력과 활력이 감퇴되기 마련이다. 반면 백제 말기인 7세기 전반에서 중엽 사이에 조성된 일련의 종말로 치닫는 백제 정치사의 말기적인 현상과는 달리 오히려 전성기를 맞이한 뒤 곧바로 역사의 무대 뒤로 사라지는 비운을 맞게 된다.

(2) 마애삼존불과 대중국 교통로

일반적으로 삼존불은 여래상을 중심으로 좌우에 같은 자세의 보살이 대칭적으로 배치되는 것이 원칙이다. 반면 백제에서는 서산 마애삼존불과 태안 마애삼존불과 같은 특이한 형식의 삼존불이 조성되었다. 전자는 본존 여래입상의 우협시로 집보주 보살입상을, 좌협시로 반가사유상이 배치되는 특이한 형식이다. 후자는 집보주 보살상을 본존으로 삼고 좌우에 여래상을 배치한 형식으로, 일반적으로 보살은 여래보다 크게 나타낼 수 없으므로 여기서는 삼존형식의 중앙에 관음보살을 둠으로써 관음 신앙을 강조하고 있음을 알 수 있다. 이러한 삼존불은 다른 나라에서는 볼 수 없는 것으로, 이것은 불교 신앙의 체계도 백제 나름으로 전개되어 갔음을 의미한다.

태안 마애불은 충남 태안의 백화산 정상에 못미쳐 동향한 큰 화강암 바위 면에 높은 도들 새김으로 조각한 마애불이다. 이 삼존불은 그 배치 방법이 파격적이다. 중앙에 작은 보살상이 있고, 그 좌우에는 우람한 체격의 여래상이 배치되어 있다. 일반적으로 삼존불이란 가운데에 여래상이 있고 그 좌우에 마치 호위하듯이 보살이 배치되는 형식을 말한다. 여기서는 보살을 여래보다 크게 나타낼 수 없는 원칙을 지키면서 여래상의 중앙에 관음을 배치하여 관음신앙을 강조한 매우 대담한 배치 방법이다. 이처럼 관음보살을 본존으로 삼고 좌우에 여래상이 협시한 삼존 형식은 다른 나라에서는 찾을 수 없는 백제 특유의 것이다. 도상은 곧 대중의 신앙 형태를 반영한 것이므로 이 삼존불을 통하여 백제의 독자적인 관음신앙을 엿볼 수 있다.

보살상 좌우의 여래입상은 체격이 우람하고 얼굴과 신체의 양감이 매우 풍부한데, 이처럼 불상의 신체가 장대해지는 것은 중국의 수(隋)나라 불상의 영향을 받은 것이다. 민머리(素髮)의 머리 위에 팽이 모양으로 볼록하게 솟아 있는 아주 작은 살상투(肉髻)가 특이하다. 옷깃은 U형으로 넓게 트였으며 하단 옷깃 사이로 고리 모양의 띠 매듭이 삐죽이 솟아 있다. 속옷을 맨 이 띠 매듭은 국내에서는 처음 등장하는 것으로 그 끝을 길게 드리운 중국 불상과는 달리 짧게 매듭지어진 점이 특징이다.

보살상 오른쪽의 여래상은 서로 흡사한 모습이지만 왼쪽의 여래상은 왼손에 둥근 합을 들고 있어 약사여래상으로 추정된다. 따라서 이 여래상은 삼국시대 석불로서는 유일한 약사여래상인 셈이다. 이들은 모두 보주 모양의 머리 광배를 갖

그림64 서산마애불의 현황과 명칭

추었으며, 대좌는 서산마애삼존불과 동일한 홑잎 연꽃 대좌이지만 꽃잎의 폭이
좁고 잎끝이 살짝 반전되었다. 이 삼존불은 서해의 태안반도가 한눈에 바라보이
는 곳에 위치해 있다. 모든 중생이 고난에 처했을 때 남김없이 구제한다는 관음신

앙의 특성에 비추어 이러한 입지는 바다에서의 안전을 기원하는 민중의 염원과 관련된 것으로 생각된다.

서산 마애삼존불은 백제 석조 미술의 절정이자 백제 불상의 최고 걸작으로 손꼽힌다. 이곳은 태안반도에서 부여로 가는 옛 교통로의 입구에 해당하며 근처에 있는 보원사터(普願寺址)에서는 백제 초기의 금동여래입상이 발견된 적이 있다.

본존불은 묵중하고 중후한 체구에 둥근 맛이 감도는 세련된 조각 기법을 보여주고 있어 기본적으로 위의 태안 마애불과 유사한 조형 감각을 느낄 수 있다. 머리는 민머리이고 살상투는 작으며, 입을 꼭 다물고 뺨을 팽창시켜 쾌활하게 웃는 얼굴 표정은 흔히 '백제의 미소'로 알려져 있다. 몸 전체를 가린 옷자락이 두터워서 신체 굴곡이 드러나지 않지만 늘어진 옷 주름의 형태가 훨씬 자연스럽고 부드러워졌으며, 가슴의 옷깃 사이로 태안 마애불과 같은 속옷을 맨 고리 모양의 띠 매듭이 나타나고 속옷의 윤곽이 y자꼴로 표현되어 있다.

본존불의 오른쪽에는 태안 마애삼존불의 중앙 보살상과 마찬가지로 보배 구슬을 받든 보살상이 서 있다. 몸 앞에서 U형으로 드리워진 뒤 양 팔목을 감싸고 길쭉한 몸매를 따라 가지런히 붙어 늘어진 천의 표현이나 꽃 장식이 붙은 높은 보관은 중국 수나라의 양식을 반영한 것이다. 가녀린 눈매와 고졸한 미소로 친근감을 주는 얼굴 표정과 우아하고 세련된 형태미는 백제 특유의 조형 감각이다. 본존 왼쪽의 협시는 어린아이 얼굴의 반가사유상으로, 오른쪽 다리를 올리고 몸을 약간 옆으로 튼 대담한 구성을 통하여 부조상으로서 평면성을 극복하고 있다.

일반적으로 삼존불의 경우 협시보살은 서로 같은 자세로 표현되는 것이 원칙이지만, 여기서는 본존 여래입상을 중심으로 그 오른쪽에는 양손을 위 아래로 하여 보주를 받든 관음보살상이, 왼쪽에는 반가사유상이 협시하여 새로운 형식과 양식을 취하고 있다. 이러한 삼존불의 도상은 앞의 태안 마애삼존불과 마찬가지로 백제의 독자적인 창안에 의해 만들어진 것이다.

서산마애불은 생동감 있는 얼굴과 양감이 느껴지는 손, 부드러운 옷자락 표현과 얼굴 전체에 가득 머금은 미소 등에서 난숙한 백제 문화의 단면을 보여주는 대표작으로 손색이 없다. 예술 사조는 국가적인 후원과 선진으로부터의 신선한 자극이 있을 때 항상 창의력을 발휘하기 마련이다. 그러나 미술 형식과 양식은 처음 영향을 준 선진의 영향을 받지만 일정한 시간이 지나면 곧 민족성과 풍토성에 의하여 변화되어 독특한 양식을 확립하게 된다. 이런 측면에서 서산마애불은 중국 불상의 양식을 백제적인 미감으로 융화시켰다는 점에서 그 작품성이 높게 평가된다.

독립상으로서 정형을 획득한 반가사유상, 집보주 관음보살상, 독특한 구도의 서산 마애삼존불과 태안 마애삼존불 등, 특징적인 도상이 백제에서 유행했다는 사실은 곧 백제 특유의 불교 신앙이 민중 속에 널리 퍼져있었음을 뜻한다.

그러면 이들이 서산과 태안, 그것도 서해안의 해변에 자리한 이유가 무엇인가. 일반적으로 삼국시대의 불교유적은 왕실과 가까운 도성내에 자리한다. 그런데 유달리 백제만이 도읍지가 아닌 지방사회에 불교관련 시설이 남아 있다. 이는 비단 태안, 서산의 마애불 외에 서산의 보원사지가 백제시대의 것으로 보고, 나아가 예산의 사면석불도 백제시대에 조성된 것이기에 중앙의 도읍지 이외의 지방사회에 비교적 많은 유적이 있는 것이다. 왜 유독 백제지역에서 이처럼 지방사회에 불교유적의 흔적이 남아 있는 것일까.

삼국시대 불교의 주체세력은 왕실과 귀족으로 보아야 한다. 불교가 대중화된 것은 삼국이 끝나고 통일신라에 접어들면서 비롯되기에 적어도 백제의 불교는 왕실의 후원, 혹은 직접 경영 속에 사찰이나 불상이 만들어졌다. 따라서 지방사회에 있는 삼국시대의 불교유적도 왕실 혹은 국가의 관심속에서 이루어진 것으로 보아야 할 것이다 .문제는 서산, 태안과 같은 지역이 백제와 어떤 긴밀한 관련이 있을까의 문제인데 이는 백제의 대중국 교통로와 관련지어 볼 수 있다.

백제는 국가적 발전을 이룩하여 나가면서 중국 대륙과 일본열도의 왕조와도 외교적 관계를 맺고, 국제사회에도 그 모습을 드러낸다. 백제와 중국과의 외교 관계는 372년 근초고왕 시대에 전개된 동진(東晉)과의 관계가 최초였다. 근초고왕의 시대는 백제의 건국 이래로 영토의 팽창이 가장 활발하게 이루어졌으며 또한 국가적 자신감이 넘쳐나는 시기였다. 동진과의 관계에서 시작된 백제의 대중국 관계는 475년 고구려 장수왕의 한성 함락으로 인한 웅진 천도 시기까지 모두 29회 지속되었다.

그런데 백제의 한강 유역 상실은 백제의 성립 이래로 한강 유역을 중심으로 전개되었던 소위 한성시대의 종식을 의미한다. 결과 백제는 금강 유역을 중심으로 중흥을 모색하지 않을 수 없었고 그 와중에 대 중국과의 외교관계의 전개는 중흥에 더 없이 필요한 사안이었다. 그런데 웅진 시대 초기에는 고구려의 공세에 밀리는 당시의 상황과 무관하지 않게 해상에서도 고구려로부터 많은 압박을 받고 있었다. 그것은 백제의 대중국 통교에도 당연 영향을 미쳤을 것인데 예를 들어 웅진 천도 직후인 476년의 경우 문주왕이 파견한 사신단이 고구려의 해로 방해로 인하여 중국으로 가지 못하고 되돌아왔으며, 또한 동성왕대에도 유사한 경우가 발생한 것이 그것이다.

이처럼 백제의 대중국 교섭은 국가성장에 절대적으로 중요한 것이었고 이를 위해서 국가역량을 총동원한다. 그런데 대중국 교섭을 위한 교통로는 북쪽에 자리한 고구려로 말미암아 서해안으로 통한 해로가 기본적 노선으로 선택될 수 밖에 없다. 특히 웅진 천도 이후 금강유역에 도읍하면서 대중국 교통로는 서해안의 어느 항구에서 해로를 통해 중국에 도달하였을 것이다. 이러한 교통로를 상정할 경우 항로는 금강의 수로를 따라 서해안으로 나가 바다를 건너 중국에 이르는 방법, 육로를 통해 서해안의 해안 항구에 이르러 중국으로 건너가는 방법 중의 하나가 사용되었을 것이다. 그러나 금강이란 수로를 이용할 경우 내륙수로와 바다수로와의 차이, 금강하구에서 충남 서해안의 리아스식 해안을 연안항해 하는데 따르는 어려움 등으로 유효한 수단은 아닐 것이다. 이에 대중국 교통로는 도읍지인 웅진이나 사비에서 육로로 서해안의 항구에 이르러 바다로 나갔다고 봄이 타당하다.

민족지학적 검토에 의하면 지금의 공주와 부여에서 중국에 가까운 해안인 대산반도에 이르는 통로가 설정될 수 있고, 그 길목에는 예산의 사면석불과 서산의 마애불이 자리한 지역을 통과하게 된다. 더불어 고대 항해술을 고려할 경우 대중국 교통의 출발선상은 아마도 대산면의 부성산성으로 볼 수 있다. 그리고 육로교통과 해양교통이 병행될 경우 그 위험은 해양교통이 훨씬 높을 수밖에 없고, 따라서 이의 안전을 위한 종교적 기원은 필연적일 것이다. 예산의 사면석불, 태안, 서산의 마애불은 그러한 목적에서 백제의 중앙정부가 건립, 조성한 것으로 여겨진다.

• 6세기대 백제의 불상제작에 반영된 조형관념을 이해하기
• 뚝섬출토 불상이 가진 의미 생각하기
• 군수리 출토 불상의 내용 설명하여 보기
• 서산 마애 삼존불을 통한 백제인의 미의식 생각하기
• 서산, 태안 마애불이 중앙이 아닌 지방에서 조성된 이유 생각하기

3) 웅진시대의 고분문화

한성시대에 이어 전개된 웅진시대는 이전과는 다른 환경이 도래한다. 특히 고분문화의 경우 백제적 무덤인 횡혈식 석실분이 보편적으로 사용되면서 변화발전이 이룩되는가 하면, 새롭게 전축분이 도입되어 묘제전개에 영향을 미친다. 웅진천도 이후 백제 묘제 전개의 현황을 살펴 백제인의 사후세계관, 건축술, 그리고 선진문물에 대한 수용태도를 이해하고자 한다.

(1) 웅진 도읍기 묘제현황

백제가 웅진에 도읍한 기간은 63년 정도로 매우 짧다. 더불어 고구려의 남진이란 급박한 환경에서 천도가 이루어졌기에 웅진자체를 도읍으로서의 면모를 갖추기도 어려웠을 것이다. 그러나 웅진으로의 천도라는 커다란 사건에도 불구하고 백제의 정체성은 지속된 것으로 보아야 한다. 그리고 묘제환경도 이전 시기 즉 한성도읍 후기의 환경이 그대로 이어졌다고 보아야 할 것이다.

웅진도읍기의 백제묘제 환경은 한성 도읍 후기의 환경과 크게 다르지 않다. 백제의 묘제환경은 한성도읍 후반기에 이르면 도읍지의 적석총은 횡혈식 석실분으로 전환이 시작되고, 지방에서는 석곽묘나 토광묘, 그리고 분구묘 등의 전통묘제가 고총고분으로 조성되면서 번창하고 있었다. 그러다가 고구려의 남침이란 돌발상황속에 도읍을 웅진으로 옮겼기에 묘제환경에서의 큰 변화가 나타난다고 보기는 어렵다는 점도 유의하여야 한다. 그러한 정황은 웅진으로 천도후에 만들어진 무덤의 내용에서 어느정도 간취된다. 우선 도읍지였던 웅진에는 적석총은 보이지 않고, 오직 횡혈식 석실분만 남아 있는데 이는 한성도읍 후반경에 적석총에서 횡혈식 석실분으로 전환이 이루어졌음을 보여주는 것이다. 특히 웅진지역에서 발견되는 횡혈식 석실분은 초기형으로 판단할 수 있는 궁륭식만이 남아 있는 것으로 미루어 이전의 도읍지였던 한성지역에서 충분히 발전한 것이 이입된 것임을 알 수 있다. 나아가 웅진에 도읍하던 후반기에 이르면 횡혈식 석실분으로서 궁륭식은 다시 터널식이나 아치식으로 변화도 이룩된다. 횡혈식 석실분외에 도읍지역의 묘제는 소수지만 옹관묘나 수혈식 석곽묘도 있다. 그러나 옹관묘나 수혈식 석곽묘는 독립된 형태로 존재하는 것이 아니라 횡혈식 석실분에 부수된 형태로 있어 이미 소멸단계에 접어들었음을 알게 한다. 한편 백제가 웅진에 도읍하던 시기의 도읍지역 묘제 중에서 주목할 것은 전축분이란 새로운 묘제가 등장한 것이다. 전축분은 백제 고유의 묘제는 아니며 중국의 남조와 교류를 통해 새롭게 도입된다. 때문에 이 전축분은 웅진 도읍기에 도읍지역에만 유일하게 존재할 뿐이다.

도읍지 이외지역의 묘제환경은 한성 도읍 후기에 사용되던 것들이 큰 변화없이 그대로 이어지고 있다. 다만 한성 도읍 후기의 묘제환경이 웅진으로 천도한 초기에는 그대로 이어지나 점차 시간이 경과되면서 변화도 나타난다. 물론 변화를 촉발시킨 정점에 있는 것은 횡혈식 석실분이다. 횡혈식 석실분은 한성 도읍 후기에 백제사회에 등장하여 지방으로 파상적으로 확산된 묘제이다. 그런데 이 묘제는 웅진 도읍기에 이르면 확산이 보다 크게 이루어지면서 지방사회의 묘제에 영향을 끼치기 시작한다. 그 결과 웅진 도읍 초기에 목관 토광묘가 존재하지만 점차 자취를 감추고, 수혈식 석곽묘도 이전의 내용이 일부 남아 있지만 횡구식 석곽묘로 변화된다. 특히 영산강 유역의 분구 옹관묘는 횡혈식 석실분이 확대되면서 완전히 그 자취를 감추고 있다.

이상의 내용을 종합하면 백제가 웅진에 도읍하던 시기에 사용된 묘제는 도읍지역은 횡혈식 석실분, 수혈식 석곽묘, 옹관묘 등이 사용되었음을 알 수 있고, 특히 전축분이 새롭게 등장하여 사용되었음이 주목된다. 횡혈식 석실분은 초기형인 궁륭식 석실분이 많은데 이들은 형태적으로 정형화된 것이 대부분이다. 공주 송산리 고분군, 웅진동 고분군, 보통골 고분군 등이 대표적 사례이다. 더불어 궁륭식의 변화로 터널식, 아치식이 사용되는데, 공주의 금학동 고분군 및 주미리 고분군 등이 그 예이다.

한편 수혈식 석곽묘는 공주 산의리 고분군이 있지만 시기적으로 5세기 중반 대 쯤으로 편년되어 이것이 웅진도읍기의 자료로 보기는 어렵다. 이를 제외하면 송산리 고분군내에 있는 2기 등만 지적될 수 있는데, 이들은 횡혈식 석실분군 속에 부수적으로 존재할 뿐이다. 옹관묘도 횡혈식 석실분군 속에 부수적으로 존재하는 바, 웅진동 고분군이라던가 보통골 고분군 속에서 확인된다. 전축분은 그 묘제적 특수성과 피장자의 특수성으로 말미암아 시간 및 공간적 한계가 있으며, 자료는 공주 송산리 고분군 및 교동 고분군 뿐이다.

웅진도읍기 도읍지 이외 지역의 자료는 횡혈식 석실분으로 익산 입점리 1호분이라던가, 군산 산월리 석실분, 그리고 영산강 유역의 나주 복암리 고분군내에 있는 횡혈식 석실분 초기형을 들 수 있다. 반면에 토광묘 자료는 거의 발견되지 않는 반면에 수혈식 석곽묘는 일부 지역에서 여전히 그 명맥을 유지하고 있다. 대표적 사례로 논산 모촌리라던가 익산 웅포리 고분군내의 일부 석곽묘를 그 예로 지적할 수 있다. 이들 석곽묘는 횡혈식 묘제의 영향으로 횡구식 석곽묘로 변화되는데 논산 도구머리 고분군이라던가 공주 산의리 고분군의 횡구식 석곽묘가 대표적 사례들이다.

요컨대 백제가 웅진에 도읍하던 시기, 즉 서기 475년에서 부여로 천도한 538년까지의 기간에 사용된 묘제는 대체로 한성 도읍 후기에 사용되던 묘제가 연속적으로 사용되지만 전축분이라던가 혹은 횡구식 석곽묘가 새롭게 등장하는 변화도 일어난다. 그런데 이 시기의 묘제 전개에서 주목할 수 있는 것은 횡혈식 석실분이 적석총을 대신하여 백제 지배층의 주묘제로 완전하게 대체된 시기라는 것이다. 시간적으로 한성도읍 말기인 5세기 중반에서 웅진도읍 말기인 6세기 초중반까지의 묘제 현황을 보면 적석총은 완전히 자취를 감추고 횡혈식 석실분은 초기형으로 분류된 원형천정 형식이 조영되면서 백제 지배층의 중심묘제로 자리한 것으로 추정되는데, 이는 백제의 남천 후 도읍지인 웅진지역의 횡혈식 석실분이 충분히 발전된 형식만이 확인되는 점에 근거하는 것이다.

⑵ 웅진도읍기 묘제특성

백제의 웅진 도읍기에 이르면 도읍지에는 한성 도읍기에 정착된 횡혈식 석실분이 유일한 묘제로 자리 매김되고, 부수적으로 옹관묘라던가 수혈식 석곽묘가 존재할 뿐이다. 여기에 웅진도읍 후반기에 이르면 중국에서 전축분이 도입되어 일시적으로 사용된다. 새롭게 도입된 전축분의 묘제는 이전의 횡혈식 석실분에 영향을 끼쳐 구조 변화를 가져와, 터널식이나 아치식과 같은 새로운 형식이 나타나지만 횡혈식 석실분의 기본적 성격은 그대로 유지한다. 지방사회도 한성도읍 후반기의 묘제환경이 그대로 지속되지만 웅진도읍의 후반경에 이르면 널리 사용되던 토광묘라던가 수혈식 석곽묘 혹은 분구 옹관묘와 같은 전통적 토착묘제가 소멸되거나 변화가 일어난다.

백제의 웅진도읍기 묘제는 전축분의 등장, 그리고 횡혈식 석실분의 정형적 형상으로의 정착과 변화, 그리고 그에 부수된 횡구식 묘제의 발생 등을 주목할 수 있다.

우선 전축분은 묘제 특성에서 횡혈식 석실분의 그것과 전혀 다르지 않다. 지

그림65 웅진시대의 백제 무덤들

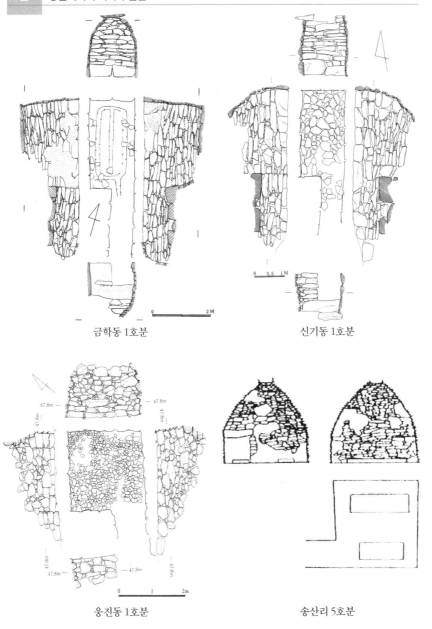

금학동 1호분

신기동 1호분

웅진동 1호분

송산리 5호분

하로 무덤구덩이를 구축하고, 그 안에 무덤 방을 만드는데, 무덤방은 입구와 연도가 마련되기에 횡혈식 석실분과 전혀 다르지 않다. 이러한 현황은 입지라던가 장법(葬法), 나아가 구조형상도 마찬가지이다. 무덤이 자리한 환경은 횡혈식 석실분처럼 남향의 경사면에 있지만, 6호 전축분이나 무령왕릉 모두 남향으로 전개되는 산능선의 선상부에 위치한 특징도 있다. 여기에 무덤구덩이를 조성하였는데 무덤방 자체를 완전히 지하에 아우를 수 있도록 깊게 굴착하였다. 물론 무덤방의 장축은 경사방향과 정확하게 일치하고 방위는 남북간을 향하고 있다. 전축분의 외부 표면을 나타내는 봉분은 어느 정도 형상을 갖춘 것으로 추정된다. 이는 송산리 6호분이나 무령왕릉의 경우 발굴조사할 때에 봉분은 그리 높지 않은 밋밋한 형태로 남았지만, 외변에 기초석을 마련한 것으로 보아 봉분을 비교적 높게 쌓았던 것으로 볼 수 있기 때문이다. 다만 규모가 어떠한가는 자세하지 않으나 봉분을 쌓으면서 흙에 백회를 섞은 것으로 미루어 규모가 컸을 것으로 본다.

무덤구덩이 내에 축조된 무덤방은 벽돌을 쌓아 만든 것으로 남쪽 전면에 입구를 내고, 입구에 잇대어 널길인 연도가 시설되었다. 무덤방의 평면은 장방형이고, 남쪽 벽에 설치된 입구와 연도는 벽면의 중앙에 설치한 중앙식인데 다만 6호 전축분은 연도가 이중으로 시설되었다. 무덤방 내부는 4 벽면을 수직으로 벽돌을 쌓아 올리면서 긴 벽인 동서쪽의 벽체의 상단을 점차 오므려 꼭대기에서 만나는 소위 터널형 구조를 지니고 있다. 무덤방의 바닥은 6호 전축분은 1인용의 관대가 한쪽에 치우쳐 있지만 무령왕릉은 무덤방의 후면 전체를 한단 높여 사용하였다.

전축분의 구조에서 주목할 수 있는 것은 등감(燈龕)이 있다는 것과 유자창이 있다는 것, 그리고 벽돌에 각각 연화문과 오수전이 새겨 장식한 점, 그리고 6호 전축분은 벽면 전체가 채색되어 있으면서 프레스코 기법에 의한 사신도(四神圖)의 벽화가 마련되어 있다는 점 등이다. 이러한 구조양상은 중국 남조시기 특히 양 나라의 전축분과 상통하는 부분이 많다. 전축분은 구조상 횡혈식으로 입구가 있어 추가장을 전제한 묘제이다.

다음으로 횡혈식 석실분은 웅진 도읍기에 이르면 명실상부한 도읍지역의 중심묘제로 자리한다. 이전에 사용되던 적석총은 웅진지역에서 더 이상 발견되지 않는다. 이는 도읍지역의 중심묘제가 적석총에서 횡혈식 석실분으로의 전환이 이루어졌고, 그러한 변화는 웅진도읍기가 아닌 한성 도읍기 후반에 이루어졌음을 단적으로 보여주는 것이다. 특히 백제 횡혈식 석실분의 경우 한성 도읍 후기의 것으로 판단되는 것들은 구조적으로 다양성이 보인다. 즉 입지환경만이 아니라 묘광의 구축상태와 나아가 무덤방의 평면, 입구 및 연도의 위치, 무덤방내의 각종 시설이 통일적이지 못하다.

그런데 웅진도읍기의 횡혈식 석실분은 그 형상에서 통일적, 정형적 모습을 갖추고 있다. 즉 지하 혹은 반지하의 무덤방에 방형 혹은 장방형에 가까운 무덤방의 평면, 벽체는 할석으로 구축하면서 천장은 궁륭식으로 조성하는가 하면, 입구 및 연도를 우편재로 시설하는 등의 통일성이 보인다. 물론 이러한 정형성은 한성 도읍기에 만들어진 가락동 3호분에서도 발견되는 것으로 미루어 이미 한성 도읍 말기에 정착되어 그것이 웅진천도와 함께 웅진지역으로 이입된 것으로 판단된다. 그리고 웅진 도읍기에 주묘제로 정착된 횡혈식 석실분 즉 궁륭식의 석실분은 묘제의 형식에서 점차 변화가 나타난다. 즉 궁륭식에서 터널식 혹은 아치식으로의 변화가 그것이다. 변화된 내용은 무덤방의 평면이 보다 장방형으로 변화되는가 하면 천장의 구성이 궁륭식에서 터널 혹은 아치식으로 변하는 것인데 이러한 변화의 요인은 중국묘제인 전축분에서 찾을 수 있다. 즉 백제는 웅진으로 천도한 후에 중국 남조와 밀접한 관계를 유지하면서 그들의 묘제인 전축분을 도입하여 왕실용으로 사용하는데 이의 영향으로 궁륭식 석실분이 전축분과 같은 터널식으로 전환되는 것이다.

사실, 중국의 전축묘제도 속성에서 횡혈식 구조라는 점에서 궁륭식과 큰 차이가 없다. 즉 단실묘로 공동의 무덤방에 입구와 연도를 설치한 횡혈식으로 조성한다는 점에서 양자는 유사하고, 단지 축조재료가 벽돌과 석재라는 차이만 있을 뿐이다. 그런데 무령왕릉의 등장 후 백제의 석실분은 무령왕릉과 동일한 상태로 모방하여 축조하고 있다. 천정은 터널식으로 가구하고, 평면이 장방형으로 변화되면서 연도가 우편재에서 중앙식으로 정착된다. 물론 구조가 횡혈식 계통이란 점에서 변화자체를 무시할 수 있겠지만 사실은 고유의 묘제기법을 신래의 묘제기법으로 전환시키는 백제인의 발 빠른 행보를 단적으로 보여주는 사례로 볼 수 있을 것이다.

한편 횡구식 석곽묘는 입지는 대체로 산지이나 연원이 되는 묘제의 입지와 상통하는 것으로 볼 수 있다. 입구를 개설하기에 그에 편리한 지형을 선택한 것이다. 그런데 횡구식 석곽묘는 장축의 설정이 등고선 방향으로 이루어진 것과 경사 방향으로 이루어진 것으로 구분된다. 이러한 차이는 각각 수혈식 석곽묘의 전통이 유지되는가 아니면 횡혈식 석실분의 전통을 새롭게 채용하는 과정에서 나타날 수 있는 것으로 판단된다. 사용된 석재는 할석이 대부분이다. 그리고 무덤구덩이는 대체로 지하가 기본이나 일부는 반지하식인 것도 있다. 표면의 유실이라든가 조사환경도 고려되어야 하겠지만 특히 무덤방의 장축이 경사방향으로 이루어진 경우 경사의 아래쪽 유구는 지표면에 노출된 것이 많아 완전 지하식을 이루지 못하는 것도 적지 않다.

횡구식 석곽묘 무덤방의 평면은 대체로 세장된 장방형을 띤 것이 많지만 부분적으로 장방형에 가까운 것도 많다. 특히 시기가 지나면서 장방형으로 변화된 것도 많으며, 횡혈식의 영향과 관련된 것이다. 다만 벽체나 천장을 만드는 방식은 횡혈식보다 수혈식 요소가 강하게 남아 있다.

횡구식 석곽묘는 입구를 설치하였지만 한쪽 벽체를 전혀 쌓지 않고 단지 3벽만 우선 쌓고, 나머지 한쪽 벽면을 그대로 입구로 사용한다는 점에 특징이 있다. 그리고 이 묘제는 벽면을 쌓는 방식이 외줄 쌓기로 하는데 남겨두었던 입구를 폐쇄하는 것도 밖에서 외줄 쌓기 형식으로 쌓아 올려, 입구의 잔존형상은 단지 축석면이 불규칙하고 거칠게 쌓은 형상으로 판별하여야 한다.

생각하기

- 웅진도읍기 전축분과 횡혈식 석실분의 구조속성의 비교검토
- 웅진 도읍기 횡혈식 석실분의 변화내용과 그 배경이해하기
- 횡구식 석곽묘의 구조속성 이해하기
- 웅진도읍기 중앙사회와 지방사회의 묘제 비교설명하기

7. 사비천도와 백제의 중흥

1) 백제의 사비천도와 사비도성

　백제의 사비천도는 538년 성왕에 의해 이루어진다. 국호의 변경 등 개혁정책과 더불어 진행되나 그 배경의 이해는 아직 어렵다. 성왕의 사비천도 과정을 살펴봄으로써 천도의 당위성을 이해하여 보고자 한다. 새로운 천도지 사비는 지금의 부여이고, 이곳에로의 천도는 계획적으로 진행된 것이기에 도읍 사비의 건설은 체계적으로 이루어졌다고 볼 수 있다. 한국 고대사회의 도성 혹은 도읍의 구조나 현황을 이해함으로써 고대사회의 도시구조에 대한 이해를 심화시킨다.

(1) 백제의 사비천도

　고대사회에서 도성 혹은 왕도(王都)는 정치·경제·문화의 중심지이었다. 따라서 왕도는 여러 가지 요건을 충족시킬 수 있는 곳이 선정된다. 삼국초기 도성은 대외방어에 유리하고, 농경에 적합한 비옥한 토지가 넓게 분포된 곳이 선택되었다. 백제도 온조왕대 도읍을 정하는데 그러하였으며, 고구려의 경우도 마찬가지였다. 따라서 초기국가에 있어서 왕도는 자연지리적인 환경이 중시되었음을 알 수 있다. 이를 통해 보면 왕도는 정치·경제·문화의 중심지일 뿐만 아니라 그것이 지닌 상징성으로 인해 도읍을 선정하는데 사려깊은 배려가 이루어졌고, 한번 정해진 도읍을 옮기는 것도 매우 신중하고 어렵게 이루어진다는 것을 알 수 있다. 특히 도읍을 옮기는데 지리적인 적합성과 함께 특별한 정치적 목적성도 가지게 된다.

　이러한 관점에서 볼 때 백제의 웅진 천도는 상황적 급박성이 있었고, 군사적 열세 속에서 지방 세력간의 역관계가 작용하면서 이루어졌다는 점을 고려하면, 일반적으로 도읍선정에 따르는 여러 조건을 충족시키는데 나름의 문제가 있었다고 볼 수 있다. 그런데 백제는 웅진에 도읍한지 64년만에 다시금 사비라는 새로운 지역으로 천도를 단행한다. 물론 백제의 실상을 전하는 각종의 역사서에 백제가 왜 사비로 천도를 하였는지, 사비라는 지역이 도읍으로서 어떤 장점이 있어 이 지역을 선정하였는지에 대한 사실은 전혀 발견되지 않는다. 때문에 백제의 사비천도는 그 배경의 이해에 갖가지 억측만이 난무하고 있을 뿐이다.

앞에서 언급되었지만 백제의 웅진천도는 고구려 장수왕의 군사적 남진, 그에 따른 한성 함락이란 긴급한 상황에서 이루어진 것이다. 따라서 웅진지역이 도읍으로서의 조건을 충족시킬 수 있는가의 여부를 고려하기는 어려운 환경에서 이루어진 천도였고, 때문에 웅진은 도읍으로서 적합한 지역은 아니었을 수도 있다. 물론 외적의 방어에 유리한 군사지리적인 사항은 어느 정도 충족되었을지 모른다. 그러나 현재의 상황으로 보아도 지리적인 협소함은 일차적으로 도성으로서의 기능과 왕도의 경제적 기반을 충족시키지는 못하였을 것이다. 여기에 안정된 국가경영을 위한 왕도로서의 지리적 위치를 극복하는데도 한계가 있었을 것이다. 특히 웅진은 홍수에 취약성을 가졌던 것으로 보인다. 동성왕 13년과 19년 2차례에 걸친 물난리로 인해 왕도의 민가가 피해를 입은 사실이 그것을 말해 준다. 이와 같이 웅진은 왕도를 운영하는데 있어서 요구되는 객관적 조건에서 근본적인 한계를 가지고 있었다.

여기에 웅진으로 천도한 이후 신진세력의 등장에 따른 신, 구세력의 갈등, 그와 관련된 왕권의 약화 등의 정국 불안이 계속되는데 이러한 정정 불안을 해소하기 위해서는 새로운 돌파구, 즉 도읍이동이란 수단이 마련되었을 수도 있다. 사실, 웅진으로의 천도는 대외방어에 유리하다는 군사적 요인 외에 공주지역 인근에 기반을 둔 유력 재지세력의 영향이 크게 작용한 결과이다. 예컨대 공주 수촌리에서 조사된 한성말기의 고분군 조영세력이 대성팔족(大姓八族) 가운데 하나인 목씨나 백씨세력으로 비정되는데, 이들 세력이 웅진천도를 주도하였으며, 천도 이후에 유력한 정치세력으로 등장하였다. 그런데 이들 세력은 웅진초기 구 귀족세력을 견제하는데 효과적이었을지 모르나 점차 왕권을 제약하는 정치세력으로 성장하였다. 이러한 정황은 웅진지역을 중심으로 국가를 운영하는데 많은 한계를 가져올 뿐만 아니라 정치적 불안도 지속되었을 것으로 볼 수 있기 때문이다.

따라서 사비천도는 계획적인 천도라는 점에서 웅진이 도성으로서 지닌 외형적 한계의 극복이란 차원과 함께 또 다른 정치적인 목적을 가지고 있었음을 알 수 있다. 실제로 웅진천도 초기 문주왕의 죽음과 삼근왕의 단명, 구 귀족세력의 발호와 신진세력의 등장 등 정치적 혼란 속에서 약화된 왕권을 회복하고 국가체제를 일신하기 위해서는 특단의 조치를 필요로 하였는데, 그것이 재천도의 방식으로 나타난 것이다.

다만, 사비천도는 동성왕대 이미 계획된 것으로 인식하기도 한다. 그러나 이에 대해서는 검토할 부분이 많다. 즉, 동성왕은 즉위 후 왕권이 어느 정도 안정되자 사비천도를 계획했던 것으로 파악하고, 그 중요한 근거로 동성왕이 사비지역으로 여러 차례 전렵(田獵)을 나간 사실과 가림성(加林城)의 축조하였다는 점에서 찾고 있다. 사실, 동성왕은 재위기간 중 3차례에 걸쳐 사비지역에 전렵을 나갔다. 그리고 동성왕의 사비지역 전렵사실을 그것이 지닌 정치적 의미로 보아 천도를 위한 사전답사적인 성격을 가진 것으로 이해하는 것이다. 그러면서 동성왕은 정치적 혼란과 귀족세력간의 알력 등으로 왕권을 안정적으로 유지하는데 어려움이 있기에, 웅진천도를 주도한 지방세력의 압력으로부터 벗어나기 위해 사비로 천도코자 하였다는 것이다. 그럼에도 동성왕은 웅진초기의 정치적 불안을 극복하고 왕권을 안정시키기 위해 사비천도를 계획하였지만 일부 귀족세력의 반발과 경제상황의 악화로 인해 천도를 추진하고, 나아가 신도시를 조영하는데 필요한 정치적인 안정과 경제력을 확보하지 못함으로써 결국 천도를 실현하지 못한 것으로 본다.

그런데 사비천도는 성왕이 즉위한 후에도 상당시간이 경과된 후에 실현된다. 만약 동성왕의 사비천도 추진이 사실이라면 계획한지 약 60여년 만에 결실을 맺은 것인데, 이러한 이해에는 적지 않은 문제가 있다. 우선 동성왕의 천도계획의 근거로 삼는 사비지역 전렵사실이 과연 천도지의 선정과 관련 있는 것인지의 정확한 판단이 필요하다. 본디 왕의 전렵은 복합적 의미에서 실행되는 것으로 지방사회의 관리 감독, 그리고 군사훈련 등의 목적에서 이루어진다. 따라서 이를 단지 천도라는 특정 목적에 국한하여 보는 것에 문제가 있다. 특히 동성왕의 전렵은 비단 사비지역만이 아니라 웅진의 북쪽, 그리고 한성 지역에서도 진행한다. 그럼에도 오로지 사비지역의 전렵만이 천도지의 선정과 관련 있다고 본다면 이미 변경지역인 한성이라던가, 웅진의 북쪽도 천도지로 고려하였다는 말이 된다.

또한, 비록 동성왕의 도읍의 천도계획이 있었고, 사비지역을 그 대상지로 삼았다 하더라도 그 뒤에 등극한 무령왕의 경우 안정된 왕권을 토대로 발전을 도모한 군주임에도 왜 천도에 대한 관심을 전혀 보이지 않았는가의 의문과, 성왕도 그가 왕위에 등극한 후 18년이 지난 뒤에 천도하는, 다시 말하면 동성왕 사후 약 40여년의 시간이 경과된 다음에 천도가 진행되는 이유의 설명도 어렵다. 특히 사비지역의 고고학적 자료는 웅진시대의 것과 겹치기 보다는 오히려 연속선상에서 발전한 것으로 보이기에 동성왕대부터 사비천도를 준비하고 그것이 성왕대에 실현되었다고 보기는 어렵다.

오히려 백제의 사비천도는 성왕대의 일로 보아야 할 것이다. 즉, 성왕의 사비천도는 538년의 일이고, 웅진에서 왕위에 즉위한지 18년 후의 일이다. 또한 성왕은 무령왕을 이어 왕위에 올랐고, 백제 중흥군주의 명실상부한 지위가 부여되는 인물이다. 그리고 성왕의 치적으로 보아 그의 사비천도 행위가 강화된 왕권을 바탕으로 이룩되었다는 점은 충분히 이해된다. 다만 보다 근본적인 정치적 배경이나 환경은 아직 알 수가 없다. 그리고 왜 사비지역을 왕도로 선정하였는가의 의문도, 방어상의 편리함과 미개발지라는 주장이 있으나 나성을 축조할 정도의 방어상의 지리적 취약점을 지적할 경우 마땅한 설득력은 되지 못한다. 다만 천도지로서 사비지역이 선택된 것은 그 주변을 재지기반으로 하는 정치세력과의 관계, 즉 동성왕대 등장한 사씨 세력이 고려되었을 것이란 점은 수긍되는 바가 많다.

(2) 사비도성

사비도성은 현재의 충남 부여지역에 부소산성과 나성, 그 외곽으로 능산리의 고분군과 청마산성을 비롯한 주변 방어시설을 포함하여 새로운 도성 형식을 만든 것이다. 이 새로운 도성의 건설은 첫째로 금강이 동북에서 흘러와 북쪽을 에워싸고 서남쪽으로 흘러가는 남쪽 기슭의 산을 중심으로, 북쪽을 향한 골짜기까지 에워싼 산성을 만들었다. 둘째로 이 산성의 동쪽 끝을 연결하여 동쪽의 청산성을 지나 능산리에 이르러 다시 남쪽으로 달리다가 휘어지는 외곽성벽 즉 나성(羅城)을 쌓았다. 셋째로 산성의 서쪽 끝에서 얼마간의 부분에도 방어선을 이루는 외곽성을 쌓으면서 현재의 부여 시가지를 감싸는 남쪽에 연못을 조성한 궁남지가 조성됨으로써 산성과 그 산성 외곽의 지역까지 두르는 새로운 양식의 도시 방어망을 가지게 된 점에서 특징을 가지게 되었다.

우선 사비도성에 대하여 중국의 기록에서는 "왕성의 크기는 한쪽 면이 1리 반이 되며, 북쪽으로 향하였고 돌을 쌓아 만들었다. 성 아래 10,000여 가(家)가 있으니, 이것이 곧 5부의 거처하는 곳이다. 하나의 부마다 군대 500인 씩이 있다"라고 하거나, "왕이 도읍으로 삼은 성안은 다시 5부로 되어 있으며, 모두 달솔(達率)이란 관직에 있는 인물이 그것을 거느린다. 또 성안에 5항(巷)이 있어 사서(士庶)로 표현된 귀족과 서민들이 살고 있다"라고 하였다.

또 다른 기록에는 왕도 내부가 상부·중부·하부·전부·후부의 다섯으로 나뉜다는 기록은 지금의 향교 부근에서 전부(前部), 상부전부천자차이…(上卩前部川自此以…)라 새긴 표석(標石)이 있고, 동남리에서 상부을와(上卩乙瓦)라 쓴 기와가 나오며, 쌍북리에서 중부을와(中部乙瓦)라는 기와가 출토된 점으로도 알 수 있다. 최근 궁남지(宮南池)에서 나온 목간(木簡)에 먹으로 쓰인 글자에는 5항(巷)제도의 시행과 관련된 내용이 있는 것도 출토되었다.

사비도성 시기의 백제는 왕과 왕족 이외에 8개의 성(姓)을 가진 유력한 귀족이 있었으며, 관등은 16등급으로 체계화되고, 중앙의 관청은 22부(部)를 내관(內官)과 외관(外官)으로 크게 구분되어 있었다. 그리고 기능별로 22부(部)로 구분되어 각기 책임자가 있었으며, 그 책임자들은 3년을 임기로 하여 교대되었다. 사비도성에는 이처럼 내외 여러 일을 분담하는 관청이 들어서고, 그곳에서 일하는 많은 관리와 서민들이 거주하였으며, 인구가 밀집되어 있었기 때문에 도성 내를 5부와 5항으로 구분하여 조직된 행정 구조를 가지고 있었다.

이런 유형의 도시가 한반도에 등장한 것은 사비도성이 최초의 것이다. 나성으로 둘러싸인 내부는 기록에 의하면 5부(部)로 구획되고, 각각의 부는 다시 5항(巷)으로 구획되었다. 현실적인 거주 지역은 산성과 나성 안쪽에, 그리고 왕릉은 나성의 동쪽 바깥인 능산리에 조성되었고, 비로소 나성 내에 여러 사원(寺院)이 건축되고, 왕릉의 아래로도 명복을 비는 사원과 의례시설이 자리하였다. 나성의 외곽으로도 다시 산성을 배치하여 방어망이 더욱 굳건해진 도성을 건설하였다.

부소산성은 사비도성의 북쪽에 자리하였다. 둘레 2.2km가 넘는 규모로 험준한 산성이다. 성벽은 판축의 토성부분도 있고, 돌로 쌓은 부분도 있으며, 성벽 밖으로 돌출된 치성도 있다. 그리고 산성의 남쪽 높은 곳은 영일루(迎日樓)가 있는 봉우리와 그 서쪽까지를 두른 별도의 구역, 즉 성내부가 두개의 권역으로 구분되는데 안쪽의 것은 둘레 1.4km의 부분으로 통일신라 및 고려 이후의 산성이다. 반면에 사비루(泗沘樓)를 두른 별도의 성벽인 둘레 약 700m의 부분도 전체를 두른 한 겹의 부소산성과 시대가 다른 것이다.

따라서 본래의 부소산성은 하나의 산성으로서 존재하다가 훗날 행정구역이 소부리군, 부여현으로 강등되면서 보다 작은 산성으로 개축되어 사용된 것으로 판단된다. 백제시기의 부소산성은 곧 사비도성의 핵심적인 성이며, 여기서 이어진 나성이 사비도성의 민거(民居) 지역을 포용한 것이었다.

나성은 현재 부소산성 동쪽에서 청산성까지의 북쪽 나성이 900m의 길이이고, 청산성에서 능산리를 거쳐 염창리까지의 5,400m의 구간 등 6,300m가 확실히 남아 있는 것으로 밝혀졌다. 나성은 성벽이 저지대를 통과하는 곳에서는 독특한 축조기법이 확인되었는데, 나뭇가지와 나뭇잎, 풀을 깔고, 작은 말목을 많이 박아 뻘 층이 가라앉는 것을 방지하는 기술이 사용되고, 모래 구덩을 만들어 벽체 내에서 배수가 이루어지면서 벽체를 지탱하는 방법도 사용되었음이 알려지게 되었다. 이러한 수준 높은 시술은 뒤에 일본열도에도 건너가 축성과 제방 축조에 응용되었는데, 이는 백제문물의 일본전파에 의한 것으로 널리 알려져 있다.

나성의 성벽은 바깥쪽 아래로 돌을 쌓아 성벽을 보호하고, 안쪽으로 판축으로 쌓아 만든 것이다. 다만 형상은 지형에 따라 성벽의 너비가 조금씩 차이가 있다. 동쪽 나성의 필서봉 북쪽 기슭에 대한 조사에서 기저부의 너비가 16m, 높이 약 5m의 성벽을 바깥쪽의 아랫부분을 2.5m 높이까지는 돌을 쌓아 만들었고, 쌓은 돌은 잘 다듬어진 사각추 모양의 화강암이고, 돌들을 조금씩 안쪽으로 물려 쌓으면서 수평 눈 줄을 맞추어 안정감을 가지게 하였다. 그리고 성체중에 평지에 가까운 부분에서는 성벽 기저부의 너비가 22m까지 넓어지고, 더욱 낮은 곳에서는 돌을 쌓지 않고 흙으로 판축된 토루 내외를 돌을 깔듯이 박아 물의 침식을 막기도 하였다. 성의 출입시설인 동문터는 현재 부여~논산 사이의 국도 남쪽에서 조사되었다. 형상은 문을 이루는 부분의 바깥이 둥글게 휘어지며, 문길의 너비가 9.5m로 매우 큰 문을 만들었음을 알 수 있었다.

도성 내부는 웅진 시기의 왕궁 구조와 달리, 보다 확장된 범위까지 포함되었던 것으로 여겨지고 있다. 도읍의 핵심인 왕궁은 천도가 이루어진 서기 538년 이전에 만들어졌을 것이고, 이후 무왕 31년(630)에 이르러 대대적인 수리를 시작하였다. 왕이 웅진성에 거동하면서까지 수리에 나섰으며, 이후로도 634년에는 궁궐 남쪽에 20여리나 물을 끌어들여 연못을 만들었다. 이 연못의 사방 언덕에 버드나

그림66 사비도성과 도시계획 모식도

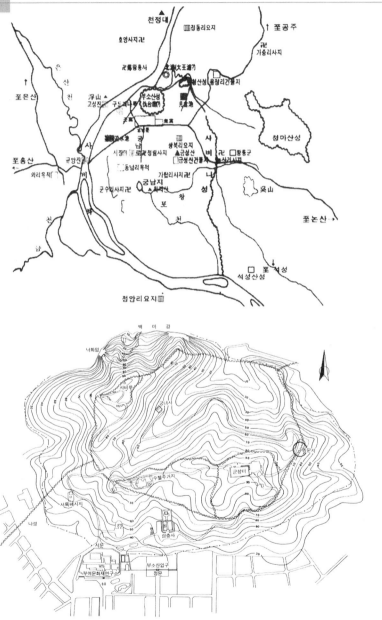

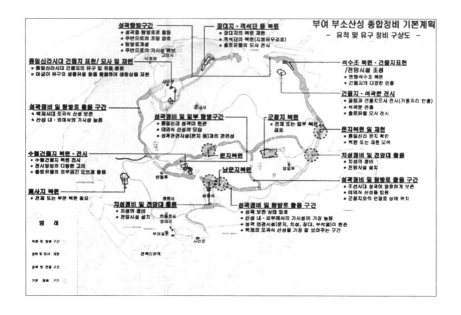

무를 심고 못 가운데 섬을 만들어 마치 중국의 전설에 나오는 신선이 살고 있다는 방장선산(方丈仙山)을 방불케 하였다고 한다.

　도성내의 시설외에 현재 부여 백마강의 서북쪽으로 법왕(法王) 때인 서기 600년부터 짓기 시작하여 35년의 기간에 걸쳐 공사를 완료한 왕흥사(王興寺)가 있고, 왕이 대왕포에서 배를 타고 절에 건너가서 향을 피웠다고 한다. 왕흥사는 남쪽으로 강물에 드리운 사원으로 색색으로 장식된 장려한 절이었다. 또한 무왕 때에는 보다 남쪽으로 멀리 익산(백제 때는 金馬渚라 불렀다)에도 미륵사(彌勒寺)를 창건하면서 634년에 이르러 당초의 사비도성을 더욱 화려하고 장엄하게 꾸몄다는 내용이 사서에 전한다. 아마도 이시기의 사비도성의 범위가 강 건너까지 확장되었을 것이다.

　이외에 도성 안에는 불교 사원과 도교 사원인 도관(道觀)이 왕궁이나 태자궁 등의 궁궐에 못지않은 장려한 건축으로 지어지고 탑이 세워졌다. 오늘날 그 자취를 알 수 있는 사원터는 동남리의 정림사지를 비롯하여 군수리 절터, 가탑리 절터, 구아리 절터, 부소산 서쪽 기슭 절터, 쌍북리 절터, 현북리 임강사터, 용정리 절터, 율리 절터, 동산리 절터를 비롯하여 나성의 동쪽 능산리 고분군 사이의 능산리 절터, 규암면 외리 절터, 은산면 금강사터 등 20여 곳이 있다. 문헌 기록에 천왕사(天王寺), 도양사(道讓寺), 백석사(白石寺), 칠악사(漆岳寺), 오함사(烏含寺) 등의 불교 사원뿐만 아니라 사택지적비(沙宅智積碑)에 새긴 것처럼 도교 사원도 있어 종교 관련시설이 많이 있었음도 알 수 있다.

더불어 왕경의 나성 동쪽에는 왕릉급의 무덤들이 자리한 능산리 고분군이 있다. 능산리 고분군과 나성 사이의 골짜기에는 사원터가 조사되고, 여기서 백제 위덕왕(威德王)의 이름인 창왕(昌王)의 기록이 새겨진 사리함(舍利函)을 비롯하여 금동향로가 출토되었다. 이로 보아 이곳에는 왕의 사후세계 명복을 비는 사원이 조성되고 경영되었음을 알 수 있다.

왕경의 중심부인 왕궁은 부소산 남쪽 기슭 일대에 있었다고 알려지고 있다. 커다란 건물터와 기와로 기초를 돌린 건물터, 우물과 연못, 도로와 하수시설, 각종 금은 세공품 등을 만들던 왕실 소속의 공방터 등이 조사되고 있다. 왕궁과 사원 등의 중요 건물들은 호화로운 연꽃무늬와 각종 무늬로 장식된 기와가 덮였으며, 벽돌을 깔은 건물도 있었다. 부드럽고 우아하면서도 세련된 멋을 풍기는 수많은 백제 유물들이 출토되기도 하였다. 그만큼 사비도성은 중국 대륙과 서해 바다를 건너 교섭하면서 발전된 백제 후기 문화의 중심지요, 한반도에서 완성된 고급스러운 백제 문화가 동남쪽으로 신라와 일본열도로 흘러 들어가는 항구가 되었다.

백제는 한강 유역의 위례성과 한성에 도읍했던 시기와 금강 유역의 웅진 및 사비도성의 시기로 크게 구분해 볼 수 있다. 한강 유역에서의 도성이 큰 강을 띠로 두른 남쪽 기슭에 자리한 것은 웅진과 사비도성에도 그대로 전통이 이어졌다. 도성 내의 왕성은 네모지거나 똑바른 원(圓)도 아닌 자연스런 형태로 되어 자연적인 지세를 그대로 이용한 것이다. 고구려의 도성이 네모진 평지성과 그 배후의 산성으로 구성된 것과 일정한 차이가 있으며, 오히려 처음 백제와 외교관계를 가진 신라의 경우 자연지세를 그대로 이용한 토루로 된 성벽을 사용한 것으로 보아 백제와의 일정한 관련성을 암시한다. 왕성의 둘레로 산성을 이중 삼중으로 배치하는 것으로 방어망을 형성한 것은 백제에서 마련된 것이었다.

특히 백제문화의 전반적 영향을 받은 일본에서는 사비도성을 그대로 모방한 듯한 도성이 성립되었다. 오늘날 일본 규슈의 북쪽에 남아 있는 다자이후(大宰府)에는 판축된 토루와 해자(垓子) 등으로 이루어진 미즈키(水城)가 서북쪽의 방벽을 이루고, 오오노죠(大野城)라는 커다란 산성이 북쪽에 자리하였으며, 기이죠

(基肆城)라는 산성이 남방에 있어서 커다란 구역을 에워싸듯 한 곳에 서부 일본의 방어를 위한 거대한 도시를 만든 유적이 남아 있다. 이들 유적은 신라와 당의 연합군이 사비도성을 점령한 후 백제의 부흥 운동을 위하여 항전하다가 망명한 백제사람이 감독하여 축조된 것임이 『일본서기(日本書紀)』에 기록되어 있다. 즉 663년에 백강 전투에서 패한 후 일본으로 건너간 달솔(達率) 답발춘초(答㶱春初) 등이 665년 8월에 나가도(長門)에 파견되어 성을 쌓고, 이 때 달솔(達率) 억례복류(憶禮福留)와 달솔 사비복부(四比福夫)는 오오노죠(大野城)와 기이죠(椽城)를 축조하였던 것이다. 이 축성을 주도한 사람들은 병법(兵法)에 능통한 사람들이라 하였으므로, 백제의 축성 방법이 이러한 축성을 통하여 직접 일본으로 전해진 것을 오늘날에도 실제 눈으로 확인할 수 있다.

- 도제의 사비천도 과정에 대한 논의내용과 성왕의 천도과정 이해하기
- 사비도성인 지금의 부여지역에 대한 지정학적 조건 이해하기
- 백제의 도성 사비의 도시구조 이해하기

2) 통치체제의 완비와 은화관식

백제는 사비천도 즈음에 새롭게 체제 정비를 단행하여 명실상부한 고대국가로 자리한다. 이는 웅진도읍기 중흥을 통해 축적된 국력을 바탕으로 강력한 왕권이 구축되었음을 의미한다. 이 시기에 이룩된 통치체제의 실상을 살펴 백제의 지배체제를 이해코자 한다. 나아가 유물로 금제, 은제의 관식이 존재한다. 이들 유물은 백제의 통치체제의 근간인 관등제와 밀접한 관련이 있음을 검증, 이를 통해 백제 후기의 지배체제 실상에 대한 심층적 이해를 도모한다.

(1) 통치체제의 완비

백제는 웅진천도 후 혼란한 정국의 수습과 더불어 국력의 중흥을 꾀하였고, 그 결과 웅진도읍 후반경에 강력한 왕권의 확립을 바탕으로 다시금 강국으로서의 면모를 과시한다. 이를 바탕으로 성왕은 사비로 천도를 단행하는데, 이 즈음의 백제는 한성도읍시기에 만들어졌던 국가 통치체제에 대한 대대적인 정비를 단행

한다. 그 대표적인 것으로 지방통치제인 5부와 5방제, 중앙의 행정기구인 22부사의 정비 등을 들 수 있으며, 더불어 백제 관료조직 운영의 핵심인 16관등제 등도 이 시기에 완비되었던 것으로 본다.

먼저 22부사에 대해서는 중국의 역사서인 『북사(北史)』, 『주서(周書)』, 『한원 (翰苑)』 등에는 백제의 22부사의 명칭이 실려 있다. 다만 22부사에 대한 기록은 각 기록들 마다 약간의 차이는 있지만 대개는 거의 비슷하다고 할 수 있는데 이를 표로 정리하면 다음과 같다.

표3 백제 22부사의 명칭

北史	內官	前內部 穀內部 內掠部 外掠部 馬部 刀部 功德部 藥部 木部 法部 後宮部
	外官	司軍部 司徒部 司空部 點口部 客部 綢部 外舍部 日官部 市部
周書	內官	前內部 穀部 肉部 內掠部 外掠部 馬部 刀部 功德部 藥部 木部 法部 後宮部
	外官	司軍部 司徒部 司空部 司冠部 點口部 客部 外舍部 綢部 日官部 都市部
翰苑	內官	前內部 穀部 內部 掠部 功德部 藥部 木部 法部 後宮部
	外官	司軍部 司徒部 司空部 司冠部 點口部 客部 外舍部 綢部 白官部

22부사의 설치시기는 7세기 전반기에 편찬된 사서들에 남아 있는 점과 함께, 백제의 지방통치조직인 5방제도가 남아 있는 것으로 미루어 사비천도 이후의 사실로 추정된다. 다만 표에서 알 수 있듯이 22부사는 내관 12부 · 외관 10부라는 정비된 행정조직체계로 구성되어 있으며, 또한 부사의 숫자가 많았던 점으로 보아 일시에 정비된 것보다 그동안 난립되어 오던 것을 사비천도를 전후하여 정비된 것으로 추정할 수 있고, 그 시기는 성왕대였을 것으로 짐작한다. 더불어 22부사의 우두머리인 장리는 3년마다 교대되고, 업무가 22부사로 분화되어 있는 점 등으로 미루어 이들 기구가 상대적으로 국왕의 전제권력의 강화에 이바지한 것으로 볼 수 있다. 22부사의 기능은 다음과 같이 추론된다.

표4 22부사의 기능

	前內部	穀部	肉部	內掠部	外掠部	馬部
內官	國王近侍 · 王命出納	御供에 관계 되는 곡물관리	御供에 관계 되는 육류관리	왕궁내외의 곡물관리		御馬관장
	刀部	功德部	藥部	木部	法部	後宮部

	무기의 제작과관리	불교사원 관장	御醫의 기능	왕실토목 공사담당	왕실의례 담당	후궁과 관련 되는 제반업무
	司軍部	司徒部	司空部	司寇部	点口部	客部
外官	外交 병마관계	교육과 의례	토목과 재정	사법관장	호구파악	외교 및 사신접대
	外舍部	綢部		日官部		都市部
	관료 인사담당	직물의 제조 공급(조세담당)		천문 기상관계		시장업무 담당

22부사의 관리들에는 어떠한 인물이 임명되었는지에 대해서는 각종 기록과 임무를 추정하여 보건대 16관등중에 솔계의 관등을 가진 사람은 22부사의 우두머리에, 덕계 관등을 가진 사람은 22부사의 실무행정을 담당하였던 관리에 임명되었다.

다음으로 5부 5방제라는 행정구역의 정비에 대해서다. 이것도 성왕대에 실시된 것으로 보며, 특히 사비도성은 계획적인 도시로 건설된 것이고, 왕도를 부(部)와 항(巷)이라는 주거 단위로 구획하여 각각의 귀족세력들을 거주하게 하였다. 중국의 역사서인 『수서(隋書)』에는 기내(畿內)를 5부로 구분하고 부에는 5항이 있는데, 사인(士人)들이 거주하였다는 기록이 있다. 이외의 역사 기록에는 사(士)와 서(庶)가 함께 거주하는 것으로 남아 있어 도성 안에 귀족뿐만 아니라 일반민들도 거주하였음을 알 수 있다.

고고학적 자료에 왕도 5부제의 시행사실로 부명이 찍힌 인장와(印章瓦)가 다수 출토되고 있는데, 전부을와(前阝乙瓦)·후부을와(後阝乙瓦)·중부을와(中阝乙瓦)·상부을와(上阝乙瓦) 등이 부소산성을 비롯해 추정왕궁지 등에서 확인되었다. 이와 같이 백제는 사비 천도후에 도성 내부를 5부 5항의 행정구역으로 구획하고, 이곳에 귀족세력을 정주시켜 그들의 지역적 통제를 시도하고 있다. 각 부에는 군사 5백인을 상주시켜 달솔로 하여금 지휘하도록 하였다. 달솔은 각 관서의 장을 맡고 있는 실질적 경영 계층인데, 왕의 직접 통제를 받는 관료계층으로 볼 수 있고, 휘하의 군사는 명목상으로는 도성 내부의 치안 등을 담당하였을 것이나 왕의 친위군 성격이 강하였을 것이다.

지방의 경우 사비천도 이전의 단위는 22담로였다. 22담로제는 근초고왕대에 중앙집권적 국가체제를 갖추고 지방에 대한 통제도 강화하면서 만들어진 것이다. 그러다가 538년 백제 성왕은 사비로 천도하고 통치조직을 정비하면서 지방도

종래의 담로제에서 방·군-성(현)제로 전환되었다. 방·군-성(현)제는 전국을 5방으로 나누고 그 아래에 군과 성(현)을 두는 것이었다. 이중에서 방은 광역의 행정구역으로 존재하는 것이고, 이의 설정으로 중앙과 하부 지방지배조직을 연결하는 중간기구가 마련된 셈이다. 여기에 성(현)이라고 하는 하위 지방조직이 다수 설치되어 많은 지방관이 임명되었고, 이때 지방통치조직을 편제할 때의 기준은 전정(田丁)과 호구의 많고 적음이었다.

사비시대에 정비된 지방통치조직에서 핵심은 5방이다. 5방의 명칭은 중방·동방·서방·남방·북방이며, 중심지인 치소를 방성이라 하였다. 방의 우두머리인 장관은 방령이고 보좌관은 방좌라고 불렀다. 방령에 임명될 수 있는 관등은 달솔이다. 5방성 가운데 중방인 고사성은 오늘날의 전북 고부이다. 중방이 고부에 설치된 것은 수도 사비가 국토의 북쪽에 위치하고 있었던 것을 보완하기 위한 것이다. 5방성의 명칭 및 크기 등을 정리하면 다음과 같다.

표5 오방성의 명칭과 위치

5방 명칭	방성 명칭	방위 및 거리	방성의 넓이	병력 수	방성의 위치
중방	고사성	남 260리	방 150보	1,200명	전북 고부
동방	득안성	동남 100리	방 1리	700~1200명	충남 은진
남방	구지하성	남 360리	방 130보	〃	전남 구례(?)
서방	도선성	서 350리	방 200보	〃	충남 대흥(?)
북방	웅진성	동북 60리	방 1리반	〃	충남 공주

방보다 하위단위 지방인 군은 모두 37군이 설치되었고 그 아래에 5~6개의 성(현)이 소속되어 있었다. 군의 우두머리는 군장 또는 군령이라 하였는데 한 군에 3명이 임명되었다. 군장을 복수로 임명한 것은 군사와 행정업무를 분담하기 위한 조처로 볼 수 있다. 군장에 임명될 수 있는 관등은 덕솔이었다. 군은 행정적인 측면에서는 중앙과 직접적인 연결 관계를 가졌지만 군사적인 측면에서는 방령의 통할을 받았다.

성(현)은 하위의 지방지배조직이다. 이 성(현)은 종래 담로를 구성하는 단위였던 성 가운데 규모가 크고 물산도 풍부하고 인구도 많은 곳을 뽑아 지방행정조직으로 편제한 것이다. 성(현)의 장관은 성주 또는 도사라 하였다. 성(현)의 수는 많았을 때는 200~250개 정도였다. 이 성(현)은 정치적 군사적으로 방과 군의 통할을 받았다.

표6 백제의 군사조직

순위	관등	인원	구분
1	佐平	6	冠飾銀花
2	達率	30	
3	恩率	官	
4	德率		
5	扞率		
6	奈率		
7	將德	無常員	紫帶
8	施德		皂帶
9	固德		赤帶
10	季德		靑帶
11	對德		黃帶
12	文督		
13	武督		白帶
14	佐軍		
15	振武		
16	克虞		

이외에 군사조직도 정비되었을 것으로 추정한다. 본래 백제의 군사조직은 시위군, 왕도수비군, 중앙군, 지방군으로 나누어 볼 수 있다. 시위군은 국왕의 친위군 사력으로 궁성 숙위와 국왕 호위하는 호종의 기능을 하였는데 6좌평중의 한명인 위사좌평이 관장하였다. 왕도수비군은 왕도의 수비와 치안을 담당한 군사인데 왕도 5부에 각각 500명씩 두어진 오부군(五部軍)이다. 이 5부군은 왕도 5부에 거주하는 주민들 중에서 용맹한 자를 선발하여 충당하였으며, 달솔의 관등을 지닌 자가 지휘하였다. 중앙군은 왕도주변의 산성에 배치되어 훈련을 받고 유사시에는 출동하는 상비군으로서 그 규모는 대개 1만 명 이상이었다.

지방군은 방성에 주둔한 1200~700명의 상비군과 이외에 중요한 진성에 배치된 진성군 및 변방에 배치된 방수군, 내륙 지방의 군성에 주둔한 성병으로 구성되었다. 지방에 배치된 각 부대의 지휘관은 방의 경우 방령이, 군에서는 군장이, 현에서는 도사(성주)가 맡았다. 그러나 군이나 성(현)에 주둔한 군대는 유사시에는 방령의 관할을 받았다. 따라서 방은 최고의 지방지배조직이면서 동시에 군관구적 성격도 지녔다. 이는 군사조직과 지방통치조직이 하나의 체계로 이루어진 것을 의미한다.

한편 백제의 6좌평 16관등제는 이미 고이왕대에 마련되었음을 『삼국사기』는 전하고 있는데 아마도 고이왕대 관등제의 기초가 마련된 이후 점진적 변화가 이루어지면서 이것이 제도적으로 정착하여 실행된 것은 사비천도후의 사실이 아닌가 여겨진다. 16관등제와 관련된 관등과 복색과의 관계를 도표로 만들어 보았다.

(2) 은화 관식과 백제의 지방통치

『삼국사기』잡지란 기록에 색복조가 있는데 이 기록은 신라, 고구려, 백제의 색복(色服)규정을 적고 있는 것이고, 특히 백제의 복색 규정이 신라나 고구려보다 구체적이다. 백제는 복색뿐만 아니라 관식(冠飾)도 관등 혹은 신분 차이에 따라 서로 다른 것을 착용할 것을 규정하였다. 이는 관식의 착용이 일종의 제도로서 시행되었음을 보여준다. 관식은 모자인 관모(冠帽)에 장착하는 장식물로서 일종의 치장물이지만 고대사회의 의관제가 통치 질서의 확립과 표리관계에 있기에 관식자체가 신분, 혹은 관등 질서의 상징으로 사용되었다.

백제에서는 이러한 의관제(衣冠制)의 실상을 알 수 있는 관식이 적지 않게 확인되어 있다. 이들을 출토한 유적은 그 성격을 분명하게 알 수 있는 것들이기에 관식자체의 의미나 존재시기를 구체적으로 알 수 있다. 즉 백제 관식이 출토된 유적은 유명한 무령왕릉을 비롯하여 공주 수촌리, 서산 부장리, 익산 입점리, 나주 신촌리의 백제 무덤에서 금제 혹은 금동제의 관모·관식이 출토되었다. 그리고 나주 홍덕리·복암리·남원 척문리·논산 육곡리·부여 하황리·염창리의 백제 무덤에서는 은제의 관식이 출토되었다. 이외에 부여 능산리에서 출토된 것으로 전하는 금환과 공주 출토품으로 전하는 금제의 나뭇잎 형태의 장식도 관식으로 보는데, 아무튼 백제지역에 관모, 관식의 사례가 적지 않음을 알 수 있다.

앞서 살핀 것처럼 이들 중에 무령왕릉, 용원리, 신촌리, 입점리, 수촌리, 부장리의 백제무덤에서 출토된 관모·관식은 순금제 혹은 금동제이다. 반면에 홍덕리 등의 나머지 유적의 무덤에서 출토된 관식은 은으로 만든 것이다. 특히 후자인 은으로 만든 관식은 형태나 기본적인 도안 및 구도에서 서로 비슷한 모습을 가지고 있다. 예컨대 육곡리 백제무덤에서 출토된 관식을 보면 두께 0.06cm의 은판을 접어 투각으로 문양을 조성한 것이다. 모양은 반으로 접힌 기본줄기를 18cm 높이로 만든 후, 좌우에 각기 2개씩 꽃의 가지를 내었다. 끝부분에 꽃 봉우리 형태의 초화를 표현하고 있는데 이러한 꽃봉우리는 기본줄기 상단에도 반으로 접힌 상태로 표현하여 모두 5개를 배치하였다. 한편 반으로 접은 기본줄기는 줄기의 하단에서 7cm의 높이에 돌기형태를 돌출시켰고, 9cm, 12.5cm 높이에서 각각 좌우로 작은 가지를 전개하였다. 이러한 관식은 남원 척문리에서 출토된 관식에도 그대로 적용된다. 즉 크기나 문양의 형태, 표현 수법은 동일한 틀에서 만든 것처럼 일치한다.

그림67 백제의 은화관식들

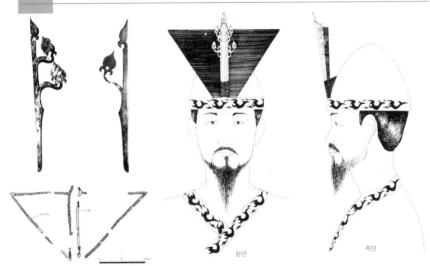

「능산리」 국립부여문화재연구소, 1998 참조.

그런데 백제유적에서 출토된 관모·관식은 재질로 볼 경우 순금제, 금동제, 은제의 3종으로 구분된다. 이중에서 금동제의 경우 재질의 외형적 속성을 고려하면 금제로 볼 수 있어 크게 재질을 분류할 경우 금제, 은제로 나눌 수 있다. 그리고 관모, 관식의 형상은 금제 중에 무령왕릉 출토품만이 관식인데 반해서 나머지는 관모로 분류된다.

한편 이들 백제의 관모와 관식은 무덤에서 출토된 것이고, 각각을 출토한 무덤들은 나름의 형식적 차이가 있다. 그리고 무덤은 시간이나 지역에 따라 내용을 달리하면서 시간의 경과에 따른 변화상도 보이는데, 이를 종합하여 관모, 관식이 출토된 무덤을 만든 시기를 보면 무령왕릉이란 무덤을 중심으로 금제의 관모가 출토된 무덤은 그보다 이르고, 은제의 관식을 출토한 무덤은 그보다 늦다. 다시 말하면 금, 은제의 관모, 관식은 무령왕릉을 기준으로 금제의 관모, 관식은 이전에, 은제의 관식은 그 이후에 사용되었음을 알 수 있다.

한편 백제의 역사를 기록한 『삼국사기』에는 관모, 관식의 내용을 규정한 백제의 의관제가 고이왕 27년과 28년인 3세기 후반 무렵에 제정되었다고 한다. 그러면서 이들 관모, 관식은 신분에 따라 서로 다른 재질을 사용할 것을 규정하였다. 즉 왕은 금으로 만든 화형의 장식을 착용하고, 6품 이상의 관리들은 은으로 만든 화형 장식을 착용한다는 것이다. 이러한 기록을 참고 하고, 백제 무덤에서 출토된 금제와 은제의 관모, 관식이 존재하는 것을 고려할 경우 일단 백제사회에서 의관제 규정이 비교적 정연하게 실행되었음을 알 수 있다. 우선 금, 은제의 관모나 관식의 존재는 신분에 따라 차등 있게 이들을 착용하였다는 기록을 충족시키는 것이고, 화형 장식을 착용한다는 규정도 무령왕릉의 금제관식을 비롯하여 많은 은제관식이 초화형 즉 풀꽃형상인 것에 의해 충족된다.

그런데 백제의 의관제 관련 기록과 착용자 규정 등을 고려할 경우, 수촌리나, 부장리 및 신촌리, 입점리의 백제 무덤에서 출토된 금동관은 상당한 문제를 포함한다. 이들은 재질로 보면 최고 신분인 왕만이 착용할 수 있는 것이다. 그럼에도 이들은 왕이 머물거나 왕의 무덤이 만들어진 도읍지가 아닌 지방사회에서 그것도 수장급 무덤에서 출토되었기 때문이다. 또한 금제와 은제의 관모, 관식이 무령왕릉이 만들어진 시점, 즉 6세기 전반을 기준으로 그 이전에는 금제만이 출토되면서 은제는 전혀 출토되지 않고, 이후는 은제만 출토되고 금제는 출토되지 않는다는 문제도 남게 된다. 아마도 이러한 문제점은 백제사회에 의관제가 실행된 시기와 관련하여 해결되어야 할 것이다.

사실, 『삼국사기』의 백제 의관제 관련 기사는 백제 본기에는 이 제도가 3세기 후반인 고이왕대에 제정되었음을 전하지만, 세부 실행사항을 기록한 같은 책의 잡지란 항목의 색복조에는 제정이나 실행된 사실에 대해서는 언급되지 않고 오히려 중국의 역사기록을 인용, 그 내용을 전할 뿐이다. 제정 시기나 실행내용의 기록대로라면 백제는 4세기대에는 금제, 은제의 관모, 관식이 지위 고하에 따라 차별적으로 착용하였을 것이고, 그것이 그대로 무덤에 남겨져야 함에도 그렇지 않은 것은 그 실행시기가 훨씬 후대였기 때문이 아닌가 추정한다.

이러한 점을 고려하고, 백제사회의 의관제 규정의 내용, 그리고 유물로 전하는 금제와 은제의 관모 관식의 존재를 고려하면 의관제의 실행은 유물 중에 의관제의 규정내용과 정확하게 부합되는 무령왕릉의 금제관식, 그리고 여타의 지역에서 출토된 은제관식이 출현하는 6세기 초반에 구체적으로 이루어진 것으로 볼 수 있다. 다시 말하면, 백제사회에서 의관제와 같은 강력한 통치책의 실행은 적어도 6세기 전반, 즉 은제관식이 사용되는 시기에 구체적으로 이루어진 것으로 보아야 한다. 더불어 금제로 분류되는 것들은 이들 은제의 관식보다 이른 시기에 사용되었던 것들이고, 나아가 의관제의 규정과는 부합되지 않는다. 의관제의 규정대로 금제는 왕만이 착용할 수 있는 것임에도 지방사회에 금제의 관모가 존재하는 것은 그러한 제도가 제정되었다 하더라도 실제로는 실행되지 않았음을 나타내는 것이고, 따라서 금제의 금동관모는 의관제 규정과는 무관하게 남겨진 유물들이다.

은제관식이 본격적으로 사용되기 전에 사용된 금제관모는 대부분이 백제의 지방사회에서 출토되었고, 따라서 이들을 착용한 사람은 지방의 실제 권력자이다. 이들 금제 관모의 착용자들은 백제 지방의 담로체제에 편제되었던 자들로 상당한 독자성을 지닌 채 지방사회에 군림하였었다. 그러다가 이후 중앙권력의 확립과 함께 지방 통치책이 마련되고 그에 해당되는 관리에게 은제관식을 착용케 함으로써 이제 더 이상의 금제관모는 사용되지 않고 은제 관식만이 남게 된 것이다.

은제관식은 도읍지만이 아니라 지방사회에서도 많이 남아 있다. 이들이 통치질서를 나타내는 상징물이라는 점을 고려하면, 이의 소유자는 중앙에서 임명된 명실상부한 지방관적 존재였고, 따라서 이들 은제관식이 사용되는 시기야말로 명실상부하게 중앙의 직접적 통제를 받는 백제의 지방관의 흔적으로 볼 수 있다. 사실, 의관제의 규정은 왕과 관인과의 구별, 관인사이에서도 품계에 따라 구별되는 위계질서의 마련을 위해 제정된 것이다. 그리고 그러한 규정의 실행은 전제왕권과 같은 강력한 중앙집권적 통치 질서를 확립을 상징하는 것이면서, 강력한 왕권하에서 규제적 통치력을 바탕으로 제도가 마련, 실행되는 것이다.

은제관식은 나솔이상의 관인이 착용한 것으로 이의 소유자는 당연히 백제의 통치 질서에 포함되는 자로 볼 수 있다. 나아가 이들 관식이 백제의 도읍지와 거리를 두고 있는 전남의 나주, 전북의 남원, 그리고 충남의 논산 등에서 발견되고 있다. 이처럼 은제관식의 소유자가 지방사회에 자리하고 있다 함은 백제의 지배력이 이들을 통하여 지방사회에 직접적으로 미치고 있음을 보여주는 것으로, 곧 은제관식을 소유한 이들은 왕권을 대행하는 지방관적 역할을 담당한 자들이다.

3) 무왕과 익산의 백제문화

서동요의 주인공 무왕의 출자는 베일에 가려 있다. 그 실상을 이해함으로써 고대사회 왕의 위치를 다시 생각하여 볼 수 있을 것이다. 더불어 무왕은 왕위에 올라 개혁정치를 통한 백제의 재도약을 도모하는데 그 배경을 이해함으로써 당시 백제가 처한 대내외적 환경을 이해하여 본다. 특히 무왕은 전북 익산지역과 밀접한 관련을 보인다. 여기에 있는 왕궁리 유적이나 미륵사지의 존재 의미를 살피고 그 역사성을 생각함으로써 고대사회 통치자와 세력 근거지와의 관련성 생각하여 보고자 한다.

(1) 무왕

백제의 중흥을 이끌었던 성왕이 관산성 전투에서 패전하면서 백제 왕권은 위덕왕의 즉위과정에 나타나듯이 상당히 약화되었고 그 결과로 이어진 혜왕과 법왕의 짧은 단명의 집권으로 결론된다. 그런데 이처럼 약화된 왕권을 다시금 되돌려 강력한 체제를 구축한 이가 바로 무왕이다.

무왕의 출생과 즉위과정에 대해서는 기존의 다른 왕들과는 달리 특이한 사실을 전한다. 물론 『삼국사기』에는 무왕이 이전의 왕인 법왕의 아들로 적고 있지만 사실로 보기 어렵고 『삼국유사』에 전하는 내용이 보다 실상에 가깝다고 보는데, 그의 출생과 즉위 과정이 남달랐다는 것을 다음과 같은 사실로 전하고 있다.

『삼국유사』에 의하면 무왕의 어머니는 과부로 당시 백제의 수도인 부여에 있는 왕궁 남쪽 연못 근처에 집을 짓고 살았었단다. 그런데 그녀는 연못에 살고 있는 용과 관계를 맺어 아들을 낳았는데 그가 무왕이라는 것이다. 이것이 삼국유사에 전하는 무왕의 탄생설화로 비록 무왕이 용의 아들, 즉 신의 아들이란 상징성을 띠고 있지만 『삼국사기』에서 무왕이 법왕의 아들이라는 기록과 커다란 차이를 드러낸다. 물론 이처럼 삼국사기와 삼국유사가 전하는 무왕탄생에 관한 사실의 차이는 그의 출생에 비밀이 많고 나아가 곡절 많은 과정을 거친 후 백제왕에 즉위한 데서 비롯된 것을 단적으로 보여주는 것이다.

실제로 무왕은 어릴 적 이름을 서동이라고 하였는데, 마를 캐어 팔면서 생활할 정도로 불우한 시절이 있었기 때문이다. 학계에서는 『삼국유사』의 기록을 존중하여 무왕도 고구려의 미천왕과 마찬가지로 고뇌와 탈출이 거듭되는 젊은 날을 보낸 다음, 왕으로 옹립되었다고 보기도 한다.

무왕의 개인적 면모에 대해서는 삼국사기나 삼국유사가 거의 대동소이한 내용을 전하고 있다. 우선 『삼국사기』에 의하면 무왕은 풍모가 있고 영특하며, 뜻과 기상이 호기롭고 걸찼다고 한다. 실제 그는 배우자를 얻을 요량으로 승려로 가장한 채 신라의 수도에 잠입하였는데, 역시 기록대로 담대한 면모가 보이는 것이다. 삼국유사에 의하면 그는 마를 동네 아이들에게 주면서 환심을 산 후 동요를 지어 그들로 하여금 부르게 하였는데, 이것이 유명한 '서동요'이다.

서동요의 내용은 "선화공주님은 남몰래 시집가서 맏동방을 밤이면 몰래 안고 간다"라고 하여, 신라 진평왕의 딸인 선화공주를 모략하는 것이었다. 이 동요는 도성 안에 잔뜩 퍼져 대궐까지 들어간 결과 모든 관리들이 품행이 나쁜 공주를 탄핵하게 되었다. 선화공주는 궁성을 나와 귀양을 가게 되었고 서동이 공주를 따라갔다. 공주는 "비록 그가 어떤 사람인지는 몰랐으나 우연히 마음에 당기고 좋았기 때문에 따라오게 하여 남몰래 관계를 한 뒤에야 서동이란 이름을 알고서 동요가 맞은 것을 믿게 되었다"고 전한다. 그리고 서동은 공주를 데리고 백제로 돌아왔고 그 뒤 인심을 얻어 즉위하였다. 물론, 이를 사실 그대로 믿기는 어렵지만 『삼국사기』 기록에서 보이는 그에 대한 평가가 틀리지 않았음을 보여주고 있다.

이처럼 무왕의 베일에 쌓인 채 신비한 인물로 백제의 왕에 즉위하였다. 그러나 그가 백제왕에 즉위한 즈음의 정세는 신라와의 오랜 갈등이 깊어가는 시기이면서 중국에서 통일정권의 등장 등 국제정세가 긴박하게 돌아가는 시기였다. 이러한 정세에 등장한 무왕의 업적은 전승(戰勝)과 외교적 수완으로 집약된다.

무왕은 즉위 후 신라에 대한 공세를 일층 강화하여 전라북도 무주 방면과 서부 경상남도 일대에서 수십년 동안 전장을 형성시켰다. 이때의 전투는 백제에 의한 일방적인 공격으로서 신라에게 있어서는 매우 위협적인 상황이었다. 또한 무왕은 수나라와의 동맹을 통해 고구려를 포위·견제하고자 했다. 607년 3월에 좌평 왕효린(王孝隣)을 수나라에 파견하여, 고구려 공격에 합의한 것이 그 대표적 사례이다. 백제는 고구려의 동정을 살피는데, 이는 당시 수나라와의 긴장관계를 형성하고 있던 고구려를 자극하기도 하였다. 고구려는 이에 대한 보복으로 그 해 5월 백제의 송산성을 공격했으나 이기지 못하자 다시 석두성을 공격하여 주민들을 사로잡아 가기도 한다. 무왕은 611년에 수나라가 고구려를 공격한다는 사실을 알고는 사신을 급히 수나라에 파견하여 행군 기일에 관해 상의하였다. 그 이듬해 수나라 군대가 요하를 건너 고구려 영내로 침공해 들어갔지만 무왕은 양단외교에 전념할 뿐 실제 군사행동으로 나가지는 않는다.

무왕은 당나라가 건국되자 사신을 파견하여 긴밀한 외교관계를 맺었다. 당나라와의 관계도 고구려에 대한 포위 전략의 차원에서 나온 것이다. 당나라와 고구려를 이간시키려는 책략의 일환으로, 개로왕이 북위에 사신을 파견했을 때처럼 고구려가 길을 막아 당나라에 조공을 못하게 한다고 호소하였다. 백제는 빈번히 당나라에 사신을 파견하여 양자 사이의 관계에 틈이 생기지 않게 만전을 기하였다. 무왕은 자제들을 당나라의 국학에 입학할 것을 청하기도 했다. 그러나 대외적으로 성공적인 진출을 위해서는 내부의 안정이 필요하였고 이에 대해 무왕은 왕권의 강화를 통해 이를 이룩하고자 하였다. 무왕은 이를 위하여 천도를 계획하였다. 이는 성왕대의 사비천도와 같은 맥락에서 이해할 수 있는 것으로 귀족세력들의 근거지에서 벗어나 자신의 출신지였던 익산으로의 천도를 통하여 왕권을 강화하고자 했던 것이다.

(2) 무왕의 익산천도와 백제문화

전북 익산시 금마면 일대에는 백제시대의 중요한 유적이 산재하고 있다. 소위 익산의 백제문화권 지역으로 유명한 미륵사지, 왕궁평 유적과 더불어 무왕과 그의 부인 무덤으로 전하는 쌍릉도 있다. 이러한 유적은 무왕이 이 지역과 밀접한 관련을 지녔음을 단적으로 암시하는 것으로 무왕의 익산 천도 문제가 폭넓게 언급되는 것이다.

무왕의 익산 천도에 관해서는 천도설과 준비에만 그쳤다는 미완의 수도설, 별도설, 그리고 천도설에 반대하는 견해 등으로 구분된다. 그러나 전북 익산의 왕궁평 일대에는 백제의 무왕과 관련하여 왕궁으로 추정할 수 있는 유적이 있고, 이를 기회로 익산 천도설은 다양한 견해를 지속적으로 산출한다.

무왕과 익산과 관련됨을 보여주는 기록은 일본에서 10세기 경에 편찬한 『관세음응험기(觀世音應驗記)』로 천도 관련 기사는 다음과 같다.

백제 무광왕이 지모밀지로 천도하고 새로 정사를 조영했다.

정관 13년 기해 겨울 11월에 하늘에서 큰 벼락과 비가 내려 드디어 제석정사가 재해를 입어 불당과 7층 부도 내지는 낭방이 일체 모두 타버렸다.

탑 밑의 초석 안에는 종종의 칠보가 있었다. 역시 불사리 채색의 수정병 또는 동으로 만든 종이에 금강반야경을 적어놓은 사경과 이들을 담은 목칠함이 있었다. 초석을 열고 보니 그대로 남아 있었다. 수정병은 안팎이 모두 보이지만 뚜껑이 역시 움직이지 않았다. 사리는 모두 없어져 나간 곳을 몰랐다. 수정병을 가지고 대왕에게 돌아가자 대왕이 법사를 청하여 참회한 직후에 병을 열어서 보니 불사리 6개가 모두 병 안에 갖추어져 있었는데, 밖에서도 이것을 모두 볼 수 있었다. 이에 대왕 및 여러 궁인들의 신심이 배가하였다. 공양을 올리고는 다시금 절을 지어 봉안하였다.

이러한 기록은 발굴결과와 종합되어 익산 천도설이 구체화되지만 국내기록에는 전혀 언급되어 있지 않다. 따라서 익산 왕궁평의 백제 유적을 고려, 무왕과 익산과의 긴밀한 관련성만이 추정되는 상황이다.

(3) 미륵사지(彌勒寺址)

미륵사는 중문 - 탑 - 금당이 일직선상에 배열된, 이른바 백제식 1탑 1금당 형식의 가람 세 동을 나란히 병렬시켜 특이한 구조를 이루고 있다. 물론, 양쪽의 동원(東院)과 서원(西院)보다는 가운데 중원(中院)의 면적과 금당 및 탑의 규모가 더 크다. 이는 미륵불이 장래 이 세상에 내려와 세 번의 설법을 통해 중생을 구제한다는 이른바 '용화삼회'를 건축적으로 상징했다고 추정된다. 또 습지를 메워 대규모 대지를 조성했다는 점은 미륵신앙과 밀접하게 관계되는 용신(龍神)신앙을 포함한 것으로 볼 수 있다. 미륵사는 국가적 필요와 미륵신앙이라는 불교적 상징이 일체되어 조영된 가람이다.

3개의 원이 나란히 배열된 중심곽은 앞쪽은 3면에 회랑을 둘러 동서로 긴 마당을 이루고 있다. 이곳에는 한 쌍의 동서 당간지주(幢竿支柱)를 제외하고는 다른 구조물의 흔적은 발견되지 않았다. 경주 황룡사에도 중심곽 앞부분에 빈 마당이 넓게 조성되었는데, 고대 예불의 관습상 일반 신도들이 집회용이나 대기장소로 사용했으리라 추정된다.

동 중 서 3개원은 각기 긴 회랑으로 구획되어 독립된 공간을 이루지만, 북쪽으로는 1동의 큰 강당터로 연결된다. 즉 예불공간은 3개원으로 분화되었지만, 강당은 전체를 통합하는 역할을 한다. 강당과 연결된 북·동·서 회랑터에는 후대에 승방으로 사용된 흔적도 발견되었다.

그리고 뒤쪽 용화산에서 발원한 물길은 가람의 네 면에 걸쳐 인공 물길로 정리되었고, 가람의 남쪽 정면에 큰 연못을 조성했던 흔적도 있다. 또한 강당 북쪽에는 두개의 다리가 있어서 인공 물길을 건너 뒤편의 후원 지역으로 연결되었다. 원래 습지였던 곳이어서 각별히 치밀하게 배수 처리를 한 점과 아울러, 각 원의 금당도 특별한 구조로 습기를 예방하였다. 금당 바닥에는 지대석을 깔고 그 위에 1m정도 높이의 주춧돌을 마름모꼴로 놓았으며, 초석 위에 귀틀목을 걸친 흔적이 있다. 따라서 금당 바닥에 빈 공간을 만들었던 것으로 보인다.

중원의 탑은 목탑으로 추정되지만, 동원과 서원에는 석탑이 조성되었다. 서원의 석탑이 반파된 채로 남아 있고, 동원에는 서탑을 본보기 삼아 9층 석탑을 추

그림68 익산 왕궁리 유적의 현황도

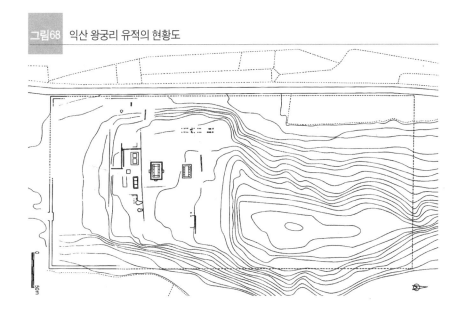

정 복원하였다. 미륵사 서원의 석탑은 현존하는 석탑 가운데 가장 오래되고(정림사지 5층 석탑과의 선후관계에 대해서는 아직도 이견이 많다), 가장 큰 규모로 유명하다. 현재 6층에 높이 14.2m까지 남아 있으며, 창방(昌枋), 평방(平枋) 등 목탑에 사용되었던 부재들을 돌로 변용하여 조립하였는데, 한국 석탑의 시원양식으로 목탑에서 석탑으로 전이하는 과정을 잘 보여주고 있다.

미륵사의 창건을 무왕에게 요청한 사람은 다름 아니라 무왕이 부인이었던 선화공주였다. 현재 미륵사의 창건을 요청한 시기를 정확히 알 수는 없다. 그러나 무왕재위 중에 청한 것만은 분명하다. 당시 신라에는 이미 황룡사(黃龍寺)와 같은 대규모 사찰이 세워진 후였다. 그런데 이와 같은 사찰은 호국사찰이요 동시에 왕실의 사찰이었다. 그렇기에 백제 무왕의 부인이 되었던 선화공주가 대규모의 호국사찰인 동시에 왕실사찰로서 미륵사의 창건을 무왕에게 청하였다고 헤아려진다. 그리하여 고구려와 신라의 침략을 불교의 힘으로 막아보려 하였고, 당시 무왕 자신도 이러한 필요를 절실히 느끼고 있었다고 생각된다. 창건과 관련된 설화는 『삼국유사』에 전한다.

> 하루는 왕이 부인과 함께 사자사에 행차하고자 하여 용화산 밑의 큰 못가에 이르렀다. 못 가운데서 미륵삼존이 출현하므로 수레를 멈추고 경배하였다. 부인이 왕에게 이르기를, "모름지기 이 땅에 대가람을 창건하는 게 진실로 소원입니다"하였다. 왕이 허락하고는 지명에게 가서 못을 메울 일을 묻자, 신력으로 하룻밤에 산을 무너뜨려 못을 메워 평지를 만들었다. 그리고는 미륵삼존상과 전·탑·낭무를 각각 3곳에 창건하고는 이름을 미륵사라고 하니 진평왕이 백공을 보내어 도와주었다. 지금도 그 절이 남아 있다.

미륵사 부지에 연못이 있었음이 확인되고 그것을 메우고 절이 창건되었음이 입증된 것이나, 미륵산 중턱에는 사자사라는 암자가 있는 것, 세 곳에 탑과 금당 그리고 회랑이 각각 소재한 것으로 드러나 『삼국유사』의 기록이 정확하다는 사실을 알 수 있다.

무왕이 용화산 밑에 건립한 미륵사는 미륵하생신앙에 근거한 것이었다. 전설에 의하면 『미륵하생경』에 나오는 용화수를 상징한 용화산 밑에 미륵삼존불이 출현했고, 그 인연에 따라 미륵삼존상과 더불어 전과 탑 그리고 낭무를 각각 3개소에 설치하게 된 것이다. 이는 곧 미륵이 하생할 장소가 익산 지역이라는 믿음에 근거한 것이다.

『미륵하생경』에 의하면 시두성에 하생한 미륵이 용화수 아래서 성불하자 그곳으로 가서 이를 영접하여 맞이한 이가 전륜성왕이었다고 한다. 이는 미륵사 창건 연기설화에서 무왕이 용화산 밑의 연못에서 출현한 미륵 삼존에게 경배한 이야기와 연결이 된다. 미륵삼존을 맞은 무왕이 곧 전륜성왕에 해당이 되는 것이다. 전륜성왕은 수미사주를 통일하고 정법으로 세상을 다스리는 제왕이다. 그가 다스리는 세상은 풍요롭고 화락한 이상세계라고 한다. 전륜성왕 사상은 수세기에 걸친 전란에 지친 주민들에게 단비와 같은 희망이었을 것이다. 무왕은 유례없이 격렬하게 신라를 몰아붙였고 또 전쟁을 승리로 이끌어 나갔다. 그리고 이러한 고달픈 정복전쟁은 언젠가는 백제의 완전한 승리로 귀결될 것이며, 이는 전쟁이 없고 평화로운 이상세계가 멀지 않았다는 믿음과 함께 주민을 독려하려는 메시지가 강하게 담겨져 있는 것이었다.

- 선화공주와 결혼한 서동요의 주인공 서동은 실제 백제 무왕일까
- 백제 무왕이 익산에 별궁을 짓고 미륵사지를 창건한 실제 이유는 무엇일까
- 무왕의 불교에 대한 태도와 미륵사지의 불교사적 의미는 무엇일까

8. 사비시대 백제문화

1) 백제의 절과 탑

백제의 사비도읍시기 문화는 불교문화로 점철되어 있다. 이전과는 달리 사찰의 건립이 폭발적으로 이루어지고 백제 나름의 가람제도를 정착시키기도 한다. 오늘날 부여지역에서 발견된 백제 절터는 많다. 그 내용을 살핌으로써 백제 불교의 핵심인 불교건축을 이해하고, 나아가 불교에 대한 이해를 심화시킬 수 있다. 다만 불교미술의 핵심인 탑의 경우 석탑은 정림사와 미륵사의 탑만이 존재하나 이전에 만든 목탑지도 많다. 따라서 이들의 계승발전관계를 살핌으로써 불교미술의 발전상을 이해한다. 나아가 금동향로의 출토로 유명한 부여 능사의 현황을 살펴 백제 불교미술의 정수를 이해하여 보고자 한다.

(1) 백제불교와 절

사찰은 부처님을 모시고 부처님의 가르침을 닦는 사람들이 모여 사는 성스러운 곳으로 불교의 삼보인 불·법·승이 모두 갖추어져 있는 곳이다. 인도에서는 초기 수행처로써 비하라(Vihara), 아난야(Aranya), 승가라마 등이 존재하였고, 이것이 발전하여 중국에서는 가람, 총림, 사원, 암 등으로 불려졌다. 아울러 우리나라 고대 삼국 역시도 중국의 북방불교를 유입하게 되면서 그것을 그대로 받아들이게 되었다.

삼국 중 가장 먼저 불교를 수용한 나라는 고구려로 전진왕 부견이 372년 승 순도로 하여금 전래하였고, 백제는 이보다 12년 뒤인 침류왕 원년 즉 384년 동진 왕 효무제가 마라난타로 하여금 불교를 전래하였다. 불교의 수용은 곧 승에 의해 불상과 경문이 전래되는 것으로서 이는 곧 사찰조성의 직접적인 계기가 되었다. 중국과 마찬가지로 고대 삼국의 경우도 불교는 왕실에 의해 적극적으로 받아들여졌고, 또한 국왕은 이를 강력하게 보호하여 왕은 곧 부처(王卽佛)라는 사상의 기초로 활용하였다.

백제는 처음 불교를 받아들일 때부터 유례를 살필 수 없을 만큼 적극적이었고, 국왕을 중심으로 국가불교로 발전시켜 갔다. 이러한 불교에 대한 열의는 곧 한성지역의 사찰 조영으로 이어졌다. 하지만 지금까지 한성지역에서 발굴조사를 통해 확인된 백제 절터는 한 곳도 없어 문헌상으로만 그 편린을 살필 수 있을 뿐이다.

이는 웅진 도읍기에 있어서도 마찬가지이다. 이 시기는 문주왕에서 삼근왕으로 이어지는 정권의 혼란기가 동성왕-무령왕-성왕으로 이어지면서 왕권의 안정이 이룩되는데, 특히 무령왕, 성왕은 불사를 조영하는 등 불교문화 발전에 큰 기틀을 마련하였다. 그러나 웅진지역도 한성지역과 마찬가지로 문헌에만 그 시대의 절의 이름이 존재할 뿐 고고학적으로는 백제시대의 절터가 확인된 바 없어 이 시대의 가람을 연구하는데 많은 어려움을 주고 있다.

최근 들어 웅진시대의 절터 연구에 많은 관심을 갖고 웅진시대에 만든 것으로 알려진 대통사란 절을 확인하기 위해 조사를 진행하였지만, 6세기 초반에 해당되는 가람은 확인하지 못하였다. 아울러 무령왕 대에 창건된 것으로 추정되는 흥륜사의 경우도 가람 배치는 물론 그 위치조차도 파악할 수 없어 웅진지역의 절터 연구를 진행함에 많은 장애가 된다. 뿐만 아니라 수원사, 주미사 등 문헌에 등장하는 여러 절터도 조사 자체가 이루어지지 않아 창건 시기나 가람배치를 알 수 없는 실정이다. 그리고 일제시대 이후 일인학자들에 의해 백제시대의 절터로 주장되어 온 웅진시대의 혈사(穴寺) 및 사지는 백제시대의 것이 아님이 판명됨에 백제가 웅진에 도읍하던 시기에 어떤 절이 있었는지를 알기가 더욱 어려워졌다. 반면에 백제의 마지막 도읍지였던 사비 지역의 경우는 활발하게 백제시대의 절터가 조사되었고, 그 결과 백제가람에 대한 대체적 이해의 기반이 마련되었다.

사실 백제시대의 가람과 탑의 현황은 초창기에 해당되는 한성시대 및 웅진시대의 내용은 정확하지 않다. 따라서 백제시대의 가람을 엿볼 수 있는 자료는 마지막 도읍지였던 사비지역과 그 주변의 것들 뿐이다. 그런데 당시에 절을 만드는 것은 국가에서 조사공, 와박사, 조탑공, 조불공, 화사 등을 총동원하여 이룩하는 것

그림69 백제의 가람과 삼국가람

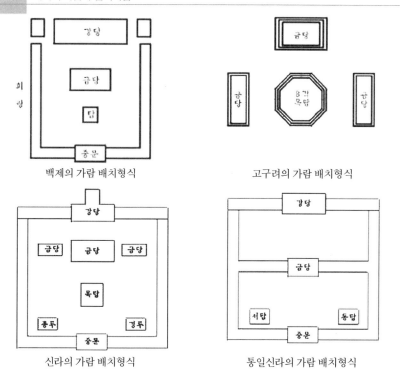

백제의 가람 배치형식

고구려의 가람 배치형식

신라의 가람 배치형식

통일신라의 가람 배치형식

이다. 때문에 이러한 대규모의 토목공사는 한시대에 갑자기 나타날 수 있는 것은 아니고, 이전에 축적된 기술력을 토대로 완성되는 것이다. 사비시대 불교문화의 핵심인 절, 즉 가람의 형태는 이전시기인 웅진시대의 것과 친연성이 있을 것이며, 오랜 기술력의 축적에 의한 백제 건축문화의 종합판이었을 것이다.

지금까지 백제의 절로 알려진 것은 한성시대의 한산사가 문헌에 전하나 그 실상은 아직 확인되지 않았다. 그리고 웅진시대의 경우 대통사나 수원사, 그리고 홍륜사 등의 절이 있었다고 보나 아직 그 실체를 확인하지 못한 상황이다. 반면에 사비시대의 백제 절터는 발굴조사된 것만도 상당수에 이른다. 예컨대 정림사지, 능사지, 군수리 폐사지, 부소산 폐사지, 금강사지 등이 도읍지였던 사비지역에 있는 것이고, 무왕에 의해 별도로 운영된 익산의 미륵사지, 도읍지 외곽인 보령의 오합사지(오함사지) 등도 있다. 일단 이들 사비시대에 만들어진 절토를 통해 백제 가람의 특징을 점검할 수 있다.

백제의 가람은 우선 평지에 건설하는 것이 일반적으로 이를 평지가람이라 한다. 그러면서 절을 구성하는 건축물을 남북방향으로 정연하게 건축하는데 남쪽부터 중문 - 탑 - 금당 - 강당의 순으로 차례로 배치한다. 여기에 중문에서 후면의 강당을 연결하는 형식으로 회랑을 두는데, 이러한 가람배치를 1탑 1금당식이라 한다. 이외에 강당의 좌우에 종·경루와 같은 작은 건물도 건축한다. 백제가람은 장축을 남북방향으로 둠이 일반적이다. 이는 동향을 이루고 있는 부여 은산면의 금강사지를 제외한 나머지 백제 사지에서 나타나는 일반적 원칙이다. 그리고 사찰의 건물을 건축하는데 사용된 기법에서 주목되는 것은 건물의 기초에 해당되는 기단이 돌을 쌓아 만든 석축기단, 기와를 쌓아 만든 와적기단, 벽돌과 돌을 함께 사용한 전석혼축기단 등의 다양한 내용이 보인다. 그리고 절의 입지가 평지로서 평지가람이 기본이나 부여 능사처럼 강당이 금당보다 높게 자리하는 경우도 있다. 물론 백제 절의 기본 원칙은 사찰의 중심을 탑과 금당에 두는 것이다.

백제 가람배치의 원칙인 1탑 1금당식은 일본의 사천왕사도 그대로 본받고 있어 백제에서 일본에 조사공을 파견하여 이 절을 짓게 하여 백제의 가람배치가 일본에 그대로 전파되었음도 알 수 있다. 불교문화의 일본 전파는 가람배치 외에 사찰 건물의 와적기단 및 이중기단의 내용도 백제적인 요소로 일본에 건축술까지 전파되었음을 알게 한다.

한편 사찰내의 시설로 중요한 탑은 부여의 정림사탑, 익산의 미륵사탑 2기가 있는데, 본래는 목조탑이었던 것이 석탑으로 전환되었던 것이다. 백제 목탑의 흔적은 중앙에 중심 초석을 두고 목조로 탑을 건립하였던 것인데 이 중심초석을 놓는 방법에 차이가 있다. 반면에 석탑은 목조탑의 약화된 형식으로 조성한다.

(2) 백제 절터

백제의 절터는 도읍지였던 웅진과 사비, 즉 지금의 공주와 부여지역에 밀집한다. 그러나 공주지역의 백제 절터는 그 내용만 전할 뿐 발굴조사된 바가 없다. 반면에 부여지역의 백제 절터는 기록에 전하는 내용 이외에 발굴조사된 것이 적지 않다. 내용으로 전하는 것과 함께 발굴조사된 백제 절터의 현황은 다음과 같다.

| 대통사지 |

공주시 반죽동에 위치하고 있는 평지가람으로 현재 이곳엔 통일신라시대의 석조 당간지주 1기가 있다. 이곳에서 수습된 것으로 전해지는 "대통(大通)"명 평기와와 수막새, 그리고 원형 석조 2기는 현재 국립공주박물관에 보관·전시되어 있다. 수막새는 8엽 연화문에 가운데의 자방에 1+6과의 연자를 배치한 것으로 6세기 초반의 것이다.

대통사는 백제시대 성왕 5년인 527년에 중국 남조 양 무제(武帝)를 위하여 웅천주(공주)에 세워진 사찰로 전해지고 있으나 현재 이곳엔 시가지가 형성되어 확실한 가람배치는 확인할 수 없다. 이 사지에 대해 당간지주를 중심으로 그 북쪽 일대 약 1,000여평에 걸쳐 시굴조사가 이루어졌으나 백제시대와 관련된 유적은 확인되지 않았다. 아울러 당간지주 아래에서 백자편이 검출되어 이 당간지주는 조선시대 무렵에 현재의 위치로 옮겨졌음을 판단케 하였다.

| 용정리 폐사지 |

충청남도 부여군 부여읍 용정리 용전마을에 위치하고 있다. 지난 1991년과 1992년 2차에 걸친 발굴조사 결과 백제시대 사지로 알려졌다. 금당지는 조사결과 상·하층으로 중복되게 나타났으며, 목탑지도 확인되었다. 폐사지가 위치하고 있는 용정리는 웅진에서 사비로 진입하는 입구에 자리하여 사비도성으로의 접근이 용이하다. 또한 육로뿐만 아니라 금강을 이용한 수로의 활용도 용이하여 웅진으로의 교통도 수월하다.

| 정림사지 |

익산의 미륵사지와 더불어 백제시대 대표적인 절터 중의 하나이다. 하지만 "정림사"란 절의 이름은 1942년 일본사람이 이 절터를 발굴하였을 때 발견한 기와 편에 새겨진 명문 즉 「태평팔년무진정림사대장당초」(太平八年戊辰定林寺大藏當草)의 기록에 의한 것이다. 그러나 이 기와조각은 고려시대의 것이고 더불어 태평 8년이란 연호는 서기 1083년을 가리키는 것으로 고려시대 초기에 여기에 정림사란 절이 있었음만 알게 한다.

정림사지의 가람은 남북을 축으로 하여 남에서부터 중문 - 탑 - 금당 - 강당의 순으로 배치되어 전형적인 1탑 1금당식의 구조이다. 중문은 강당과 회랑으로 연

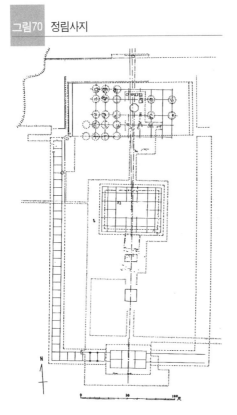

그림70 정림사지

결된다. 금당지는 석탑과 강당 사이에 있고, 이중기단으로 축조되었다. 현재 정림사지에는 고려시대에 제작된 석조불상 1구를 비롯해, 백제시대의 5층석탑 1기가 있다. 그 외에 사지에서는 석조삼존불, 소조불, 도용, 기와, 토기, 벼루 등 다양한 유물이 출토되었다. 특히 도용은 그 생김새가 이국적인 호인의 모습이어서 당시 백제불교문화의 국제성을 살필 수 있다.

| 군수리폐사지 |

1935년과 1936년 2차에 걸쳐 발굴조사된 백제시대의 절터로 궁남지 서편의 낮은 구릉지에 위치하고 있다. 남북을 축으로 하여 중문-탑-금당-강당의 1탑 1금당식 가람배치로, 강당의 좌우에선 종루지, 경루지로 추정되는 소규모의 건물지가 있다. 특히 금당지를 비롯한 강당지에서는 기와를 겹겹이 쌓아 만든 평적식·합장식·수직 횡렬식 등의 와적기단이 확인되었다. 출토된 유물은 상자모양벽돌, 지두문단평와, 납석제여래좌상(보물 329호), 금동보살입상(보물 330호), 수막새 등이 있다. 현재 사적 제 44호로 지정되었으며, 6세기 후반에 조영되었다.

| 금강사지 |

2차례에 걸친 발굴조사의 결과 일반적인 백제 가람이 남북 일직선상에 배치되고 있는 점과는 달리 동서 일직선상으로 중문-목탑-금당-강당이 배치되는 1탑1금당식이다. 창건된 후 통일신라시대 및 고려시대 두 차례에 걸쳐 크게 보수되었고 고려 때에 폐사된 사찰이다. 한편, 절의 이름인 "금강사"는 고려시대의 기와편

그림71 군수리 폐사지

그림72 금강사지

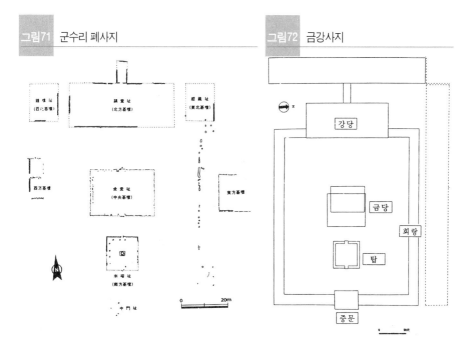

에서 연유한 것으로, 백제시대에서
도 같은 이름이었는지는 알 수 없
다. 백제의 연화문 수막새, 서까래
기와를 비롯해 통일신라시대의 수
막새·암막새기와, 그리고 고려시
대의 기와, 토기 등이 출토되었다.

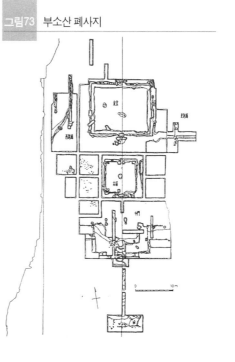

그림73 부소산 폐사지

| 부소산폐사지 |

부소산의 서남쪽 기슭에 위치
하고 있는 백제시대의 절터로 일명
'서복사지' 라 불리고 있으며, 1942
년 8월 일본사람들에 의해 발굴조
사된 바 있다. 그러나 당시에 발굴
된 자료는 전하지 않았으며, 이에

다시 1980년에 재조사되었다. 사지는 중문 - 목탑 - 금당이 남북 일직선상에 배치되었고, 중문의 좌우로 남 회랑과 동·서회랑이 시설되었다. 특히 금당 후면에서 강당이 확인되지 않아 백제 왕실과 관련이 있는 내원의 기원사찰로 추정한다.

금당지는 이중기단으로 축조되었으며, 생토면인 풍화암반층을 깎아 정지하여 조성하였다. 금당지는 장방형에 가까운 평면이고 네 면에 석조 계단의 흔적도 확인되었다. 출토된 유물은 와당과 더불어 소조불, 청동제 등뚜껑, 금동제 허리꾸미개, 치미 등 7세기대 이후의 유물이 있다. 특히 금동제 허리꾸미개는 목탑지의 아래에서 출토되어 붕괴나 액을 방지하는 의식에 사용된 진단구로 판단되었다.

| 왕흥사지 |

1934년에 왕흥(王興)이란 기와가 출토된 곳으로 현재 절터가 위치하고 있는 마을도 왕언이 마을로 통하고 있다. 왕흥사는 백제 법왕 2년(600)에 건립하기 시작하여 그의 아들인 무왕 35년(634) 2월에 완공된 사찰로『삼국사기』및『삼국유사』에 비교적 자세히 전해지고 있다. 즉『삼국유사』법왕금살조에 의하면 '…사비성에 왕흥사를 창건하였다. 왕이 시작하여 승하하니 무왕이 계승하였다 … 그 절 역시 미륵사라 하였다. 산을 곁에 두고 강을 임하여 꽃과 나무가 수려했고 사계가 아름다웠다. 왕은 매번 배를 띄워 강을 따라 절에 드는데 그 경관이 장관이다.' 라 기록되어 있다.

최근 왕흥사지에 대한 발굴조사 결과 회랑지에서 와적기단이 조사되었고, 회랑지와 연결된 건물지에서는 치미편이 조사되었다. 아울러 주변

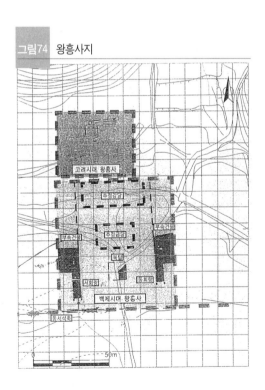

그림74 왕흥사지

고려시대 왕흥사
추정강당
추정금당
무숙건물
무숙건물
서회랑
동회랑
목탑
백제시대 왕흥사
동서석축
0   50m

에서는 사찰에 사용되었던 것으로 보이는 방형 초석 및 기와 등이 확인되었다.

그림75 미륵사지

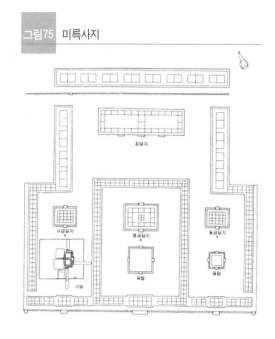

| 미륵사지 |

부여 정림사지 · 능사지 등과 함께 백제 불교문화 연구에 귀중한 자료 중의 하나이다. 『삼국유사』에 의하면 백제 무왕이 왕비와 함께 사자사로 가던 중 미륵삼존이 나타나 왕비의 발원에 의해 미륵사의 창건이 이루어졌다. 가람배치는 동서의 석탑과 가운데에 목탑이 위치하고 있으며, 탑의 후면에는 금당이 자리하고 있다. 전체적으로 3탑 3금당식의 특이한 가람배치를 보여주고 있다.

⑶ 백제의 탑

| 정림사 석탑 |

국보 제9호로 지정된 것으로 현재 남아있는 2기의 백제 석탑 중 하나이다. 화강암으로 만든 이 탑은 높이 8.33m로 현재 부여읍 정림사지에 있다. 일반적인 건축이나 석탑에서와 같이 지대석을 놓고 기단부를 축조한 다음 그 위에 5층 탑신을 놓고 정상에 상륜부를 올렸다.

기단부는 여러 매의 장대석으로 지대석이 짜여지고 그 위에 단층 기단이 마련되었는데 면석은 2단의 높직한 고임대 위에 놓여 있다. 면석의 높이는 낮고 각 면에는 양 우주가 마련되었으며 8매의 판석으로 이루어진 갑석은 두꺼운데 이러한 형식은 곧 목조건축물 기단의 그것과 흡사하다. 갑석 상면은 약간 경사졌고 괴임대는 없이 평평한 갑석 위에 탑신을 놓았다.

그림76 석탑의 명칭

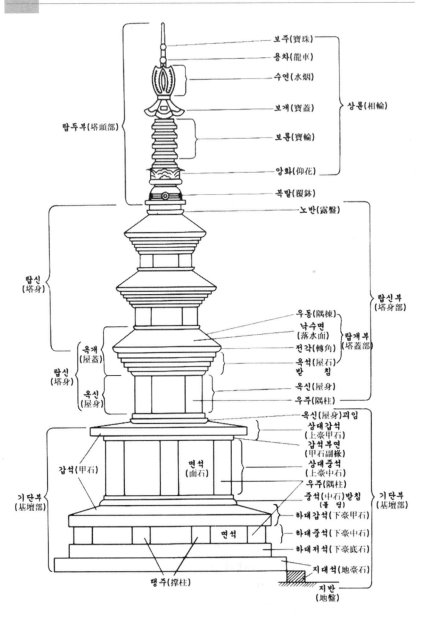

탑신부는 옥신과 옥개석이 여러개씩의 석재로 건조되어 총 108석이나 되는데 각 층의 조립형식은 같다. 옥신은 초층이 12석, 2 · 3층은 4매석, 4층이 2매석, 5층은 1석인데 각 층의 양 모퉁이에는 배흘림(엔타시스)이 표현되어 있다. 옥개석은 낙수면부와 받침부가 별개의 석재로 구성되었으며 모두 여러 매의 판석으로 결구되었는데 각 세부에서는 목조가구의 변형 수법을 볼 수 있다.

그림77   정림사지 5층석탑

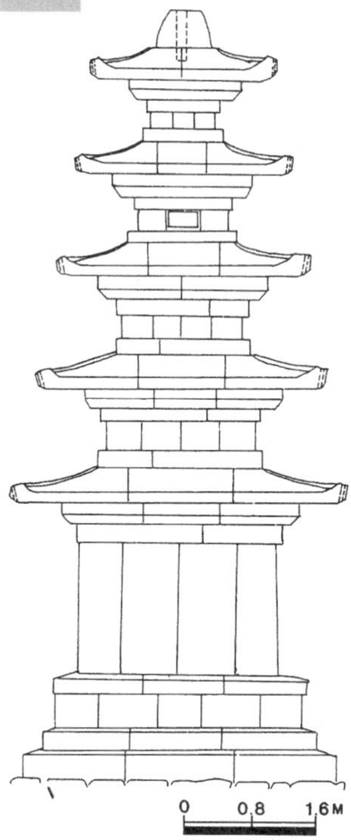

상륜부는 현재 5층 옥개석 위에 거의 원추형에 가까운 노반석 하나가 있을 뿐 다른 부재가 없으며 찰주공은 노반을 관통하여 그 밑의 옥개석 중심부에까지 파여 있다. 1963년 실측조사가 이루어졌고 이 때 4층 옥신에서 사리공이 확인되었으나 유물은 없었다.

0   0.8   1.6 M

| 미륵사지 석탑(서탑) |

이 탑은 『동국여지승람』에서 우리나라의 석탑중에서 최고의 것(東方石塔之最)' 이라 할 정도로 큰 탑에 해당된다. 특히 조선시대 영조대의 문인인 강후진의 『와유록(臥遊錄)』에 의하면 이 석탑에 대해 다음과 같이 말하고 있다. 즉, 미륵산 서쪽 기슭에 미륵사터가 있다.… 밭 가운데에 탑이 있고, 7층 석탑으로 대단히 높고 크며, 모두 돌기둥을 첩첩이 쌓아올려 단장하였다. 별도의 돌기둥으로 그 서쪽 귀퉁이를 지탱케 하니, 동방석탑의 최고라고 하였음에도 거짓말이 아니다. 백년전에 벼락으로 인하여 그 절반이 허물어졌고 아래에 돌문이 있어 출입할 수 있도록 하였는데 세 사람이 같이 들어가 노닐 수 있다.고 하였다.

내용에 따르면 서탑은 조선 중기 무렵 벼락에 의해 훼손되었고 그 이전 사서를 어느 정도 참조하였음을 알 수 있다. 아울러 탑 기단부의 석문을 출입하였던 것으로 보아 석탑 내부는 오래 전부터 개방되었던 것으로 생각된다.

현재 남아 있는 석탑의 특징을 살펴보면, 기단부는 이중기단으로 조영되었고

그림78 미륵사지 서탑

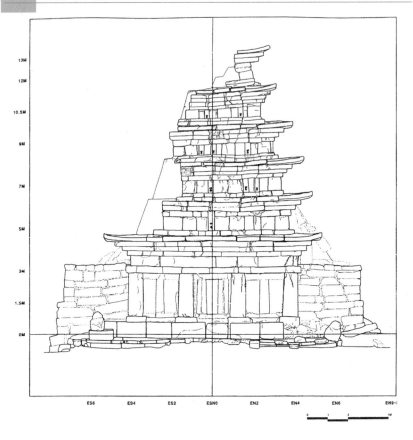

정림사지 5층 석탑과 달리 많은 판석을 이용하여 축조하였다. 아울러 목조건축을
모방한 듯 창방과 평방이 면석 위에 올려져 있고 기단 사방으로는 계단이 설치되
었던 것으로 생각된다. 기둥으로 보이는 우주와 탱주는 배흘림(엔타시스) 기법으
로 만들어졌다.

　　탑신부는 현재 6층 정도만 남아 있어 확실한 층수 파악은 할 수 없다. 탑신부
역시 기단부와 마찬가지로 수많은 판석을 이용하여 축조하였다. 옥개석의 전각
은 살짝 반전하고 있고 옥개석 아래의 층급받침은 모두 3단이다. 옥개석 상면의

옥신괴임은 초층과 이층이 1단인 반면 3층 이상은 2단을 보이고 있다.

| 용정리폐사지 목탑지 |

목탑지는 사역의 원 퇴적토(굵은 모래층)와 사원조영을 위해 조성된 성토층을 350cm 깊이까지 사다리꼴 형태로 되파기한 후 그 내부를 판축하여 완성하였다. 이와 같이 퇴적토상의 대지 조성토를 되파기 하고 판축하는 공법은 백제의 정림사지, 미륵사지 및 신라의 황룡사지 등에서 살필 수 있고, 생토층을 되파기 한 후 판축하는 경우는 백제의 금강사지 금당지·목탑지 등에서 찾아볼 수 있다.

목탑지의 하부는 160cm 두께로 점토와 사질토를 교대로 판축하고 상층부는 190cm 두께로 정제된 점토와 사질토, 그리고 풍화 암반토를 혼합하여 판축하였다. 특히 판축토 내에 형성된 철분층은 탑지 축기부의 판축토 침강방지와 수분침투 억제를 위해 인위적으로 포함시켰다. 아울러 중심 찰주를 세우는 심초부는 판축토상에서 확인되지 않는 것으로 보아 기단 상면에 놓여진 것으로 판단하였다. 이처럼 심초부가 지상에 놓여진 예는 구아리 폐사지, 부소산 폐사지, 제석사지 등에서 살필 수 있고, 반대로 지하에 놓여진 경우는 능사지, 군수리 폐사지, 금강사지 등에서 찾아볼 수 있다.

| 군수리 폐사지 목탑지 |

조사 당시 남방기단으로 불린 것으로 중문지에서 북쪽으로 약 83척, 금당지에서 남쪽으로 약 30척 지점에서 확인되었다. 기단의 구조는 한 변이 46척의 정방형이고 주위에는 전을 깔았다. 기단 상변에서는 7군데에서 굴립목주가 타다 남은 7개의 방형 목탄구가 배열되어 있는데 조사 당시 이 목탄구는 탑의 차양칸을 세웠던 자리로 파악하고 있다. 그러나 당시 방형 초석을 사용한 점으로 보아 목탑의 변주(邊柱)일 가능성도 배제할 수 없다. 탑지 중앙 지하에서는 방형의 심초석이 발견되었고, 그 위에서는 석조여래좌상, 금동보살입상, 금환, 소옥, 토기, 철기 등이 올려져 있었다.

(5) 능사와 금동대향로

부여 능산리 고분군 곁에 자리한 능사는 사리감에 쓰여진 "백제창왕13계태세재 정해매형공주공양사리(百濟昌王十三季太歲在 丁亥妹兄公主供養舍利)"로 보아 567년경에 창건되었음을 알 수 있다. 동나성(사적 48호)과 능산리 왕릉(사적 14호) 사이의 소 계곡에 중문-탑-금당-강당이 남향으로 1탑 1금당식을 이루고 있다. 특히 사찰의 출입이 서회랑 쪽의 목교나 석교를 건너 중문에 다다르게 함으로써 일반적인 남쪽에서의 출입과 차이를 보인다.

| 가람현황 |

능사에서는 중문지, 목탑지, 금당지, 강당지, 회랑지를 비롯한 공방지, 배수구 등의 유구와 사리감, 금동대향로, 불상, 옥, 금사 등의 유물 등 뛰어난 백제의 공예품들이 다수 출토되었다. 특히 사리감에 음각된 명문은 이 사찰이 능사이고 성왕의 아들인 위덕왕에 의해서 창건되었음을 알게 한다.

금당지는 강당지 전면 기단에서 남쪽으로 16.26m의 거리에 위치하고 있다. 목탑지와 같은 이중기단이나 상층기단의 하대석 일부와 하층기단 만이 남아 있다. 강당지의 기단은 잡석과 평적식의 와적기단으로 조성되었다. 건물은 한 지붕

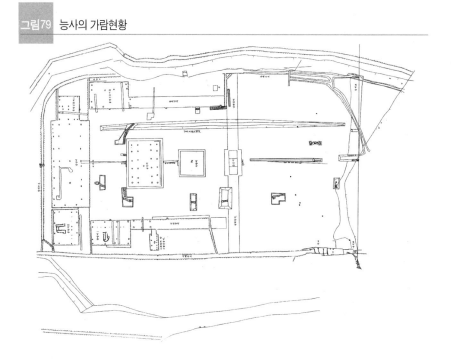

그림79 능사의 가람현황

아래 2개의 방이 있고, 그 사이에 좁은 통로가 있다. 통로의 서쪽 방에는 퇴칸이 있고, 이의 남쪽부분이 통로가 되어 공방지 II와 연결되고 있다. 동쪽 방은 퇴칸이 없이 벽 중앙에 불명 건물지로 연결되는 통로가 마련되어 있다. 동·서쪽 방은 좌우 비대칭으로 이루어져 있다. 특히 서쪽 방에서는 온돌시설, 화강암제의 방형 초석, 장방형의 석곽형 시설 등이 확인되었다. 반면, 동쪽 방에서는 내진주가 확인되지 않아 통칸이었음을 알게 한다. 이 밖에도 능사지에서는 동·서 회랑지를 비롯, 공방지 I·II, 그리고 용도를 알 수 없는 소형 및 불명 건물지 등이 조사되었다.

|목탑지 |

목탑지는 금당지의 전면으로부터 남쪽으로 21.84m 떨어져 위치하고 있다. 기단토는 판축공법을 이용하여 암갈색 사질점토와 풍화암반토를 교대로 쌓아 축조하였다. 기단토의 가장 밑바닥은 모래를 깔아 배수를 용이토록 하였다.

하층기단은 동서 길이 11.73m, 남북 길이 11.79m로 정방형에 가깝다. 지대석은 길이 40~60cm, 너비 15~20cm, 높이 6~10cm인 화강암제 장대석을 치석(治石)하여 축조하였다. 지대석의 상면에서 요구(凹溝)나 "ㄴ"모양의 단이 없는 것으로 보아 가구기단은 아니었음을 알 수 있다.

상층기단은 하층기단보다 안쪽으로 약 70cm 들어가 조성되었다. 상층기단에 사용된 화강암제 장대석은 길이 약 110~130cm, 너비 약 50~95cm로 하층기단의 장대석과 비교해 크기면에서 훨씬 크다. 아울러 기단석 상면의 안쪽 11cm 되는 지점에서 "ㄴ"모양의 단이 조출되어 있음을 살필 수 있다. 이는 면석을 올리기 위한 치석기법으로 상층기단이 결과적으로 가구기단이었음을 의미한다. 그러나 가구기단을 형성하는 면석이나 갑석의 경우 탑지내에서 정위치의 것으로 한 매도 확인되지 않았다. 이로 보아 상층기단의 많은 멸실이 추정되었다. 상층기단의 동서 및 남북 길이는 모두 10.3m이다.

능산리 폐사지의 금당지와 목탑지 하층기단은 석축기단으로 조성된 것에 반해, 상층기단은 기단석 위에 면석이나 갑석을 올린 가구기단이다. 한편, 목탑지내에서는 사리감을 비롯해 불상, 옥 등의 각종 유물들이 출토되었다. 이 중 사리감은 국보 제 288호로 지정되었다.

|사리감|

　사리는 불가에서 진리의 상징임과 동시에 지혜의 완성이며, 깨달음의 실체가 된다. 이러한 사리는 부처의 다비 이후 현재에 이르기까지 불탑과 함께 숭배의 대상이 되어 왔다. 사리감은 이러한 사리를 넣어 두는 장엄구로써 능사의 경우 화강암으로 만들었다.

　목탑지 중심부에서는 108×133cm 크기의 심초석이 지표하 114cm 아래에서 묻혀 있었고 사리감은 심초석의 가장자리에서 약 45°정도 뉘어진 채 발견되었다. 사리감은 높이 74cm, 가로와 세로가 각각 50cm이다. 전체적인 형태는 밑면이 납작하고 윗면이 둥근 아치형이며 사리기를 안치하는 감실의 형태도 아치형이다. 감실은 높이 45cm, 너비 25.3cm이고 깊이는 25.5cm이며 아치형의 둘레에 4cm 깊이로 턱을 두었는데 이는 감실을 여닫는 문으로 추정된다. 감실의 좌우 양쪽 면에는 각각 10자씩 총 20자의 명문이 음각되어 있다. 명문의 내용은 아래와 같다.

　　百濟昌王十三季太歲在　丁亥妹兄公主供養舍利

그림80 사리감

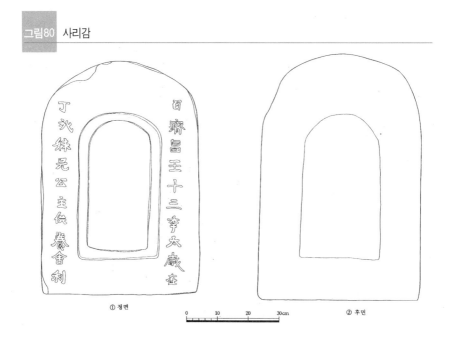

① 정면　　　　0　10　20　30cm　　　　② 후면

『삼국사기』에 의하면 백제 창왕은 위덕왕으로 성왕의 아들이며 서기 554년 성왕의 뒤를 이어 왕위에 올랐다. 따라서 이 사리감의 명문은 567년에 능사가 창건되었음을 보여주는 중요한 자료라 할 수 있다.

그림81 금동대향로

| 금동대향로 |

능사에서 출토된 금동대향로는 다양한 이름을 가지고 있는데, 주조 후에 아말감 판금으로 제작한 것이다. 이 향로는 크게 받침과 몸체 그리고 뚜껑(뚜껑, 꼭지)으로 구성되었으며 받침과 몸체를 그리고 뚜껑과 꼭지를 끼워 결합시킨 것이다. 받침은 승천할 듯 용트림하는 용이 연꽃으로 둘러싸인 향로를 받들어 힘차게 치켜 올리고 있는데, 용은 들어올린 한 다리와 발톱들, 곧추세운 목으로 인해 긴 장감을 갖추고 있다. 용에 의해 받들어진 연화향로는 용의 입에서 뿜어져 나오는 기로 인해 화생하는 연꽃과도 같은 형상이다.

몸통은 용이 있는 세상과는 차원이 바뀐 또 다른 세상을 암시하는, 즉 연꽃이 불교적 세계를 나타낸다면 이 곳은 바로 불교의 이상향을 표현한 것으로 여겨진다. 거기에는 날개가 달린 물고기, 사슴 등 26마리의 상서로운 짐승들과 인물을 배치하고 있어, 상서로운 세상의 이미지를 마음껏 표현하였다.

향로에서 가장 핵심 부분은 역시 뚜껑이다. 산으로 표현된 이상향의 세계와 봉황으로 표현된 천계로 크게 구분된다. 최상단의 봉황은 보주를 밟고 곧추선 두 발과 한껏 내민 가슴, 활짝 편 날개, 그리고 여의주를 목에 끼고 아래로 내려보는 안면을 가졌고 나아가 치켜 올린 눈 꼬리는 끝에서 살짝 내려 세상을 굽어보는 성자의 위엄과 인자함을 갖추고 있다. 천계로 상징되는 봉황의 아래에는 천계의 봉황을 응시하는 5마리의 작은 봉황과 5인의 악사를 배치하여 천계와 이상향의 세계를 구분하였다. 5마리의 봉황은 천계를 지향하여 받든 형상이고, 5인의 악사는 천계의 음악을 이상향으로 내려 주는 역할을 의식케 한다.

천계의 아래에 표현된 이상향의 세계는 위의 천계가 연속적으로 이어진 세상인데 한 마리의 봉황, 5마리의 작은 봉황, 5인의 악사에서 연결되는 산의 숫자에서도 이곳이 천계와 이상세계를 연결하는 통로임을 알 수 있다. 즉 5의 5배수인 25개의 산은 이 곳 이상향의 세계가 천상계로부터 확대된 것을 보여주고, 그 아래로 펼쳐진 산중에는 11인의 신선과 상상의 짐승들과 호랑이, 사슴, 코끼리, 원숭이 등 실재하는 동물 39마리의 동물을 함께 넣어 공생하는 모습을 표현하였다.

향로의 기능은 향을 피워 올리는데 있다. 향은 뚜껑에 있는 산의 뒤쪽으로 뚫려 있는 구멍과 봉황의 가슴에 난 2개의 구멍을 통해 빠져 나갈 수 있도록 되어 있다. 산 뒤쪽의 구멍은 2단으로서 한 줄에 5개씩 뚫려 있다. 실제 똑같은 크기의 복제품으로 향을 피워 보니 봉황의 가슴과 상단 5개의 구멍을 통해 향의 연기가 빠져 나가고 있어, 아랫단은 공기가 유입되는 역할을 하는 것으로 추측할 수 있었다.

향로의 구성원리는 용과 봉황으로 상징되는 음양의 세계이다. 그리고 5의 숫자와 연관된 5명의 악사, 5마리의 새, 5의 배수인 25개의 산으로 펼쳐진 이상향의 세계이다. 그런 면에서 이 향로의 구성원리에는 음양과 오행의 원리가 들어있다고 본다.

- 삼국시대 고구려, 백제, 신라의 가람제를 비교하고 그 특성을 이해하기
- 석탑과 목탑의 차이점, 백제 석탑으로서 미륵사탑과 정림사탑의 비교설명하기
- 부여 능산리의 능사지가 원찰로서 갖는 의미 생각하기
- 금동향로의 내용과 그 미술사적 의미와 사상사적 의미를 생각하기

2) 사택지적비와 도교

백제의 금석문 자료는 무령왕릉출토의 매지권과 부여에서 발견된 사택지적비가 유일한 것이다. 사택지적비는 사택지적이란 인물과 관련된 것으로 사비도읍기 백제사회의 단면을 보여주는 것이다. 이 비석의 내용과 그 의미를 살피고자 한다. 사택지적비의 비문내용은 도교적 색채가 강하다. 이를 기회로 백제사회의 도교현황을 살피고자 한다.

(1) 사택지적비(砂宅智積碑)

사택지적비는 백제의 금석문 자료 중에서 몇 안되는 귀중한 것이다. 이 사택지적비는 1948년에 부여에서 발견되었다. 다행히도 부여의 옛 도로변 돌더미 속에 묻혀 있던 것이 우연히 발견되었고, 이후 비문의 내용이 범상치 않음이 인식, 이에 대한 다양한 검토가 이루어졌다. 이 비석은 백제말기 특정인이 겪는 세상사에 대한 마음을 피력한 것으로 당시의 의식 수준과 사상, 나아가 백제 사회의 다양한 면모를 밝혀 주고 있다.

사택지적비는 새기기 쉬운 화강석으로 가로·세로 줄이 방사선으로 그어져 있다. 1행에 14자가 쓰여 있으며 4행에 걸쳐 총 56자이다. 그러나 5행 이하는 비석과 함께 잘려져 있다. 남아 있는 부분의 명문은 다음과 같다.

△(甲)寅年 正月九日	갑인년 정월 9일
柰祗城 砂宅智積	내지성 사택지적은
慷身日之易往	몸이 날로 쉬이감을 슬퍼하고
慨軆月之難還	몸이 달로 돌아오기 어려움을 슬퍼하네
穿金/以建珍堂	금 뚫어 진당 만들고
鑿玉以立寶塔	옥 깎아 보탑 만드네
巍巍慈容/吐神光以送雲	높고 높은 자애로운 얼굴 신광을 뿜어 구름을 보내고
峨峨悲㒵 含聖明以/□□…□□	높고 높은 자비로운 모습 성명을 머금어…

비의 높이는 106cm, 폭은 38cm, 두께는 29cm이다. 또 비문의 문체는 중국 6조시대의 아름다운 사륙변려체(四六駢驪體)이며 자체는 웅건한 구양순체이다.

같은 시대 신라 금석문과 비교해 보면 백제의 서체문화 발달 정도가 매우 빨랐음을 알 수 있다.

비문의 주인공인 사택지적은 백제의 대성 팔족 가운데 가장 대표적인 성씨인 사씨로 한성시대, 웅진시대, 사비시대 전시기에 걸쳐 활약한 가문에 속하는 인물이다. 관련된 인물이 한성시대에는 좌장(左將) 사두(沙豆), 웅진시대에는 내법좌평(內法佐平) 사약사(沙若思)·달솔(達率) 사오(沙烏), 사비시대에는 사택기루(沙宅己婁)·사택지적(砂宅智積)·사택군선(砂宅軍善)·사택천복(砂宅千福)·사타상여(沙吒相如)·사택소명(砂宅紹明)·사택손등(砂宅孫登) 등이 사료 상에서 발견된다.

그리고 비문의 주인공인 사택지적은 『일본서기(日本書紀)』에 나오는 대좌평(大佐平) 지적(知積)과 동일인으로 판단하고 있다. 그와 관련된 기록이 일본의 역사서인 『일본서기』에 수록되어 있는데 그 내용을 보면 다음과 같다.

百濟弔使傔人等言 去年十一月 大佐平智積卒
백제 조문사의 종자들이 말하기를 작년(641) 11월 대좌평 지적이 죽었다고 말하였다.

황극 원년 2월조

饗百濟使人大佐平智積等於朝 (或本云 百濟使人大佐平智積 及兒達率闕名恩率軍善)乃命健兒 相撲於翹岐前 智積等 宴畢而退 拜翹岐門
백제의 사신 대좌평 지적등을 위해서 조정에서 잔치를 베풀었다. (다른 책에는 백제사신 대좌평 지적과 아들 달솔 및 은솔 군선이라 했다. 힘센 자에 명하여 교기 앞에서 씨름을 시켰다. 지적등은 연회가 끝나자 물러나서 교기의 문전에서 배례하였다.

황극 원년 7월조

위의 기사는 일본쪽에 백제인 사택지적이 등장하는 것을 예시한 것이다. 다만 『일본서기』 황극 원년(642) 2월조의 기사와 7월조의 기사는 서로 배치되는 내용을 보이고 있다. 예컨대 2월의 기사는 일본 서명천황의 조문을 왔던 백제 조문사의 일행들이 대좌평 지적이 작년 641년 죽었다고 말하는 내용이다. 그런데 642년 7월 기사는 대좌평 지적이 아들과 함께 일본에 사신으로 와서 환대를 받았다는 내용을 전하고 있는 것이 그것이다. 기록에 전하는 것중에 2월과 7월에 나타난

지적이 동명이인(同名異人)이라면 문제가 없겠지만 둘 다 같은 대좌평이란 최고 관직을 띠고 있으므로 동명이인으로 볼 수도 없어 일단 동일인에 대해 서로 다른 사실을 전하고 있는 것이다.

그런데 대좌평 지적이 죽었다고 하는 641년 당시 백제의 정황을 살펴보면, 그해 3월 백제의 무왕이 죽었고 동년 8월 의자왕이 즉위하였다. 그리고 백제에는 지금 큰 난리가 있었다는 조문사의 말이 『일본서기』642년 정월 기유 기사에 보이고 있다. 또한 며칠이 지난 동년 2월 2일 사신 일행은 작년 11월 대좌평 지적이 죽었다는 말과 함께 올 1월 국왕의 어머니가 죽었고 왕의 동생의 아들 교기와 내좌평 기미등 40여인이 섬으로 쫓겨났다고 하였다. 그 기사는 다음과 같은 사실로 전한다.

然其國者 今大亂矣
그리하여 그 나라에 지금 큰 난리가 있다.

기록에 나타난 백제에서 일어난 큰 난리는 641년 무왕의 죽음과 8월 의자왕의 즉위를 거쳐 이듬해 642년 대좌평 지적이 아들들과 함께 일본에 사신으로 온 7월 일단락 된 것 같다. 641년 대좌평 지적이 죽었다는 말은 정변의 와중에 떠돌았던 소문으로 여겨지는데 당시 지적이 어떠한 연유에 의해 위급한 상황에 처해졌는지는 알 수가 없다. 641년의 위급한 상황을 넘기고 재기한 대좌평 지적에 대한 기록은 사서에 다시 보이지 않다가 사택지적비의 발견으로 다시 역사에 재등장하였지만 10여년 뒤인 갑인년(654)에 다시 정계에서 물러나게 된다. 이러한 사실은 의자왕의 귀족세력에 대한 견제로 말미암아 실권한 것으로 볼 수 있다. 아무튼 사택지적은 백제말기에 실존한 인물로 비단 백제만이 아니라 일본까지 오가며 활약하던 인물임은 알 수 있다. 그런데 사택지적비는 백제 당시에 남겨놓은 기록이다. 백제 당시에 적은 금석문으로는 유일한 것이기도 한데 여기에서는 백제와 관련된 몇가지의 중요한 사실을 전하고 있다. 첫째 '△寅年正月九日'의 간지에서 백제는 연대표시에 연호를 사용하지 않은 또 하나의 사례가 발견되었다는 것이 그것이다. 둘째 『일본서기(日本書紀)』황극 원년(642)에 보이는 대좌평(大佐平) 지적(知積)이 본 비의 사택지적(砂宅智積)과 동일한 사람이라는 것을 확인할 수 있다는 것이다. 그리고 셋째 백제 대성팔족 가운데 하나인 사씨(沙氏)가 사택(砂宅)씨로도 쓰였다는 것 등이다.

또한 진당(珍堂)과 보탑을 세웠다는데서 사택지적이란 귀족가문의 원사(願寺)의 의미를 유추하기도 하고 본 비의 사택지적과 『일본서기』에 보이는 대좌평 지적과 연관시켜 의자왕대 초기 정치상황과 결부시키기도 한다. 여기에 사택지적비문의 전체에 흐르는 허무사상을 통해 백제사회에 도교가 만연하여 있음도 추정할 수 있다.

(2) 백제의 도교

도교는 중국의 춘추시대 발생한 사상으로 이것이 백제에서 유행했다는 것은 문헌기록에서 그 흔적을 찾을 수 있다. 예컨대 『삼국사기』에는 근초고왕의 아들인 근구수가 태자로 있으면서 왕명을 받아 고구려 공격에 나섰고 고구려 군을 격파하고 계속 진격하려고 할 때, 장군 막고해(莫古解)가 도가서인 『노자』의 "만족할 줄 알면 욕되지 않고 그만둘 줄 알면 위태롭지 않다"는 말을 인용하여 추격을 멈추도록 간언하였다. 이에 태자는 그 말을 아름답게 여기고 공격을 멈추었다는 기록이 그것이다. 이처럼 백제는 이미 한성에 도읍하던 시기부터 도교의 사상적 근간이 되는 『노자』를 잘 이해했고 그것을 적시적소(適時適所)에 활용하였음을 알 수 있다.

도교 이론의 근간을 제공하는 『노자』에서는 천지만물의 근원인 도(道)를 말하고 있다. 도교에서는 도를 체득하고 실천한 사람을 신선(神仙)이라고 여긴다. 그러므로 도교는 궁극적으로 신선을 추구하는 종교라 할 수 있다. 도교의 신선사상은 중국의 전국·진한시대에 성행했던 신선사상에서 유래했다. 이때의 신선은 인간의 방법으로는 이루거나 가까이 할 수 없는 신선세계에 살고 있는 존재였다. 당시 사람들은 신선을 앙모하는 열정으로 충만했기 때문에 신선세계를 지상에서 구현하기 위해 노력하였다. 그 결과 신선신앙과 관련된 도교문화가 성행하게 된 것이다.

물론 중국의 고승전 기록에 백제사회의 현황을 "승니(僧尼)와 사탑(寺塔)은 아주 많으나 도사(道士)는 없다."라는 기록을 남기고 있기도 하다. 이는 백제사회에 도교의 실체가 어떤가에 대한 논란의 여지가 있는 것인데, 그러나 이러한 기록은 도교의 성직자인 도사와 도교 의례의 장소인 도관(道觀)이 없다는 뜻으로 보아야 할 뿐, 백제사회에 도교문화가 없었다는 것을 말하는 것은 아니다. 오히려 앞에 본 도교 관련 기록이 적지 않게 남아 있는 것으로 미루어 도교사상은 어느정도 만연하여 있었던 것으로 볼 수 있다.

아무튼 백제사회에는 도교사상이 어느정도 유포되어 있었을 것이고, 도교의 핵심인 신선사상도 널리 퍼져 있었을 것이다. 그와 관련된 대표적인 유적으로 우선 원지(苑池)를 들 수 있다. 원지란 못을 파고 그 안에 산을 축조하고, 그 주위에 기이한 새와 특이한 화초 등을 기르는 곳을 말한다. 『삼국사기』를 삼국 가운데 원지에 대한 기록을 남긴 국가는 백제뿐이다. 그만큼 백제는 원지를 중시 여길 수 있는 환경 즉 도교가 성행하였다는 것을 의미하는 것이다. 백제는 한성시기부터 궁궐 안에 원지를 조성하였는데 원지에 신선사상이 구체적으로 반영되었다는 사실은 사비 시기의 궁남지(宮南池)를 통해 알 수 있다. 백제 무왕(600~640)은 35년(634)에 멀리서 물을 끌어들여 궁남지를 만들고 그 주위에는 버드나무를 심었는데 궁남지 안에는 섬을 축조하여 신선이 산다는 방장선산(方丈仙山)에 견주었다. 궁남지에는 무왕의 신선사상이 투영된 것이다. 이러한 백제 도교문화의 성행은 최근 고고학적 발굴을 통해 그 모습이 속속 드러나고 있다.

먼저 백제금동대향로를 들 수 있다. 이는 원지의 세계관이 잘 반영된 조형물로서 백제유적 발굴결과 얻은 가장 큰 수확으로 여기는 것이다. 부여 능산리 유적에서 발굴된 백제금동대향로는 중국의 신선사상을 나타내는 박산향로를 모태로 만든 것이다. 중국에서 향로의 역사는 전국시대로 거슬러 올라간다. 그러다가 한나라 무제기에 이르면 완성도가 높은 박산향로가 출현하였다. 그리고 이 시기에 완성된 박산향로의 제작배경은 상림원(上林苑)과 밀접한 관계가 있는 것으로 본다. 한의 무제가 세운 상림원의 태액지(太液池) 안에는 봉래·방장·영주 등 신선이 노닌다는 삼신산이 있었다. 상림원의 산, 기이한 화초와 동물, 연못 그리고 누각 등으로 구성된 왕실 궁원의 기본 구도는 당시의 신선사상에서 유래한 것으로 궁원의 예술성과 상징성을 드높였다. 신선이 되고자 하는 열망에 사로잡혔던

한 무제는 신선이 사는 소우주를 상림원으로 구체화시켰던 것이다.

이와 같이 신선이 사는 소우주를 형상화한 것이 박산향로이다. 백제금동대향로를 보면 뚜껑의 봉황과 다섯 마리의 새, 그리고 겹겹의 산 등이 중요한 모티브임을 알 수 있다. 봉황과 다섯 마리의 새는 진기한 새로 역사서에 자주 등장하는 기금(奇禽)일 것이다. 백제의 왕실에서는 한성 백제시대부터 원지에서 기금을 길렀다. 백제의 원지에 상서로운 기금을 기른 것은 상서로운 기금이 있는 국가가 크게 번영할 것이라는 믿음이 있었기 때문이다.

봉황은 상서로운 새 가운데 가장 상서로운 새이자 새 중의 왕을 상징한다. 백제는 봉황의 상징적 의미를 잘 이해했고, 봉황문양을 다양하게 사용했다. 백제에서 용봉문환두대도(龍鳳文環頭大刀)를 많이 사용했던 것으로도 알 수 있다. 봉황은 여러 동물의 모양을 한 몸에 지닌 신비한 새로 형상화되기도 하고 인·의·예·지·신의 덕목을 모두 갖춘 천상의 새로 인식되기도 하였다. 따라서 봉황의 출현은 도덕적 세계를 완벽히 구현하는 성왕(聖王)의 출현, 질서의 확립, 태평성세의 도래를 예고하는 상서로운 조짐으로 여겨졌다.

우리는 백제의 유물에 보이는 봉황문양에서 성왕(聖王)이 출현하여 새로운 질서를 세우고 태평성대를 구가하는 그런 이상세계를 꿈꾸었던 백제인의 정신을 엿볼 수 있다. 백제금동대향로의 뚜껑부분(상단부)에 질서와 조화를 이루는 5마리의 기러기와 5명의 악사 그리고 웅비의 날개 짓을 하고 있는 봉황은 백제인의 이러한 이상세계가 상징적으로 잘 표현되고 있다. 이상은 현실화할 때 강력한 추진력과 호소력을 갖는다. 백제인들은 그 이상을 새로운 왕도를 건설하여 현실세계에서 실현하려고 하였다. 왕도를 신성화하였던 삼산(三山)이 그것을 웅변해준다.

본래 백제의 왕도인 사비에는 일산(日山)·오산(吳山)·부산(浮山)이란 삼산이 있었다. 일산은 현재의 부소산과 마주하고 있는 금성산이고, 오산은 부여 염창리의 뒷산인 오석산이며, 부산은 백마강 맞은편의 높이가 170미터 정도의 야산으로 추정된다. 사비 나성의 중간지점에 있는 금성산을 중심으로 동서방향으로 거의 일직선상에 부산과 오산이 있어 삼산이 왕도와 밀접한 관련이 있음을 알 수 있다.

『삼국유사』에 의하면 국가가 전성했을 때 삼산에는 신인(神人)이 살고 있으면서 아침저녁으로 서로 왕래하였다고 한다. 이때 신인은 도교적인 신선 혹은 선인을 가리키기도 하지만 국가를 보호하고 지키는 역할을 하는 산신(山神)의 성격도 갖고 있었던 것으로 보인다. 그러므로 삼산의 신인은 국가가 전성했을 때 서로 왕래하였다고 하는 것이다. 이러한 삼산신앙의 출현은 국가 전성기를 다시 이루고자 했던 사비시대 백제인들의 꿈이 반영된 것이라고 생각된다. 사비시대 백제왕들은 이러한 기원을 백제금동대향로에 투영시켰던 것이다.

이외에 웅진·사비기의 도교문화에서 신선사상과 관련된 유물로 무령왕릉에서 출토된 방격규구신수문경(方格規矩神獸文鏡), 공주 송산리 6호분과 부여 능산리 왕릉 묘역에 있는 1호분(東下塚)의 사신도벽화(四神圖壁畵), 그리고 부여 규암면 외리에서 발견된 귀형문전(鬼形文塼)과 산경봉황문전(山景鳳凰文塼) 등도 있다. 그러나 무령왕릉에서는 도교의 방술과 밀접한 관련이 있는 매지권(買地券)이 출토되어 또 다른 도교문화의 특성도 보여준다. 귀신이 존재한다고 믿고 있는 도교에서는 귀신을 제어하거나 마음대로 부릴 수 있는 신비한 방법들을 고안해 냈는데 그것을 방술(方術)이라고 한다. 방술의 내용을 담고 있는 것으로는 매지권(買地券)이 있는데, 무령왕릉 매지권의 내용은 다음과 같다.

"전일만문(錢一萬文) 우일건(右一件) 을사년 8월 12일에 영동대장군 백제 사마왕이 앞의 돈을 토왕(土王)·토백(土伯)·토부모(土父母)·상하중관(上下衆官)·이천석(二千石)석에게 주어 신지(申地)을 사서 묘를 조성했다. 그러므로 계약을 맺어 밝히는데 율령에 따르지 않는다."

무령왕이 일만문의 돈으로 토왕 등의 신들에게서 묘지를 샀다는 내용이다. 그런데 이 매지권은 한국 고대에서는 유일한 것이므로 같은 시대에 속하는 중국의 양(梁)나라의 매지권과 비교하여 검토될 수밖에 없다. 사실 중국에서 매지권은 한대에 출현하였다. 처음 출현할 때의 매지권은 실제로 토지를 매매한 계약의 내용을 담고 있었으나 후일에는 점차 종교적인 색채가 강화되어 갔다. 남조의 양나라 시대에 이르면 매지권은 토지의 경계를 간지(干支)로 표기하고 매도인을 각종 신으로 나타내며 토지의 가격은 전혀 실제와 부합되지 않는 구만구천구백구십구란 숫자가 상투적으로 사용된다. 그리고 매지권의 말미는 급급여율령(急急如律令)이나 여율령(如律令)으로 종료되는 특징을 보인다. 이러한 내용은 도교문화를 구체적으로 반영하는 것으로 수많은 지하세계의 신들로부터 묘지를 보호하는 방술의 표현이다. 중국의 매지권에 보이는 내용이 무령왕릉에서 출토된 매지권에도 그대로 보이며, 백제의 도교문화도 매지권을 만들어 넣을 정도로 수준 높았음을 반영한다.

3) 능산리 백제왕릉과 사비시대 고분문화

백제의 사비도읍기는 백제문화가 만개한 시기이다. 고분문화도 웅진도읍기에 정착된 횡혈식 석실분이 가장 백제적인 것으로 정착된다. 사비 도읍기에는 모두 5명의 왕이 이 지역에서 타계하였고 그들의 무덤은 지금의 능산리 고분군의 것으로 본다. 그러나 관련 기록이나 유물이 없어 어떤 무덤이 누구의 것인지 알 수 없는데 묘제의 발전상을 토대로 각 무덤의 주인공을 추정함으로써 묘제의 이해는 물론 백제왕들의 무덤을 탐색하여 보고자 한다. 나아가 사비도읍기 묘제의 변화상을 살피면서 새롭게 등장한 화장묘 등의 내용도 살펴 백제인들의 관습의 단면을 엿보고자 한다.

(1) 능산리 백제왕릉

백제는 31명의 왕이 재위하였다. 이중에서 마지막 의자왕을 제외하면 30명의 왕들이 백제라는 그들의 영토 안에서 죽음을 맞이하였다. 이들이 묻힌 것으로 알려진 왕릉은 서울의 석촌동, 공주의 송산리, 부여의 능산리 고분군이 있다.

왕릉의 존재 의미는 다각적으로 추구될 수 있다. 왕국의 존재를 비롯하여 그들의 정치, 사회 환경은 물론, 나아가 분묘에 반영된 왕실의 사후세계에 대한 인식까지 당대의 최고급 문화를 해명하는 도구로 활용될 수 있다. 그런데 백제는 왕릉의 위치라던가 형태에 대한 기록이 전혀 남아 있지 않다. 여기에 패망국(敗亡國)이란 문제도 있지만, 왕릉으로서의 잔존된 유적자체도 선명성이 높지 않다. 때문에 백제 왕릉을 검토하는데 많은 어려움이 있다.

능산리 백제 왕릉은 충남 부여군 능산리에 위치한다. 부여에는 부소산을 감싸면서 부여 시가지를 둘러친 나성이 남아 있다. 이 나성은 반월형(半月形)으로 만들어졌는데 도성의 한부분이고, 능산리 고분군은 나성의 동쪽 부분 바로 밖에 위치한다. 고분군 조사는 일제시대부터 진행되었다. 본디 '능산리'란 지명은『여지도서』에 그 흔적이 보여 조선 중기부터 이름된 것이나 지명이 왕릉으로 인식되지는 않았다.『신증동국여지승람』을 비롯하여『여지도서』등의 조선시대 지리지에 부여지역에 왕릉이 있다는 말은 전하지 않기 때문이다. 그러다가 일제시대에 능산리 고분군에 대해 관심을 갖게 되었고, 그 배경은 유적조사를 통한 식민지배의 합리화를 위한 즉, 식민사관의 논리적 기초를 마련하기 위한 것에 있었다. 이즈음 백제 유적에 대한 탐사가 본격적으로 진행되었고, 그 첫 작업이 능산리 고분군인데, 아마도 백제와 일본 고대사의 관련성을 염두에 두었던 것으로 추정한다.

구체적으로 1915년쯤에 고분의 존재가 알려지면서 1916년에 조사가 시작되었다. 이후 1917년에 2차의 조사가 진행되었는데, 1916년과 1917년에 이루어진 조사는 현재 능산리 고분군으로 알려진 6기의 고분(중상총·중하총·서상총·서하총·동상총·동하총)과 이외에 전상총·할석총·체마대총 및 석곽묘로 분류된 다수의 무덤을 대상으로 하였다. 조사는 1937년에 다시 이루어져 이미 조사된 고분군의 동쪽지역에서 추가로 5기를 확인하였다.

표7 능산리 고분군

고분	형식	재료	규모	묘실 형태	장축	바닥	입구형태	규모	연도 위치	배수로 형태	기타
동상총	고임식	판석	325*200*211	장방형	남북	관대	현문식			단연도	
동하총	수평식	마연석	250*112*122	장방형	남북	판석관대	현문식	64*100*138	중앙	단연도	벽화
중하총	터널식	장대석	321*198*215	장방형	남북	부석	현문식	266*170*116	중앙	장연도	벽면회바름
서하총	고임식	판석	285*125*150	장방형	남북	판석	현문식		중앙	단연도	
중상총	고임식	판석	325*145*170	장방형	남북	관대	현문식	110*	중앙	단연도	
서상총	고임식	판석									
할석통	고임식	괴석	264*127*128	장방형	남북	생토	개구식	70*60	편재	장연도	
전상총	고임식	판석	243*110*165	장방형	남북	벽돌	현문식		편재	단연도	
체마대총	터널식	장대석	260*130*145	장방형	남북	부석	현문식		편재	단연도	
동1호분	고임식	정치석	268*110*145	장방형	남북	부석	현문식	100*79*94	중앙	단연도	
동2호분	고임식	정치석	275*112*155	장방형	남북	부석	현문식	125*101*	중앙	장연도(?)	
동3호분	고임식	장판석	250*114*137	장방형	남북	부석	현문식		중앙	단연도	
동4호분	고임식	판석	300*173*200	장방형	남북	관대	현문식		우편재	장연도	시설
동5호분	고임식	판석	277*107*140	장방형	남북	부석	현문식		중앙	단연도	

정리된 14기의 무덤 외에 석곽묘로 제시된 것도 있고, 이후 조사된 옹관묘 등을 고려하면 동쪽지역과 서쪽 지역으로 구분하여 약 20여기의 무덤이 확인된다. 이중에서 14기는 백제의 전형적인 횡혈식 석실분이다. 횡혈식 석실분은 지하로 묘광을 파고, 그 안에 돌로 무덤방을 쌓은 다음에 무덤방의 전면에 입구를 설치하고 이 이 입구에 잇대어 연도 및 묘도가 이어지는 형식으로 백제후기에 전 사회에 보편적으로 사용되었던 묘제이다.

14기의 횡혈식 석실분을 구조에 따라 분류하면 터널식 2기, 수평식 1기 그리고 네벽조임식으로 볼 수 있는 것 1기외에 나머지는 고임식이다. 터널식은 가장 발전된 형식이고 고임식은 터널식에서 발전된 것인데 변화중의 것도 있지만 대다수는 이미 충분한 발전을 거쳐 전형적 고임식 형태를 갖추었다. 수평식은 고임식과 천정의 형태에서만 차이를 보이나 고임식이 수평식으로 변화된 것이다.

능산리의 무덤들은 무덤방의 평면이 장방형으로 남겨졌고, 무덤방의 남벽 중앙에 입구 및 연도를 개설하였다는 점에서 횡혈식 석실분의 구조적 공통성이 있다. 여기에 입구는 문주석, 문지방석, 문미석 등을 갖춘 현문식이 대부분이고, 연도는 긴 것보다는 짧은 것이 지배적이다. 다만 중하총처럼 평면이 길이와 너비가 3 : 2의 황금비를 보이는 것도 있지만 대체로 세장된 장방형이다.

능산리 고분군의 개별 무덤들은 만든 방법이나 재료 그리고 규모에서 다른 지역 무덤들과 비교할 경우 차별적 우월성이 인정된다. 재료의 경우 대체로 다듬은 석재를 사용하는 경우는 많지만 능산리의 무덤처럼 화강석을 정교하게 다듬은 예는 드물다. 오히려 거칠게 다듬거나 혹은 다듬지 않은 것과는 대조적이다. 여기에 입구의 시설방식이나 연도 형상에 정교함이 두드러진 것은 능산리 고분군의 특수한 성격을 나타낸다. 즉 무덤들의 전반적 성격은 여기에 묻힌 자들이 비교적 상층 계급에 속함을 알게 한다.

다만 능산리 고분군을 서쪽의 고분군과 동쪽 고분군을 서로 비교할 경우 만든 방법이나 규모에서 서쪽의 6기가 동쪽의 5기보다 상대적으로 우월하다. 따라서 서쪽에 있는 6기의 무덤들을 왕릉으로 보아야 할 것인데 6기 모두가 왕릉인가, 아니면 이중에 1기 혹은 일부만이 왕릉인가의 문제는 남는다. 그러나 백제가 사비에 도읍하던 시기의 왕릉은 현재 능산리 고분군만 알려져 있다. 그리고 사비 도읍기 때 사망한 왕은 성왕·위덕왕·법왕·혜왕·무왕이며, 이중에 무왕릉은 익산에 있기에 나머지 4명의 무덤은 사비지역에 있어야 하고, 이중에 적어도 4기는

그림83 능산리의 백제고분들

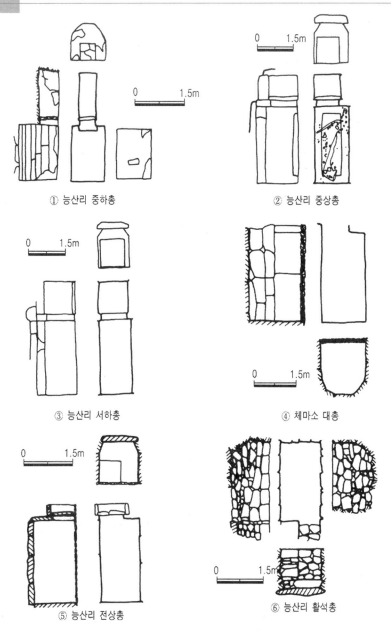

① 능산리 중하총

② 능산리 중상총

③ 능산리 서하총

④ 체마소 대총

⑤ 능산리 전상총

⑥ 능산리 활석총

왕릉이어야 한다. 그런데 무덤에 묻힌 사람이 누구인가, 왕릉이면 어떤 왕이 어디에 묻혔는가를 알기 위해서는 각각의 무덤들이 어떤 순서로 만들어졌는가를 알아야 한다. 이는 왕이 사망한 순서가 있고, 따라서 무덤도 그 순서에 의해 만들어졌기 때문이다.

능산리 고분군의 개별 무덤들은 묘제형식으로 보면 모두 횡혈식 석실분이라는 공통점이 있다. 그러나 세부 구조형식에 따라 구분하면 중하총과 같은 터널식이 있고, 중상총과 같은 고임식도 있으며, 나아가 동하총과 같은 수평식도 있다. 그러한 구조형식 차이는 횡혈식 석실분의 형식분류와 편년안에 근거, 각각의 무덤을 형식에 따라 서열화할 수 있다. 즉 횡혈식 석실분은 네벽 조임식인 초기형에서 시작하여 이것이 궁륭식으로 정립되었다가 다시 중국 전축분의 영향으로 터널식과 아치식이 발생한다. 그런 다음에 다시 자체적 변화 발전을 거쳐 고임식이 탄생되는데, 고임식은 다시 수평식으로 전환되는 순서배열이 이루어진다. 이로 보면 능산리 무덤중에서 터널식인 중하총이 가장 이른 것이다.

한편 수평식은 고임식의 다음에 등장하는 형식으로 가장 늦은 시기의 것이고, 터널식을 제외한 나머지 5기의 무덤 중에 4기는 고임식이고, 동하총 1기만 수평식으로 이것이 능산리 고분군에서 가장 마지막에 만든 것인 셈이다. 그리고 고임식 4기는 터널식인 중하총과 수평식인 동하총의 중간에 위치하는 것임을 알 수 있다. 그런데 4기 고임식 석실분은 동상총을 제외한 중상총·서상총·서하총은 서로 비슷한 구조를 가지고 있어 거의 비슷한 시기에 만든 것으로 볼 수 있는데, 다만 4기의 무덤에서 나타나는 구조 속성의 차이는 무덤방안에 시신 안치가 단장인가 다장인가의 차이가 나타난다.

백제 횡혈식 석실분이 지닌 묘제특징에서 가장 주목되는 것은 입구와 연도가 있다는 것이고, 이는 출입을 전제로 시설된 것이기에 장제가 무덤방 안에 시신을 추가로 안치하는 추가장 혹은 합장과 같은 다장제와 밀접한 관련이 있다. 이러한 다장제는 백제가 웅진으로 천도하면서 횡혈식 석실분이 무덤의 주류를 이루면서 보편화된 것이다. 그리고 이는 다시 사비시대에도 그대로 지속된 관습이다. 그런데 이러한 다장제는 사비로 천도한 이후 어느 시기에 무덤방 안에 시신을 1인만 안치하는 단장제로 변화된다. 이는 7세기 이후에 만들어진 무왕릉으로 추정하는 익산 쌍릉이 단장제였고, 따라서 왕과 왕비의 무덤을 별도로 만든 것에서 알 수 있다. 그리고 백제의 멸망기 즈음에 만들어진 무덤들은 대부분 단장묘로 이루어졌다는 것도 널리 알려져 있다. 즉 단장제는 사비에 도읍하던 시기에 횡혈식 석실분의 확대사용과 더불어 보편적 장제로 정착된 것이다.

단장제인가 다장제인가의 문제를 능산리 고분들에 적용할 경우, 6기의 무덤 중에 가장 이른 것으로 보는 터널식인 중하총은 당연히 다장묘적 구조로 있고, 이는 부부를 합장하였음을 알게 한다. 그리고 고임식인 동상총도 무덤방 안에 관대가 2개 있어 합장이었음을 알 수 있다. 반면에 가장 늦게 만든 수평식인 동하총은 단장의 구조로 있다. 여기에 고임식인 중상총도 무덤방내에 1개의 관대만 있어 단장으로 시설된 것을 알 수 있으나 서하총은 관대시설이 없어 단장인가 다장인가의 판단이 어렵다. 결국 서하총을 제외하면 능산리 무덤중에 고임식의 4기 무덤중에 합장인 동상총이 이르고, 단장인 중상총이 그보다 늦은 것임을 알 수 있다. 문제는 이들이 왕릉인가와 왕릉이라면 어떤 왕이 어디에 묻혔는가의 문제이다.

백제가 문주왕대에 웅진으로 천도한 이후 재위한 왕은 의자왕까지 모두 10명이다. 이중에 의자왕은 중국에서 생을 마감하였기에 나머지 9명의 왕들은 남쪽으로 천도한 후, 각각의 도읍하던 지역에서 사망하였다. 그리고 그들의 무덤은 당연히 도읍지였던 웅진이나 사비지역에 있어야 한다.

웅진에 도읍하던 시기에 만들어진 왕릉지역인 공주 송산리 고분군에는 여러 기의 무덤이 있다. 이중에서 왕릉급에 해당되는 무덤은 전축분 2기이고, 그중에서 전축분 1기가 25대 무령왕의 무덤일 뿐, 나머지는 왕릉으로 볼 수 없다. 다만 무령왕 이전의 문주, 삼근, 동성왕의 무덤도 웅진지역인 지금의 공주에 있어야 할 것이나 아직 확인되지 않았다. 그리고 사비에서 사망한 성왕릉이 공주 송산리 6호 전축분이란 추정도 있었지만 6호 전축분은 무령왕비의 것으로 봄이 타당하다. 따라서 사비에 도읍하던 시기에 이 지역에 남겨진 왕릉은 성왕, 위덕왕, 혜왕, 법왕, 무왕의 5명의 것들이 있어야 한다. 다만 익산의 쌍릉이 무왕릉일 가능성이 높아 능산리 고분군내에는 성왕과 위덕왕, 혜왕, 법왕 4명의 왕릉이 있어야 한다.

사비 도읍기에 사망한 4명의 왕 중에 성왕은 6세기 중반에, 그리고 위덕왕은 그보다 약 40여년 후인 6세기 최말기에, 그리고 혜왕과 법왕은 단명의 군주이기에 위덕왕과 거의 동시기에 사망하였다. 따라서 묘제는 성왕의 경우 6세기 중반의 유형을 그리고 이외 위덕왕, 혜왕, 법왕의 분묘는 거의 동형의 분묘가 조성되었을 것으로 볼 수 있다. 물론 능산리 서 고분군의 분묘는 6기인데 그보다 숫자가 많을 수도 있겠지만, 현존의 상황에 국한한다면 이들 6기가 4명의 군주와 관련된 분묘로 볼 수밖에 없다.

이로 보면 우선 성왕릉은 당연히 중하총이 되어야 한다. 백제의 사비천도는 성왕에 의해 이룩되었고, 사비 도읍기 백제왕으로 처음 능묘를 조성한 것이 성왕이기에 형식적으로 가장 이른 것이 될 수밖에 없다. 나아가 백제의 횡혈식 석실분의 변천과정을 보면, 웅진도읍시기에 등장한 터널식의 유형은 사비도읍 초기에도 여전히 사용되기에 성왕릉은 이 터널식 구조로 만들었을 것이다. 또한 최근 발견된 능산리 절터의 불사리감 명문에 의하면 성왕의 묘가 이 불사리감과 인근한 이 능산리 고분군에 있어야 한다는 점과도 일치한다.

문제는 나머지 위덕왕, 혜왕, 법왕릉이 나머지 5기중에 어떤 것이냐라는 점이다. 우선 수평식 구조를 지닌 동하총은 제외되어야 할 것으로 3명의 왕이 사망한 시기보다 훨씬 후대에 만들어진 무왕릉이 고임식인 점을 고려하면 3명의 왕릉도 터널식이나 혹은 고임식의 구조로 만들었다고 보아야 함에 근거한다. 따라서 위덕왕, 혜왕, 법왕의 무덤은 성왕릉인 중하총과 그리고 동하총을 제외한 중상총, 서하총, 서상총, 동상총이 대상이 될 수밖에 없다.

그런데 나머지 4기 무덤들 중에 동상총은 규모도 크지만 2개의 관대가 남아 있어 다장제의 속성을 갖추고 있을 뿐만 아니라 부장품으로 金具가 남겨져 왕릉으로 보는데 손색이 없다. 이는 나머지 3기가 단장묘로 있어 다장묘인 이 동상총이 이른 시기의 것이기에 가장 일찍 사망한 위덕왕릉으로 비정될 수 있다. 위덕왕의 사망시기가 뒤의 혜왕이나 법왕과 큰 차이가 없지만, 전체적으로 보아 빠른 시기로 볼 수 있기에 보다 선대의 묘제 특징을 간직한 중상총이 그 대상이 된다.

그러나 혜왕과 법왕의 능묘를 판단하기는 어렵다. 다만 나머지 분묘들이 단장묘로 남았고, 나아가 혜왕과 법왕의 능묘가 여기에 조성되었다면, 왕과 왕비의 무덤이 한 지역에 있을 것이기에 일단 4명의 분묘를 비정할 수는 있을 것이다. 여기에서 적어도 동하총은 왕보다는 왕비의 것으로 추정할 수 있겠는데 이는 동하총이 7세기대 이후에나 본격화된 묘제이기에 6세기말에 타계한 왕릉으로는 부적합하기 때문이다.

결국 능산리 고분군이 왕릉으로서의 품격은 충분하다. 이중에서 중하총은 26대 성왕릉이 분명하며, 여기에 또 다른 왕릉이 있다면 성왕을 이어 재위한 위덕왕릉은 동상총이어야 한다. 이외 혜왕이나 법왕릉은 나머지 중상총이나 서하총 그리고 서상총으로 비정되어야 할 것인데, 정확한 판단은 어렵다. 다만 나머지 4

기의 분묘는 단장으로 장사된 흔적이 있어 각각 왕과 왕비의 능이라면 백제 역대 왕릉을 모두 여기에서 비정할 수 있다는 전제도 마련될 수 있다.

(2) 사비도읍기 백제고분문화

사비 도읍기 백제 묘제환경은 웅진도읍 후반기부터 형성된 묘제환경이 완성되었다고 볼 수 있다. 웅진 도읍 후반에 횡혈식 석실분으로 묘제 통일이 완성되었고, 따라서 사비 도읍기는 횡혈식 석실분이란 단일 묘제가 전국적으로 사용된 시기이다. 다만 부분적으로 도읍지역에는 여전히 옹관묘가 배장묘로 존재하고, 새롭게 화장묘가 등장하며, 지방사회에서 와관묘가 사용되었다는 흔적도 있다.

백제 유일의 묘제로 남게 된 횡혈식 석실분은 사비로 천도한 다음에도 단계적으로 형식변화가 이루어져 백제의 전형적 양식인 고임식, 혹은 수평식의 평천정으로 정착된다. 이 횡혈식 석실분은 웅진 도읍기에 중국 전축분의 영향으로 궁륭식이 터널식 혹은 아치식으로 변화되는데, 아치식은 웅진에 도읍하던 시기에만 사용되나, 터널식은 사비로 천도한 이후까지도 사용된다. 그러다가 터널식 석실분은 고임식으로 변화 발전한 것이다.

고임식 석실분은 천정이 원형이 아닌 평천정으로 누적된 석실분의 축조경험을 바탕으로 가장 백제적인 것으로 탄생된 묘제이다. 그리고 이 형식의 석실분은 사비에 도읍하던 시기의 대부분 기간에 보편적으로 사용되었다. 다만 사비 도읍의 후반기에 같은 평천정이면서 고임석이 없는 수평식이 발생한다.

그런데 웅진에 이어 사비 도읍기까지 백제묘제의 정점에 있던 횡혈식 석실분은 사비 도읍 말기에 이르면 묘제 변화가 나타난다. 횡구식 석실분이 그것이다. 횡혈식 석실분은 입구가 마련되어 시신의 안치가 단장보다 다장으로 이루어졌다. 그러나 사비 도읍 말기에 무덤안의 시신 안치가 단장으로의 변화된, 즉 횡혈식 석실분의 구조로 만든 무덤에도 1인만 매장하는 단장으로의 변화가 그것이다. 이의 영향으로 횡혈식 석실분에서 횡구식 석실분으로 전환되었고, 이것이 사비에 도읍하던 말기에는 크게 유행한다.

한편 사비 도읍기 백제 묘제로 주목할 수 있는 또 다른 것은 화장묘이다. 화장묘는 사비지역에서만 발견되었지만 이것이 불교와 밀접한 관련이 있는 것으로 이 시기에 불교가 크게 번성한 것과 관련 있는 것이다.

사비도읍의 시기에 도읍지 이외의 지방사회에서 널리 사용된 묘제는 마찬가지로 횡혈식 석실분이다. 즉 그 동안 지방사회의 묘제는 여러 가지의 묘제들이 지역별로 사용되었었는데 이들은 전부 사라지고, 새롭게 횡혈식 석실분이 확산되어 일원적으로 통일된다. 예컨대 금강유역을 중심으로 사용되던 토광묘나 수혈식 석곽묘, 그리고 횡구식 석곽묘는 자취를 감춘다. 영산강 유역의 옹관묘도 부분적으로 나타나지만 그 숫자가 현저히 줄어들 뿐만 아니라 배장적 존재로 남을 뿐이다. 반면에 횡혈식 석실분은 이제 종전의 산발적 확산단계를 지나 지방사회의 묘제로 주류를 이룰 만큼 포괄적으로 사용된다. 이는 사비도읍 시기에 전형적 백제 석실분 형식으로 정착된 평천정의 고임식 석실분이 백제의 모든 영역에서 사용되고 있음에서 증명된다. 이로써 기왕에 다양하게 존재하던 지방 토착묘제는 모두 자취를 감추고 그 자리를 횡혈식 석실분으로 대체된 것이다. 즉 백제묘제는 사비에 도읍하던 시기에 이르면 다원적 환경에서 벗어나 횡혈식 석실분으로 일원화된 것이다.

그러면 사비에 도읍하던 시기에 유행하였던 고임식의 횡혈식 석실분, 그리고 새롭게 등장한 횡구식 석실분, 화장묘, 와관묘의 묘제내용은 어떠한가. 우선 횡혈식 석실분으로 고임식은 평천정의 속성을 가진 것으로 이전의 원형천정과 비교할 경우 많은 차이가 있다. 무덤방의 평면은 장방형이나 길이가 너비에 비해 대체로 2배이상 크다. 입구도 이전에는 개구식이 일반적이나 고임식에 이르면 문틀식이 많다. 연도는 이전의 것들이 편재연도였는데 중앙식으로 설치되고 길이도 훨씬 짧은 단연도가 지배적이다. 그리고 재료는 할석보다 오히려 다듬은 판석 및 괴석형 판석을 사용한다.

다음, 사비 도읍기에 새롭게 등장한 횡구식 석실분은 횡혈식 석실분의 구조속성과 비교할 경우 큰 차이는 없다. 매장부를 덮었던 봉분 등의 현황은 확인이 어렵지만, 남향의 경사면을 선호하고 구릉의 선상부 혹은 산지의 정상부를 피하는 입지환경은 동일하다. 횡혈식 석실분처럼 군집시켜 일정한 간격을 두면서 만드는데 다만 밀집도가 횡혈식 석실분보다 크게 나타난다. 횡구식 석실분과 횡혈식 석실분의 비슷한 구조 속성은 묘광이나 무덤방의 구축형태, 그리고 무덤방이 경사방향으로 향하도록 배치하는 것도 동일하다.

이 횡구식 석실분은 횡구식 석곽묘와 구조속성에서 비슷한 점이 많다. 다만 석곽묘보다 무덤방의 규모가 큰 편이고, 반면에 횡혈식 석실분보다 대체로 작다. 무덤방의 평면은 횡구식 석곽묘가 세장방형인데 횡구식 석실분은 세장된 정도가 덜하다. 그리고 축조재료도 석곽묘 계통은 할석 혹은 괴석을 사용하나 횡구식 석실분은 판석재의 사용이 많다.

그런데 횡구식 석실분의 구조중에 가장 큰 특징을 보이는 것은 입구의 형태이다. 횡구식 석곽묘의 경우 입구는 무덤방의 좁은 한쪽 벽체를 만들지 않고 그대로 남겨두어 입구로 사용한다. 따라서 횡구식 석곽묘는 입구를 의도적으로 만들기 보다는 벽체 한면을 만들지 않은 채 입구로 활용한 후에 폐쇄한다. 반면에 횡구식 석실분은 입구를 의도적으로 만든, 즉 입구의 문지방석이나 문기둥석, 그리고 문미석 등을 시설한다. 여기에 입구의 폐쇄방법도 다르다. 횡구식 석곽묘의 입구 폐쇄는 입구자체를 밖에서 돌을 쌓아 진행한다. 반면에 횡구식 석실분은 입구 폐쇄에 나름의 특징이 있다. 폐쇄방법은 두 가지로 구분되는데, 그중의 하나는 입구의 바깥에 판석재를 세워 문비석을 둔 것처럼 폐쇄하는 것, 다른 하나는 묘도에서 입구까지 돌을 쌓아 폐쇄하는 것이다. 전자의 경우 대체로 2-3매의 판석을 세워 입구를 막고 그 바깥에 작은 돌들은 판석에 기대어 쌓은 형상이 많다. 반면에 후자는 무덤방의 입구 부분은 일렬로 돌을 쌓고 그 후면에 돌을 무질서하게 쌓아 보강한 형상으로 있다.

다음은 화장묘이다. 백제 화장묘는 땅에 둥근 구덩이를 파고, 구덩이 안에 다시 작은 구덩이를 판 다음에 거기에 장골용기인 항아리를 넣는 것이 일반적이다. 장골용기는 화장 후에 뼈 가루를 추려 담는 용기이다. 우리나라는 불교가 전래된 후, 화장이 이루어지고 이 뼈단지가 나타난 것으로 알려졌다.

백제의 화장묘는 부여군 중정리에서 처음 발견된 후 절터와 무덤 떼의 근처에서 장골용기가 발견되는 경우가 있어 화장묘의 유형을 위치상으로 절터나 무덤 떼의 부근에 있는 것, 그리고 산 정상부에 있는 것으로 구분한다. 그리고 장골용기의 숫자나 배치하는 방식에 따라 단호식·단완식·중완식·심호다완식·도옹식·외호 내호식 등으로 구분한다. 그리고 백제의 화장묘 중에 바깥의 항아리 안에 다시 안쪽의 항아리를 배치하는 경우 이는 통일신라시대의 화장묘인 골호의 조성방식과 흡사하다.

마지막으로 와관묘는 시신을 안치한 매장시설을 기와로 만든 매우 특이한 묘제이다. 그러나 와관묘 자료는 서산 여미리 고분군의 것이 유일한 것이기에 이 묘제가 백제사회에 얼마만큼 보편적으로 사용되었는가는 알 수 없다. 오히려 특정지역에 존재하는 특이 묘제가 아닌가 추정한다. 와관묘는 축조재료가 기와라는 점 이외에 수혈식 석곽묘, 혹은 옹관묘와 큰 차이가 없다. 땅을 파서 무덤구덩이를 조성하고, 그 안에 기와로 관을 꾸미는 것이 그러하다. 시신을 안치하는 범위도 매우 작은 규모인데 장법이 뼈만 추려 묻는 것, 혹은 이차장이 아닌가에 대한 추정과, 또는 어린이의 무덤으로 사용된 것인지의 추정도 이루어진다.

생각
하기

- 능산리 고분군이 백제왕릉으로 자리매김될 수 있는 조건을 생각하여 보자
- 능산리 고분군의 개별무덤은 성왕, 위덕왕, 법왕, 혜왕의 것과 그들의 부인 무덤으로 보는데 개별 무덤의 주인공을 다시한번 생각하여 보자.
- 사비 도읍기의 백제묘제로 정착된 횡혈식 석실분중에 고임식의 발생과정을 생각하여 보자
- 사비시대 백제불교의 융성과 화장묘의 발생을 연관짓고 화장묘의 묘제내용을 생각하기

9. 백제의 멸망과 부흥운동

1) 황산성과 오천결사대

　삼국시대의 종말은 신라의 삼국통일로 귀결시킨다. 그러나 삼국시대 후반의 정황은 백제와 신라의 대립과 고구려와 중국의 대립 등 복잡한 국제정세가 자리한다. 이 와중에 백제의 패망이 나타났고, 그 원인과 결과는 승자인 신라의 입장에서 설명됨이 일반적이다. 그러나 백제의 패망은 중국 당나라의 등장과 그들의 국제질서 재편과정에서 이룩된 것일 뿐, 신라의 능동적 삼국통일 의지와는 거리가 있다. 이의 올바른 이해와 더불어 삼국통일기 등장하는 영웅적 인물에 대한 평가를 계백의 예를 들어 다시금 검토하여 보고자 한다. 국가의 패망 원인은 복합적인 것에서 찾아야지, 군주 혹은 특정개인의 문제는 아닐 것이기 때문이다.

　백제가 왜 멸망하였는지, 멸망하기까지 어떠한 시련의 과정을 거쳤는지에 대한 문제는 더 이상 거론할 필요가 없을 만큼 충분히 논의되었다. 그만큼 우리는 백제 멸망에 대해 수없이 이야기해왔고, 멸망 이유 또한 나름대로 여러 가지를 제시해 놓고 있다. 현재 지적되고 있는 백제 멸망의 원인은 크게 세 가지로 정리된다. 첫째, 의자왕의 문란한 사생활과 폭정 및 외교적인 무능이고 둘째, 신라의 성공적인 외교활동과 역사적 소명의식, 마지막으로 고구려 정벌을 위한 배후지 확보의 필요성을 느낀 당나라의 백제지역 침공 등이 그것이다. 그러나 백제 멸망의 원인들은 사실 신라나 당나라 같은 역사적인 승리자의 입장이 강하게 반영된 것에 우리는 너무 익숙하다. 패배자지만 백제 멸망이라는 역사적 사건의 엄연한 주인공은 바로 백제임에도, 그 백제의 입장에 대해서는 아무런 배려 없이 무관심으로 일관하였다.

(1) 백제말기의 국제정세

백제와 신라는 고구려의 남하정책에 대한 공동대처의 필요성에서 433년 군사동맹을 맺은 바 있다. 그리고 성왕(聖王)이 웅진에서 사비로 천도하고 13년째 되는 551년에 백제와 신라 양국이 함께 북진하여 고구려에게 빼앗긴 땅을 되찾은 뒤, 백제는 한성(漢城) 등 한강 하류의 6군(郡)을 차지하고 신라는 한강 상류지역 10군을 소유하기로 하면서 양국의 동맹관계는 절정에 달하였다.

그러나 553년 7월에 오면 신라의 진흥왕이 한강 하류지역을 기습적으로 점령하고, 이에 대해 백제는 554년 7월 가야군과 합세하여 신라를 공격했다가 성왕이 관산성(管山城: 충북 옥천) 전투에서 전사하는 사건이 발생한다. 그리하여 동맹은 깨지고 양국은 적대관계로 변함으로써 백제는 이후 잃어버린 땅을 되찾기 위해 신라를 최대의 적으로 생각하며 수시로 침략하게 되었다. 그리고 그 결과 이 때부터 백제·신라·고구려가 서로 대립하는 삼국의 항쟁기로 접어들었다.

6세기 중기에서 말기에 이르는 기간 동안에는 고구려와 신라가 연합하여 백제와 대립한 것으로 보는 시각도 있다. 그러나 백제와 신라의 동맹군에게 한강 유역 대부분의 영토를 빼앗긴 고구려가 이들 양국에게 좋은 감정을 가질 수는 없었을 것이다. 또 백제와 신라의 동맹이 해체된 뒤에도 신라 진흥왕의 대외적인 영토확장사업은 백제만이 아니라 고구려지역까지 미쳤기 때문에 고구려와 신라의 관계가 호전되기는 어려운 상황이었다. 사실 고구려와 신라의 연합을 주장하는 견해는『일본서기』나「마운령비문」과 같이 불확실한 방증자료와 개연성에 근거한 것이고 결정적 근거자료는 없다. 따라서 이 무렵의 한반도 상황은 백제가 외롭게 고구려와 신라의 연합세력에게 대항하기보다 삼국이 서로 항쟁하는 분위기 속에서 백제와 신라의 대립도 이어졌다고 보아야 자연스럽다.

6~7세기 한반도 내에서 백제의 위상이 어떠했는가를 이해하려면 진흥왕시대 신라의 영토확장사업을 살펴보는 것이 좋다. 진흥왕의 적극적인 대외정책에 대한 내용은 여기에서 언급하지 않아도 이미 잘 알려져 있다. 한반도 통일 이전의 신라는 진흥왕 시대에 최대의 판도를 보여주었고, 반대로 백제와 고구려의 영토는 그만큼 줄어들 수밖에 없었다. 결국 이후의 한반도 삼국은 서로간의 항쟁 속에서도 주로 실지(失地) 회복을 노리는 백제와 고구려가 신라를 공격하는 모습으로

나타난다. 백제는 북쪽의 한강유역을 신라에게 빼앗기고 성왕까지 전사하는 일련의 사건을 겪으며 국가의 영토와 위상이 형편없이 위축되고 추락하여 신라에 대한 감정이 악화되는 것은 당연한 역사적 현상이었다.

백제는 성왕 전사 후 위덕왕이 45년 간 재위하였고, 이어 2년 정도의 짧은 기간에 혜왕과 법왕이 차례로 왕좌에 올랐다가 무왕이 다시 의자왕 즉위 이전까지 41년 간 백제를 다스렸다. 그러나 위덕왕은 재위기간 동안 중국에 대한 조공 및 책봉을 위한 교섭을 13회나 진행하였듯이 국가의 대내외적인 체제정비에 힘쓴다. 동시에 신라나 고구려 등 외부세력에 대항하기 위하여 즉위 다음 해에는 일본에 군사원조를 요청하는가 하면, 561년 7월, 562년 7월, 577년 10월 3차례에 걸쳐서는 신라의 변경을 침공하였으나 결과는 모두 실패로 끝난다. 특히 562년 7월에는 일본에서 건너온 지원군과 함께 신라공격에 나섰으나 패배하여 백제의 군사력이 신라보다 많이 약했음을 알게 한다. 그러나 위덕왕이 패배를 감수하면서 3회에 걸쳐 신라를 공격한 것은 백제의 신라에 대한 감정이 그만큼 좋지 않았기 때문이다.

한편 짧은 기간 재위하여 제대로 된 통치모습을 보여줄 수 없었던 혜왕과 법왕을 거쳐 무왕시대에 오면 백제와 신라는 새로운 국면을 맞게 된다. 그런데『삼국유사』에 무왕이 신라 진평왕의 셋째 딸 선화공주와 결혼한 것으로 되어 있다. 그러나 이외의 사료에는 선화공주의 이름은 나오지 않으며, 오히려『화랑세기』에 진평왕에게 덕만공주와 천명공주 두 딸만 있을 뿐으로 "서동설화"의 역사성에는 의문이 있다. 이 무왕에 대해서는 법왕, 혹은 위덕왕의 아들이란 견해가 있듯이 그 출신배경에 대해서는 의문이 많다. 한편 무왕은 그가 죽었을 때 당 태종이 소복하고 곡(哭)을 했다는 기록이 중국의 역사서인『구당서』에 보일만큼 중국과의 교류를 돈독히 했다. 그러나 그는 수나라의 고구려 원정 시에는 두 마음(兩端)을 품고 있다는 말을 들을 정도로 국제관계의 흐름에 신경 쓰면서 자국의 이익을 우선시하는 태도를 취했다. 또한 동시에 신라에 대해서는 국가위상과 실지(失地) 회복을 목적으로 군사 활동을 멈추지 않았다.

무왕 때 백제의 신라에 대한 공격은 12번, 그에 반해 신라의 백제에 대한 공격은 2번 보이고 있어서 백제가 신라를 일방적으로 몰아붙이는 모습으로 나타난다. 그러면서도 승패의 기록은 백제의 승리 5번, 신라의 승리 5번, 승패가 분명치 않은 경우 4번이어서 양국의 군사력은 별 차이가 없었다. 그러나 이는 위덕왕 때와 비교하면 백제의 군사력이 그 사이 상당히 성장하였음을 알 수 있다. 따라서 신라에 대한 백제의 군사적인 압력은 그만큼 커지게 되었고, 여기에 고구려도 수시로 위협해오는 상황이었기 때문에 신라는 문제 해결을 위해 중국의 도움을 요청할 수밖에 없었다. 그리하여 중국의 간섭이 시작되면서 무왕의 공세적인 군사 활동은 어려움에 봉착하였고, 결과적으로 양국간의 영토다툼은 해결되지 않은 채 의자왕시대로 넘어간다.

　　무왕의 신라에 대한 군사 활동은 두 방향으로 전개되었다. 하나는 소백산맥을 넘어 신라의 서쪽 경계선을 깊숙이 침투해 들어가는 것이고, 또 하나는 북쪽으로 한강유역을 탈환하고자 기회를 노리는 것이었는데, 이러한 무왕의 계책이 중국의 간섭을 받아 어려움에 처한다. 즉 무왕은 627년(무왕 28) 7월 신라에게 빼앗긴 땅을 되찾기 위해 군사를 크게 일으켜 웅진에 주둔하였다가 신라 진평왕이 이 말을 듣고 당에 사신을 파견해 위급함을 알리자 그만둔 것이다. 또 다음 달 8월 무왕이 조카 복신(福信)을 당나라에 조공사신으로 보냈을 때는 당 태종이 왕에게 글을 보내 신라와의 싸움을 멈추라고 하여 무왕도 사신을 파견해 사과의 뜻을 표했다는 내용과 함께 그러면서도 속으로는 여전히 서로 원수처럼 여겼다는 사실을 전한다.

　　결국 신라 진흥왕의 한강유역 탈취와 백제 성왕의 전사로 악화된 양국 간의 관계는 무왕시기에 들어오면서 양국이 본격적인 무력충돌의 단계로 진입하지만, 중국의 개입으로 백제의 군사 활동은 억제당할 수밖에 없었다. 사실 627년 7월 신라를 겨냥하여 군사를 동원했다가 취소하자마자 바로 8월에 무왕이 조카 복신을 조공사신으로 보낸 이유 중에는 신라에 대한 백제의 억울한 입장을 설명하여 당나라의 이해를 얻어내려는 목적도 있었지 않았을까. 그러나 한반도 삼국이 평화를 유지하는 가운데 조공 및 책봉이라는 중국 중심의 국제질서가 아무런 문제없이 관철되기를 바라던 당 태종이 수세적인 신라 편에 서서 공세적인 백제의 행동을 제지하려 한 것은 당연한 선택이었다. 그리하여 신라에 대한 공격보다 중국과의 관계를 더 중시한 무왕 역시 내심으로는 원하지 않았어도 일단 신라에 대한 억울한 감정과 공세적인 입장을 거두어들인 것이다.

　　다만 무왕의 결정은 외형상의 것으로서 백제와 신라 양국간의 문제가 근본적으로 풀린 것은 아니기에, 이러한 분위기는 당시 태자였던 의자왕에게 그대로 영향을 주었다. 그리하여 의자왕은 즉위 이후 무왕이 해결하지 못한 과제를 계승함은 물론 무왕의 한계를 극복하기 위해 좀더 새로운 정치적인 선택도 불사하는 모험까지 감행하게 된다.

(2) 의자왕의 즉위와 자주외교 노선의 채택

효제(孝悌)로 이름이 높아 '해동의 증자'라 불리고, 성품이 용맹하며 결단력이 있었다고 평가받는 의자왕은 40세 이후 인생의 완숙기에 왕의 자리에 올랐다. 따라서 그는 충분히 준비된 왕으로서 즉위하였고, 그리하여 통치행위도 이후 일사불란하게 진행될 수 있었다. 즉위하자마자 그가 곧바로 아버지인 무왕의 미해결 과제를 계승하여 백제의 위상회복을 위해 박차를 가한 것은 당연한 선택이었다. 여기에서는 의자왕의 이러한 통치정책에 대해 살펴보자.

의자왕은 즉위하면서 곧 당 태종에 의해 '주국대방군왕백제왕(柱國帶方郡王百濟王)'으로 책봉되어 정통성을 확보한다. 그리고 안으로는 정권안정에 힘쓰고 밖으로는 중국과의 교류를 지속시키는 한편 신라에 대해서는 강경책을 구사한다. 동시에 일본이나 고구려와는 화친을 도모하는 다각적인 방안을 마련하여 추진해 나갔다.

의자왕은 왕위에 오른 다음에 주(州)와 군(郡)을 순무하고 사형수를 제외한 모든 죄수를 석방해 주었으며, 왕자 부여융을 태자로 삼고 또 죄수를 크게 풀어주었다. 이는 집권 초기 통치자의 교체과정에서 흔들릴 수 있는 민심과 정권을 안정시키고 자신의 존재를 확실하게 부각시키기 위한 정치활동의 기본적인 수순이다.

의자왕의 이러한 개혁적 정치는 대내적으로 성공을 거둔 흔적이 많다. 예컨대 『삼국사기』의 김유신전에 남겨진 것으로, 김유신이 진덕여왕(眞德女王)에게 대야성의 원수를 갚자는 건의를 했을 때 여왕은 신라를 작은 나라(小), 백제를 큰 나라(大)로 표현하며 자신없어 하는 점, 『삼국사기』 신라 진덕왕 본기에 당나라에 파견된 김춘추가 당 태종에게 백제는 강활(强猾)하다고 말하는 내용이 그것이다. 그리고 백제가 나·당 연합군에게 정복당할 때의 호구수(戶口數)로서 『구당서』 백제전과 『삼국사기』 백제본기 등에는 76만 호(戶), 「대당평백제국비명」에는 24만 호 620만 구(口)가 기록되어 있다. 그런데 백제의 옛 땅에 해당하는 전라남북도와 충청남도의 2000년 기준 총 호구수가 197만9천5백75호, 610만30 구인 것을 감안하면 620만 구라는 수치도 그대로 받아들이기에는 너무 크나, 분명한 것은 이와 같은 기록이 전할만큼 백제 말기의 호구수가 충실했다는 것이다. 이는 곧 의자왕의 내치(內治)가 백제 멸망 당시까지 성공을 거두고 있었음을 대변해 준다. 이러한 의자왕의 성공적인 내치가 있었기에 신라의 표현대로 의자왕 시대의 백제는 신라와의 관계에서 강국으로서의 면모를 보이며 다시 태어난다.

그러나 의자왕은 정치적으로 대내적인 문제보다 대외적인 문제 때문에 어려움을 겪었다. 그리하여 대외 문제가 의자왕의 정치성격을 결정지어 주었다 해도 과언이 아닐 정도로 그는 대외정책에 보다 많은 관심과 노력을 기울였다.

의자왕의 대외정책에서 최대의 관심사는 신라와의 전쟁이었다. 그의 외치(外治)는 대신라전(對新羅戰)에 초점이 맞추어져 있었고 시종일관 그것을 지속시켜 나간 것이 특징이다. 그 원인과 결과는 모두 당시의 동아시아 국제관계가 새롭게 형성되는데 영향을 주었다. 의자왕의 군사적인 공격으로 신라가 어느 정도의 고통을 겪게 되었는지는 김춘추가 위험을 무릅쓰고 적대관계에 있던 고구려로 가서 군사원조를 요청한 일이나 일본에 사신으로 건너간 일 및 이것이 여의치 않자 중국으로 눈을 돌려 당나라에 대해 숙위외교(宿衛外交)를 채택하고 있는 것에서 엿볼 수 있다.

642년 8월 대야성 전투에서 사위와 딸을 잃은 김춘추는 그 해 겨울 자신이 직접 적국인 고구려에 들어가 구원병을 청하였지만, 고구려가 파병조건으로 원래 자신들의 땅이었던 죽령(竹嶺) 서북지방을 돌려줄 것을 요구하였기 때문에 일이 성사되지 않았다. 백제는 물론 고구려도 영토소유권 문제를 둘러싸고 신라와의 사이에 원한 감정이 깊숙이 자리잡고 있었다. 고구려와의 교섭이 실패로 끝나고 일본으로부터도 별다른 호응을 얻지 못한 신라는 중국에 의지할 수밖에 없었다. 그리하여 643년 9월에는 당나라에 사신을 파견하여 고구려와 백제가 연합해 신라를 공취(攻取)하려 한다는 사실을 호소하며 구원을 요청했는데, 당 태종도 이에 응하여 644년 사농승(司農丞) 상리현장(相里玄獎)을 고구려에 보내서는 고구려와 백제 두 나라가 신라를 공격하는 행위를 멈출 것과 그렇지 않으면 명년에 군사를 내어 고구려를 공격할 것이라는 협박성 통지를 하였다.

그러나 고구려의 연개소문은 실지(失地) 문제가 해결되지 않는 한 싸움을 멈추지 않겠다고 반발하였고 백제 의자왕도 이를 받아들이지 않는다. 실재로 645년 5월 당 태종이 고구려를 공격하고 신라가 군사 3만을 내어 이를 원조하는 틈을 타 백제는 신라의 7성(城)을 쳐서 빼앗았다. 『구당서』 백제전에서는 백제의 이러한 행동에 대해 두 마음을 품고 있는 것이라 평하고도 있지만, 당나라가 신라의 입장을 지지한 이 사건을 계기로 고구려와 백제는 중국과의 거리가 멀어졌다.

신라는 648년 겨울에 김춘추가 자신의 아들 문주(文注)와 함께 당나라로 건너가 그 아들을 태종 곁에서 숙위(宿衛)하도록 하는 숙위외교를 성사시킨다. 고종이 즉위했을 때는 650년에 진덕여왕이 직접 비단에 태평송(太平頌)을 써서 김춘추의 아들 법민(法敏)으로 하여금 바치게 하는 등 중국과의 거리를 좁혀 나갔다.

의자왕의 통치 시기인 641년에서 660년 사이에 한반도 삼국이 중국에 조공한 회수를 찾아보면, 신라는 18번, 고구려는 8번, 백제는 7번으로 나타난다. 신라의 경우는 중국에 대한 의존도가 상당히 높아진 반면에 고구려와 백제는 집권 초기나 중국의 황제가 교체되고 있는 시기에만 조공 기록이 보이고 평상시에는 거의 찾아볼 수 없다. 이러한 현상은 한반도 삼국과 중국과의 관계가 새로운 단계로 진입하였음을 보여주는 것이다. 다시 말해 삼국은 과거와 같은 중국 중심의 국제관계 속에 계속 머물러 있었던 것이 아니라, 이제는 자신들의 이익을 고려하여 신라처럼 중국과의 관계를 더욱 강화시킬 수도 있고, 고구려나 백제와 같이 그것이 여의치 않을 때는 새로운 문제 해결책으로서 중국 중심의 국제관계에서 벗어나 나름대로의 독자적인 노선을 마련하여 시행하는 등 다양한 방법을 구사하는 것으로 발전하게 되었다.

한반도 삼국간의 영토문제는 삼국이 서로 양보할 수 없는 첨예한 사안이었다. 때문에 이를 둘러싼 각축전도 그만큼 치열하였으며, 이는 중국의 힘으로도 해결하기 힘든 뜨거운 감자와 같은 것이었다. 따라서 중국이 이에 개입하여 신라에게 유리한 조건을 계속 강요하자 백제와 고구려는 결국 중국과 등을 질 수밖에 없는 상황에서 서로의 연합을 강화해 나간 것으로 나타난다.

(3) 나당 연합군의 침략과 백제의 멸망

당 태종이나 고종의 만류에도 불구하고 신라에 대한 강경책을 지속시키며 중국과의 관계까지 끊어버린 의자왕이 중국에게는 국제질서를 뒤흔드는 문제아로 비쳐졌을 것은 분명하다. 따라서 당 고종이 백제 정벌을 결심한 것은 고구려 침공을 위한 배후지 마련이란 문제가 아니더라도 백제에 대한 중국의 영향력 확보와 동아시아 국제질서 재정립의 필요성 차원에서 피할 수 없는 선택이었다. 이러한 결과로 출현하게 된 나·당 연합군의 백제 공격과 그 과정에서 백제의 운명을 결정지은 전쟁으로 평가받는 황산벌 전투의 상황은 어떠한가.

659년 4월 백제가 신라를 공격하자 당 고종은 신라의 구원병 요청을 받아들여 660년 3월 소정방 등에게 13만 군대를 거느리고 백제를 정벌하도록 명령을 내렸다. 그리하여 6월 18일 산동반도를 출발한 소정방의 군대는 6월 21일 덕물도(德物島)에 도착해 신라 태자 김법민과 만나 양국의 군대를 7월 10일 백제 남쪽에 집결시켜 사비성을 함락시키자고 논의한 뒤, 7월 9일부터 기벌포와 황산벌에서 각기 백제를 공격하기 시작한다.

다만 황산벌 전투에 대해서는 지금까지 다양한 논의가 진행되면서 우리에게 알려진 것이 많지만, 그중에는 사실관계가 분명하지 않은 것이 많다. 황산벌 전투와 관련하여 다음과 같은 세 가지 사실, 즉 첫째 계백의 처자식 살해기록 진위 문제, 둘째 황산벌 전투에 동원된 백제 5천 결사대와 신라 5만 대군의 성격 문제, 셋째 계백이 설치했다는 3영(營)의 위치와 신라의 진군로 문제 등이다.

첫째, 계백의 처자식 살해기록은 『삼국사기』 계백전에 나와 있다. 그리고 그 내용은 지금까지 의심없이 사실로 인정받으며 계백에 대해 다양한 평가를 불러일으켜 왔다. 그러나 계백전의 내용은 극히 소략하고 기사의 출처도 분명치 않을 뿐만 아니라 승패가 판가름 나지 않은 상태에서 미리 그것도 공개적으로 처자식을 살해했다는 내용 또한 쉽게 납득이 되지 않음은 물론 『삼국사기』 자체가 곳곳에서 의자왕이나 부여륭과 같은 백제 말기 주요 인물들에 대해 의도적인 왜곡을 가하고 있어서 계백의 경우 역시 『삼국사기』의 기록을 그대로 믿기는 힘들다.

특히 신라는 황산벌 전투에서 4전4패 끝에 반굴이나 관창의 희생에 힘입어 가까스로 승리했고, 그리하여 승리를 했으면서도 신라의 자존심은 많이 상했으리라 여겨진다. 전투를 끝내고 신라군이 당나라 진영에 도착했을 때, 소정방은 약속일 보다 하루 늦었다는 이유로 신라의 독군 김문영을 군문에서 참형하려 하였고, 이에 대해 김유신은 자신들이 황산벌에서 겪은 어려움을 몰라준다며 강하게 반발하는 사건까지 일어난다. 이처럼 황산벌 전투는 신라에게 승리의 단맛만을 안겨준 전쟁은 아니었다. 결국 승리했으면서도 자존심에 상처를 받은 신라는 자신들의 자존심을 상하게 만든 백제군의 저항이 결사적인 것이어서 자신들이 어려움을 겪게 된 것은 당연하다는 논리로 손상된 자존심을 회복하려 했을 수 있다. 그리고 이러한 경우라면 화살은 당연히 저항의 주체인 계백장군에게로 돌려짐으로써 그에 관한 왜곡된 소문 역시 만들어질 수 있을 것이다.

계백장군이 처자식을 살해했다는 내용은 장군 개인에 대한 비판이 될 수 있는 것은 물론이고 나아가서는 그러한 결정을 내릴 수밖에 없을 만큼 백제의 당시 상황이 절망적이었기에 백제는 멸망할 수밖에 없었다는 역사의 필연성을 강조하는 논리로 될 수가 있다. 따라서 신라가 그러한 왜곡을 가할 가능성은 현실적으로도 충분히 존재한다. 추측컨대 계백의 부인과 자식들은 장군의 가족답게 장군의 전사 소식을 듣고 모두 따라서 자결했을 가능성이 가장 큰데, 이러한 상황이 거꾸로 와전되어 왜곡되었거나 또는 신라 쪽에서 의도적으로『삼국사기』의 기록과 같은 내용으로 바꾸어 유포시켰을 수도 있다.

이상과 같은 이유로 계백장군이 처와 자식을 죽이고 출전했다는『삼국사기』계백전의 기록에 대한 분석은 신중할 필요가 있다. 의자왕이나 부여륭에 관한 각종 유언비어 성격의 기록들과 마찬가지로 황산벌에서 끝까지 저항하며 신라군을 괴롭히다가 전사한 계백장군에 대해서도, 장군 개인은 물론이고 그를 통해 당시의 백제사회가 절망적인 상태 속에서 망할 수 밖에 없었다는 부정적인 이미지를 유도해 내기 위해 유언비어(流言蜚語)적 소문을 퍼뜨렸거나 기록으로 만들었을 가능성도 배제해서는 안 된다.

둘째, 계백의 5천 결사대와 신라 5만 대군의 성격에 대한 이해도 분명히 할 필요가 있다. 지금까지는 이 문제에 대해 깊게 생각하지 않은 채 백제가 신라와 1:10의 힘든 싸움을 한 것으로만 설명해 왔다. 그러나 전쟁터의 모든 병사가 순수 전투병으로서 동원되는 것은 아니며, 전투원과 비전투원의 비율은 그 부대가 임하는 전쟁의 성격에 따라 달라진다.

계백의 5천 결사대는 국가의 위기상황을 극복하기 위한 부대이기 때문에 대다수 구성원이 전투병이었을 것임은 분명하다. 이에 비해 신라의 5만 군대는 상황이 다르다. 신라의 요청으로 바다를 건너온 당나라 군대는 13만이었다. 그리고 바다로 인해 군수물자 조달이 어려운 이 13만 당군의 보급품은 신라가 책임져야 했을 텐데, 13만이라는 수로 보아 부담이 적지 않았으리라고 여겨지지만 이 부분은 그 동안 주목받아오지 못했다.

『삼국사기』김유신전에서 소정방이 고구려를 공격할 때의 모습을 보면 당시 신라군의 주요 임무는 군량미 수송으로 나타나는바, 이로 인해 신라는 많은 고생을 하고 있다. 또 백제부흥운동군 때문에 웅진성에 고립된 당군의 식량을 운반하느라 겪은 어려움도 상당히 컸다는 것을 문무왕 스스로가「답설인귀서」에서 밝히고 있다. 이는 예로부터 한반도에 주둔한 당군의 군량미 조달이 신라에게는 중요한 임무 중 하나였고, 이 때문에 겪은 어려움도 컸다는 것을 알 수 있다. 당나라의 13만 군대가 백제공격에 동원되었을 때도 마찬가지로 보급품 중 많은 부분을 신라에게 의지하였을 것이고 신라의 부담은 그만큼 클 수밖에 없었으리라 생각하는데, 이러한 이유로 황산벌전투에 참여한 5만의 신라군 성격은 전투부대보다 보급부대로서의 성격이 더 강했을 수도 있다.

무열왕이 당군을 맞이하려고 경주를 출발해 남천정(경기도 이천)까지 가는 데 22일 걸린 것이나, 이후 백제공격 시기를 정할 때 나·당 18만 군대의 막대한 물자소비량을 생각하면 속전속결해야 함에도 20일 정도 기간을 늦추어 7월 10일로 잡은 것은 역시 보급품 확보와 보관 및 수송에 소요되는 시간문제가 작용하였기 때문으로 보아야 이해가 간다. 소정방이 하루 늦었다 하여 신라의 독군 김문영을 참형이라는 중형에 처하려 했던 이유도 단순한 기세싸움이나 기일을 어겼다는 문제가 아니라 군대에서 보급의 차질은 곧 군의 사기 및 전쟁의 결과와 직결되는 중대한 사건이기 때문으로 보아야 할 것이다.

결국, 신라의 5만 군대가 당나라 13만 대군을 위한 보급부대로서의 성격을 강하게 지니고 있었다면, 이러한 보급담당 병력을 제외하고 전투병으로서 백제와의 싸움에 직접 참여한 인원은 생각보다 많지 않았을 수도 있다. 다시 말해 황산벌전투는 우리에게 알려져 있는 내용과 달리 백제가 패배를 미리 기정사실화할 만큼 일방적으로 불리한 싸움만은 아니었을 수도 있다는 것이다. 계백장군이 처음에 4전4승을 거둔 것이나 신라가 어렵게 승리를 쟁취할 수밖에 없었던 것 역시 이러한 상황과 연결시켜 생각해 볼 수 있겠다. 그렇다면 계백장군의 처자식 살해기록이 사실과 다른 왜곡된 내용일 수 있다는 앞의 주장은 더욱 설득력을 지니게 된다.

셋째, 계백이 설치한 3영(營)의 위치와 신라의 행군로 문제도 다시 생각해 볼 부분이 많다. 지금까지는 계백이 먼저 험한 곳에 3영을 설치했다는 『삼국사기』 태종무열왕 본기의 내용에 의거하여 3영의 위치를 산성(山城)으로 받아들이면서, 그 산성이 구체적으로 어디였을까 하는 문제에만 관심을 기울여 왔다.

그러나 험한 곳이라는 표현이 반드시 산성을 의미하는 것으로 볼 수는 없을 뿐만 아니라, 계백전에는 그가 황산의 들(黃山之野)에 이르러 3영을 설치했다고 하여 벌판에 방어진을 구축한 것으로 나타나고 있는바, 이 내용을 지나쳐서는 안 되리라고 본다. 특히 신라의 5만 군대는 당나라 13만 대군에게 보급품을 전달하기 위해 시간을 다투며 이동하는 상황이었기 때문에 산성에 주둔한 백제군과는 싸울 필요 없이 그대로 지나칠 것이 분명했다. 백제 국경을 깊숙이 침범해 들어온 신라군이 황산벌에 도착해서야 비로소 백제군과 일대 격전을 벌이게 된 이유도 여기에 있다고 하겠다. 이와 같은 신라군의 성격을 알고 있었을 계백장군이 산성으로 올라가 방어진을 쳤다고 보기는 힘들므로, 3영의 위치는 황산벌 평야에서 방어의 요충지가 될만한 곳이 어디였을까 하는 문제로 정리되어야 한다. 그러나 이 문제도 무열왕의 행적 및 신라군의 성격을 감안하면 하나의 이동로만 주장하기보다 적어도 두 개 이상의 통로가 이용되었을 것으로 보아야 당시의 상황과 부합되지 않을까 싶다. 즉, 탄현이 어디이든 신라가 그곳을 통과한 것은 분명하지만 이외에 적어도 하나 이상의 다른 이동로를 더 이용했다고 볼 수도 있다.

『삼국사기』 태종 무열왕본기에 의하면, 남천정까지 올라간 무열왕은 공격 날자가 잡히자 김유신 등에게 공격을 명령한 뒤 자신은 상주의 금돌성으로 갔다. 금돌성이 무열왕의 지휘본부로 활용될 만큼 중시되었음을 알겠다. 당시 신라가 18만 나·당 연합군에게 필요한 막대한 보급물자를 어떻게 모았고 그것을 어디에 보관해 놓았었는지 자세히 알기는 어렵지만, 무열왕의 행적으로 보아 적어도 금돌성이 보급기지로서의 역할을 담당했으리라는 짐작은 해볼 수 있다. 무열왕이 남천정으로 갈 때 22일 걸렸다는 내용을 전술한 바 있는데, 아마 이 때에도 금돌성에 들러 보급물자 마련을 위한 활동을 직접 했거나 지시했을 가능성이 있다.

요컨대, 무열왕과 함께 남천정에서 삼년산성까지 내려와 헤어져서는 황산벌로 출발했으리라고 여겨지는 김유신의 부대와 다른 별도의 부대, 즉 수많은 양의 보급품 운송책임을 맡은 또 다른 부대가 금돌성에서 출발하여 황산벌로 이동했을 가능성은 매우 크다. 또한 이들이 운반했을 물자의 양이나 운반수단인 수레의 수가 엄청났으리라는 점을 감안하면, 하나의 통로만 사용해서는 신속한 이동이 불가능하므로 여러 길을 활용했을 가능성 역시 크다고 보아야 한다. 그렇다면 신라군의 이동로는 하나가 아니었기에 백제 또한 탄현만을 지킬 수는 없는 입장이었고, 따라서 탄현을 지켜야 한다는 홍수의 의견이 받아들여지지 않는 등 백제 조정 내부의 혼란도 그만큼 더 커진 것이 아닐까.

(4) 사비성 전투와 의자왕 정권의 붕괴

계백과 김유신의 군대가 황산벌에서 싸우고 있을 때, 소정방은 신라의 김인

문 등과 함께 덕물도에서 기벌포로 이동한 다음 기습적인 상륙작전으로 백제군을 대패시킨 뒤 사비성을 향해 진군하고 있었다. 당나라 군대가 웅진구(熊津口: 금강입구)에 이르렀을 때 이미 백제군은 강을 따라 방어진을 치고 있었는데, 당군은 버드나무를 엮어 상륙하는 방법으로 백제군의 방어망을 격파하였고, 사비성 부근 30여리까지 진출하여서는 다시 백제군으로 하여금 1만 여명의 사상자를 내도록 하며 큰 타격을 준다.

당군은 7월 10일까지 사비성 부근의 약속장소에 도착한 것으로 보인다. 다만, 황산벌에서 고전한 신라군이 정해진 날짜에 오지 못함으로써 작전상 차질이 생겼고, 따라서 나·당 양군 사이에는 소정방이 신라 독군 김문영을 참형에 처하려 할 정도로 분위기가 한때 악화되는 등 갈등을 겪다가 7월 12일부터 함께 사비성을 공격하게 되는데, 여기서 사비성전투 당시의 모습과 그 결과에 대해 살펴보도록 하겠다.

나·당 연합군의 공격에 대한 백제의 대응모습은, 당과의 결전을 주장하는 좌평 의직과 신라와 먼저 싸울 것을 주장하는 달솔 상영의 의견충돌 및 백강과 탄현을 굳게 지키며 농성할 것을 주장하는 홍수와 적극적인 반격을 내세우는 대신들 사이에 의견이 엇갈린 채, 혼란을 겪으며 효과적인 대책을 세우지 못한 것으로 전한다. 그러나 이는 당시의 상황이 그만큼 급박하게 돌아가고 사태의 전개양상도 복잡했기 때문에 나타날 수밖에 없는 현상으로서 백제도 나름대로는 최선을 다한 것으로 보아야 할 것이다. 나·당 연합군이 7월 12일 사비성 공격을 앞두고 있었을 때, 백제는 당에 접근하여 퇴병을 애걸하는 글을 보내거나 많은 양의 음식물을 제공하거나 자신들의 죄를 비는 등 군사적인 대응 외에 당과 신라의 틈새에서 무언가 다른 해결책을 찾아보려 애쓴 흔적도 있다.

물론 이러한 노력은 성공하지 못했다. 그렇지만 나·당 군이 사비성으로 진격할 당시 소정방이 적극적으로 전진하지 않자 김유신이 설득하여 함께 쳐들어가는 것은 백제의 노력이 소정방의 마음을 조금이라도 움직여 그가 소극적인 모습을 보이게 된 것이 아닐까라는 추정도 가능하다. 같은 전쟁에 임하였어도 당과 신라의 입장은 분명히 달랐을 것인데, 백제는 방어대책 수립시에 이러한 미묘한 차이를 활용하려 할 정도의 치밀함까지 보여준다.

이상과 같은 백제의 대처모습을 통해 우리가 알 수 있는 사실은 백제가 나·당 연합군의 공격을 사전에 예상하지 못했고, 따라서 이에 대한 준비도 제대로 이루어져 있지 않았었다는 것이다. 당나라 조정은 660년 백제를 습격하려는 계획이 사전에 누설되는 것을 막기 위해 659년에 파견된 일본의 네 번째 견당사절단(遣唐使節團)을 661년까지 억류시켜 놓았다. 나·당 양국이 백제에 대한 공격의 보안을 유지하기 위해 상당한 노력을 기울였음을 알 수 있다. 그리하여 백제의 긴급대처 방안들이 모두 무산되고 7월 12일 나·당군의 공격이 시작되자 의자왕은 다음날인 7월 13일 웅진성(熊津城)으로 피난가고 사비성은 함락되었으며, 이로부터 5일 뒤에는 의자왕 역시 항복함으로써 공격 개시 7일 만에 사태는 빠르게 종결되었다. 그리고 8월 2일에 치러진 나·당 연합군의 승전 축하연 및 백제의 항복식에서는 의자왕과 그 아들 부여 륭을 당하(堂下)에 앉히고, 의자왕으로 하여금 당상(堂上)의 신라왕과 소정방 및 여러 장수들에게 술을 부어 올리게 하였다. 그로써 백제의 좌평 등 많은 신하들이 눈물을 흘리지 않은 자가 없었다고 할 정도로 의자왕은 수모를 겪다가 9월 3일 왕족 및 신하 93명, 백성 1만 2천여 명과 함께 소정방에 의해 당나라로 끌려갔다.

공식적으로 즉위한 백제의 마지막 왕이자 20년간에 걸쳐 집권하면서 백제가 과거에 보여주었던 위상을 회복하기 위해 중국과의 외교단절도 불사하며 끊임없이 노력했던 의자왕의 자주적인 정치모습은 우리에게 알려져 있는 것처럼 의자왕 개인의 정치적인 무능이나 백제의 내부모순이 아니라 나·당 연합군의 기습공격이라는 외부요인에 의해 어느 날 갑자기 역사의 무대에서 사라졌다.

생각
하기

• 백제의 멸망 원인을 6세기 및 7세기대 동아시아의 국제정세와 관련하여 이해하여 보기
• 나당연합군의 공격을 받은 백제군의 군사전략적 측면을 이해하기
• 삼국 통일의 주체를 신라로 인식할 수 있을 것인가?
• 황산벌 전투의 주역 계백이 과연 영웅인가, 그렇다면 김유신은 어떻게 평가할 것인가?
• 의자왕의 실정은 무엇이고 과연 그가 백제를 멸망의 길로 이끌었는가?
• 삼국통일과 같은 국가의 통일이 어느 한나라의 의지로만 가능한 것인가?

2) 임존성과 부흥운동

국가의 멸망은 다양한 원인 속에 나타난다. 이는 국가의 구성원의 의지와 관련 없이 야기될 수 있는 것이다. 백제의 멸망도 신라와 당의 비밀외교 속에 당의 한 반도 지배야욕이 표출된 것이기에 백제인의 반발은 필연적일 수밖에 없다. 왕실 의 붕괴 후 백제 각지에서 일어난 부흥운동이 그것이다. 그러나 이 부흥운동의 실체가 무엇이고, 그 성격은 무엇인가에 대한 올바른 이해가 요구된다. 여기에 부흥운동이 허무하게 무너진 배경과 이유는 무엇이고, 이것이 우리에게 시사하 는 것이 무엇인가를 생각할 필요가 있다.

백제는 660년 나·당 연합군의 공격을 받아 멸망하였다. 그러나 나당연합군 에 의해 의자왕이 항복하였음에도 백제 전역에서 저항운동이 일어난다. 바로 백 제 부흥운동의 시작인 것이다. 지금까지는 백제 의자왕의 실정과 이로 인한 귀족 세력의 이탈, 그리고 시기적절한 신라와 당나라의 공격으로 백제가 멸망한 것으 로 알려졌다. 그러나 이는『삼국사기』백제본기 상의 기록으로 승자(신라)에 의해 기록된 역사였다. 신라로서는 백제 멸망의 원인에 대하여 당위성을 찾아야만 하 였고 이는 의자왕의 실정이라는 형태로 기록된 것이다.

그러나 당시의 전투는 사비와 그 부근을 중심으로 이루어졌으며 다른 백제지 역은 온전하게 보존된 상태였다. 이에 복신과 도침 그리고 흑치상지 등이 주축이 되어 부흥운동을 일으키자 지방 세력들이 이에 호응하여 거국적인 백제 부흥운 동이 발흥한다. 그리고 왜에 가있던 왕족인 부여풍이 귀국하면서 부흥운동은 그 명분까지 얻는다. 부흥운동은 이러한 국내의 세력뿐만이 아니라 왜의 원병까지 출병하면서 동아시아 전체를 아우르는 국제전으로 발전한다. 하지만 부흥군은 복신과 도침간의 불화, 그리고 복신과 부여 풍과의 불화 등의 내분으로 힘을 모으 지 못하고, 나당연합군의 대응에 점차 세력권을 상실한다. 그리고 왜와 백제의 연 합군이 백강에서 신라와 당나라의 연합군에 패하면서 부흥운동은 그 힘을 잃고 말았다. 결국, 마지막 거점성이었던 임존성이 함락되면서 부흥운동은 막을 내리 게 되었다.

백제 멸망 후 부흥군의 활동은 크게 3시기로 나눌 수 있다. 제 1기는 660년 8 월에서 661년 8월까지로서 사방에서 일어난 부흥군이 백제국을 부흥키 위해 나 당군과 치열한 전투를 전개한 시기이다. 제 2기는 661년 9월부터 663년 9월까지 부흥군이 일본에서 부여 풍을 옹립하여 나당 연합군과의 전투를 벌인 시기이다. 제 3기는 부흥군의 주력이 괴멸한 후 일부 세력이 최후까지 저항한 시기이다.

(1) 부흥운동의 전개

백제 멸망 후 얼마 지나지 않아 각처에서는 많은 부흥군이 일어났다. 두시원악(豆尸原嶽)에서 정무(正武)가 일으킨 부흥군, 임존성을 중심으로 한 복신과 도침이 일으킨 부흥군, 구마노리성(久麻怒利城)을 근거로 한 여자진(餘自進)이 거느린 부흥군 등이 그것이다. 이 당시의 부흥군이 나당군과 벌인 전투 가운데 중요한 것으로 임존성 전투, 사비성 부근에서의 전투, 웅진강구 및 두량윤성 전투 등을 들 수 있다.

임존성 전투는 660년 8월 26일에 전개되었고, 복신과 도침 및 흑치상지가 중심인물이었으며, 당군은 총사령관인 소정방이 지휘관이었다. 이 전투에서 부흥군은 당군의 공격을 물리치는데 성공하였고, 전투에 실패한 소정방은 의자왕 등을 포로로 하여 9월 3일 회군하면서 군대 1만을 남겨놓았다. 부흥군은 660년 9월 23일부터 11월 5일까지 계속 사비성의 나당군을 공격하였다. 부흥군은 사비남령에 4~5개의 책을 세우고 사비성을 포위하면서 주변의 성읍을 초략하였다. 이 과정에 이례성(尒禮城) 등 20여성이 부흥군에 합류한다. 상황이 불리해진 나당군은 삼년산성에 머물고 있던 신라 무열왕이 군대를 돌이켜 부흥군 공격에 나선다. 부흥군과 신라군은 이례성, 사비 남령책, 왕흥사잠성 등에서 치열한 전투를 벌였고, 이 전투는 부흥군의 패배로 수천명의 사상자가 발생한다.

웅진강 전투와 두량윤성 전투는 661년 2월에서 4월에 걸쳐 일어났다. 임존성에 근거를 두었던 복신과 도침은 사비성 공격을 계획하였는데, 도침이 거느린 군대는 웅진강구에 진을 쳤고, 복신은 두량윤성에 주둔하면서 배후지원을 맡았다. 이때 도침이 거느린 부흥군과 당군이 웅진강구에서 부닥친다. 도침군은 두 책을 세운 뒤 당군을 공격하였으나 도리어 패배하였고, 퇴각하던 군사들은 강을 건너다가 물에 빠져 죽는 등 많은 병력과 손실을 입었다. 한편 복신이 거느린 부흥군과 신라군은 두량윤성에서 전투를 전개한다. 부흥군이 사비성을 공격해 오자 신라군은 대당장군 품일을 비롯하여 11명의 장군으로 하여금 대군을 거느리고 맞아 싸우게 한다. 신라군은 두 길로 나누어 대당군은 두량윤성으로 가고 나머지는 고사비성으로 향하였다. 그러나 두량윤성으로 간 대당군의 선발대가 패배하자

고사비성으로 간 신라군이 다시 두량윤성으로 집결하였다. 복신이 거느린 부흥군은 이 신라군을 맞아 1달여 동안 싸워 성공적으로 막아낸다. 전투에 실패한 신라군은 회군케 되었는데 도중에 다시 빈골양(賓骨壤)에서 부흥군의 공격을 받아 많은 군수품을 빼앗기는 등의 패배를 당하였다. 퇴각하던 신라군이 거둔 성과는 각산의 둔보를 함락시키는데 그쳤다. 두량윤성 전투에서 부흥군이 승리하자 이제까지 사세를 관망하던 여러 지역의 세력들이 부흥군에 호응하고 있음은 부흥군의 기세가 대단하였음을 단적으로 보여준다. 반면에 신라는 이 전투의 패배로 감히 다시 군대를 동원할 수 없을 정도로 전의를 잃게 되었다.

임존성 전투에서 승리를 거둔 복신과 도침은 곧바로 끊어진 국맥을 잇기 위해 왕조 재건에 박차를 가한다. 왕조재건의 핵심은 왕의 옹립인데 그 대상자가 바로 부여풍이었다. 부여풍은 의자왕의 아들로 왜에 있었다. 복신은 660년 10월에 왜에 사신을 보내 부여풍의 귀국을 요청하였고, 부여풍이 귀국하자 복신은 그를 왕으로 옹립하고 국가 통치와 관련한 모든 사항을 풍에게 맡겼다. 이렇게 정통성을 지닌 풍왕이 즉위함으로써 부흥군은 정통성을 확보하고 체제정비를 착수한다.

부흥군의 당군에 대한 작전은 기본적으로 사비성으로 군량이 공급되는 것을 차단하는 것이었다. 그로 말미암아 당군과 신라는 상당히 어려운 상황에 처한다. 특히 두량윤성 전투 이후 남방지역과 동방지역이 부흥군에 가담하였기 때문에 당군이 직접 지배할 수 있는 지역은 매우 제한되었다. 따라서 당군의 군량은 신라에 의존할 수밖에 없었다. 신라는 당군이 머무는 웅진부성(熊津府城)에 군량을 보내야 하고, 또 고구려 평양성을 공격하던 당나라 군대에게도 군량을 공급하는 어려움을 겪게 된다.

이 시기 당은 백제 멸망 후 고구려 공격에 나서는데, 처음 소정방의 고구려 공격은 실패하고 662년 2월 회군하고 말았다. 상황이 불리해진 당나라는 백제 부흥군의 공격을 받고 있는 백제지역 주둔의 당군 문제의 처리도 시급하게 되었다. 이때 당나라 조정이 내린 결정은 웅진성 하나만으로 버티기는 어려우니 신라로 들어가거나 아니면 회군하라는 결론이 내려진다. 이러한 결정은 백제의 땅을 포기하는 것으로 대다수의 당나라 군사들은 본국으로 돌아가기를 희망하였다. 물론 당군의 지휘부는 회군, 신라에 의지, 아니면 버티느냐의 결정이 필요하였는데 백제의 부흥군은 당군의 진퇴양난한 상황을 이용, 철군을 종용한다. 즉 철군하면 공격하지 않고 길을 열어주겠다는 제의도 한다.

진퇴양난의 상황을 정리한 사람이 유인궤이다. 그는 군사들의 귀환 요구에 제동을 걸고 설득에 나섰다. 논리는 당나라가 백제를 멸망시킨 것이 고구려를 멸망시키기 위한 전단계로 취해졌다는 것, 소정방의 고구려 정벌이 실패로 돌아갔다는 이유로 웅진에 주둔한 당군마저 회군하면 백제가 다시 살아난다는 것, 백제가 다시 살아나면 고구려를 멸망시키는 것이 어렵다는 것, 웅진성이 적의 중심에 자리하고 있어 잘못하면 적에게 포로가 되고, 설혹 신라에 기댄다더라도 좌객의 신세를 면하기 어렵다는 것 등이다. 유인궤의 이러한 강력한 설득은 군사들을 움직였고 새로운 전의에 찬 당군은 그대로 백제지역에 머물게 되었다.

당군이 전열을 가다듬고 백제 부흥군에 대해 적극적인 공격에 나섰다. 그리하여 662년 7월에 벌어진 전투가 지라성(支羅城)·급윤성(及尹城)·대산책(大山柵)·사정책(沙井柵) 전투이다. 이 성책들은 나당군에 의해 일제히 공격받고 있는 것으로 미루어 볼 때 서로 멀리 떨어지지 않아 기각지세(掎角之勢)를 이루었던 것으로 추정된다. 군사의 수도 '살획심중(殺獲甚衆:죽거나 포획한 자가 심히 많았다)'이라는 표현에서 알 수 있듯이 상당히 많았다. 제일 중요한 전투는 지라성 전투였다. 당군은 세작들을 이용하여 성내의 방비가 제대로 갖추어지지 않은 상황을 간파, 기습 공격을 감행한다. 불의의 공격에 부흥군은 변변히 대적하지도 못하고 패배하고 만다. 나당군이 이 전투에서 승리를 할 수 있었던 요인 중의 하나는 부흥군 내에 복신과 도침사이에 반목에서 비롯된 것으로 추정한다.

지라성 등의 거점성 함락은 부흥군이 유지해 온 군량운반도로의 차단 작전에 차질을 가져왔다. 이를 만회하기 위해 부흥군은 진현성의 군비를 특별히 강화한다. 진현성에 주둔한 부흥군은 임강고험(臨江高險)한 이 성의 지리적 이점을 이용하여 나당군의 공격을 잘 막아내었다. 그러나 초반의 성공적인 방어는 도리어 부흥군의 경계심을 풀게 되었고, 이를 노린 유인궤는 신라군을 앞세워 야간 공격을 실시, 800여명에 달하는 부흥군을 죽이고 성을 함락시킨다.

이에 다시 부흥군은 내사지성을 근거로 신라에 대한 공격을 단행한다. 내사지성은 신라쪽 방면에 있는 성으로 여겨지며, 이 전투에서 당군의 존재는 보이지 않는데 결국 부흥군과 신라군 사이에 벌어진 전투이다. 이에 신라는 대군을 일으켜 반격에 나선다. 군대의 지휘관들은 김유신의 동생인 흠순(欽純)을 비롯한 19명의 장군이었는데 두량운성 전투에 동원된 11명 보다 많다. 신라가 이처럼 대규모 군대를 일으킨 것은 내사지성에 주둔한 부흥군의 규모가 적지 않았음을 말해

준다. 내사지성에 진을 치고 있던 부흥군은 신라군의 공격에 완강히 저항하였지만 마침내 격파되었다. 이 전투의 패배로 부흥군은 웅진 동쪽의 거점성들을 모두 상실하였다.

동방의 거점성들이 함락되면서 전투의 주도권도 나당군이 장악한다. 나당군이 전투의 주도권을 장악한 상황에서 거열성(居列城)·거물성(居勿城)·사평성(沙平城)전투가 벌어진다. 이들 성은 두량윤성 전투에서 부흥군이 승리하자 이에 호응한 남방지역의 성들이다. 전투는 663년 2월 흠순·천존 등이 거느린 신라군이 공격해 오자 거열성에 주둔한 부흥군은 완강히 저항하지만 700여명의 전사자를 내고 성은 함락된다. 거열성을 함락시킨 신라군은 다시 사평성을 공격하여 함락시켰다. 결과 부흥군의 남방거점도 모두 신라군의 수중에 들어가게된다.

남방거점들을 장악한 신라군은 그 여세를 몰아 덕안성(德安城)을 공격한다. 전략적 요충지인 덕안성은 부흥군의 거점인 피성(避城)과 인접한 지역이다. 따라서 진군해 오는 신라군을 덕안성에서 막느냐의 여부는 부흥군에게 중요한 상황이었다. 그러나 덕안성을 지키던 부흥군은 신라의 공격에 저항했지만 1070명의 전사자를 내고 함락되고 만다. 물론 덕안성의 함락은 함께 항거하던 주변의 성들도 격파된 것이다.

덕안성의 함락으로 부흥군의 거점인 피성도 신라군의 공격권내에 들어온다. 이는 부흥군에게 커다란 충격이었으며 그로 말미암아 풍왕은 주류성으로 거점을 옮겼으며, 그로서 663년 2월 이후 부흥군이 장악한 범위는 웅진의 서쪽에 한정될 수밖에 없었고, 주요 거점은 주류성, 가림성, 임존성 등에 불과하였다.

(2) 부흥운동의 확산과 실패

부흥운동을 지휘하였던 복신과 도침은 초기에 왜국에 있던 부여풍을 왕으로 옹립하여 부흥군의 정통성을 확립하였다. 그러나 661년 3월의 웅진강구 및 두량윤성 전투 이후 점차 부흥군 지도부에 내분이 일어난다. 그 첫 번째 사건은 복신이 도침을 제거한 사건이다. 도침을 죽인 후 도침의 군대를 접수하였는데, 결과 부흥군의 실권이 복신에게 집중되었고, 이후 풍왕도 복신과 협조하여 부흥군을 이끈다. 그러나 부흥군의 실권을 놓고 풍왕과 복신 사이에 암투가 나타난다. 와중에 복신은 꾀병을 내어 풍왕을 유인하여 살해하려고 하였으나 풍왕이 이를 역으로 이용하여 급습했으며 부신을 처형하고 부흥군의 실권을 장악한다.

그러나 복신을 제거하고 풍왕이 정권을 장악했지만 '양장(良將)'으로 불리는 복신의 제거는 오히려 부흥군의 사기를 저하시켰고, 이러한 내분과 사기의 저하는 나당군에게 공격기회를 제공, 당군과 신라군은 전력을 증강, 주류성 공격을 계획한다. 풍왕도 나당군의 움직임을 미리 간파, 고구려와 왜에 원병을 요청한다. 풍왕의 요청에 고구려는 군대를 보내지 않지만 왜는 2만 7천명의 군대를 출병시킨다. 물론 당군도 손인수(孫仁師)가 거느린 7천명이 가세하고, 신라군도 증강된다. 문무왕이 거느린 신라군은 장군의 수가 28명이나 되는 대규모이다. 웅진성에 모인 문무왕과 당나라 장군들은 작전회의를 개최하였다. 이때 나당 수뇌부 내부에서는 가림성을 먼저 공격할 것인가, 주류성을 먼저 공격할 것인가의 논란이 있었으나 유인궤의 주장에 따라 주류성의 공격을 결정한다.

이때 왜군이 백강에 도착하였고 풍왕이 친히 맞이하여 왜군과 합세, 진영을 정비하였다. 한편 주류성 공격을 결정한 나당군은 손인사 · 유인원 · 문무왕이 육군을 이끌고, 유인궤 · 두상 · 부여융이 수군을 이끌어 각각 웅진성을 출발, 백강에서 합세하여 주류성으로 진군하기로 작전을 세운다.

웅진성을 출발한 당 수군은 663년 8월 17일에 백강에 도착, 진열을 갖추고 왜 수군과 전투를 전개한다. 이것이 백강(白江)전투이다. 백강 전투는 두 단계로 이루어졌다. 1차 전투는 8월 27일에 당나라 장군 유인궤가 거느린 병선 170척과 왜의 선발대장 노원군신(蘆原君臣)이 거느린 1만여 명의 수군 사이에 벌어졌다. 이 전투에 왜군이 입은 타격이 좀더 컸지만 당군의 일방적인 우세가 아닌 상태로 끝난다. 2차 전투는 이튿날인 8월 28일에 왜의 본군과 나당 수군과 전개된다. 모두 4차례의 접전이 있었고, 부흥군과 왜의 연합군이 패배하면서 종결된다. 수많은 군사들이 죽임을 당하거나 바다로 뛰어들었다가 익사하였다. 그리고 무수한 전선은 선두를 돌릴 수 없어 나당군의 당파(撞破)작전과 화공으로 400척이나 불타고 말았다. 백강전투가 전개되고 있는 동안 나당연합 육군은 거점인 주류성을 공격하였다. 본래는 수륙합동작전을 전개하려 하였지만 수군이 백강구에서 격전을 치르고 있었기에 육군이 먼저 주류성에 이르렀고, 663년 8월 13일이다. 주력은 신라군이었다.

유신 · 인문 · 천존 · 죽지 등이 거느린 신라군이 8월 13일에 주류성에 도착하자, 부흥군은 성을 나와 진을 치고 싸움을 벌였다. 몇 차례의 공방이 있었는데 부흥군은 승기를 잡지 못하고 다시 주류성으로 들어가 농성하였고 신라군은 8월 17

일에 주류성을 포위하였다. 이 상황에서 부흥군은 8월 28일 백강전투의 대패와 풍왕의 고구려 피신 소식이 전해지자, 주류성을 지키던 왕자 충승(忠勝) 등도 신라군에 항복하였고 주류성도 함락되었다. 663년 9월 1일의 일이다.

그러나 아직도 건재한 성이 있었다. 임존성이다. 이 성은 당시 장군 지수신(遲受信)이 지키고 있었다. 문무왕이 친히 군대를 거느리고 임존성을 공격하였지만 부흥군은 항복하지 않고 30일간이나 버티면서 신라군을 물리친다. 이에 문무왕은 승리를 자신할 수 없어 11월 4일 군사를 되돌린다. 신라군이 회군한 이후 임존성 공격은 당군이 담당한다.

대규모의 신라군이 공격하였다가 실패한 것을 본 당군은 다른 방법으로 임존성을 공략을 계획한다. 즉 흑치상지(黑齒常之)와 사타상여(沙吒相如)를 이용하는 것이었다. 부흥군 초기에 복신·도침 등과 행동을 함께 하였던 흑치상지·사타상여는 663년 9월에 주류성 함락과 더불어 당군에 항복한 자들이다. 이 흑치상지와 사타상여를 전면에 내세워 공격하니 임존성마저 함락되고, 지수신은 상황이 어렵게 되자 처자를 버리고 고구려로 몸을 피한다.

이로써 부흥군이 첫 봉기한 지역이자 마지막까지 저항하였던 임존성은 당나라 군대에게 함락되었다. 이후 사비산성에서 저항기록이 나타나지만 내용은 구체적이지 않으며 부흥군의 활동도 더 이상 나타나지 않는다.

(3) 백제의 멸망의 진실

의자왕의 항복과 거의 동시에 시작된 부흥운동의 모습을 보면 백제는 여전히 저력이 남아 있었던 것으로 여겨지는데, 의자왕은 왜 쉽게 항복했을까. 이에 대해서는 여러 가지 이유를 생각해 볼 수 있다. 첫째 당과 의자왕 사이에 어떤 밀약이나 묵계가 있었던 것이 아닐까 여겨지기도 하고, 둘째 당과 백제 사이에 벌어진 전쟁의 성격에서 원인을 찾을 수도 있을 것이며, 셋째 당시의 상황이 의자왕으로 하여금 너무 큰 힘의 차이를 느끼게 하여 불가항력으로 모든 것을 포기하고 항복하게 하였을 수도 있다. 다만 의자왕이 항복한 후에 중국으로 끌려간 것을 생각하면 첫째 이유는 가능성이 크지 않다.

나·당 연합군의 기습적인 대 공세 앞에서 '노왕(老王)' 이라 표현될 정도로 나이를 먹은 의자왕이 불가항력적인 힘의 차이를 느꼈기 때문에 모든 것을 포기하고 자신의 패배를 인정한 채 항복했으리라는 것에는 의문의 여지가 없다. 문제는 그가 계백장군처럼 죽음으로 항거하지 않고 왜 항복을 선택했는가에 있다고 하겠다. 배후에 무엇인가 중요한 이유가 있지 않았을까 여겨지는데, 그 이유를 찾기 위해서는 무엇보다도 먼저 당시에 벌어지고 있던 전쟁의 성격을 주목해야 한다.

영토소유권 문제가 직접적으로 개입되어 있는 백제와 신라의 싸움은 국가와 국가 간의 사활이 걸린 전쟁으로서의 성격이 강하다. 그러나 당과 백제의 싸움은 국가 간의 전쟁이라기보다 정권 장악을 둘러싼 정쟁(政爭), 즉 정권쟁탈전 성격이 강했다. 의자왕의 정권을 둘러싸고 의자왕은 그 정권을 지키려 하고 당나라는 그것을 빼앗으려는 싸움이었지 당이 근본적으로 백제를 완전히 멸망시켜 그 존재 자체를 없애려던 것은 아니었으며, 따라서 조공과 책봉의 주종관계를 정상화시켜 백제에서의 완전한 영향력 확보가 당의 궁극적인 목적이었다. 후에 부여륭을 웅진도독(熊津都督), 신라왕을 계림주대도독(鷄林州大都督)으로 삼아 두 나라를 명목상 평등한 관계로 위치지어 주면서 동시에 당의 주선으로 웅진 취리산에서 동맹의 맹세를 맺게 하고 있는 역사적인 사실을 통하여 볼 때, 당나라의 의도는 중국 중심의 동아시아 국제질서를 회복하려던 것이었다.

당나라의 백제에 대한 공격도 결국은 동아시아질서의 파괴범인 의자왕 정권에 대한 공격이었지 백제 자체에 대한 공격이었다고는 보이지 않는다. 의자왕 또한 이러한 전쟁의 성격을 알고 있었기에 스스로 정쟁(政爭)에서의 패배를 인정하는 마음으로 쉽게 항복한 것이라 받아들여지기도 한다. 당 고종은 포로가 된 의자왕이나 부여륭 등을 중국으로 옮겨 거주하게 함으로써 백제지역에 대한 그들의 영향력을 끊어 놓았으면서도 중국 내부에서는 관직까지 하사하는 등 아량을 베푸는 모습을 보여주고 있는데, 이것 역시 당과 백제 사이의 싸움이 원한감정으로 인한 보복전이나 백제 자체의 멸망을 위한 것이 아니라 정권 쟁탈전으로서의 성격을 지닌 것이었음을 웅변해주는 증거이다.

다시 말해, 당나라의 백제에 대한 공격은 영토소유권 확보가 아니라 정권 교체를 통한 친당정권(親唐政權) 구축이 목적이었다. 그리하여 의자왕 역시 정권을 빼앗긴다 해도 자신의 나라인 백제 자체가 완전히 망하는 것은 아니라는 사실을 알고 있었기에, 큰 부담 없이 정쟁의 패배자임을 인정하는 정치적인 입장에서 항복한 것이 아닐까.

요컨대, 당나라에 의한 백제정벌은 의자왕 정권의 몰락을 가져와 백제 멸망의 단서를 제공해 주기는 했지만 그것이 곧 백제의 멸망을 의미하는 것은 아니었

고, 백제가 역사의 무대에서 완전히 멸망하여 사라진 것은 신라에 의해 웅진도독
부가 해체되고 사비성에 소부리주(所夫里州)가 설치된 671년으로 볼 수도 있다
는 사실을 지적한다. 이러한 전제 위에서 사비성 함락 뒤 의자왕이 쉽게 항복한
이유도 찾아볼 수 있지 않을까 생각하는데, 백제 사람들에게는 나·당 연합군에
의한 의자왕 정권의 붕괴가 곧 백제의 멸망과 같은 위기상황으로 받아들여져 부
흥운동을 전개한 것이다. 따라서 백제인의 부흥운동은 백제지역에 정복군으로
주둔하여 위협적인 모습과 행동을 보여준 외부세력의 압력 및 간섭에 대한 저항
운동으로 보아야 할 것이다.

생각
하기

- 660년 백제왕실의 붕괴후에 전개된 소위 부흥운동은 왕실의 재건을 위해 자
  발적으로 발생한 운동인가, 아니면 그 배경은 무엇인가?
- 부흥운동에 등장하는 인물의 성격을 생각하고, 그들이 멸망전 백제에서 차
  지하였던 위치를 찾아보자
- 휘부의 내분을 이해하고 이에서 나타난 교훈은 무엇인가 생각하여 보자
- 백제 멸망의 진실은 무엇인가?